U0154351

教育導論。

徐宗林　簡成熙　吳錦惠　董宜佩　陳惠萍　鄭世仁
蔡啟達　蔡清田　林進材　程小蘋　張添洲　吳俊憲

著

五南圖書出版公司 印行

目　錄

第四篇 教育的改革與展望

第一篇
教育的基本認識

第一章

教育的意義及為什麼要研習教育

徐宗林

第一節　教育的基本概念

一、教育的字面上意義

　　就廣義的教育而言，自有人類以來，由於生存活動的需要，人們必須辨別何者可以當食物，以便食之；辨別何者可以禦寒，以便衣之；辨別何者可以居住，而居住之；諸如此類不勝枚舉的各項活動，都需要相互傳授，相互學習，以經營其生存活動。倘若吾人仔細觀察一下自然中較高等的動物，就知道這些較高等的動物，必須學習生存的各項活動。因此，自然界中，較高等的動物，如哺乳類動物以及諸如鳥類動物，在其成長的過程中，存在著模仿、練習與學習等類似的活動。人類在其從事生存的活動過程中，也必須應用模仿、練習、學習的活動，以期維持其生命的現象。不過，由於人類心智能力發達，創造了語言，作為這類活動，相互溝通的一種工具，大大地增加了模仿、練習、學習活動的功效。經由相互的活動而產生的影響，廣義而言，就可視之為教育的一種類型。不過，教育活動，不祇是產生相互活動的影響，而且，更使此項活動產生了有助其生存活動的功能。

　　就狹義的教育而言，人類因其智慧發達，在社會生活逐漸演進下，為了生存及生活經驗的傳遞而創設了制度化的學習活動。此一活動多係在特定的時間，由特定的人，在特定的場所，以特定的學習內容、特定的方式，傳授給特定的對象。此一制度化的教與學，同樣的是一種互動的過程，而且，在一定條件下才實施的活動，自然顯得狹窄而不如廣義的教育活動那樣範圍來得遼闊。這種狹義的教育就是發生在一般社會中的學校教育（schooling），有時亦稱正規教育（formal education），有時亦稱組織性教育。

　　教育已經是人類社會一項重要的活動了。但是，教育的字面意義為何？吾人不能不先作些探討，以期對教育概念，能夠有較為正確的認識；因為，說不定，你將會一輩子從事教育活動，或者在組織家庭，生兒育女以後，擔負起子女的家庭教育責任來呢！

　　「教育」一詞，在我國古書中，《孟子》以前，教與育分而用之，如《詩經》：「宜兄宜弟，宜兄宜弟而後可以教國人。」又如《詩經》：「及爾顛覆，既生既育。」

　　及至《孟子》一書，才有將教育二字合併而為一詞者。

　　孟子曰：「君子有三樂，而王天下不與存焉。父母俱存，兄弟無故，一樂也。仰不愧於天，俯不怍於人，二樂也。得天下英才而教育之，三樂也。」

　　依據許慎所著《說文解字》，「教：上所施，下所效也；育：養子使作善也。」由此可知，教與育，當初都有作動詞的用法。演變至今，吾人現在所用的「教育」一詞，有時既作名詞用，有時亦作動詞用。

　　與「教育」一詞，意義相近而有所關聯的詞彙，尚有教誨、教授、教學、教導、教練、教化、施教等等。如：《詩經》：「飲之食之，教之誨之。」〈學記〉：「玉不琢，不成器；人不學，不知道。是故古之王者，建國君民，教學為先。」

　　由前述引用的文獻，可知古人對「教育」一詞，尚未作出一個比較周延的界定。這是由於社會、文化發展，教育的活動，尚不及現今

進步社會，教育活動已深深地與個人的成長，社會的延續，文化的傳承，經濟的發展，人才的規劃，資源的利用等等，融合在一起。因此，教育的活動，尤指規劃下的教育活動，已經成為一立國之本，無人能夠忽視其重要性了。

東華書局於 81 年出版的《辭海》，對「教育」一詞，有如下的界定：

> 教育係「按照一定的社會要求，對受教育者的身心，施以影響的一種有目的、有計畫的活動。教育為一種社會現象。教育一詞，一般是指學校教育，但也用來泛指社會上一切有影響作用的活動，如，社會教育、家庭教育等。」（註一）

「教育」一詞英文為 education。此為一名詞，其動詞為 educate，係來自拉丁文 educare 及 educere。educare 原意有培養或養育之意；而 educere 原意則有導出或引出之意。若就 education 的動詞 educate 而論，則有下列的字面意義：

㈠培育、養育（兒童、幼小動物），供給食物及照顧身體方面的需要。

㈡養育年幼者，從兒童期開始，以形成其習慣、態度以及心智的、身體的習性。

㈢提供學校教育。

㈣訓練個體以發展個人心智和道德能力。

㈤訓練、陶冶特殊心智及身體能力或特殊性向、習性或特質。

㈥訓練動物。

作為名詞的教育，其意義則有：

㈠養護、養育或撫育。

㈡訓練。

㈢養護長大；具備成人所需的各種態度；具備成人所需的職業能力。

㈣系統教學或學校教育（schooling）；預備生活所需之知能；成人所獲之教育；專業準備所需之教育。

㈤導出。

㈥陶融或發展能力以形成品格；不同於注入知識或技能。（註二）

　　英文中的「教育」一詞，一方面有注入，培育的涵義，一方面則有引導、引出的涵義。此在教育理論上，亦可發現有強調經由教育之實施，期使受教者具備社會的規範，熟知生活所需的各項知能，習得作為一個社會人、文化人所應具有的各種觀念、思想、態度、習慣、行為模式等。另外一種教育理論則肯定受教者天賦地具有受教育的潛能或潛力。教育的作用，即在將此等潛能或潛力，藉由教育之作用，儘量地予以開發，引導出來；因為，任何一位個人，都具有可教性，正如宋朝理學大家朱熹所言：

　　　「聖賢施教，各因其材；小以成小，大以成大，無棄人也。」（註三）

二、教育的學理上意義

　　在自然的世界裡，人以外的動物沒有教育的活動，祇有與成長及生存有關的學習活動。教育是存在於人類社會文化生活當中的一項活動。經由教育的實施，社會才能一代一代更新其生命而使社會得以延續下去。因此，就人類的社會生活而言，教育已是社會生活中所不可缺少的一項活動了。從以往人們教育經驗的活動，孕育了不少有關教育的說法。這些或可視為教育理論建構的一些論見，現在分別略述如下：

㈠樹人說

　　俗語說：「十年樹木，百年樹人」；其意即指人也是具有成長性的。但是，人的成長卻不僅是生物性的生成。他尚需要心智能力等方

面的成長。因此，人的成長面，遠遠超過樹木的成長面。樹木的成長會造成一定的材質供人使用。一個經歷教育過程的人，在一定的時間後，也應該會成才而為社會、人群所用；貢獻其才能於社會福祉之增加上。19 世紀創設幼稚園的德國教育家福祿貝爾（Friedrich Froebel, 1782-1852）將成長中的幼兒，比擬成花園中的樹木、花草，希望在成人的照顧下，得以欣欣向榮，得到良好的成長。

(二)雕塑說

教育活動亦可比喻成為一種雕塑的活動。接受教育的個體，就如同一位雕刻家、塑鑄師傅手中的材料。在雕刻家、塑鑄家的心目中，依其材質及所欲雕塑的成品，予以雕塑。這種教育的論點，強調的是由外力的塑造與成形，難免會忽略了原材料的特性；因為，教育的對象是人而人有其主動性——亦即受教者絕不是物質素材。《論語》中曾記述孔子的弟子宰予晝寢，恰巧給孔子看到，因而批評宰予是「朽木不可雕也」。這說明了一位接受教育的個體，基本上其材質與其成長與發展是有關聯的。如此，才能經由塑鑄的過程而後成為可用的人才。是故，教育即在塑造社會可用的人才。

(三)分配說

古希臘哲學家、教育理論家柏拉圖（Plato, 427-347B.C.）在其《共和國》（*Republic*）一書中，對教育與國家、社會與正義之實現，有著深刻而仔細的敘述。柏拉圖以為一個社會是由金質的人、銀質的人及銅質的人共同組成。究竟何人為金質？何人為銀質？何人為銅質？這就要經由教育的歷程而分階段予以篩選，然後接受教育，予以分配其社會角色及所應顯現的社會功能。教育的機制即在通過一定年限的教育及可資鑑別的鑑試制度，以確定他是一位銅質的人，去擔任社會百工的角色，作出百工的貢獻；或者經由一定的教育階段，鑑別出他是銀質的人，然後即擔負起國家衛士的角色，以貢獻他的一己之長；或者經由長期的教育，鑑定出他是一位金質的人，具有哲人王（philosopher-kings）的特質，然後成為國家、社會的統治階層。這是柏拉圖從社會中教育所應展現的功能、作用上，來建構教育為選擇、分配的教育理論。

㈣潛能說

「人是理性的動物」。這是古希臘哲學家、科學家亞里斯多德（Aristotle, 384-322B.C.）所說的一句名言。依亞里斯多德的看法，任何存在的事物，基本上，都存在著形式、質料、效率及功能的因素。理性是存在於每一個人的身上。要是滿足作為一個人的條件，他所蘊涵而存在的理性，就應經由作為一個人而充分地展現開來。教育活動，就是將人的理性，充分地、儘量地加以開發，使其潛存的理性，顯現在人的思考上；顯現在人的判斷上；顯現在人的行動上。理性是人的本質。理性也是人與動物有所區隔的一項明顯指標。是故，施教者就得善用各種教材，利用各種方法，以期使人的理性得以彰顯出來。主張陶冶人的理性的教育學者，近代的一些教育家，亦不乏其人，如 20 世紀 30 年代主張永恆論（perennialism）的美國教育家赫欽斯（Robert M. Hutchins, 1899-1977），就認定教育的實施即在培養一個具有理性思維的人。

㈤陶冶說

無可諱言的，人也是動物的一類。因此，有些教育家，如德國的康德（Emmanuel Kant, 1724-1804）就認為教育的作用，便是要將人的動物性、獸性，加以陶冶而使其受制於文化的陶冶；進而使人的特性儘量發展。因此，他主張良好的教育是包括訓練、陶冶的作用，使人更具備作為人類社會一分子所應具備的特性。近代德國文化哲學派教育家狄爾泰（Wilelm Dilthey）強調人的探究必須注意到人的生物層面和文化孕育出的精神層面。如此，才能對人的研究，不至於有所偏失。人的動物性、獸性，就有賴文化的薰陶與文化的陶冶。從教育的育字而言，人是需要養育、培植、養護活動以使人得以長大成人。人

們必須注意的一點即：人是生活在社會、文化中的；他的長大成人，類似養育動物，必須以食物為之。生活在社會、文化環境中的人，他的成長也需要食物。不過，人的身體的成長，固然食物所提供的營養是少不了的，但是，人的心靈、精神方面的成長則有賴於文化的營養不可。教育的實施便是使一個自然人，成為一個社會人；文化的與理想的道德人。

㈥預備說

19 世紀的英國，科技已經發展了一段時間。人們有了火車、汽船、防腐劑。知道了天花流行病的起源及預防方式。人們經由科學方法的應用，知道了一些生物遺傳的規則。透過實證的研究方式，人們蒐集各種動物標本，知道了生物的演化現象。這一切的改變，不論是生活實用層次，知識累積層次、認識自然現象層次等等，無疑的，都是由於人們掌握了科學的求知方法及精湛的利用科學知識於各項實際事務之上。處在社會、文化發展脈絡中的教育，當然，難以擺脫開科學逐漸主宰文化發展的趨勢。因此，教育家針對教育的問題，難免就會提出一些新的思維來。英國 19 世紀後葉的哲學家、教育家斯賓塞（Herbert Spencer, 1820-1903）從教育的功能及內容上，認為教育即在為社會培養懂得科學知識而且對其未來生活作好預備活動的人。斯賓塞深深感覺到當時英國學校裡所傳授的知識，都遠離了實用的科學知識；都未見有科學所要求的正確知識。本質上，當時大部分英國學生所學習的知識，諸如：語文的、藝術的、人文的，可以說都是具有裝飾的意義而不具有實用的及科學的意義。他曾以「什麼知識最有價值？」來質疑教育家，為什麼不在學校裡教實用的、正確的、有助於實際生活的科學知識呢？

其次，斯賓塞以為教育是為受教者預備完滿的生活。完滿生活包括：直接自存、間接自存、養育子女、參與政治生活及休閒生活五大類型。每一類型的生活活動，都需要科學知識的具備。基於這些理由，斯賓塞就認為教育的意義便是個人完美生活的預備。

　　這是因為斯賓塞係從生物學的見地，認識到人的生存活動；人的生活活動，都少不了知識的應用；而唯一能夠有助於人們獲致完滿生活的途徑，便是教育人具備科學知識，熟練科學知識的應用。

(七)生長說

　　美國20世紀初，逐漸享有盛名的哲學家、教育家杜威（John Dewey, 1859-1952），在其經典性的教育名著《民本主義與教育》（*Democracy and Education*, 1916）中，從經驗的基礎上，認為教育即生長；教育即生活。杜威認為人是具有智慧的動物。他以為無機物的活動是受制於因果的規範。一塊石頭因受外界的力量而有了滑動的結果。一般生物則受刺激與反應的影響，有刺激便會有反應。刺激與反應形成了生物的種種活動。但是，作為智慧性動物的人，其行為舉動，則因高度的智慧作用，使人的行為舉止受制於目的與手段的關聯。人的行為多能預設行為的目的，構思實現目的的方法與手段，然後逐漸完成其行為的目的。在人與外在環境透過目的與手段的交互作用而與環境發生了交互活動，這就導致了經驗的發生。

　　杜威以為人的經驗是與環境交互活動而產生的；祇要生存一天，他就得與環境產生交互活動一天；因而，經驗的發生是與個體生命的歷程一樣長。經驗既然是人們生存、生活活動產生的條件，而教育活動又是人們生存、生活活動所不可或缺的，因此，教育活動提供了人們經驗重組或重建的一個機會。

　　杜威以為教育是個人經驗繼續不斷改變、轉換、重組與重建的一種歷程。個體自出生以後，就與他生存的環境發生交互的活動。有了交互的活動，就有了經驗的發生，也就有了經驗的改變、轉換、重組與重建的活動。杜威所強調的經驗生長是與個人的生存活動，生活活動一樣的長、一樣的繼續不輟。因此，一位六歲入學的兒童，他（她）已經有了與環境交互活動的經驗。他（她）不是一位經驗空洞的兒童。這是以往教育家常常忽略的一項事實。

　　經驗繼續生長是因為在個體與環境的交互活動中，由於經驗的意

義和控制及應用舊經驗的能力會重組、會增加，因而，杜威便提出以經驗繼續不斷成長的說法，來界定教育。同時，為教育的理論提供了一個新的思考方向。對於教育和經驗的關聯性，杜威的主張是：education of experience、education by experience 以及 education for experience。

　　以教育屬於經驗來說：任何一項教育活動，其本質即應視之為經驗活動。因此，教育的內容、教育的方法、教育的歷程都應與經驗密切關聯在一起；偏離了經驗的活動，也就不是教育的活動了。為了落實教育是屬於經驗的活動，教育過程中，應充分利用學生直接參與教育活動，使其身心一併加入此一教育活動，自然是勢所難免。

　　以教育利用經驗來說：教育活動會使個人的經驗繼續不斷生長。因此，教育歷程的設計者——教師，就有需要安排活動，提供學習者從與環境的交互活動中，作出個人經驗的重組或改造。利用經驗可以解釋為利用受教者個人既有的經驗、利用社會既有的經驗、利用學習者與環境交互活動所產生的經驗。總之，在杜威的觀點裡，一個特定的教學活動，利用書本所描述的經驗情境是不及一個真實的、實際發生的經驗情境。

　　以教育為了經驗來說：教育既然是經驗繼續不斷的重組與改造的歷程，因此，經驗意義的增加、擴大、加深和控制及利用經驗的能力的增加，才是教育所冀望達到的目的。此處所謂的為了經驗，清楚地說明了任何植基於經驗的教育活動，其努力的目的，不是為了學習者的知識增加、道德認知提升、身體能力增強等，而是為了受教者的經驗是否得到了繼續的重組、重建與改造？

　　從經驗的角度來論說教育，促使教育活動落實到個人經驗活動的基礎上；促使教育活動擺脫開了抽象觀念的學習；促使教育活動必須與受教者個人生活的情境發生關聯；促使受教者的學習活動轉向於知與行的結合上；更重要的，促使形式化了的教育活動，必須與受教者的生活經驗相交集。這就是為什麼，杜威會提出教育即生長及教育即生活的原因。

㈧生產說

公元 1848 年，由馬克斯（Karl Marx, 1818-1883）和恩格斯（Friedrich Engel, l820-1895）所揭櫫的「共產黨宣言」，就提到共產社會所需要的教育乃是教育與生產相互結合的教育。由於馬克斯相信人的勞動是生活所不可避免的活動；因此，教育的最高理想乃是將教育與生產、勞動、農業、工業等發展及社會的發展相互結合。在信奉馬克斯思想的教育工作者看來，勞動是人類生存的基礎。勞動因而具有其神聖性。怠惰則應該受到人們的譴責。

從政治角度來看社會主義國家的教育，基本上，教育是服膺於政治的理念。就以蘇聯革命家列寧（Nikolai Lenin, 1870-1924）而言，他就認為教育乃是培養有自覺能力、富於勞動意識的個體。個體透過教育的實施，培養其社會利益高過個人利益的認識。經由道德教育、愛國教育及集體教育之實施，期使個人形成維護公共利益、資產和資源的思想和實踐的能力。

生產說的教育理論，提示人們重視教育與人類各項生產活動之結合。因為，這派學者認為生產的方式、生產的工具、生產的物品等等，都會決定社會人們生活的型態。這些物質要素是人類文明的基石。在此基石上，才能發展出其他的人類文明來。因是之故，教育必須使個人具備生產的能力、瞭解生產的程序、懂得生產工具的使用等。這些都須使教育活動，緊密地與工業、農業等活動相連結。具備社會意識、養成集體行為、培育國家意識、培養為社會、國家犧牲奉獻的精神，均寄望於教育能實現此等理想。

三、教育與有關概念的分別

㈠教育與學校教育

教育是發生在社會、文化環境中的一種社會與文化現象。教育是

不會發生在純粹自然的、物質的環境中。就教育這一概念的外延而言，教育概念的外延是大於學校教育、家庭教育、社會教育、教學、輔導、訓育等。換言之，不論是學校教育、家庭教育、社會教育、教學、輔導、訓育等概念，都可以說是被涵蓋在教育的外延當中而為其中的一部分。從教育的狹義觀點言，或從教育的正規性、組織性而言，狹義的教育是和學校教育相當的。但若就廣義的教育概念而言，學校教育和廣義的教育是有著許多不同概念的內涵。現在分別略述如後：

1. 教育和學校教育，在英文文字上，較能明顯地看出，即教育為 education 而學校教育為 schooling。

2. 社會、文化中的廣義教育活動，可以發生在家庭、社會、工廠、街道、圖書館等場所；而學校教育則以發生在學校為主。作為社會組織的學校，擔負起了正規教育的職責。

3. 廣義的教育活動，可以隨時發生在某一社會、文化的環境內，但是，學校教育則需受制於學校特定時間安排的教學活動。

4. 廣義的教育大致係由知道多的人，成熟的社會人，較有經驗、較有能力、較有技術而可以教導給知道少的人，未成熟者或經驗、能力、技術較欠缺者。

5. 學校教育係社會制度的一種；亦係社會利用學校作為對其未成熟分子所實施的社會化活動。

6. 廣義的教育，在教育內容方面，其組織較為不夠嚴謹、較為不夠系統；而學校教育所實施的教育內容則係經由縝密、研究的設計、編製。在不同的教育階段清楚地標誌著特定的教育目標及詳細的教育內容。

7. 在學校教育成為社會組織活動的型態下，受教者都有著一定的條件，才能成為學校教育的受教者。廣義的教育對象，多以知識多寡、能力是否具備、經驗是否已經具有等作為施教的依據，其規範的嚴謹性是不及學校教育為甚。

8. 擔任學校教育的施教者——教師——已經隨著社會的發展而有

了法律上的規範。一位擔任大學教學工作的教師，未必具有擔任國小教學活動的法律規定。可是，一位家庭中的子女，受教於父母、長輩等，則勿需社會法律的嚴謹規範。

9. 現今一般發達的社會，學校教育的實施，基本上已經是國家推行政務的一環。人們接受一定年限的學校教育，不僅是受教者的權利而且也是受教者的義務。廣義的教育，已經打破了空間的侷限，亦即社會未成熟分子，已經可以從家庭、社會、大眾傳播媒體、特定的社會機構，如服兵役的軍隊、作禮拜的教堂、閱讀書報的圖書館、觀賞戲劇的戲院等，在現今社會的生活當中接受到教育；社會機構已經具備了部分的教育功能。

10. 學校教育的主體為學校；處在發達社會的學校，其設立的條件、學生入學的資格、教師的條件、課程設計的規定、教學項目的規定、校園設備及設施的標準，教學教科用書的編製、課程架構的規定等等，均已經有了明確而詳盡的規範；也許一些較為開放性的、民主化極高的社會，其規範的來源，不一定是來自於政府，但是，學校教育之實施，不論是在幼稚園、小學、中學、學院、大學，經由民主程序、學術研究等活動而形成的種種規範，則是普遍存在的。

　　不論是廣義的教育或狹義的、正規性教育、組織性教育、學校教育，生活於現代社會中的個人，在其受教的過程中，狹義的學校教育是外延較大的廣義教育外延的一部分。一位尚未成熟的社會分子，在他接受學校教育的同時，他也會接受到來自其他方面的一些廣義教育活動的影響，例如：讀小學的學童，課餘之暇，接受父母、長輩給予的教導；一位已在工廠工作的青年人，他已經完成了高等的學校教育，但是，在工廠中，資深的，經驗豐富的技師，適時地會給他一些指導；再如一位從事經商事業的公司主管，他會利用工作餘暇，至專業性的教育機構，再接受與專業相關的在職教育、訓練等。學校教育，因而是廣義教育的一環、其與社會中擔任廣義教育活動的其他機構所施放出的廣義教育活動是有著關聯性的。從個人長遠的生命歷程

來論，個人一生都在接受教育當中，不過，作為進入社會橋樑的學校教育，或者說作為進入社會的入社性學校教育，泰半是人生歷程的前一階段。就國家觀點而言，作為一個國家的國民和公民的教育，泰半是利用強而有力的學校教育予以完成之。這也是經由政府經費所支付的一種教育；其與廣義的教育，在經費支付上，或許多半是出自於私人或私人團體，是有著甚大的差別。

(二)教育與教學

我國古籍〈學記〉裡，有著這樣的一段話：

「玉不琢，不成器；人不學，不知道。是故古之王者，建國君民，教學為先。」

「教學：指教師傳授和學生學習的共同活動。通過教學不僅使學生獲得知識技能，也發展他們的認識能力，同時培養他們的思想品德。」（註四）

「教學（teaching）」：

1. 狹義的說：在教育機構內的教與學的活動；與教授、教導（instruction）同義。
2. 廣義的說：一種行動，指在提供活動、材料、輔導，以強化學習；不論是在正規的情境中或非正規的情境中。
3. 所教授的內容，亦可稱 teaching。（註五）

教育含有教學。這是從教育概念外延的角度來說的。由於教育是一個多樣態的活動，多層次的活動，因而，為完成教育活動的目的，就需借助與教育活動有所關聯的各種活動而教學可以說是眾多教育活動中，最為重要的一項活動。教學活動真可以說是教育活動的核心活動。教學活動，如果從教育活動中抽離開來，教育活動將會失去其活動的主軸而顯得重心不明顯了。

從前面所列舉的一些對教學概念所作的界定，不難發現教學是教

與學互動下的一種活動。教學活動是施教者與受教者之間的互動；是施教者利用教學內容加諸於受教者之間的一種互動；是施教者透過各樣式的傳達，將觀念、命題、知識、情意、技能、行為模式等，讓受教者在教與學的互動中，運用舊經驗類化新經驗的一種學習過程。教學活動的設計者是人而受教者也是人。因此，這種人與人的互動方式是一切教學活動的根本。在英文教育語彙中有電腦教學（computer teaching）一詞。但是，作為人工教學機器的電腦，不管是軟、硬體以及硬體的使用，軟體的設計，都是人來完成的。雖然，一棵大樹的落葉，或許會對佇立旁邊作自我思維的一位個體，產生「落葉歸根」的思想，但是，基本上，還是自我對個體所實施的一種類似教學的活動。

教學活動是在有意的主使下，經由計畫、設計、組織教學內容而在施教者與受教者互動的情境下，所產生的組織性活動。教學活動是要完成一些工作；不論是教的人或學的人，都有一定份量的工作要完成。對學習的個體而言，教學活動完成後，他會在工作過程中有所成就之獲致。他學習到新的事物；他獲致了新的經驗；他產生了、類化了新的認識；他也可能獲得了新的技能，發展了新的能力。

從教學活動的設計、規劃角度言，一項教學活動是需要經過施教者周詳的設計與規劃。他必須瞭解誰是他的受教者？他施教的目標是什麼？他將採取何種教學的方法以完成他的教學活動？該項教學活動的時間、場所、設施、器材等，他將如何加以應用？教學活動完成後，他將如何測量他的教學活動的成效？受教者在教學過程中的學習成效又是如何表示？諸如此類的問題，施教者在教學活動推動之前、實施中以及完成之後，都需分階段加以思考之。

從教學活動的受教者而言，他在此項教學活動中，是否懷有強烈的動機來學習？是否感受到有學習的必要？在接受施教過程中，個人如何有效地應用各種方法，務期使所教的內容，達到預期的學習水準？個人是否極願將教學活動的一些動作，勤加練習？努力實行？將所知的與所行的，結而為一？單就這一方面而言，教學不祇是教師的設計、規劃，亦且包括了學生對所學的內容的練習、實踐與操作等。

　　倘若將教學活動加以分析性地剖析，則其重要的活動層面，實可臚列如下：

　　教　教學活動的執行，需要人的作為。因此，擔任教學活動的教師、教官、教練、訓練師等，皆需執行教授的活動；或透過口述、示範、演練、展示；或透過教學活動的計畫、安排、操作等，將教學的內容，傳達給受教者。接受教學活動的當然就是學習者。基本上，執行教學活動是教師，是人；不過，執教者亦可將教學的內容，藉由其他人為設計的媒介，傳授給受教者，如：電腦教學（computer teaching）便是。

　　學　教學的對象，基本上是個體的人。因而，作為一個受教者的個體，在與教師的互動過程中，他需要對教師的施為有所反應；注意聆聽教師所傳達的訊息；觀看教師所作的示範動作；聽從施教者所要求的動作反應；接受教師指定、安排的工作等，從而作出自我的練習、操作，實踐，以便使學習的工作，妥善地完成。

　　計畫　教學活動是有計畫的活動。教學活動不應被視為一種隨興而起、偶然發生的動作。發生在教學環境中的學習活動是經由教學工作者仔細計畫、安排下的一種活動。在設計該項活動時，他注意到了教學活動的目標：受教者的能力，實施教學的程序，教學活動中可能應用的教學媒體，受教者教學歷程中學習的程序等。舉凡教學活動的有關事項，經由妥善的教學規劃，教與學的互動效益，才會有所提升。

　　教材　任何教學的活動，都會涉及到所教的內容或所學的內容。或許從教師的單純思維角度上言，教的內容就是學的內容。不過，這衹是從教材的基本範圍來說。因為，在教學過程中，會有一些學生以教師所教的全部教材為基幹，自己推而廣之，增添相關聯的教材內容而自行研習之。是故，對於此等學生，其所接受來自教師處的教材範圍，就大於教師所計畫傳授的教材內容。其次，學生對教學材料學習程度的深或淺；精熟度的多寡；能否妥善地加以應用？亦往往是因學生的學習能力等因素而會有莫大的差異性。

　　方法　教學活動中，教師需要運用一定的方法來實施教學。有些

教育家不認為各類不同教材的教學，可用同一的教學方法來實施教學。是故，有些教育家多強調不同的教學材料需要應用不同的教學方法。教學既然是教師與學生相互活動下的一項活動，因而，教師教的方法和學生學的方法，都有必要加以注意才對。教學的方法亦應兼顧教學的內容，教學的情境、受教者的學習條件等。從教學方法言，教師必須靈活應用，不可拘泥於一成不變的教學程序。

　　教學媒體　教學媒體可以說藉由教學媒體之應用，增進了教師教的活動與學生學的活動的效能。教學媒體愈來愈趨向於形象化、生動化、活潑化，因而，使得教學互動活動為之增光不少。利用教學媒體的結果，使得教師的教學可以使用書刊、畫冊、模型、標本、影片、影帶、圖表、照片、實物、光碟等，經由展示、傳閱、播放、放映、上網等活動，不但豐富了教學活動的經驗內容，而且，使得教學活動不致流於枯燥、單調、乏味或引不起學生學習的興趣。

　　測量　教學測量是指經由一定的教學活動後，就學生學習的效果，利用可資測量其學習成就的測量工具，以測量學生學習的效果，作為教師改進其教學時的參考。更重要的是經由對學生學習成就之測量，可以明確地知道各個學生學習的偏差何在？學習時遭遇到的困難何在？學生學習過程中，學習效果的應用，是否已經具備此項能力？教師在學生學習告一段落後，可以利用問答、重述、考試、模仿、操作表演、作品顯示等方式，以期對學生學習成效作出觀察與測量。測量結果的顯示，對學生學習方法、學習態度的改善，具有一定的幫助。對學生學習的測量，亦需兼顧到學習前之測量及學習後之測量。學習前之測量結果，有助於教師瞭解學生對某些教材預先瞭解的情況；學習後之測量，則偏重於學習教材時所遭遇到的困難為何之瞭解。

　　評鑑　測量是教學評鑑時所需資料之蒐集。有了學生學習結果測量的數據，教師即可將之應用於評鑑分析上。從測量的資料上，不僅研析該項教學活動是否已達成教學所預定的目標，更要針對教學所涉及的材料是否適宜？有否逾越了學生學習能力的範圍？其次如何解釋各個學生學習結果的差異？如何從學生學習結果的測量所得資料，覓

出教師教學過程中的差錯？如何斟酌教學目標？是否教學目標與所預期的太過於高估？教學評鑑是要對整體教學活動作一客觀的評鑑，以期改進日後教學活動之用。

　　目標　教學是一項有計畫、有組織、有次序和有目標的活動。鮮明的教學目標，不僅提供教師，作為引導其教學活動的一項依據，同時，亦為學生學習活動指出了一個方向。在一項單元教學活動上，清晰的教學目標，如：增進認知活動上的知識；熟練操作、應用的技能；發展正確的情意觀念；形成某些需要的行為模式等。教學活動若能將教學具體目標予以列出，對教與學的互動走向，自然會有一明顯的幫助。

　　在人類知識和經驗及技能快速的累積下，教育所肩負的使命愈來愈大。現代化的國家，教育早已經成為國家施政的一個環節。但是，教育的實施及推展，莫不有賴於良好的教學活動為之。尤其是現今學校教育在系統知識的傳授上，占有舉足輕重的地位。雖然，若將教學視為教育諸般活動中的一項最核心的活動似乎有些過分，不過，相反的，若將教學抽離開教育，則知識爆炸時代的教育將何去、何從？就令人不得不重視教學的重要性了。

(三)教育與輔導

　　教育是一個外延較廣的概念。在與教育相關的概念，諸如：教學、學習、練習、實習、訓練、灌輸、教導、教授、指導、訓導、訓育、輔導等的比較上，這些同屬於教育概念外延的概念，都隸屬於教育概念的外延中。這些概念的外延，可能彼此之間有重疊之處，但是，由於教育性概念愈來愈講求精確性以後，這些相近的教育性概念，還是有其差異的，因為，專業知識不斷增加的結果，彼此之間的界限是需要加以釐清的。

　　輔導（guidance）是教育活動的一種。在師生互動的過程中，教師經由對學生的認識與瞭解，應用診斷、諮商等方式，協助學生自主地作出最好的發展來。輔導的重要特質，略述如下：

1. 輔導不限於學校教育的應用。在個人成長過程中，學校以外的其他社會組織，如：社教中心、醫院、教會、訓練機構、生產機構，甚至軍隊，都可以實施輔導，以協助其組織成員，作出最佳的成長或發展；不管是身、心、靈等各方面。

2. 在一般學校裡，如：國小、國中、高中、大學均可經由組織性單位，如：輔導室、輔導中心等、實施對學生的輔導，但是輔導應視為全面性的一項工作，即全校教師均需參與學生的輔導工作，不應僅侷限於輔導室、處或中心。

3. 輔導工作不是替代學生解決、處理或面對問題，而是經由專業輔導人員或教師，針對學生行為發展或偏失問題，作出有關的研究，提出多種可能的解決辦法，以便讓學生在人助而後自助的情形下，解決他所面對的問題。

4. 輔導工作，不應祇針對被認定有行為偏失問題者為對象而應將全體學生納入其輔導的範圍。輔導的理想是使每一位在學校受教育的學生，都能成為自我最佳的發展、不論是學業輔導、生活輔導或就業輔導等。

5. 輔導工作已因輔導專業人員不斷的研究而形成了專門的技能與專業知識。因此，一般教師也應具備輔導方面的知能，以協助專業輔導人員對輔導工作之推動。

6. 輔導是在相互互動過程中，建立起信任；經由溝通而後形成瞭解，使被輔導者理解了他所遭遇的問題、困難、迷惑的性質，以及困擾他的問題所在而予以協助；使學生建構處理問題的能力，並確立正確的態度。

7. 輔導是民主方式下的互動活動。以往教師或擔任輔導工作的人員，對於受輔導者，多以指示的、督導的、監管的方式實施輔導工作。不過，由於民主生活方式的影響，輔導人員的角色已經不是監督者、指示者的角色了。輔導人員在工作進行中，必須尊重被輔導者的陳述、決定、選擇。輔導者的角色，著重對問題的分析、問題的處理；問題處理方式的選擇與決定，則是

尊重接受輔導者的自主選擇。

8. 輔導工作、落實在學校教育實施中，輔導自然是學校工作的一個環節。輔導工作之執行，亦會成為學校組織的一個部門。同時，學校輔導之推行，為了成效起見，亦可設置輔導處、輔導中心、輔導室等組織，以便成為學校行政組織的一個部門或單位，使學生各項輔導工作，諸如：學生教育輔導、生活輔導、生涯輔導、就業輔導等，由專責部門或單位予以執行。

9. 輔導是專業工作的一環。或許一般學校中的教師，未能個個具備輔導的知能、技術，但是，由於輔導行政組織之設置，故輔導工作人員，可經由一般導師的協助，推薦學生有需要輔導者，至輔導處、輔導中心、輔導室，加以輔導之。輔導工作需要充分地瞭解輔導個案、應用個案研究及各種診斷方式，透過諮商等方式給予學生協助。

10. 凡事豫則立；輔導工作亦然。如若能夠給予學生事先的防犯，使其問題在明顯地出現之前，就經由輔導工作而予以消除於無形，這恐怕是最佳的輔導方式了。倘若學生行為偏失已呈明顯狀態，則專業人員的輔導工作，就會倍感吃力。因為，受輔導者的各項問題資料之蒐集、瞭解，將是一番費力的工作。

以下一段資料，為國民中學輔導工作目標。讀者當可從這些輔導工作目標，理解到一位國民中學教師或輔導老師，所肩負輔導工作的性質及輔導目標何在？

1. 「依據青少年身心發展的特質，協助學生瞭解自己，認識環境，以達自我發展的目的。

2. 協助學生瞭解其能力、性向、興趣與人格特質，並發現特殊學生，以達適性發展的目的。

3. 依據學生學習心理，協助其養成良好的學習態度、方法與習慣、俾能發揮其學習能力、增進教育效果。

4. 協助學生適應社會變遷中的人際關係、培養良好的生活習

慣，建立正確的人生觀，以促進群性的發展。

5.配合社會的整體發展、輔導學生建立應有的職業觀念，試探其職業興趣與性向，並透過就業安置與延續輔導，以發揮生計教育的功效。」（註六）

　　總之，輔導應被視為是輔導者與被輔導者之間的互動過程。它是設計性與目的性的活動。輔導的終極目的是有助於個人作出健全的人格發展。因為，輔導活動實施時，必須認識、瞭解、尊重學生的需求、身心發展的資料以及行為問題之所在；經由資料的診斷，然後運用適當的方法，協助被輔導者自立、自主地、處理自己的問題、滿足自我的需求、完成自我的願望，規劃自我的未來。

　　同輔導一詞相近而常被應用在教育問題討論及文獻資料上的尚有訓導及訓育二詞。

　　我國《書經》中有：「伊尹乃明言烈祖之成德以訓於王。」《詩經》中有：「古訓是式。」訓字含有順從之意。我國一般中小學校設有訓導處，經管學生行為之訓誨、管理、指導等工作或活動。現今一般大學、學院，因受大學法之影響，已將訓導處易名為學生事務處，簡稱為學務處。不過，考據古代學制，訓導即具有教誨、開導之意；唐朝的太師、太傅、太保均是訓導之官。

　　訓育一詞比較接近英文的discipline，有管理、訓練、指導、訓示等涵義。19 世紀德國教育家赫爾巴特（Joham Friedrich Herbart, 1776-1841）曾將教育區分為教學、管理、訓育三個項目。在實際討論與應用上，人們還將管理與訓育分開來使用，如：訓導處多設有管理組與訓育組。前者負責學校學生行為之管理與訓練，以期養成服從規律、維護秩序的習慣；後者則係經由教育性、康樂性等活動之舉辦、參與，期使學生有團體生活經驗；瞭解合群、互助、合作之重要性。訓育活動多為學校所設計、安排下的活動，如：演講比賽、講故事比賽、攝影比賽、查字典比賽、寫生比賽等，藉由語文的、藝術的、技能的、競技的等方式，讓學生身心得到適宜的發展。

　　早期在國民政府推動學生訓育活動時以及政府遷臺時期，學校訓育活動尚有學生政治化的一些活動被含攝在內。訓育亦含有發展學生道德認知和道德行為的意義。

　　由上而知，訓育一詞，在意涵上，有著下列各項意義：

1. 指導：在教室裡教師對學生的行為，負有指導的責任。通常訓育含有上對下的指示意義。教師企求學生接受教師的指導，能有服從的美德。

2. 管理：培養學生參與群體活動以養成社會分子的行為習慣。學生須經由對各項管理規則之體認而瞭解到並尊重社會之規約。管理亦含有控制之意，期望學生的行為在老師的控制之下，得到良好的發展。

3. 訓練：訓導與訓育多希望學生養成合於群體生活的規範。因此，訓導與訓育所設計的活動，亦帶有群育的涵義。由於習慣性行為是生活於社會群體中常見的一些行為，如：排隊、守秩序、服從指導等，因而，實施訓育活動時，需要利用訓練，以期有較為一致性的行為出現。

4. 獎懲性訓導活動因有管理、控制的功能，故訓導工作人員常常利用獎懲方式以達到社會行為習慣化、團體秩序化、活動競爭化等目的。獎懲在學校教育實施上，已經將之制度化，因而，訓導、訓育活動多為受外力而加諸於個人，使其行為符合規範；思想、觀念接近某一意識型態。

5. 準則：訓導、訓育實施，較為有著明確的行為規範；是非、善惡、對錯、均有其明顯的標準。這些標準是社會性的、團體性的且有著一定的權威。個人泰半須加以服從、接受而不至於對這此標準，加以質疑或批評。

6. 約束：由於西方民主思潮的影響，現今在訓導及訓育實施上，已經不是傳統上以外來的力量，試圖控制或約束學生的行為。現今在推行訓導、訓育的活動上，冀求的是讓學生發自內心的作出自我約束、自我控制其行為的目的。

7.群育：訓導、訓育可以說是實施群育的一種歷程。學生透過由訓導處、訓育組所設計活動之參與可以獲致個人的社會化。同時，經由訓導處、訓育組所安排的活動，學生可以認識到教育以外的，政治、經濟、文化、法律、休閒、娛樂等生活活動各方面的經驗。

8.權威：訓導、訓育活動，傳統上是上對下的一種師生關係。換言之，教師或擔任訓導、訓育工作的教師，基本上是代表著權威；學生是需要予以服從、接受其指導的。換言之，傳統教育型態上，民主的特性尚未被傳統訓導、訓育人士所接受，因而，訓導工作、訓育工作，多半是強制下的一種活動。不過，隨著民主浪潮的高漲，時下擔任訓導或訓育工作的教師，亦會對學生的參與，給予相當的尊重。權威的展現，不在執行訓導、訓育工作人員的身上而係來自於社會規範、行為規準、道德規約的展現。

第二節　教育的可能與必要性

一、教育的可能

「自然中沒有教育，祇有學習」。這是一個可以界定在一般較高等動物身上的一個命題。此一命題，基本上，承認了較高等動物在其適應生存的活動上，必須藉由在生存環境中，學習求生存的技能或行為模式。以四足類、哺乳動物的狼來說，小狼在成長過程中，受到母狼的餵食。成長一個階段後，小狼之間，經由互相追逐、相互搏鬥、逐漸學習到捕捉獵物的行為模式。小狼在成長的過程中，會對弱小、體形小的動物，作出追殺的練習行為動作。這都在在說明較為高等的哺乳類動物是有著相互學習、相互模仿的行為。

對於高等的哺乳類靈長類動物的人來說，由於人類心智能力高

超，人已將學習行為在社會環境中予以制度化了。人類經由設置特定的社會環境而使得學習活動，有了特定條件安排的學習活動。這就是狹義的學校教育活動。

　　教育是否可能？此一問題，也許並沒有提出討論的理由。因為，任何人都不會懷疑，自己過去委實接受過教育，經歷過教育的歷程，不論是廣義的教育或狹義的教育。不過，為了徹底瞭解教育，並且，樹立堅定的教育信念，教育的可能性，依舊值得加以討論。然而，人的教育可能性，究竟如何加以看待呢？

(一)就無助性而言

　　剛剛生下來的嬰兒，美國教育家杜威（John Dewey, 1859-1952），就以無助性（helpless）來形容。因為，人類的嬰兒跟其他低等動物的幼兒，如：卵生動物的幼兒相比，實在脆弱的很；生下來幾無任何本能性行為，維持獨立自存的活動。但是，由於人類嬰兒的無助性，使得嬰兒的依賴期延長了，一般靈長類動物，如猴子需一年到一年半的依賴期以便學習求生存的行為能力。人類嬰兒依賴期長，故其學習的行為增加，說明了人類深具可塑性；同時，學習內容複雜而多樣性。這就是人的教育基礎。

(二)就生長性而言

　　人是生命形式（life-form）的一種，就像任何生物一樣，有著生長性。由於人類是所有生命形式中，最具有心智能力的一種。在漫長生物演化的過程中，人類運用其智慧，創建了文明或文化，遂由完全受制於自然的局面，推進到可以利用自然資源，作出主動適應自然環境的社會、文化來。對於人類而言，他不衹是生物層面的生長而已，他尚需要生存於自然環境及生活於社會、文化環境中的社會及文化能力的生長。這是因為自然僅賦予了人生物生長的基礎。但是，他若要生活在社會、文化環境中，就必須發展他生活於社會、文化的能力，如運用符號、文字、語言等是。

(三)就生物性而言

　　嬰兒初生,他或她的腦與其身體重量之比約為 1：7。這一比重,在動物的王國裡是最高的。由於人有著最大比重的腦,心智能力的展現,不是人以外其他任何動物所能比擬的。不論是人的知覺能力、思考能力、推理能力、想像能力等,都使得人在自然界與其他動物生存競爭時,人都顯得有其優越性。人的腦功能成為人獲致學習行為的中樞所在。因為,除了反射性行為外,人的學習行為都需要腦神經的支配。換言之,因為人的腦功能強,使得人的教育活動有了堅固的發展基礎。

(四)就可塑性而言

　　從心理學行為論的觀點,人的學習就是行為的改變。學習與教育最大的不同是教育將學習價值化與制度化了。人的確是一個善變的動物,不論是他的外在行為或內在的思維。這是由於他必須與外在的環境,不論是自然的、社會的、文化的環境,在與之交互作用下,必定會產生變化;從而導致了個人內在思維上的改變。當然,相反的情形也會發生,即:人的內在思維,也會使其外在的自然、社會、文化環境產生變化。教育的活動,如果引不起個人的一些變化,那足以說明人的可塑性是不存在的;反過來說,就是因為人有可塑性,才使得教育活動對人的行為,能夠產生某種程度的改變,不管是內在的「思」或外在的「行」。

(五)就發展性而言

　　教育問題的討論上,每每有將教育與生長相連結,亦有將教育與發展相連結。生長的涵義,有著正生長(或成長)與負生長。一個人財務上開源愈多,可以視為正生長;反之,一個人負債愈多,可以視為負生長。然而,發展概念的涵義則不包含負發展之意。另外,發展有著人為的、規劃的、設計性的變化之意;同時,發展所涵蘊的價值

意義甚濃。人有發展的可能是由於在人的成長過程中，從幼小至成人，成熟者均會對其未成熟者加以有計畫、有前瞻性的給予協助，希求朝向一個價值性方向變化下去。生活在社會、文化的個體，已經不限於生物層次上的成長。一些理想與價值的追求，則多半是人有意地去作出的方向。教育即在有意地改變一個人的「思」與「行」。

㈥就探究性而言

在生存競爭的自然環境，動物對其周遭環境，莫不作出試探、接觸、給予反應的行為來。人類為了生存，對自然的瞭解，不知經歷了多少的探究活動而才有了今日人們對自然的認識。其次，在人的社會、文化環境中，任何作為社會的一分子，莫不需要作出探究的活動來，何況人在心智方面的好奇心理，對外在世界渴望有一理解，以滿足人類的探究心理。人類的探究心理，就是人類求知慾望的開展。因為，人類有了這種求知的慾求，他才會嘗試地去瞭解他周遭的事物、現象、狀況、事件等。有了探究的心理，這就說明了人有需要從外界的知識中，認識他所處的這個世界。

㈦就可教性而言

「人是可教的動物」。這是 18 世紀著名的德國哲學家康德（Emmanuel Kant, 1724-1804）所提出的一個看法。人的可教性是因為人能夠學習新的事物。他不會厭惡新的事物；他會接受新的事物，祇要是他認為適宜的，可改變的，他就會重新調整他的行為。人類的心靈就像一個受容器一樣，能夠將他所認知到的、所經驗到的種種，容納於他的心靈中。他的可教性，一方面是因為人的可塑性大，另一方面是因為人的學習能力強使然。

㈧就文化性而言

人是文化的動物。人也是使用工具的動物。人類在其漫長的演化歷史過程中，利用他漸次提升的心智能力，創造了文化。他的符號系

統、工具系統、社會系統以及種種的人工製品、技術、方法等等，這些文化財都需要社會分子的學習；也都需要社會成熟分子與未成熟分子之間的交互傳遞，以期使文化得以綿延不墜。任何一個社會，都會運用教育而將社會文化一代一代地傳遞下去。生存於現代社會中的個體，已經是一個文化人了。作為文化人，他不經由教育，不管是廣義的教育或狹義的教育，他將如何能夠成為一個真正的文化人呢？

㈨就社會性而言

人是社會的動物。這是說任何個人試圖離群而索居已經是不可能的事了。個人必須生活在群體、社會當中。個人與社會正如魚與水的關係。因此，個人的社會化不僅是現實社會的必然，也是個人生活於社會不可或缺的一項事實。教育來自於社會而加諸於個人身上，使其具備社會的規範、社會的價值、社會的習俗、社會的理想等。然後，個人才能成為社會合格的一分子。其次，社會利用教育以使上一代與下一代有了社會規範、價值、習俗、理想、文化等的傳承，因而，使社會得以統整而延續社會的生命。

㈩就超越性而言

生活在現代社會中的個體，都懷有著某些價值，作為他努力追求、積極憧憬的一項目標。個人在追求理想價值過程中，每每會擺脫開現實的羈絆，突破目前的狀態，追求他理想目標的實現。這種自我不斷的提升與超越，帶動了外在環境的改變。從個人超越的性質而言，教育使個人在超越的過程中，有了助力，有了提供個人超越的方向，也為個人的超越提供了有利的條件。追求超越對個人來說，就是顯示個人有追求完美、有止於至善的內在嚮往。這種發自個人內在的超越呼喚，為個人的教育，作出了明顯的指示。

從以上陳述，不難發現教育的可能性是可以從多個角度加以說明的。

其次，從現實社會生活來看，教育活動已經成為社會、國家對其

人民所實施的一項職責了。沒有教育的運作、人民會處於文化低落的狀態中；沒有教育的經營，社會生命的延續會產生斷層的危險；沒有教育的實施，社會的傳統、習俗、價值、理想、規範、經驗等會無法傳承，無法疑固其社會的分子；沒有教育的推動，就會使國家政務的推行，難以達成其預期的效果。其次，沒有教育的工作，上一代辛辛苦苦所累積的經驗、技術、方法，都會失其所傳而必須從頭開始摸索、試探，再次地累積經驗，找出技術、方法、工作的程序來。

二、教育的必要（教育是否萬能？）

　　廣義的教育與人類的生存歷史一樣的久遠。狹義的學校教育則是因為人類由覓食生活型態，進步至定居的農業生活型態後，人口集中的城市出現、文字的發明與成熟、社會生活的分工出現、使得運用文字符號、成為社會生活，特別是政治管理方面的一項必需。這就是人類社會最早學校教育出現的原因。隨著人類社會生活的演進，現今學校教育已經成為一個文明國家、現代化國家政府日常事務的一環了。教育不僅是社會的需要，而且，教育滿足了社會文化傳遞的需求；滿足了社會成熟一代的社會分子與社會未成熟分子之間的社會經驗的文化傳承；滿足了社會未成熟分子對社會生活、文化生活的適應；滿足了個人社會化的需要；滿足了社會藉教育之實施而可以將各社會分子加以凝聚在一起，使社會的生命得以重生、得以延續；公民社會得以形成。

　　教育之必要，除了前述消極的原因外，就積極的意義而言，教育的功用就是要提升個人的品質；期求在德、智、體、群、美，均衡的教育實施下，發展出更適合於社會成熟的分子。他不但能夠適應社會、文化生活各方面的需求，而且，有超越的理念，注意到他社會、文化生活各個層面的提升，諸如：提高個人的知識水平，增進個人的生活知能、推展個人的謀生能力、促進個人身、心、靈的健康發展等，務期使個人恆常地處在一個蛻變、昇華、超越的過程中。這些個

人理想的完滿達成,有賴於教育的發展與提升。

從積極的意義來看教育的必要性,如何落實在社會層面,自然也是一個值得探討的題材。社會生命的重生,有賴於教育,因為,如果沒有教育的實施,上一代社會分子所擁有的社會資產,將無法傳遞給下一代的社會分子,因而使社會原有的信念、價值、傳統、經驗、理想等,無法傳遞給下一代;原有的社會就會因下一代社會分子,在信念、價值、傳統、經驗、科技、工藝、理想等的中斷下,使下一代社會的面貌,有了重大的變動。這是就社會生命的延續觀點來看教育的必要性。

其次,社會的演進是社會研究者所不爭的一項事實。為了使社會永續地在:政治、經濟、社會、科技、工藝、文化等方面的發展與提升,人們會求諸於教育的協助。倘若教育品質能夠提升,則社會的進步,將是可以期待的。

舉凡人類的事務,不論是詳加瞭解,不論是周詳規劃,不論是付諸執行等等,都需要審度情境、仔細研究分析、嚴謹地辨明各項相關問題,謹慎選擇可行的方法與步驟。如此,人類推展的事務,才能順利進行。在反覆試驗與實踐的過程中累積經驗,避免輕率的決定與抉擇;如此,才能使人類的各項事務,推行得更具有成效。教育的事務,在社會情境中,推行起來,也需要循此途徑不可。因此,人們對教育的成效,必須審慎為之,不可過分高估了教育的功效。不過,人們也不應低估了教育的功效。人們有必要對現代社會中教育實施,有一審慎客觀的認識,庶幾才不會盲信教育是萬能的,誤認祗要有良好的教育理論與實施,諸如:個人人格的完美發展、社會道德的增進、經濟生產力的提升、人民犯罪率的降低、政治民主化的實踐、國防能力的增進,甚至世界大同的實現等等,都可以憑藉教育的努力而加以實現。這就未免過度看重了教育的功效,而會遭受到不切實際的譏諷。

第三節　教育的科學性與專業性

先前曾經提過，教育現象或活動，僅僅發生在社會文化的環境中，不會發生在純自然的環境。科學的興起，乃是由於人們對自然研究的興趣。在順序上言，先有自然科學的建立而後才有社會科學的成立。時至今日，生命科學、工藝科學、資訊科學等，也陸續先後成立。教育究竟是屬於自然科學的範疇呢？還是屬於社會科學的範疇呢？還是說教育現象或活動，很難籠統地，概括地說它是具有科學的性質呢？

科學最初的意義，就是系統知識之謂。不過，早期希臘人對知識的條件，並不像現在哲學分析派學者所要求的，即需要有驗證的基礎。在人們應用歸納思考取代演繹思考的方式，再加以人們重視來自感官知覺的資訊以後，科學知識的驗證要求，始為人們所重視。人們從自然現象的研究過程中，體驗到觀察活動的重要性。進而擬定假設，試圖對觀察到的疑難問題作出解釋。由此，再運用經驗認知方式，試圖從假設中形成推論，逐次加以求證，以期發現任何相關資料足以證明假設之可否成立。若能成立則科學知識因而得以建立。

一、教育是否為一門科學？

此一問題必須從下列幾個層面加以思考：

㈠凡是教育活動或教育現象的討論及教育理論之建構、教育實施之解釋，是否都在運用證驗過的教育知識？

㈡教育理論的建構、教育實施的解釋，有否來自經驗事實之瞭解及研究而後形成了教育的理論？

㈢舉凡自然科學家、社會科學家，所使用的研究方法，諸如：觀察、假設、實驗、求證等，是否完全可以應用在教育事實或現象的研究上？

　　若以這三項來檢驗教育是否為科學的學門？吾人似可得知教育是不是一門科學的見解。

1. 教育的領域甚為廣泛，難以斷論教育中每一領域的研究結果，都符合科學學科的要求。在教育學科領域裡、教育心理學、教育社會學、教育經濟學、教育工學、教育人類學、教育測驗、教育統計等，這些研究領域的研究結果，具有高度的科學特性。至於教育哲學、教育史、教育倫理學等，相對的，其科學特性則顯得較低。

2. 教育研究的現象，難以完全以數量的方式來處理之。教育研究領域，有些問題是可以以科學研究的數量方式來處理，如：學生身高、體重之成長紀錄、智力測量的分數等是。不過，有些涉及到價值性的問題，則不宜由數量來顯示之。

3. 教育現象的發生是在多層面情境下發生的現象。與教育現象相關的社會、文化、經濟、政治、歷史、心理、工藝、生理、物理等的因素，說明了教育問題的複雜性。是故，以單一層次來瞭解教育現象，就會顯示不夠周延的窘境。

4. 教育研究所形成的有事實性的知識；但也有與理念相關聯的信念。知識和信念並存於教育理論建構上及教育實施的解釋與說明上。

5. 研究教育的方法，是多樣的，不衹是有量的研究，亦有質的研究。以量的方法來研究教育，形成了教育的科學學門；以質的方法來研究教育，則難以認同是科學的教育學科。

6. 教育是人的事業。教育是人與人的互動而意圖對人加以影響發展的活動歷程。人的研究是教育研究的重要課題。因為，教育也可以視之為人的發展歷程。但是，人的研究，終究不是物的研究。因此，應用於一般自然科學研究的假設，不見得就能應用在人的研究上。人的研究，就不宜完全以因果的假定，來解釋人的行為及其發展。

7. 教育究竟是不是一門科學？教育活動的歷程，是否有著類似藝

術的活動歷程呢？因為，教學本身就帶有藝術的特質。教學活動的開展，難以受制於科學特性的程序。

由此可知，教育實在難以概括地、籠統地論斷它是一門科學。不過，由於教育活動或現象關聯甚廣，如作單一領域之研究，則科學方法的應用是有其可能性。故亦可建立起教育的某一科學領域的學門來。

二、教育是不是一門專業？

人類在求生存的過程中，必須從事各種工作，才能得以維持其生命於不輟。隨著社會生活愈來愈複雜，一些與生存相關的工作，就會逐漸有了分工的需要，如：有的從事農業方面的工作；有的從事商業方面的工作；有的從事工業方面的工作；有的則從事教育方面的工作等等。因而，在一個複雜的社會，人們因分工而就有了許多的不同行業，如：從事木工工作，從事金工工作等；有了許多職業，如：從事治安維護的警察；從事汽車駕駛的客運公司司機等。行業或職業的技能，在養成過程中，所需要的時間不長；所需要的學理性知識不深。但是，專業（profession）則不然。一般來說，考量某些經常性的工作，是否是一種專業？就需檢驗一下，有否符合了以下的一些條件：

㈠這種工作所需的知識、技能，其養成的時期必須長；長則七年，短則四年。

㈡在專業人員培養的過程，必須接受專門性的知識，專門性的技能；而在知識方面，尤其需要組織性、系統性的知識，才能勝任複雜的工作。

㈢一種專業，從事的工作人員，總是從事固定的工作，不管是社會服務、生產管理、產品開發、事務管理、金融管理等等。

㈣現今專業人員之養成，多由高等教育機構為之培養。這些高等教育機構，所提供的教育具備了學術性、知能性、實用性的特色，如：法律、醫學、工程、軍事、教育等專業養成機構是。

㈤專業人員為了保障專業人員的權利，其所組成的專業團體，經

由社會的合法化而受到法律的保障。

㈥專業團體為了加強專業人員對社會服務所作的貢獻，必定有會員須遵守的專業倫理規條（code of ethics）。

㈦專業社會團體是自治、專門而獨立的團體，深具專業的權威。

㈧從事專業工作的人員，因其所運用的知識、技能較為高深而專門，因此，一般專業人員，也就享有較高的社經地位。

由前述的八項規準來看，今日的教育工作，大致上是符合專業的要件。

現今，教師的養成期限，多以大學教育程度為最低要求。我國學前教育的幼稚園教師、國小、國中、高中各階段的學校教師，已經提升至大學畢業的程度。不少國小、國中、高中的教師，利用在職進修，已可獲得相當研究所碩士級程度的進修學分或將獲得回流教育制度下的碩士學位。教師工作早已經因學術專精而分門別類去研習以備畢業後從事各級學校分科教學的需要。教師在培養過程，為了日後從事專門學科的教學工作，他或她必須學習，研究各專門領域的知識以具備專門學科的相關技能，如：數學教師、體育教師、英語（文）教師、音樂教師、物理教師、化學教師、生物教師等的資格。就是學校中擔任學生輔導教師的工作，亦必須具備專門的知能，始克能夠擔任輔導的工作。今日各級學校教師，因應知識發展之需要，亦需具備多科教學的能力。

教師因互相切磋研究、互相交流經驗及保障自身的權益，多會組織專業團體，如：教育學會、比較教育學會、視聽教育學會、訓育學會、師範教育學會、全國教師總會等。各學會亦多擬定其會員應行遵守的倫理規條，如：中國教育學會強調其會員應以奉獻的精神服務於學生、社區及社會。一般而言，教師現今的社經地位，雖比不上律師、會計師、工程師，但是，在人們的心目中，仍具有較高的社會地位。

基於這些認識，教師所從事的教育工作，基本上應是一項專業；何況，現今從事教育工作的人員，必須依法定程序，取得教師證書，

其作用亦有類似律師、會計師、醫師之合格證書的功效。

第四節　研習教育的目的與內容

 一、研習教育的目的

　　教育是隨著人類的文化出現而出現。隨後學校的出現才使得教育能夠透過社會組織，讓學校教育的實施更為有效，更為專門。而今，現代社會的教育已是政府服務人民諸多事務，甚為繁重的事務之一。每年在政府的預算中占有極高的比例。而從事教育工作的人員，隨著教育的發展，人數亦逐漸增加。不過，或許研習教育者會提出研習教育究竟有何目的呢？

　　大致而言，研習教育的目的為：

㈠瞭解教育現象和教育歷程的意義、性質、狀態、功能，以便知曉教育事業，對現代社會與人類、國家、社會、家庭以及個人之間的關係。

㈡認識現代社會的教育制度、從而理解到教育與政治、文化、經濟以及科技發展間的關聯性。

㈢明瞭社會的教育組織運作的實際情形，有助於家長對其子女接受學校教育之瞭解。

㈣個人所生存的社會，將是一個終身學習的社會。明瞭社會的教育歷程、教育組織、教育制度等，有助於個人利用教育資源，完成終身學習的目標。

㈤研習教育，個人可獲致教育的基本知識、重要理論、常用方法等，作為個人教育子女時之用。

㈥教育工作是一項專業；需要專門的知能。或許為了投入教師行列或為了專業的準備，故而研習教育。

㈦一個重視學習社會或推行終身教育的社會，其組合的社會分

子，應該具有人人教我，我教人人的胸懷。如此才能有助於社會、文化生活素質的提高。

由先前所列舉的一些研習教育的目的，不難看出，教育的研習應是對教育「知」與「行」的一種探究。對教育明白透徹的瞭解，有助於教育工作推行的順利及執行教育工作的績效。

二、研習教育的具體內容

教育的研究，已逐漸有了分門別類的專門領域，作為切入教育的角度，不過，為了周延地瞭解教育的內容起見，不妨從幾個方向上，加以論述：

㈠從教育作為一門學科而論

一般研究教育可以研究教育的本質論、目的論、材料論、方法論、價值論、人員論（如：學生、教師）、功能論、歷史論，研究方法論等。

㈡從教育歷程的研究及其所涉及的內容而論

學前教育（幼稚教育）、初等教育、中等教育、高等教育、成人教育、終身教育等。

㈢從教育學術發展及其特殊領域而論

教育的研究，可以從研究領域入手，諸如：教育哲學、教育史、教育心理學、教師心理學、教育社會學、教育政治學、教育經濟學、教育人類學、教育工學、教育生態學、教學原理、班級經營、課程論、教育統計學、教育行政學、比較教育學、教育研究法等。

㈣從教育型態的分類，其研究內容為

普通教育、職業教育（如：農、工、商等）、專業教育（如：

法、工、醫、軍、警等）。

(五)從教育性質而論

教育史上，西方人曾將教育分為德育、智育、體育三類型；及至
19 世紀及 20 世紀先後加上了群育、美育及勞育（社會主義國家甚為
重視）。不過，這種分類的研究內容，多與教育學科所研究的內容相
互結合。

就現今師範系統的學校以及一般大學教育學程所提供未來教師對
「教育」能有一專業性的瞭解，其研習的內容則多依前述的 a 項、b
項、c 項及 d 項而選擇修習的教育內容。

三、教育人員應有的心理準備

此處所指的教育人員，乃指各級教育行政機關的工作人員，各級
學校從事學校行政工作及執行教學工作的人員。教育工作，在我國傳
統社會，一向都享有清高、被尊重的社會地位。雖然，傳道、授業、
解惑的角色，已不再侷限於教育工作人員，但是，無可否認的，教育
工作人員，由於工作單純、教學相長、與知識為伍、教誨兒童、青少
年及青年，故教育雖為社會服務工作，但是，在人們的心目中教育依
然占有舉足輕重的地位。

不過，在尚未進入教育工作之前，或在即將從事教育專業選擇之
前，下列的一些心理準備，似有值得參考之處：

(一)教育人員應該要有一些堅定的教育信念，並重視人的工程事業
的高貴價值：教育人員首先應該具備崇尚知識的價值。認清人
類是在漫長演化過程中，依賴知識的指引而逐漸地建立起人類
的文明。古人所謂的傳道，亦即指傳授人類所擁有的寶貴知
識、已經發現到的真理，成系統而有價值的信念，如：相信人
是會作向上的發展、相信人性是可塑的、相信科學方法得來的
知識，有其精確的性質、相信教育的推展有助於社會良性的發

展等。

　　其次，教育人員也需要相信教育是協助人作出最佳發展的可行途徑。教育使得嬰兒從自然人，過渡到社會人、文化人趨向於理想人的培育。人類有甚多的活動，在培育動物、植物，醫治人的疾病，矯治人的不當行為等。這些卻不及教育人員培育正常人，打造善良人的教育工程來的令人覺得有意義。

㈡教育人員須對教育工作有志趣：教育工作是發展人、指導人成為人的工程。但是，教育工作往往需要有「學不厭，教不倦」的誨人精神；需要立定志向以同情心的態度，開發人的心智能力、啟發人的理性思考、發掘個人所蘊藏的潛能等。這需要個人對教育工作懷抱高度的熱忱，廣泛的教育興趣。如此，才足以勝任現今快速變遷社會的教育工作。由於個人的教育志趣，才足以貫徹教學相長與追求教育專業所需的知能。因為，教育專業及專門的知識，增加快速，不斷的吸吮教育的新知，有賴於個人對教育工作的濃厚興趣。

㈢教育人員應該瞭解到，教育工作是比較單純、社經地位中等，委實難以滿足人們對財富、名望的追逐。現實社會的教育人員，雖然，不是以往社會的窮書生、窮教員（現在通稱教師），但是，由於一般教育人員工作有保障、福利措施依法享有，再加以寒、暑假期、常與年輕人在一起共同生活、學習及社會習氣清純，故能吸引知識分子投入教育工作，孜孜不倦地擔負起傳承社會文化的重責大任。

㈣教育人員應該認識到，不論是教育，學校行政或學校教學工作，都難免會有挫折感及失望感。由於教育工作不像生產工作，立即見效；也不像財經工作，人們會重視其價值性；也不像握有公權力的司法、行政或民意代表等人物受人看重。何況公共教育行政純粹是使用人民的稅款，但卻無法立刻見到成效，自然比不上物質工程建設之有目共睹。

　　教育成就難以立即見效，因而，推行起來，教育行政與其他行

政間的配合度，有時是會有所不足的。教室裡的教學，教師也會遇到學生學習不易適應；多次的教學，或多次的規勸亦不見得有任何成效。這都難免會引起教師的挫折感與失望的情緒。

㈤教育人員應該瞭解到，由於社會發展、文化變遷、經濟日益繁盛，許多原先存在的文化傳統，已經有了變化。以往「一日為師，終身為父」的傳統觀念，如今已趨於式微。教師的權威已經不再，取而代之的是教師須以亦師、亦友的態度，來和學生相處。同時，教師亦不再以專斷的方式來處理學生的事務。民主風範、相互尊重，已是今日教育人員必須具備的特質。

㈥教育人員不論是從事教育行政、學校行政或學校教學工作，都需要依循法律、規章、學理等，以免使個人的行為，有失教師的分寸。尤其充任教師的人員，尚需熟悉教育法規、教學的課程標準及與教科書相關的知識等。換言之，一位稱職的教育人員對教育的知識及教育的實際需要，有著良好的素養才能勝任其工作。

㈦教育人員也需要認識清楚，由於社會的變遷，文化的演進，將來教育人員的壓力，也將日增；亦即，教師會有不斷進修，充實自我的外在或內在要求；將會有一定時間後即須更換其教師證書；會有學生要求更多的自主、自由；會有不斷的教育革新，需要教師去面對；會有不斷增加的教育新知，需要教育人員去接受。

總之，教育是社會、文化中的一個重要環節。當社會、文化有了變遷時，教育亦須面對社會、文化的變遷以謀求適應、冀求調適。因此，處於教育工作當中的教育人員，自應隨著社會、文化、教育的變動，而加以調適自我，以求能夠追隨社會、文化、教育的變遷，而不至於有所落後，適應不良的發生。

小方塊

從自然的角度來看人，人當然是屬於自然的一部分。人也像其他自然界的存在物一樣，受著自然律的支配。不過，值得人們沉思的一個問題是：人的行為、人的創造物，人在創造事物時，自然對這些人的活動，又產生了多少的影響呢？

人類諸多活動之一的教育，哪些地方需要依循自然的法則呢？哪些地方並不一定要受自然的約束呢？請大家不妨思考思考這樣的一個問題。

×××　×××　×××

有一位在世間犯罪滔天的江洋大盜，死後被判下了第十八層地獄。有一天，夜深人靜的時候，他輾轉反側，難以入睡。這時，他隱隱約約地聽到下面似乎有唉聲嘆氣的聲音。他好奇地敲了幾下地板，問道：「哪位仁兄會被關在我的下面呢？陰間真的有第十九層地獄嗎？」祇聽下面回答說：「是我！」江洋大盜問道：「仁兄，你在世間犯了什麼大錯，怎麼會被關在第十九層地獄呢？」下面仁兄回答說：「唉，我在世間是從事教育的。閻王爺認為我誤人子弟，量刑要重，所以被關在這裡。」

諸君，為人師表，責任重大，千萬不可馬馬虎虎，疏忽職守，以免誤人子弟，下了第十九層地獄。

人性可塑

教育活動不是發生在純自然的狀態中。它發生在社會與文化交織的情境中。往昔教育家注意到人的一些自然本性必須經由教育的洗禮，始能使人擺脫人的獸性的束縛。不過，也有一些教育家深信人的自然本性是善良的，因而主張人人皆有惻隱之心，羞惡之心，辭讓之心及是非之心。他們會將教育視之為啟發這些人之所固有本性的歷程與活動。不過，人究竟還是從生物演化而來的事實，較為多數人所接受。因此，人的自然本性，若從教育的觀點言，則無需將之認定為：人性

本善或人性本惡；甚或人性善惡混。人之初生嬰兒，實為一個待教育與文化洗禮的生物個體。他或她必須經由社會成人的協助，始得以發育並成長。因此，人的後天學習至關緊要。人是學以為人而非生而為人。這一命題就顯得非常重要了。一個人，由生物個體，進而至社會個體、文化個體，以至於理想的個體，教育就需助其一臂之力，以求達成了。真是符應了「玉不琢，不成器；人不學，不知道」。

註　釋

註一：辭海，東華書局，81 年版，中卷，頁 2174-2175。

註二：*The Oxford English Dictionary*, Vlume V. Clarendon Press, Oxford, 1989, pp. 73-74.

註三：論語，朱熹。

註四：辭海，上海辭書出版社，1979 年，頁 1468。

註五：*Dictionary of Education,* McGraw-Hill Book Company, New York, 1959, p.552.

註六：國民中學輔導活動課程標準，教育部。

第二章

教育的本質與目的

簡成熙

第一節　教育本質的分析

一、從字義與概念來看

　　前章已對「教育」之中西文意義作了詳細的討論。這裡為了討論教育本質，再簡單的加以敘述。英國教育哲學家皮德思（R. S. Peters）曾經指出，「教育」之意義，隨其不同字源的認定，可能會有不同的看法，像南恩爵士（Sir Percy Nunn）把「教育」視為與 educere 有關，educere 為「引出」之意，「教育」之意義就變成是實現學生之潛能；亞當斯爵士（Sir John Adams）則把「教育」視為與 educare 有關，educare 是指按照某種方式加以訓練或塑造之意，「教育」之意義就變成是按照某種範型，將孩子塑造成該一範例（Peters,1973：127）。國內學者王家通在分析了中文教育之字源後，認為中文教育的字義是在上者提供良好的榜樣，供在下者模仿（上所施，下所效也），而此模仿的行為是良善的行為（養子使作善也），在此過程中，教育仍須有輔正的功能（教也者，長善而救其失者也）（王家通，民 84：3）。教育的中文意涵似乎比較偏重在亞當斯爵士對西文「教育」一詞的界

定。德國哲學家康德（I. Kant）曾經指出，教育便是養護（care, maintenance）、訓練（discipline, training）和教導（instruction），養護的目的是使年幼者不受傷害，得以順利成長。然後才進一步施以訓練，以去掉因為動物性所帶來的害處，把動物的本性轉移，提升為人性（陳迺臣，民 78：261）。一般而言，從字源來看，西文「教育」一詞被視為是「引出」之意，似已成為主流，如果皮德思的說法無誤，事實上，西文「教育」字源上仍有塑造的影子，對照中文的教育意義及康德的界定，「教育」至少有求善、引出、養護、模仿、矯正、陶融、訓練、教導之意義。

西洋教育史上的唯實主義教育家康門紐斯（J. A. Commenius）曾說：「除非透過教育，否則人將不能成為人」。盧梭（J. J. Rousseau）在其教育經典《愛彌爾》一書中也曾指出：「植物經由培養而生長，人經由教育而成為人。」。18 世紀德國哲學家康德在其《教育學》中也指出：「人祇有經過教育才能成為人」、「人是唯一需要教育的造物」（王家通，民 84：6）。用最廣泛的概念來看，一言以蔽之，教育的本質性意義，即在於使人成為人的歷程或作用。要使人成為人，必須再去思考人的本質為何？而人的本質又可以從生物性、社會性、文化性等不同層面出發，而得到不同的詮釋，歷代的教育學者對於教育本質，也各自提出其不同的看法，下節將予以仔細探討。雖然，對於「教育」的本質意義，容或有不同的看法，但對「教育」一概念，仍可藉著字義及概念，作一概念分析，使吾人能在爾後討論各種教育本質意義時，能有一共同的基礎。英國的教育哲學家皮德思，在分析「教育」概念時，曾經提出三項規準（criteria），我們將仿照皮德思的方法，嘗試對「教育」作一概念分析。

㈠教育的價值性規準

首先，「教育」與「感化」（reform）一樣，在概念的設定上，是使人變「好」的歷程，這涉及到教育的目的與施教者的動機。當我們說老師感化了學生，但老師根本不想使學生變好，這是說不通的。

當竊賊教唆青少年偷車的各種技能，此一竊賊的確「教」了某一青少年偷車的技能，但我們不會說該竊賊「教育」了青少年。因為，「教育」一詞，即蘊涵著使人向善（betterment）的各種價值性活動。所以，討論「教育」的本質，就必須進一步去界定各種「善」的意義，否則我們無法去判定某項教育活動是否具有教育意義。在實際教育的過程中，如何編選教材？要傳遞哪些可欲性的教育價值？都值得仔細的分析。在此，值得提出討論的有三點，第一，當我們說，教育是傳遞學生一種可欲的、合乎價值性的事物，使學生心靈得到發展（Peters,1966），這說明了，某人接受了教育，意味著他比原先獲得了更有價值的導引，但是，價值有可能是相對性的，某一文化認可某種事物有價值，不代表另一文化也會認同該事物具有同樣的價值，有時，甚至會互相矛盾。不過，對該二種不同文化的教育人員而言，他們都認為自己的教育合乎價值性。所以，合乎教育的價值性，仍必須在既定的文化脈絡中去反思。我們不能站在文化本位主義的立場，一味地排斥外來的價值，也不能一味地追求外來的價值，而否定了自我。第二，教育在概念的設定上是使人變好，不代表著經驗上的必然，接受了教育，當然不保證行為一定會變好。不過，我們在釐清教育本質時，仍然願意強調，教育在本質上是一種施教者具有善意，傳遞一套合乎價值性事物，使受教者心靈健全的活動。教育工作者可以據此時時反省自己所堅持的教育理念，是否合乎價值性。最後，必須要提的是，有時施教者不一定有某種目的，但是卻達到了某種合價值性的結果，仍然隸屬於教育的概念之下。譬如，讀者看了某部電影，有了一些心得，拍攝電影的作者不一定有此意圖，我們仍可說受了教育。事實上，這種「非正式教育」（informal education），或是正式課程目的之外的「潛在課程」（hidden curriculum），所發揮的教育價值，有時不在正式教育之下。反之，施教者自認為教了合價值性的事物，卻產生了反教育的結果，而不自知，也時有所聞。總之，教育工作者必須時時對教育的「價值性」加以反省。

(二)教育的認知性規準

　　教育在概念的設定上涵蓋了知識、信念、技能、態度的精進。皮德思認為教育涉及了：(1)熟悉各種知識；(2)能理解各種知識及其原理，並能用具體經驗加以說明；(3)熟悉前述的過程，掌握知識的來龍去脈，並能進一步的評估、批判及修正這些既定的知識（Peters,1977：29-30）。所謂教育的「合認知性」是指教育的內容必須合乎知識的規準，學校之所以教授天文學與地球科學，而不教占星術，正是因為後者並不符合嚴格的知識規準；合認知性的另一個意義與教育的歷程有關，也可稱之為「理性規準」，即在教育的過程中，必須要在學生理解的範圍之內，且對學生提出理由，並允許學生質疑、批判，否則就不是教育，而是灌輸（Martin,1970；Scheffler,1960）。合認知性反映了西方教育哲學的主智性傳統，從 18 世紀啟蒙運動以降至 20 世紀中葉，西方教育的主流概念一直是強調理性的啟蒙，而根據康德的說法，啟蒙運動就是人類脫離自己所加諸於自己的不成熟狀態，因為懶惰，因為怯懦，人怯於運用自己的理性與自由，不願意自我抉擇，使自己處於不成熟狀態。啟蒙運動正是希望強化個人理性，教育的重點也就被設定在個人內在認知架構的逐步擴大，所謂「受過教育的人」（educated person），正是具備一種「認知的通觀」（cognitive perspective）。哈佛大學的謝富樂（I. Scheffler）在 20 世紀 90 年代退休前夕中，仍然捍衛皮德思早年的觀點，認為教育的認知性意味著：(1)對知識的理解不是專家式的，要有相當的「廣博性」（wholeness），理解各種知識的形式，以鑑賞生活中的各種體驗；(2)涉及掌握原則與目的之能力，著重知識的各種理由，能運用理性面對生活的各個層面；(3)涉及心靈的主動性與個人內在認知概念的擴大；(4)不是零碎片斷的各種資訊累積，而是掌握知識的各種通則，能有效的評估，批判及發展各種知識概念（Howard & Scheffler,1995：81-100）。在 20 世紀最後的十年，教育的「合認知性」規準受到了一些批評，後現代主義、女性主義、多元文化論者指出教育的認知性規準祇是反映了傳統西方白人、中上階

層、男性的主流知識，也過度的以「科學」知識作為認知的唯一規準。新科學哲學認為即便是科學，也存在著許多想像、主觀的成分，科學的進步，常是主觀的典範轉移，而非客觀的知識累積（Kuhn, 1970）。不過，即便是如此，筆者認為，那祇不過是人們對所謂「理性」、「科學」、「認知」的概念有所變遷，教育仍然是一種「認知架構」精進廣博的歷程，何種事物具有認知性，用何種方式傳遞才合乎認知性，就如同合價值性一樣，也受到不同文化所主導，當然值得教育工作者用更多元的認知角度去省察。

(三)教育的合程序性規準

前述的兩項規準合價值性、合認知性，在教育的進行中，都必須運用合乎程序的教育方法，前面已提及，「合認知性」同時涉及內容與方法，即教育的內容必須合認知性，教育的方法也必須合乎認知性，我們可否用打罵的方式來教育民主，「逼」學生做一個有民主素養的人？或是用「鞭打」學生，來嚇阻學生的「暴力」，這種以暴制暴的方法，是否合乎教育的程序性？皮德思曾經把「合價值性」、「合認知性」、「合自願性」（voluntariness）視為教育的三大規準。從很嚴格的概念分析來看，「合自願性」不完全是教育的規準，因為在許多教育實踐活動中，某種程度的強制性，倒也不全然為惡，在英國「夏山學校」（Summerhill school），學生有不上課的自由，可以說是最嚴格意義下的合自願性，但是，大多數的教育學者仍然認為嚴格意義下的合自願性，殆不可能。國內學者歐陽教則認為合自願性是指在教育過程中，要顧到學習者的身心發展歷程與自由意志的表達，歐陽教指出：「從心理學上來說，是要合於身心發展的歷程，相機給與教育，而不勉強給以揠苗助長。更重要的是，當學習者的心智能力發展到能運用其自由意志，作獨立思考與價值判斷之時，更應積極輔導其作理性的思考，與道德行為的自律，這才是教育之上策。」（歐陽教，民 62：17）筆者完全同意歐陽教的詮釋，筆者認為由於教育的過程，一定涉及紀律（discipline），而教育方法也一定是某種程度的「社

會控制」（social control），教育的重點在於用何種方法達成紀律、以及如何運用良善的方法，以別於用洗腦、灌輸、強迫的手段達成教育的理想。「合程序性」顯然較合自願性有更普遍性的意義。譬如，近年來，很強調「讀經」，這可能合乎價值性，不一定符合認知性，因為兒童不一定能體會經典的意義，也不一定符合自願性，如果學生不喜歡去讀的話。但是倡議者卻指出，在記憶力強的孩提時代，孩子即便不完全理解，也能增加其文字認知力，而變化氣質。筆者認為祇要不過度用強迫的方法，提供孩子讀經的機會，未嘗不是好事。教育的過程，不可能完全的合乎自願，但是教育工作者在教育的過程中不要一味地把合認知、價值的事物，強加在受教者身上，重視受教者的身心發展，重視教育過程中的程序性，不要不擇手段，仍然是教育的重要內在蘊義。

㈣教育的工作─成效規準

　　教育是一種雙向互動的歷程，至少涉及了施教者與學習者，前述的三項規準說明了教育者意欲傳遞一套合價值性、認知性的事物，在學生身心發展的前提下，運用合乎程序的方法，傳輸給學生。在此歷程中，施教者透過教學、演講、討論、輔導、諮商等方法以傳道、授業、解惑。而其目的，則是期待受教者能感受到施教者的意圖，而自願接受施教者的啟蒙，使心靈得以健全發展。教育工作者很難祇問耕耘，不問收穫。因此，教育的成效，除了涉及相關的軟硬體之資源設備等客觀因素外，主要取決於教育者的理念、人格特質、相關的教育專業素養及學習者的需求、意願、學習方法等。教導與學習是一體兩面的，在概念的設定上，「教師」蘊含了「學生」，「教學」（teaching）蘊含著「學習」（learning），就如同「買」正蘊含了「賣」，說我買了某物，但無人賣我，在邏輯上是不通的。在中文的現代意義中，「教學」已被連結在一起，也說明了「教」蘊含著「學」的概念意義。

　　教育涉及了某種理想與意圖，用前述的三項規準來看，是施教者

希望透過合乎程序性的歷程，使受教者獲致合價值性、認知性的學習成果。在概念的設定上，教育理想與學習成果是一件事，而不是兩件事。「工作—成效」的規準，正是要說明教育歷程中的種種活動，其實都指向一結果。我們要體會，百年「樹人」衹是一種隱喻（metaphor），教育的成就，不全然是具體可測量的實狀，如校園整潔、鴉雀無聲等，這些成果很可能衹是立即性的，也可能是違反程序性原則而獲得的假相。美國教育哲學家杜威（J. Dewey）對此最有體認，他認為教育不應孤懸一外在之目的，而是在受教者經驗的重組改造中，階段性之目標不斷地向前邁進，歷程與目標是合而為一的。教育的工作成效概念，不是要我們把教育歷程與教育結果對立，而是要提醒教育工作者在教育的過程中，隨時要注意學習者的反應，不致徒勞無功，同時，使教育的歷程與成果成為一連續的有機體，使教育的活動在進行時，受理想的導引，又不至於機械式的孤懸教育目標。

　　「教育」基本上是一種本質性爭議的概念（essentially contested concept），很難提出一項放諸四海而皆準的教育本質，本節筆者主要是運用概念分析的方法，從合價值性、合認知性、合程序性及工作成效等四項規準，嘗試說明「教育」一詞的特性，不過，我們也不宜忽略教育仍有許多獨特的使用意義。其實前述的規準，可能用來說明「學校教育」（schooling）更為恰當。希望上述的分析，可以幫助初學者領略對教育本質探索的途徑。

二、從遠古歷史發展來看

　　歷史學是研究人類過去一切紀錄的一門學術。鑑往知來，從過去的歷史中，學習經驗與教訓，是歷史學的價值。讀者在大學階段所修習的各種專業學門或是重大理念，若能瞭解其歷史背景，絕對有助於你們更深刻的掌握該專業學門或理念的來龍去脈。在探討教育本質時，我們也從歷史學的角度，看看人類在較早的階段，是如何進行其「教育」活動，我們特別重視人類遠古初民時期，因為此一時期的教

育活動，將最直接顯現教育在人類生活上的作用，而當人類進入較文明階段，「教育活動」已被看成是一種事業時，各種對教育本質的討論，也就紛紛出籠，「教育本質」的討論，也就變成是學者對教育問題的討論了。

　　我們大致可以想像，在遠古時代，漁獵為生，一切衣食來源皆取決於自然。嬰兒在父母的保護下長大，自幼即耳濡目染的學習如何在山野間捕魚、獵取鳥獸、採集及保存果實，如何縫綴樹葉、剝取獸皮、製衣取暖等。此一時期，家庭、野外即是學校；長老、父母即是教師，各種存活的生活經驗即是課程；而教學方法則是兒童對成年人的模仿及不斷的見習。人類也可算是群居的動物，主要原因是個人很難在大自然間單獨生存，團結在一起將有助於其安全的確保。以親屬血緣關係為基礎的家族或宗族，逐漸形成，為了預防近親繁殖，不同的血緣團體不斷加以融合，形成更大的部落。集體的行為有賴一些規範，於是人類的文化除了與大自然的搏鬥外，也逐漸發展出了共通的規範、風俗、習慣等制度文化。教育活動不祇是單純的學習存活的技能，更擴及了共同生活的規範。當然，初民時期，此一文化制度的規則，僅在於強調對規則的遵守。部落領袖、祭司等握有規則權威的解釋者，絕不容許其成員挑戰其權威。因此，從教育史的觀點來看，從初民階段，教育的「保守」性格，即以開始。爾後，隨著文明的不斷擴大，人類更有必要去習得已有的文明。

　　我們現在一般談的教育，大多是指「學校教育」（schooling），蓋由於人類知識的分殊發展與現代分工的繁複，個人已不需要自己去製造各種謀生的工具。父母及家庭宗族，不再能夠完善的靠自己之力，進行教育。同時，受到自由民主之思潮，「義務教育」（compulsory education）之理念被高唱入雲，各式學校教育及制度，乃告確立。為國民提供基本的教育，被認為是現代國家的責任。不過，遠古時代，教育活動脫離家庭，可能有其另外的原因，值得加以推敲。

　　幾乎大多數的原始部落，都有某種諸如割禮、穿鼻、刺青……儀式，前面已經簡單提及，即便在初民時代，教育活動就不祇限於謀生

的技能，還包括了對既有規則的遵守。為何遠古社會在兒童邁入成人之際，都有類似毀損身體的儀式？我們可以這樣理解，遠古時代，生活困苦，人類隨時要與大自然搏鬥，而當與其他部落進行殊死戰時，也常必須忍受身體極大的傷害與痛苦。成年人為了使下一代更能承擔生活的挑戰，必須提供人為的痛苦經驗。各式成年禮所帶給當事人的苦痛，正是希望克以下一代責任。不過，成年禮所帶來的苦痛，畢竟祇是一種儀式，象徵意義大於實質意義。許多遠古社會，除了成年禮外，也會要求年輕人脫離家庭，在一個公舍內進行斷糧、求生等考驗，這些作為若被系統化的建立起來，就可以形成一種獨特的教育觀。歷史上最有名的例子是古希臘時期的斯巴達教育。據說，每個斯巴達男孩年滿八歲，就必須離開父母，住在公家的營舍，吃最粗糙的食物，會有各式年長的人來擔任跑、跳、技擊、角力、搏殺、偷竊等技能，等於是嚴格的軍事教育。斯巴達的這種教育，恐怕也不完全是提升未成年人的社會競爭力，更賦有保存全族生存、擴充全族利益的集體考量。

當人類發明文字，知識、技能得以超出口耳相傳而能加以文字保存之後，教育的重點又有了新的變革。對文字、符號的學習逐漸取代了直接的生活經驗，因為聽、說、讀、寫、算是掌握其他一切累積知識的基礎。教育目的、教育場所、教育內容也都隨之改變。教育目的不再是狹隘地求生存，而變成是文明的維繫；教育場所逐漸由學校取代了家庭；教育內容不再是實際的生活而是較為抽象的文字符號所傳輸的遺產。教育也就有了突破性的變革。

我們可以這麼說，無論是先民為求生存而發展出的教育本能，或是斯巴達式以成年人的技能直接磨練下一代，都不太能造成知識的累積，特別是前一種，也幾乎完全普遍存在於動物界。「人之異於禽獸者，幾兮」，由於人的知識能透過文字而不斷累積。「教育」乃擔負著更為抽象的使命，不僅使人類維繫生存，更能不斷利用知識以正德、利用、厚生。教育的本質，當然也就與初民社會不盡相同了。

我們從歷史的發展來看教育事業的推動，特別是初民時代，大致

可以得到如下的體認：

——就最初而言，教育並無其內在目的，教育活動純粹是一種存在父母、子女間求生存本能的自發性活動。

——隨著人類集體生活的確立，教育活動也逐漸成為種族可資運用的方式，以求得種族的生存。

——基於教育的求生存之功能，教育的內容、方式與初民社會先民與大自然的搏鬥，息息相關。換言之，最早的集體教育模式，重點在於透過各種儀式、身體的苦楚與磨練，使未成年人更能應付險峻的生活環境並保全及擴張種族。

——隨著文明的累積，教育逐漸脫離了實際，而專注在文字、符號所載負的理念。教育的性質與功能，不衹是保存生命，更成為人類精神文明與進步的一環。

三、有關教育本質的重要主張

前面已經針對教育的字源及其概念作了初步分析，也很簡要的回顧了初民時代到現代社會「教育」活動所扮演的角色。教育活動可算是人類為了求生存而自動發展出的一套機制。探討教育的本質，其實無法擺脫教育所受時代背景的影響。而當教育活動發展到某個階段，為了回應時代需求，或是受到特定的改革思潮，教育的理念也可能隨之改變。筆者認為任何有關教育本質的討論，其實都是特定文化下對「教育」之看法。以下，即針對中西重要的教育本質討論，加以簡要敘明，使初學者能掌握「教育」的基本觀點（邱兆偉主編，民 92：13～20）。

(一)教育的文化傳承 vs.文化複製立場

當人類脫離了茹毛飲血時代，累積了相當的知識與技能，教育的重點變成是傳遞已有的知識與技能，進而珍視已有的文化或文明。英國學者阿諾德（M. Arnold）說：「熟悉古代優美之思想與知識，即是

文化。」德哲包爾生說:「教育乃上代將觀念的文化資財傳之於後代。」(雷國鼎,民 65:27)德國的文化學派更是重視教育傳承文化的功能。20 世紀初有學者提出「教育即復演」(recapitulation theory of education),依照這種說法,個人的成長過程,在「生理」上是依照動物生活的演化過程,逐步發展:在「文化」上,是依照人類歷史文化的進化過程。個人的生理發展,於胚胎內,最先是單細胞動物,其後漸次成為多細胞動物、軟體動物,復次演變為脊椎動物、腮呼吸動物、最終成為肺呼吸動物,而完備於人形。在文化上的發展亦然,兒童在心智上好像野蠻、未開化之人,因為原始的祖先曾經歷此一過程,故兒童仍保有流浪掠奪的本能,漸次到游牧民族,最後才到文明的階段。所以,兒童時的教材可以符應人類的原始發展階段,如神話、野史、歌謠等,最終則是文化的陶融(Dewey, 1966:72)。

把教育視為一種生物或文化上的復演,以今日嚴格的科學來看,恐怕不值一顧,若視之為一「隱喻」(metaphor),強調教育在本質上,是一種回顧的歷程,確有其相當的意義。我國古代教育常緬懷先賢,以儒家為例,「祖述堯舜,憲彰文武,宗師仲尼」也都說明了文化傳承在教育上的價值。

教育的文化傳承功能,並不是沒有人質疑。我國漢代的王充,法國啟蒙時代的思想家伏爾泰(Voltaire)都曾經以很批判又戲謔的方式去嘲諷當時的思想,但有系統的質疑教育的文化傳承功能,當推 20 世紀新馬克斯主義的教育學者。鮑里斯(S. Bowles)和季亭士(H. Gintis)認為教育在本質上是統治階層以及資本社會上層階級的人士為了維持其既得利益,而巧妙設計的一套機制,表面上教育傳遞一些知識技能,使人們得以向上流動,但這些價值卻反映了既定的階級意識。學校的課程、管理方式與資本主義的工廠與公司,非常類似,學校教育其實「符應」(correspondence)了資本主義的體制。大部分的學生在學校所習得的價值,正是要其守分認命,安於現狀,「教育」成了既得利益者維持現狀的最好控制方式(李錦旭譯,民 78)。教育到底是文化的傳承,還是既得利益的維繫,不易一概而論,持文化傳承立場

者，必須正視文化變遷的事實，若不加批判的一味敝帚自珍於固有文化，將不易於促成文化更新。事實上，文化學派的教育學者也絕非一味地故步自封，他們認為教育一方面有文化繁殖的作用，更有文化創造的功用。諸如德國施普朗格（E. Spranger）即認為人類之文明在於價值精神之追求，教育即是藉著各種文化財所彰顯的客觀精神以喚醒個人內在主觀精神的價值意識，個人主觀精神的運作，將會增益文化、創造文化。新馬克斯等基進論者卻認為既有的文化，已隱藏著不公平的階級意識，教育體制又傳遞這套價值，要受教者去批判、反省，不啻是癡人說夢，祇有正視文化複製的本質，才能透過教育，轉化更新文化。

　　持平說來，既有的文化或文明，不一定為惡，教育在本質上是一套經驗傳承的歷程，將文化視為善果，就會肯定教育的文化傳承；若將文化視為階級的惡果，就會貶抑文化傳承，而把教育視為文化複製。我們固不宜誇大教育的良善功能，一味地否定教育、不信任教育，也並不恰當。「文化複製」的立場，提醒教育工作者要不斷正視固有文化的合理性，隨時質疑現有的課程，其背後的意識型態，是否涉及對不同種族、性別、階級、職業等之不公？筆者認為祇要教育工作者時時對所傳遞的文化抱持警覺的立場，不斷的透過反省來傳遞既定的價值或文化，教育的文化傳承功能必然會朝開放進步的方向，也祇有如此，文化才能得以創新。是以教育的文化傳承與複製，不必然二元對立，宜相輔相成，使教育在開放的系統中，不斷經由轉化而拓展人類的生活。

(二)教育是人格陶融 vs.技能精熟

　　由於古代祇有貴族才得以接受教育，所以無論東西，都有輕手工之傳統，在古代西方，七藝（文法、修辭、辯證、算術、幾何、天文、音樂）被視為是教育的重點。文、理、藝術學科一直是西方博雅教育的內容。教育的重點被視為是一種「健全心靈」的「全人」（whole person）活動，前面對教育的概念分析中，也指出了教育涉及認知概

念基模的擴展，不僅僅衹是狹隘的各種片斷資訊的累積。在此，人格陶融與知識獲得並不牴觸，在西方教育的傳統裡，人格的發展，有賴健全的心靈，而健全的心靈又寓於各種知識形式（form of knowledge）的掌握，知識的形式並不是各種領域的知識，也不是各種謀生的技能，而是人類複雜經驗中所抽象化、符號化的各種概念系統（Hirst, 1972）。西方主流的教育觀念認為人的心靈無論是理性論主張具有先驗的結構，或是經驗論者主張的一塊白板，都應該藉著知識加以健全，前者重視理性心靈的發展，後者重視藉由外在知識以豐富心靈。論證方式不同，結論都類似，那就是把教育視為是藉由知識以健全心靈，陶融人格的歷程。至於廣大平民及勞工階層，則以技職為導向的職業訓練為主，在地位上，遠不及前者。

　　即便是在 20 世紀，各種專業領域分殊，傳統以「全人」為主的博雅教育，在教育理想的設定上，仍一直被視為是主流，英國教育學者史丹迪許（P. Standish）曾對西方各式「全人教育」作如下的歸類：（Standish,1995：122）

　　——教育兒童掌握普遍的知識形式和理解事物的方式，其目的是要培養有教養的人。

　　——使學生能運用理性自我約束，能夠自主的去規劃自己的生活，以成就和諧統一的全人教育。

　　——一些具體的課程設計者期待設計一系列的技能來培養全人。

　　——藉著鼓勵學生去發現自我，循自然發展的歷程，使學生的本性、自我得以展現。充分的自我發展即為全人教育。

　　——藉著學生的自我實現來進行全人教育，使學生學習各種經驗，接受各種諮詢，以發揮其潛力，達成自我實現。

　　上述的說法，其實已涵蓋了傳統的文化傳承立場，也包含了人本主義，甚至是一些實用主義的觀點。我國大學近年來很重視的通識教育，也體現了此一特色。

　　隨著 20 世紀專業的分工，教育自然不能不擔負職業培養的功能，20 世紀初，德人凱欣斯泰奈（G. M. Kerschensteiner）最早賦予工作的

意涵，其主要矯正以往過於重視書本知識及教師所傳授的知識，而代
之以活動本位的教育，希望藉著手工勞動以發展兒童之身心。不過，
凱氏所重視的工作陶冶，不衹是為個人利益，也是為了社會團體的進
步。職業為人人必具之工作，職業教育從個人利己的動機出發，發掘
兒童的內在價值，進而提升到崇高的道德境界。凱氏認為實際的勞作
活動，可以轉成純粹精神創造的活動。英國的學者斯賓塞（H. Spencer）
提出教育的生活預備說（education as preparation）認為教育的重點應放
在未來的良好生活，而所謂的良好生活，必須先後完成自存、謀生、
育子、作民與審美怡樂等活動。教育的本質即在於良好生活的預備。
斯氏這種重於實效的教育觀點，力矯維多利亞時期的英國過於重視博
雅教育的傳統。美國的教育哲學家杜威（J. Dewey）認為若把教育的
本質視為未來生活的預備將會忽視學生現有的興趣，教育者自以為深
謀遠慮，其實反而失去了學生把握現在的最大動力，也易於使教師借
助外在的苦樂經驗以達到目的。但是杜威絕不否認教育具有未來生活
預備的功能。杜威指出：（Dewey, 1966：56）

　　　　教育當然應該要為未來生活而預備。假如教育是生長，
　　它必須瞭解現在的種種可能，才能使個體能更有效的處理日
　　後的一切。生長並不是在特定的時刻立即完成，是邁向未來
　　的連續歷程。假如校內外的環境，都能適當的運用青年未成
　　熟的種種能力，重視現在也就會自然兼顧未來。把教育視為
　　未來的預備，其錯誤並不在於教育的此種預備功能，而在於
　　把預備看成是現在努力的根源，事實上，對於綿延不斷的人
　　類生活，預備未來，極其重要，正因如此，我們要運用全部
　　的精力，以充實現在的經驗，讓它更富有意義。這樣一來，
　　現在其實就包含了未來，教育的未來生活預備功能也就得以
　　彰顯。

　　由於現代社會分工日趨精細，博雅全人的人格陶融理念，雖然被

有識者不斷疾呼，但是仍然抗拒不了教育日益走向職業化，美國前芝加哥大學校長赫欽斯（R. M. Hutchins）反對加州大學把美容課程納入，加大的理由是「美容這項行業在美國正快速成長中」，赫欽斯認為大學應重學生理性心能的陶融，而非特定職業的訓練。（簡成熙譯，民 85：34）不過，在義務教育之後的教育，無法不兼顧職業的需求，因此，人格陶融 vs.技能精熟，在現代教育體制中，不應是二元對立，而應該相輔相成。

筆者同意通識教育的理想，也認為現代的教育（特別是大學教育）的確過於瑣碎，以至於學生目光如豆，培養不出宏觀的視野。改革的重點，除了增加傳統博雅通識課程外，筆者認為應致力於從各專業課程中作橫向的統合，使學生在主修的專業領域中，能瞭解該學科在知識或其他專業學門中的位置，而在精熟特定技能時，也能逐步發展工作倫理。簡言之，大學或技職體系，不應二元對立，而需致力於相互的統合。使教育的人格陶融與技能精熟，能並行不悖（簡成熙，民 87）。

(三)教育的個人開展 vs.社會化歷程

把教育本質視為一種個人開展（education as unfolding），由來已久，最早可溯自亞里斯多德，亞氏認為人生之目的在於獲得幸福，幸福的生活在於理性的沉思。而人類理性以一種潛在的形式存在著，經過適當的導引，得以實現。這種人類心靈從潛勢到實現，由內而外的歷程，被爾後的許多教育學者所發揮。時至今日，「教育」一詞之西文意義，仍有「引出」之意。瑞士的教育家裴斯塔若齊（J. H. Pestalo-zzi）在 1818 年的生辰演辭中，曾以樹木隱喻兒童，頗令人動容：（雷國鼎，民 65：14）

我覺心靈之高級教育，有如溪邊之樹，試觀彼植立溪邊之樹，有根、有幹、有枝、有實。此芸芸者，果何自而來乎？君不見農夫之種植小核於土地之中乎？……種植之後，其內

在有機的生命，便流轉於本根之上。……樹之發育如是，於
人亦何獨不然。……在兒童出生以前，其生命所將發展之種
種動向，其不可得而見之胚胎，即早已準備於其身矣。其存
體及其生命之各種能力，所緣而得以發展成就者，……正無
殊於樹木之發展也。

　　幼稚園之父德國教育家福祿貝爾（F. W. A. Froebel）也界定教育在
本質上是消極性的，不得指揮、限制、壓迫。福氏也曾把學校比喻為
花圃，學生為幼苗，教師為園丁。每一學生就像一幼苗一樣，有其自
然的天性，園丁祇能循此天性，加以滋養，而無法揠苗助長，更不能
以己之力，強使幼苗違反其天性。福祿貝爾本當時神祕主義的傳統，
把嬰兒幼童的天性視為上帝賦予的神性，也受到一些批評。20 世紀
初，瑞典教育家艾倫凱（Ellen Key）倡議「兒童中心」，其後在美國
成為主流勢力的「進步主義運動」（progressive movement），更進一
步的發揮兒童中心的教育觀。美國學者奈特（G. F. Knight）曾有如下
的歸納：（簡成熙譯，民91：133-137）
　　——教育的歷程是從兒童中尋得其起源與目的。
　　——學生的學習應是主動。
　　——教師的角色應是顧問、嚮導和旅遊伴侶，而非權威者或是主
宰者。
　　——學校是社會的縮影。
　　——教室內的活動不用強調學科知識導向，而應集中在問題的解
決。
　　——學校的群體氣氛應該是合作而民主。
　　把進步主義列成是教育開展說，可能會有爭議，因為進步主義的
教育哲學基礎是受惠於實用主義，而實用主義教育哲學大師杜威曾經
批評教育的開展說過於神祕，而且開展說雖不強調外力，卻把兒童的
發展朝向一終極靜態邁進，而且人類的生長，也受社會文化的影響。
過度強調由內而外的發展，而把外在的干預，全視為人為之惡，也過

於偏頗。不過，教育開展說的精神，從尊重學生出發，重視其身心發展，從早年的開展說，到盧梭的自然主義，到「兒童中心」，乃至進步主義及杜威教育生長說的傳統，一直到今天，仍然是很基本對教育本質的界定。

　　教育史上與個人開展說相對的是社會學派的看法。不少學者認為教育基本上是一種「社會化」（socialization）的歷程，蓋教育是一種人際交互影響的活動。在教育情境中，個人並非是孤立的，而是承載著某種社會文化意識，教育體制之內，無論是行政人員對教師、教師之間、師生之間，乃至學生同儕之間，均富含社會互動的意義。學校正如小型的社會。所謂「社會化」是個人在所處的社會之中學習社會所認可的價值、規範，使個人的價值、態度、信念乃至行為模式，符合社會規範的歷程。法國社會學家涂爾幹，曾云：「教育是成年的幾代對尚未準備好過社會生活的那些人所施加的影響。其目的是要在兒童身上喚起並發展某些身體的、知識的和道德的情況，以適應整個的政治社會和他所特別注重的特殊環境對他的要求。」（厲以賢主編，民 81：20）前面所提到把教育視為文化傳承，亦屬此一範疇。

　　持教育的社會化論者，認為人在吸收知識與經驗之際，是不斷的與外在群體發生關聯。當代政治哲學的社群主義（communitarianism）學者也認為，即使是個人的自我概念，也是在與他人的對話中，逐步發展。自我的開展無法脫離社會文化的時空背景，自我的抉擇也有賴社會所提供的多元化選項，純粹的「自主」是不可能的（簡成熙，民 89）。教育的社會化不是應不應該，而是客觀存在的事實。就如同文化傳承 vs.文化複製的爭議。把教育視為一種社會化的歷程，比較重視社會規範的習得與適應，就會忽略既定社會的轉化功能，甚至可能隨社會而隨波逐流。

　　教育的開展說，從早期略帶神秘主義，強調兒童的神性，到盧梭自然主義，強調孩童的天性，到杜威的教育生長說，已初步融合了個性與群性的對壘。而自 18 世紀以後，西方自由主義、個人主義，已成為主流的核心價值，尊重個體開展、生長的概念，又逐漸發展成個

人自主性的重視，幾乎成為英語系世界教育的重點。近年來，社群主義等呼籲重新重視「社群」的價值，蓋由於西方自由主義成熟之國家，公民逐漸對公眾事務冷漠，且人與人之間嚴重疏離所致。我國過去概以群性教育為重點，近年的教育理念與改革，似有重視個性之呼籲，對照西方國家之發展，個性與群性之調合，仍不是一件易事。是以教育本質上是個人的自我開展，還是個人社會化的歷程，仍有待進一步的思考。杜威倡「教育即生長」，視教育歷程為一經驗不斷重組改造的歷程。生長的前提是受教者「未」成熟狀態（immaturity），此一「未」絕非匱乏之意，而是代表某種積極力量。這既代表著「容受量」（capacity），也代表著「潛能」（potentiality）。杜威認為孩提時代的「依賴性」（dependence）和「可塑性」（plasticity），正說明了生長的可能。教育歷程是個體經驗與環境互動下的結果。教育既要重視兒童未成熟狀態的種種特質，開展說重視兒童的精神，乃得以在生長說中得以維持，而生長說重視經驗的重組與經驗的社會意義，也具有社會化論的優點。同時，生長說更重視經驗的暫時意義，強調不斷的重組改造更新，也避開了社會化論者的缺失。杜威把教育本質視為經驗不斷重組改造之歷程，成為 20 世紀重要的教育理論，良有以也。

　　筆者一開始即指出，「教育」是一本質性爭議的概念，探討教育的本質，其實是在既定的文化脈絡中，尋得教育的意義。我國學者賈馥茗即曾以「天命之謂性，率性之謂道，修道之謂教」，進而詮釋人道教育之本質（賈馥茗，民 86）。雷國鼎（民 65：7）在探討中西教育意義時，曾歸納教育係指：(1)個體行為之發展；(2)社會環境之適應；(3)專業知識之獲得；(4)歷史文化之繼承。也大致可印證本節的說明。

第二節　教育目的的分析

一、教育目的之性質

　　「人非為吃而生，是為生而吃」，這句話指出了人類的活動與動物之差異。一般動物大概以求生存為目的，而人類卻以其無限發展的理性與精神自覺，不斷的窮究外在世界與內心自我省察。窮究外在世界，消極上使人類得以求生存，積極上，開創了物質文明，使人類生活更為安適。內心自我省察，則不斷使人類生命向精神挺進。人生目的何在？動物為了求生存的目的，也會進行種種有計畫的活動。不過，人類的生活，似乎並不像動物一樣，祇受制於生理上的制約，人類活動更受到理性、精神的引導，是一種有意識、自覺不斷朝向理想前進的活動。「目的」可以算是一種方向，它預示了某種活動的終點。通常，一個人愈能明瞭其活動的目的，對於達成其目的的各種可能手段，也會更敏感，也會更致力於改進、評估所使用的方法。當然，有時候「為達目的，不擇手段」也時有所聞。不過，如果目的本身良善，通常也會約束人們手段的選擇。在生命的旅程中，目的與手段常無法孤懸。進入知名大學，是許多高中生的理想，但是上了大學以後呢？「進入知名大學」從原來的目的變成了另一階段的手段。美國教育哲學家杜威就認為目的關係到一連串順序性的活動。國內學者周愚文曾經以「內在性 vs.外在性」、「工具性 vs.非工具性」、「普遍性vs.特殊性」、「階段性」對教育目的作形式性的分析，值得在此討論（黃光雄，民 85：24-27；簡成熙，民 93：53-66）。

　　內在性 vs. 外在性　　所謂內在性教育目的是指教育目的是基於教育本身（end-in-itself），如教育目的在求受教者自我實現。所謂外在性教育目的，是把教育目的當成一種手段，教育目的是為了達成其他的目的，如經濟的提升，國家的富強。教育的內在性目的，常是來自

一種理想的人生，完美人格的定義，美好事物的追尋，而體現出的一種教育理想。

工具性 vs. 非工具性　所謂非工具性目的，是指教育目的是為教育而教育，類似前述的內在性教育目的；工具性目的，則強調把教育視為一種手段與方式，接近前述的外在性教育目的。例如：把教育目的視為是「仁格」（manhood）的陶融，或是個人的自律或自主（autonomy），較接近內在性、非工具性之目的。把教育視為是計畫性經濟的一環，希望透過教育提升「人力」（manpower），強化知識經濟，促進臺灣 21 世紀的競爭力，則較接近外在性的工具性目的。就理想層面而言，許多教育學者都主張教育本有的價值，認為教育應擺脫各種不當外力的干預，發揮其內在價值。不過，英國的教育哲學家懷特（J. White）指出，其實為教育而教育的內在價值，自然會有其外在性的結果，因此，也不必刻意凸顯教育目的之內在性（White,1973）。舉例言之，「五育均衡發展」，是我國所標榜的教育目的，這似乎是接近非工具性、內在性的教育目的。不過，五育均衡發展，難道不會促進社會和諧、國家富強嗎？因此，所謂工具性 vs.非工具性，也並不絕對。

普遍性 vs. 特殊性　從教育目的的時空性與內容性來看，可以有普遍性 vs.特殊性的區分，就時空的普遍 vs.特殊而言，古希臘的教育重點在培養「自由人」（liberal person），20 世紀英美學者所著重的受過教育的有識之士（educated person），我國儒家所強調的「君子」，都異曲同工，教育的目標在求真求善求美，似乎有其普遍性。不過，在西方自由主義的傳統下，個人自主被視為是教育的重要目的，但是東方思想比較重視個人所應履行的社會角色。教育目的當然隨著不同時空、國度、文化、地域，而有特殊性的強調。就內容性來講，「五育均衡發展」、「道德自律」、「自我實現」等教育目標，揭示了較普遍性的教育目標，至於「能熟悉並認念注音符號」、「能掌握10、100、1000 和 1 及 100 和 10 之間的關係，做數的二階單位化聚」，則是特殊性的國小語文、數學的單元教學目標。

教育目的之階段性　國內學者陳迺臣認為教育目的有其階段性，不僅顯示了教育歷程的有機性結構，而且也說明了教育實施有其步驟上的次第性。掌握教育目的階層性，始有可能循序漸進，趨近理想。（陳迺臣，民 78：248-250）

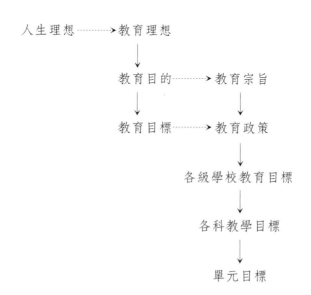

一般說來，「教育理想」（educational ideals）較為空泛。將之具體化，就成為教育目的，目標則較目的更為具體。展現在教育實務上，從廣泛的教育宗旨到最細部的單元目標。而教育目的與理想則更受到一國固有文化傳統的人生理想及國際趨勢的交互影響。上至國家教育政策制定者，下到中小學基層老師，都有責任時時去反省各級教育目的之合理性。

二、教育目的之質疑

在正式介紹各種教育目的前，有必要再針對教育目的的性質作一討論。英國教育哲學開山大師皮德思（R. S. Peters）在一篇名為〈教

育工作者必須要有教育目的嗎？〉一文，質疑教育目的之必要性（Peters, 1973）。美國教育哲學大師杜威在民國初年訪問中國時，曾強調其在《民主主義與教育》一書中所提出「教育無目的」之主張，在當時引起了許多的誤解。在具體的討論各種教育目的時，可以先來省思一下這些「教育無目的」之觀點。

　　皮德思認為許多教育目的之爭論，其實都是語辭的使用差異，我們在第一節中已有述及，譬如把教育視為「引出」是採 educere 之字源，就會同意教育目的是讓受教者自我實現、發展潛能。但在西文用語中，教育一字也可源自educare，意旨根據某種規格來型塑，如果是持這種看法，自然就會同意教育目的是培養文質彬彬的紳士。因此，祇要釐清「教育」的種種概念，自然就會演繹出教育的方向。皮德思是當代英國教育分析哲學（Analytic philosophy of education）的大師，他提出運用概念分析（conceptual analysis）的方法去釐清教育用語，而不要訴之格言或既有的信條。因此，皮德思之所以提出教育工作者不須有教育目的，用詞可能過於激烈，他反對的其實是不要隨意未經反省的援引各種主張，妄圖指引教育。此外，皮德思也指出，許多有關教育目的之爭論，涉及的不是目的本身，而是其程序原則（principles of procedure）。皮德思認為歷代思想家討論教育目的時，過於空泛、大而無當，並不能夠真正指引教育實務，這些教育目的都用很華麗的詞藻包裝，其實都大同小異。譬如兩個思想家都主張教育要增進兒童幸福（happiness），如何增進？前者認為應加強兒童自主性的培養，後者認為應把人類已有的文明遺產快速傳遞。這兩位思想家都重視兒童幸福，造成其教育主張差異的原因，在於其實施的方式。所以，教育工作者真正要思考的不在於空泛的列舉各種教育目的，而是扣緊各種目的之程序原則。皮德思曾經以「合認知性」、「合價值性」、「合自願性」三項規準來界定教育，也可視為達成教育目的之程序原則。有關這些說法，在前節中已有討論。所以，如果有人祇片面擷取皮德思的觀念，而認為教育不必要有目的，可能也曲解了皮德思的原意。

美國實用主義教育哲學家杜威曾述及教育本身沒有目的，祇有人們、父母、教師等才有目的，教育歷程是一受教者經驗不斷重組改造的歷程，若以「生長」來引喻教育的話，生長固有一方向，但絕不是僵化而定型的。杜威的這種教育無目的論，在民國初年隨著杜威訪華，而被介紹到中國，竟然被解讀成教育不要有目的，可任意而為。杜威並不是這個意思。杜威要說的是教育目的不應是成人或社會所賦予受教者的一種靜態的終極理想。教育目的應該切近受教者的生活經驗，結合其想法與需求，使兒童在其原有的活動中，得以進一步生長，在此一歷程中，許多暫時的教育目的得以使教育活動順暢、持續，不僅使受教者能拓展其經驗，也可使施教者能據以觀察、修正並評鑑教育活動之成效。而達到可預見的成效後，生長不會停止，經驗會繼續重組改造，教育歷程也因而生生不息。

持平說來，皮德思與杜威雖然都曾使用非常強烈的字眼去質疑教育目的。但是，他們所反對的是一種孤懸於兒童經驗之外的空泛理想。皮德思重視程序原則，杜威重視目的與手段之交互性，都可以使吾人在思考教育目的時，更能緊扣其方式。當然，空泛抽象、格言式的教育理想，也並非完全無用，仍能揭示教育的大方向。「世界大同」、「五育均衡發展」、「教育機會均等」等口號，如何落實成具體的政策，仍有待教育工作者去思考。而教育工作者也必須時時思考、反省各式教育理想與目的，考量不同時空的文化與需求，謀求教育的調適。

三、重要教育目的分析

環顧人類教育史，不同時代，各有其不同的背景、需求與時空，教育目的也各有不同的強調。教育目的在現實上，當然會反映特定的政經勢力，不過，他更受到特定時空潛在的思潮所影響。不同時代的哲學對個人、社會的根本認定，都有不同，會很自然的顯現在教育目的上。例如：柏拉圖認為理想的社會是由理性（rational part）、情感

（spirited part）及慾念（appetitive part）三種人的分工所獲致的均衡。對於個人而言，理性較強者可以培養成為政治人物、情感性較強者可以成為優秀的戰士，受慾念性主宰者可以培養成各式生產人才，以促成整個社會的分工。對柏拉圖而言，教育目的即在於根據個人靈魂的資質，適性的培養，以促成整個社會的均衡。而在盧梭的時代，整個人為的制度是一片腐化，他認為應本著自然的立場，擺脫人為的干預，個人才能得到真正的成長。由上述簡要的例子可看出，由於柏拉圖與盧梭對個人及社會有不同的設定，他們對教育目的之看法，也就南轅北轍了。在以下有限的篇幅裡，我們要以「集體取向」及「個人取向」的二種立場，來鋪陳重要的中西教育目的之主張。（簡成熙，民 93：58-67）

㈠集體取向之教育目的

1. 文化陶冶

從希臘時期著重的「博雅教育」（liberal education）主張自由人應該健全其心靈。文化陶冶的目的即在於能激起個人高尚的理想，使受教者掌握各種知識的型式，能擴大個人的見解，鑑賞各種文化與藝術，豐富生活內涵。這種博雅教育之理念與一般勞工階層所受的技職教育（vocational education）有明顯的不同。值得我們注意的是，博雅教育在古代是祇有貴族子弟才有機會接受，雖然它強調的是個人心靈的文化陶融，筆者仍把它列在集體取向。因為，博雅教育的內容，即是傳統的文化。後來，雖然有各種經驗取向的課程內容，但是以文化傳承為主導的博雅教育，仍然一直是教育的主要勢力。中世紀的西方教育，雖是以神為本，不再以古典文化為主流，但一則古典文化很巧妙的隱藏在教義中，再者，神本教育重來生，強調安貧、虔誠、輕塵世，集體取向亦濃。文藝復興時期，更是以培養文化人自許。

18 世紀以後，科學技術逐漸發展，到了 20 世紀初，在政治上，各種強權興起，形成世界大戰，史賓格勒（O. Spengler）指出了西方

文化已歷經春夏秋冬，即將進入死亡，德國學者施普朗格（E. Spranger）特別重視人文主義的延續，而提出文化學派的教育思潮，認為教育的重點在於把歷史文化引入個人的主體認知之中，使個人的內在覺醒與文化精神合而為一。20 世紀的美國，其教育的重點是以實用主義為核心，在 30 年代初期，分別受到精粹主義（essentialism）與永恆主義（perennialism）的攻擊，認為教育目的不應祇是職業的準備，對中小學而言，應該是基礎學科的學習，對大學而言，應該是人類亙古文明的鑽研。永恆主義的學者前芝加哥大學校長赫欽斯（R. M. Hutchins）所倡議的閱讀百本經典以健全大學生的理性心靈是典型的代表。而 80 年代後，美國教育愈形的淪為技術訓練，布魯姆（A. Bloom）以《閉鎖的美國人心靈》（*The Closing of The American Mind*）一書再次強調回歸博雅課程。事實上，「通識教育」（general education）一直被高唱入雲，這都說明了文化陶冶對教育的影響。大體上，古代所重視的博雅教育，可算是一種精英分子的閒暇教育，現代所強調的文化陶冶，則是著眼於科技時代，逐漸窄化了人的視野，而希望透過文學、哲學、歷史、藝術的培養，重新恢宏學生氣度。不過，批評者也指出，所謂的博雅教育或通識教育其實反映了某種階級意識，也就是古典文明反映的是上層社會很精英的知識與價值觀，在民主社會多元化的今天，過度強調文化陶冶，祇不過是以主流的中產階級為核心，可能會形成對其他邊陲、弱勢文化的壓制，不可不慎。這種建立在後現代式的批評，有其深刻的一面。不過，持平說來，文化陶冶仍可看成是重要的教育目的。

2.社會效率

　　個人不能離群而獨居，教育的重點設定在使個人未來適應社會，進而具有服務社會之能力，即是以社會群體的利益，來建立教育目的。19 世紀英國的思想家斯賓賽（H. Spencer）批評古代的博雅教育，認為其對生活問題，絲毫不關心，所側重的是形式的知識及裝飾之美學，斯氏在〈什麼知識最有價值？〉一文中，提出五種完美生活活動

所需要的知識：(1)與自我生存直接有關之知識，如生理學、衛生學；(2)與自我生存間接有關之知識，如數學、物理學、化學、生物學等；(3)關於子孫教養之知識，如兒童保育等；(4)維持社會及政治關係之知識，如歷史學、政治學、經濟學等；(5)休閒生活的知識，如美術、繪畫、音樂、文學等。斯氏在當時的英國重博雅教育的傳統下，大膽的提出教育首重培養有用的人，立論點仍在於個人，但當教育側重實際的效用，而把焦點置於社會如何蒙受其益，社會效率說即應運而生。

20 世紀 50、60 年代以後，逐漸有把教育視為一人力投資，我國在民國 60 年代，曾策略性的把高中高職的比例定為 3：7，蓋著眼於當時的經濟發展（羊憶蓉，民 83）。現在，「知識經濟」當道，會逐漸影響教育，自不待言。社會效率的教育目的，就社會而言，是著眼於個人建立強健的體魄，具備各種專業知識與技術，培育現代的公民素養等，以促成社會的進步。就個人而言，具備造福於社會的實業能力，也易於為個人帶來社會酬賞，從而提升個人所得，促成個人向上流動的機會。

如果從前述教育目的的解析中來看，社會效率較文化陶冶更接近工具性的外在教育目的。無論是對個人或社會，教育當然都有促進其進步的功能，但過度的以社會效率為考量，也容易使教育的發展偏頗。我國學子一窩蜂的就讀大學熱門科系，而不管自己的興趣與能力，也是為人所詬病。社會效率也不宜作為教育的唯一目的。

3.國家主義

19 世紀，歐洲列強在海外競爭殖民地，民族主義隨之高漲，國家逐漸從教會手中收回管理教育之實權，於是教育成為達成國家富強的手段。對被侵略的國家而言，救亡圖存，也不得不以教育來強化人民愛國心。國家主義的教育目的，以德國哲學家菲希特（F. G. Fichte）為代表，1806 年，普魯士在耶拿（Jena）一役為法軍所敗，菲氏目睹國家瀕於滅亡，在法軍的監視下，於柏林發表《告德意志國民書》，以激勵萎靡的人心。他說：（伍振鷟等，民 88：101）

　　教育之目的，在以真正萬能的「祖國愛」，以吾民族為
人間永久之民族，與吾民族為永久性之保障者之觀念，藉教
學之力，植其根固其蒂於個人之心底……培植此祖國愛，使
其基礎擴大，根株深厚……以恢復國家之獨立也。

　　國家主義的進一步發展，就成了德、日的軍國主義，其危害已不
待言。我國自清末以來，國勢陵夷，面對列強入侵，救亡圖存的呼聲
也一直被高唱入雲。政府遷臺後，不斷要面對海峽彼岸的軍事威脅，
「民族精神教育」很自然的成為教育的重點，我國五十年來，雖不致
淪為軍國主義，但是強調「愛國」（patriotism）則是不容置疑。在西
方自由民主的先進國家，對於愛國，或是教育應否打造一個國族意識
（nationalism），都有爭議。因為根據西方自由主義所界定的國家與
個人關係，是建立在權利義務之上的契約關係，國家的存在是要確保
個人的利益與福祉，國家並不優先於個人。當然，我們不能否認「覆
巢之下，焉有完卵」的事實，教育的重點要培養每一個公民效忠其國
家，也符合常理。不過，如果過度的強調「國家至上，民族至上」，
根據自由主義學者的看法，可能會高漲了國家公權力的行使範圍，使
政府或在上位者任意侵犯人民憲法所保障的權利，恣意所為，這種
「民粹」（populism）式的行為，極易發生在自由民主發展中的國家。
我國近年來，在政治的抗爭上，動輒以「臺奸」、「賣臺」、「愛不
愛臺灣」等口號來作族群的動員，已撕裂了政黨支持者間互信的基
礎，在發揚「臺灣精神」的同時，冷靜思考一下國家主義教育目的的
優缺點，應是有意義的學術工作。持平說來，國民認同其國家，善盡
義務，享受權利，本是天經地義，但若過度的灌輸愛國意識，也會窄
化了國民視野。

㈡個人取向的教育目的

1. 自然主義

　　在西洋教育史上，很早就有一種勢力，把教育看成是兒童天生潛力的開展，如奧國的康門紐斯（J. A. Comenius）、瑞士的裴斯塔若齊（J. H. Pestalozzi）、德國的福祿貝爾（F. W. A. Froebel）等，他們共同強調教育的重點在於開啟受教者潛能、發展其能量，反對外在的干預。最能代表自然主義的思想家，首推法國的盧梭（J. J. Rousseau），他在《愛彌爾》（Emile）一書中，開宗明義：「天造之物，一切皆善，一經人手，全變為惡。」盧梭目睹當時社會的矯揉造作，虛偽浮誇，力主兒童返回自然，以免遭到人為的破壞。盧梭也是啟蒙時期重要的自由主義學者，他倡議返回自然，是要使人獲得自由，他也曾表達人生而自由，卻無時不在桎梏之中。盧氏認為自然的生活，可以尊重個人之所長，且可激發人類之同情心及追求自由的情感。他反對對兒童施以所謂積極教育，而強調消極教育的重要。前者是指為求兒童心智早熟，刻意對兒童施以各種有關知識及人生義務之教育。消極教育則重視兒童的感官經驗，盧梭特別強調，消極教育並非放任怠惰，而是藉著開發兒童本有的感官世界，逐漸誘導，而在十二歲之後，進入積極教育的起點。既然教育的重點在於促使學生自然的成長，不宜進行人為的干預。如何確保常規秩序呢？在《愛彌爾》一書中，盧梭舉了一個自然懲罰的例子。當有一天，愛彌爾因為生氣而打破窗戶洩憤，老師沒有運用人為的懲罰，但是到了半夜，愛彌爾終於嘗到了苦果，由於天氣太冷，使他無法入睡，這種自然懲罰，使愛彌爾知所進退（Wallker & Soltis, 1986）。值得我們質疑的是，盧梭的教育主張，只適用在男孩，在《愛彌爾》一書中，盧梭顯然男女有別，認為女孩只要順服，取悅男孩即可。盧梭這種重男輕女的看法，業已引起了女性主義學者的批判（Martin, 1994）。

　　我國先秦老莊的思想也有「道法自然」的說法，道家認為人為的

知識全是汩沒自然的利器，「絕聖棄智」、「絕仁棄義」、「聖人不死，大盜不止」，老子曾云：「含德之厚比於赤子」，要人們棄絕一切私慾、知識的迷惑，返回嬰兒的率真無偽，與盧梭的自然主義，有異曲同工之妙。

　　以順應自然作為教育目的的最大優點是提醒吾人重視受教者的身心發展。不過，我們畢竟是生活在人群之中，一味地以自然發展作為教育目的，不免忽略了社會文化的既有價值。國內教育先進雷國鼎指出，教育之目的，在使兒童成為「人中人」，而非「人外人」，誠為中肯（雷國鼎，民 65：54）。

2. 自主作為教育目的

　　對現代國家而言，把教育目的設定為知識的增進、道德的提升、身體的健康、精緻的休閒生活、基本的職業訓練、公民素養的提升，似乎已逐漸成為共識，但也正因如此，這些教育目的也變得平淡無奇，使得一般人對教育目的失去深刻的反省力。在西方自由主義的傳統下，學者們大體上能接受把「個人自主性」（individual autonomy）（或譯為自律）視為教育目的的核心。與前列的各種實質教育目的相較，自主性較為內在且抽象，代表著一種教育目的的程序性原則。

　　西方自由主義有一項基本的看法，即是「中立性論旨」（the neutrality thesis），意指在不妨礙他人之下，個人在私領域享有充分的自由，政府不能預設各種實質的價值，企圖影響人們生活方式的選擇。絕對的價值中立是否可能？是學者們爭論的核心，但至少可看出在西方自由主義的理念下，無論是教育目的或方法，在消極上不干涉個人的自主抉擇，在積極上營造一增進個人選擇多樣化的能力，殆為教育的指導原則。

　　20 世紀初英國有尼爾（A. S. Neil）的夏山學校，美國則有進步主義運動（progressive movement），都主張不要干涉學生，夏山學校的學生甚至有不上課的自由。不過，西方主流自由主義則不一定認同此種教育理念，他們擁護自主，卻反對放任。根據自由主義的看法，自

主並不是祇要我喜歡，有什麼不可以，自主意味著自由抉擇與行為負責。自主作為一種教育目標，可以避開各種實質教育目標的限制，也可以糾正過度放任式的教學理念，在 20 世紀英語系世界裡，成為一個很主流的教育目的觀。

20 世紀 80 年代以後，多元文化主義（multiculturalism）、社群主義（communitarianism）、女性主義（feminism）、後現代主義（post-modernism）都對「自主性」持修正的態度，這些學者認為「自主性」反映了西方啟蒙運動以來男性白人的特定立場，而且個人無法脫離所處的文化環境，過度強調自主，其實會割離了個人自我與外在世界的聯繫。不過，儘管如此，教育過程培養學生的自主性，仍是重要的教育目的，如何加以修正，使之更符合多元的後現代社會，是教育學者未來應關心的重點。

3. 批判思考作為教育目的

前面對教育的概念分析中，「合認知性」是重要的規準之一，教育涉及了受教者認知概念的逐步擴大，而此一認知概念的擴大，又不能經由灌輸，必須符合程序性原則。英美 20 世紀 60 年代的主流教育哲學家謝富樂曾經在分析「教學」時，說到：（Scheffler,1960：57；簡成熙，民 85：124）

　　……從事教學，在最標準的情形下，至少是使教育能著重學生的理解與獨立判斷，要求教育能提供理由及精確的說明。教某人如何如何，不僅僅祇是要試圖使某人相信某事，我們也應該使學生有理由去相信。這是人師者教學的理由。教學，正是老師們彰顯其理於學生，藉著提供各種理由，使學生自己能從事評鑑與批判。

席格（H. Siegel）更進一步的提出四項理由，來說明批判思考應該成為教育的主要目的。首先，根據康德的立場，我們必須把人視為

目的，而不能視為手段，「尊重他人」是很重要的一項道德律則，把學生當人，尊重學生，自然就會認可學生有權對教師所教的內容提出質疑；再者，教育的重點是提供學生選擇的能力，使學生能充分的去經營自己的人生，具備批判思考，使學生在抉擇人生時，能有判斷的能力，不人云亦云，將會使學生日後更易於經營成功的人生。第三，基於人類理性生活的傳統，理性使人從愚昧中走出，逐漸建構出現代文明。而理性的生活正是要當事人不盲從權威，找出各種價值、觀點的評價理由。當我們支持或反對某種觀點，要有充分的理由，批判思考正是希望培養當事人進入理性的傳統。最後，席格以民主生活來說明批判思考所扮演的角色。席格認為我們是生活在民主的氛圍中，民主的生活強調每個人都應獲得基本的尊重，各種政策的抉擇及爭議，有賴不同立場的人以理相互說服。在民主的社會中，每個人都要有能力去判斷各種議題，公平無偏見的去評價各式主張。基於上述四種理由，席格認為批判思考應該成為教育的重要目的（Siegel, 1988）。

　　批判思考與自主性都是西方啟蒙運動以降自由主義核心價值下的教育主張。在 20 世紀受到馬克斯主義影響而在英美 50、60 年代逐漸壯大的批判理論（critical theory）傳統，也不斷的對自由主義下的資本體制加以質疑，他們認為自由主義所提出的各種自由觀，並不會真正帶給人類自由與解放，因為資本家會與國家結合，教育也就很自然的形成一種國家機器，被用來鞏固既有的階級利益。尤有進者，資本體制甚至於挾其巨大影響力，廣泛而全面的影響人們的生活，包括飲食、休閒、娛樂等，阿多諾（T. W. Adorno）指出，文化事業在資本主義體制中，也成為一種文化工業。讀者可以從情人節、母親節等假日，各種商業的促銷情形來省思，人類愛情、親情的表達方式也受制於商業邏輯。在新馬克斯學者看來，資本主義所帶給人們的各種自由，其實祇不過使人類更役於物，從根本上喪失了自主性。他們也認為教育的重點是要培養學生批判的精神，質疑現有的體制。部分後現代主義的學者承襲了批判理論的立場，也不斷呼籲應在教學過程中重視學生的批判意識（Giroux, 1991）。

　　無論是傳統哲學,現代及後現代教育思想,「批判」一詞都有其重要的意義。傳統哲學的康德認為批判是發揚理性的精神以脫離野蠻愚昧狀態;現代分析哲學承襲此立場,也認為理性的精神要允許受教者去質疑;後現代主義則更為重視批判整個文明機制及其意識型態。不過,「批判思考」儘管是西方當代很主流的教育目的。但也逐漸有學者加以質疑,這些質疑與前面對「自主」作為教育目的之質疑類似,認為批判思考表面上是一種很民主、多元的立場,其實仍是預設了某種階級立場與特定的理性觀。筆者認為,「批判」批判思考,本身也是一種批判思考,質疑批判思考,正說明了批判思考的合理性。對我國而言,批判思考的重視還是近年來的事,以後應當強化,使批判思考也能成為國人的基本能力與態度。

第三節　我國教育宗旨與目的

　　教育目的往往反映了某一個時代的精神、特定的需求及重要思想家的啟發。我國古代也有很豐富的教育思想,自清末以來,受列強侵略,有志之士無不主張強化教育興革以除弊。民國肇建以後,更具體的形成了國家的教育宗旨,值得加以分析討論。

　　——「忠君、尊孔、尚公、尚武、尚實」(光緒31年學部奏定教育宗旨)

　　——「注重道德教育,以實利教育、軍國民教育輔之,更以美感教育完成其道德(民國元年教育部公布)

　　——「愛國、尚武、崇實、法孔孟、重自治、戒貪爭、戒躁進」(民國4年大總統令)

　　——「中華民國之教育,根據三民主義,以充實人民生活,扶植社會生存,發展國民生計,延續民族生命為目的;務期民族獨立、民權普遍、民生發展,以促進世界大同」(民國18年國民政府令)

　　——「教育文化,應發展國民之民族精神、自治精神、國民道德、健全體格、科學及生活智能」(民國36年中華民國憲法158條)

　　——「教育之目的以培養人民健全人格、民主素養、法治觀念、人文涵養、愛國教育、鄉土關懷、資訊知能、強健體魄及思考、判斷與創造能力，並促進其對基本人權之尊重、生態環境之保護及對不同國家、族群、性別、宗教、文化之瞭解與關懷，使其成為具有國家意識與國際視野之現代化國民。」（民國 88 年教育基本法第 2 條）

　　我國在民國 80 年代中，教育改革如火如荼，行政院教育改革審議委員會所提出的《教育改革總諮議報告書》雖不是正式的官方文件，但卻影響教育改革走向深遠，報告書所列出來的教育改革目標如下：

　　——基本能力與知識方面：除了讀、寫、算的能力外，應提高有效使用多種語文與電腦的本領，並加強分析、推理、判斷、抉擇及綜合等適應變遷、解決問題的能力，也要養成手腦並用的做事習慣。現代人更應具有一定程度運用科學與技術的知能，同時培養其科學精神與科學態度。

　　——自我瞭解及自律方面：增進對自己的稟賦、能力、情緒及需求的瞭解，並且重視自我調適與自我實現能力的培養。在道德品格上，應注重養成自律性（相對於他律性）道德原則的情操。

　　——個人品味習慣方面：培養人文素養與精神，提升審美品味與格調，養成良好休閒嗜好。為適應不斷變遷的社會，更應培養終身學習的意願、習慣及能力。

　　——與他人相處方面：積極培養設身處地地瞭解、容忍及尊重他人的意願，和為自己行為負責的態度。也應培養關愛他人的習慣，及以人道方式對待他人的心意，以形成有情有義的社會環境。在團隊生活上，更應克制自私自利的動機，增進認同與一體的感情，發揮團隊合作的效能。

　　——公民職責方面：培養對社會的公德心、關懷心及責任感，並加強對民主與法治的理解，和對公民權利與義務的認識。養成以民主程序與方式處理事務的習慣，並培養法律認知與守法精神。

　　——地球村民意識方面：深切體認世界為一整體，各處人類生活

息息相關，並應增進對世界各地歷史文化及其差異的理解與欣賞，加強尊重世界上其他族群的態度與行為。在對自然環境的態度上，消極面應革除忽視、凌虐及破壞生態的行為，積極面則應建立關懷環境的觀念，培養保護環境的習慣，使人與環境、人與世界和諧交融。

　　這些教育宗旨洋洋灑灑，當然不會有太大的問題，但如我們仔細思考，仍會發現，受到特定時空的需求（如清末及民初之宗旨），也反映了特定思想家之見解（如民國元年蔡元培提出以美感教育代替宗教）。教育措施無可避免的會反映出特定時空的需求，如果從長程的歷史眼光來看，不免顯得昨「非」而今「是」（如民國 4 年的教育宗旨）。國內學者周愚文根據其所蒐集之資料指出，世界上以憲法或法律規定國家教育目的的國家僅有十五國，數量不多。多屬第三世界國家，部分屬社會主義國家，民主化程度不深。至於英美、前西德、法、蘇、加、義等主要國家均未制定類似宗旨或目的，制定國家教育宗旨並非世界趨勢（周愚文，民 88：32）。

　　筆者在前節中已經指出，英國學者皮德思曾質疑空泛教育目的之必要。除了這些教育宗旨或目的大而無當，易淪為文字遊戲外，更由於不易周延，容易淪為特定政黨政爭的工具，使教育淪為國家機器，反而喪失了教育之主體性，先進國家不在國家的層級上立教育宗旨或目的，亦是著眼於此。不過，沒有制定國家教育宗旨的國家，不必然導致該國教育無法發展。

　　基於指引實際教育之功能，各級各類教育仍須有其特定的目標，譬如我國各級學校教育宗旨如下：

　　──「大學以研究學術，培養人才，提升文化，服務社會，促進國家發展為宗旨，大學應受學術自由之保障，並在法律規定範圍內，享有自治權。」（大學法第 1 條）

　　──「專科學校，依中華民國憲法第一百五十八條之規定，以教授應用科學與技術，養成實用專業人才為宗旨。」（專科學校法第 1 條）

　　──「職業學校，依中華民國憲法第一百五十八條之規定，以教授青年職業智能，培養職業道德，養成健全之基層技術人員為宗旨。」

（職業學校法第 1 條）

——「國民教育依中華民國憲法第一百五十八條之規定。以養成德、智、體、群、美五育均衡發展之健全國民為宗旨。」（國民教育法第 1 條）

——「幼稚教育以促進兒童身心健全發展為宗旨。」（幼稚教育法第 1 條）

這些法律所訂定的宗旨或目標，必須時時加以反省，才不至於反而限制了學制的靈活發展。例如：專科學校法、職業學校法及高級中學法都很明確的訂立了其教育宗旨，我國高級中學法在過去一直以大學的預備為宗旨，「高級中學以陶冶青年身心，培養健全公民，奠定研究學術或學習專門知能之預備為宗旨。」（高級中學法第 1 條）但是隨著「綜合中學」（comprehensive high school）理念的移植，高級中學法也必須面臨修正，才能符合增設職業類科的需求。教育政策制定者或教育工作者對各級學校教育宗旨，不宜孤懸，或祇視之為具文，才可以在與時俱進的現代社會中，隨時調適。

教育目的的分析，可算是教育學最基礎的研究，直接可主導教育走向，其重要性不言而喻。就筆者的瞭解，我國到目前為止，還沒有一本有關教育目的之專著問世，相較於國外哲學大師懷德海之專著（Whitehead,1967），教育哲學家懷特的探討（White,1982,1990），及西方學者不斷的對既有目的提出反省（Marples, 1999）即便是對岸中國大陸，也都有專門的討論（瞿葆奎主編，1998）。有關教育目的的分析，確實值得我們再努力。但昭偉在一篇論述教育改革的文章中曾提及，政府遷臺後五十年來，主導教育宗旨及社會大眾心中對教育目的之看法不脫富國強兵、儒家的社會角色及個人向上流動。但氏認為這些想法並非建立在個人主義之上，不過，近十年來臺灣的教育改革，卻是以個人主義為主軸，教育改革與固有之教育目的，不盡符合，逆勢操作，硬要把教育從集體取向的典範轉向個人取向，並不容易成功（但昭偉、邱世明，民 87），但昭偉當然並不是認為我們不要從事教育改革，他提醒吾人要更靈活的去思考各種教育目的背後的歷

史、文化及哲學基礎，再據以改革時，才不至於見樹不見林。我們也期待國內教育研究者及教育工作者，不要祇把各種教育目的視為紙上文章，形同具文。要更縝密的去分析、批判，才能使教育宗旨與目的，避開特定政經局勢的不當干預，真正發揮指引教育實踐的功能。

📖 參考文獻

王家通主編（民84）。《教育導論》。高雄：麗文。

羊憶蓉（民83）。《教育與國家發展》。臺北：桂冠。

行政院教育改革審議委員會（民85）。《教育改革總諮議報告書》。臺北：同
　　作者。

伍振鷟等（民88）。《教育哲學》。臺北：五南。

但昭偉、邱世明（民87）。〈今日教育改革的基本性質－典範的轉移〉，見
　　《教育資料集刊》，23輯，1-11頁。

李錦旭譯（民78）。《資本主義美國的學校教育》臺北：桂冠。

邱兆偉主編（民92）。《當代教育哲學》。臺北：師大書苑。

周愚文（民88）。〈我國國家教育宗旨的回顧與前瞻（1906-1998）〉，見中國
　　教育學會主編。《關鍵年代的教育》。臺北：揚智。

陳迺臣（民78）。《教育哲學》。臺北：心理。

黃光雄（民85）。《教育導論》。臺北：師大書院。

雷國鼎（民65）。《教育概論》。臺北：教育文物出版社。

賈馥茗（民86）。《教育的本質》。臺北：五南。

厲以賢主編（民81）。《西方教育社會學文選》。臺北：五南。

歐陽教（民62）。《教育哲學導論》。臺北：文景。

簡成熙譯（民85）。《十字路口的教育：通識教育的理論基礎》。臺北：五南。

簡成熙譯（民91）。《教育哲學導論》。臺北：五南。

簡成熙（民85）。《理性、分析、教育人》。臺北：師大書院。

簡成熙（民87）。〈技職教育與通識教育二元對立的消解：從技職教育的專業
　　特性來審視〉，見《通識教育季刊》。5卷2期，37-50頁。

簡成熙（民89）。〈多元文化教育的論證、爭議與實踐：從自由主義與社群主
　　義論起〉，見但昭偉、蘇永明主編，《文化、多元文化與教育》。臺北：
　　五南。

簡成熙（民93）。《教育哲學：理念、專題與實務》。臺北：高等教育。

瞿葆奎（1998）。《教育基本理論之研究》。福建教育出版社。

Dewey, J（1966）.*Democracy and education*. New York：The Free Press.

Giroux, H. A.（Ed）（1991）.*Postmodernism, feminism, and cultural politics*. Albany,
　　New York：State University of New York Press.

Hirst, P. H.（1972）. liberal education and the nature of knowledge In R.D. Archambault（Ed.）*Philosophical analysis and education.* New York: Humanities Press.

Howard, V. A. Scheffler, I.（1995）.*Work, education and Leadership.* New York: Peter Lang Publishing.

Kuhn, T.（1970）.*The structure of scientific revolutions.* Chicago: University of Chicago Press.

Marples, R.（1999）.*The Aims of education. London:* RKP.

Martin, J. R.（1970）.*Explaining, understanding, and teaching.* New York: McGraw-Hill Book Company.

Martin, J. R.（1994）.*Changing the educational landscape: Philosophy, women, and curriculum.* New York: Routledge.

Peters, R. S.（1966）.*Ethics and education.* London: Routledge and Kegan Paul.

Peters, R. S.（1973）.*Authority, Responsibility and education.* London: George Allen & Unwin.

Peters, R. S.（1977）.*Education and the education of teachers.* London: Routledge and Kegan Paul.

Scheffler, I.（1960）.*The Language of Education.* Springfield: Charles e. Thomas.

Siegel, H.（1988）.*Education Reason: Rationality, critical thinking and education.* New York: Routledge, Chapman and Hall.

Standish, P.（1995）.Postmodernism and the education of the whole person. *Journal of Philosiphy of education.* 1,121~135.

Walker, D. & Soltis, J. F.（1986）.*Curriculum and aim*s. New York: Teachers College Press.

Whitehead, A. N.（1967）.*The aims of education and other essays.* New York: The Free Press.

White, J.（1973）.*Towards a compulsory curriculum.* London: RKP.

White, J.（1982）.*The aims of education restated.* London: RKP.

White, J.（1990）.*Education and the good life.* London: Institute of Education, University of London.

第三章

教育的型態

吳錦惠

　　21 世紀是以知識經濟為核心發展的時代，創新與人力開發已成為關注焦點，而此正有賴教育發揮功能爰以完成。本文旨在闡述臺灣整體的教育型態，共分三節：第一節為正規教育、非正規教育與非正式教育；第二節為教育的種類；第三節為學制的種類。

第一節　正規教育、非正規教育與非正式教育

　　有人類的地方即存在著一定的制度與規範。人類會運用理性與智慧設置學習的場所，我國自夏朝時即設有「校」，商朝設有「序」，周朝設有「庠」，這是我國學校制度的肇始。一般說來，教育系統通常可區分為正式教育與非正式教育兩類。不過，從我國教育法令中所做的分類，則可細分成正規（Formal）教育、非正規（Nonformal）教育及非正式（Informal）教育三類。茲分別闡述其意涵如下：

📝 一、正規教育

　　正規教育係指有系統、有組織的一種教育形式，其主要目的在於傳授知識、技能與為人處世之道，其有關授課時間、場地、課程、教學、評量及師生資格等均有規範，通常可泛指學校系統教育（湯誌

龍、孟祥仁等，2005：374）。我國終身學習法第 3 條亦指出：「正規教育，乃指由小學到大學具有層級架構之教育體制（教育部，2002）。」

二、非正規教育

非正規教育乃相對於正規教育之謂，誠如我國終身學習法第 3 條指出：「非正規教育，乃指在正規教育體制外，針對特定目的或對象而設計之有組織之教育活動（教育部，2002）。」例如：成人教育、補習進修教育、回流教育、繼續教育及職業訓練教育等。我國相當重視非正規教育系統，對於其課程開設、課程認可及課程實施計畫等均有所規範，例如：非正規教育學習成就認證辦法第 2 條規定：「中央主管機關應設立非正規教育課程認可委員會，負責有關非正規教育課程認可之決策及督導等事宜，其認可作業委託大專校院或全國性學術、教育團體辦理。前項認可委員會之組織，由中央主管機關定之（教育部，2003）。」非正規教育學習成就認證辦法第 3 條規定：「終身學習機構申請非正規教育課程認可，應於開設課程六個月前，填具申請書並檢具課程實施計畫，向認可機構提出申請。前項課程實施計畫內容，應包括目標、開班名稱、招生對象、招生人數、師資、課程、上課地點、經費預算、學分給予、辦理單位等事項（教育部，2003）。」

三、非正式教育

非正式教育係指不拘形式的教育形式，包含家庭教育、社區教育及社教機構、民間團體、公務機關、企業辦理的各研習活動或短期在職訓練等，也包含從報章、雜誌、廣播電視、網站等傳播媒體所獲得的學習形式（湯誌龍、孟祥仁等，2005：374）。另外，非正式教育經常也被通稱為社會教育，包括特殊學校（如啟明、啟聰、啟智及仁愛學校）、補習學校（如國民補習學校、進修補習學校及短期補習學

校）與空中教育（如空中大學）等（葉學志，1994：227）。

第二節　教育的種類

　　人類學習歷程中，教育是促進個人與社會成長的基石。論其教育之功能，在個人方面，透過教育能夠改變人性、行為及認知等，形塑優質的心智知能與行為發展；在社會方面，透過教育得以妥適發展社會職務並滿足在經濟、政治等各層面的需求。談及教育，經常囿限於學校教育的範圍，然而從廣義面來看，教育的種類可區分為家庭教育、學校教育、社會教育及終身教育四種，茲分別闡述其內容：

一、家庭教育

　　家庭是孩子出生後第一個接觸訊息的場所。從發展心理學來看，二歲是幼兒語言發展的關鍵期，而人類的人格發展其實在六歲前已經成形。由此可知，家庭教育的良窳對於孩子的行為、人格、思考與語言發展等均是極為重要關鍵。

(一)家庭教育的意涵

　　一個人自出生到死亡的歷程與家庭生活息息相關。因為家庭成員互動、成長環境、家庭氛圍及教養方式等，均會影響到一個人日後的心智能力、行為習慣、思想觀念、道德態度、情感生活、倫理關係及人格發展等。狹義的家庭教育意指一個人早年在家庭中所受到的影響，或僅指父母對子女的教育；廣義的家庭教育則是指一個人終其一生受到來自家庭直接與間接的影響、有形與無形的影響。此外，家庭教育的範圍應包括：兩性教育（含兩性關係、兩性溝通、兩性交往及性教育等）、婚姻教育（含婚前教育、新婚調適、家庭計畫及夫妻溝通等）、親職教育（含親職角色與職責、親子溝通與調適及子女教育等）、子職教育（含子女或晚輩對上一代或長輩的態度與職責等）、

世代倫理教育（含孝親事長、愛子慈幼、兄友弟恭及姻親關係等）及其他事項（含家人關係、家庭保健、家庭休閒及家庭經營等）（蔡義雄，2000）。

(二)家庭教育的功能

前已提及，家庭教育對一個人的心智能力、行為習慣、思想觀念、道德態度、情感生活、倫理關係及人格發展會產生影響。析言之，家庭教育的功能有：

1. 開啟心智能力

幼童天生好動、好奇心旺盛，家庭教育若能布置舒適、安全及多元的學習環境，加上適時的引導，即可開啟其求知慾，增進其心智能力的成長。

2. 培養氣質習性

一個人的氣質習性大都是在早年家庭生活中養成的，例如：父母安排規律的作息，要求良好的衛生習慣，培養閱讀習慣的氛圍，學習適當的禮儀，以及提供適應生活的需求等。

3. 穩定人格發展

家庭的教養態度與方式影響幼童的個性與人格發展甚鉅。因此，若是父母能在家庭生活中給予溫暖、和平的感受，在身教與言教方面做出良好的示範，將有助於日後幼童人格的健全發展。

4. 認識自我概念

「我是誰？」「我是從哪裡來的？」「我為什麼長這個樣子？」這些問題是一般孩童自小的疑惑。家庭教育應教導孩童認識自己，意即認識自己的身體樣貌及對自己的看法，培養正確的自我認同概念，以及教導合適的道德是非觀念。

5. 鍛鍊健康體魄

幼童年紀尚小時，需要依賴父母家人的養育與保護，期間應培養幼童良好的運動習慣，促使身體各機能均獲得健康的成長與發展；此外，由於孩童在六歲以前是各種感官發展的關鍵期，是故家庭應讓孩童在日常生活中進行感官經驗的學習，例如：刷牙、穿衣、整理玩具及照顧小動物等，使其逐漸學會自我照顧的能力。

6. 積極人生觀念

家庭必須鼓勵孩童建立積極的人生觀，例如：負責、樂觀、進取、主動及獨立等，使其長大後能期勉自己成為社會上有所貢獻的人。

二、學校教育

學校是一種有組織的團體，學校教室可視為社會單位的一部分。因此，學校行政人員、教師、家長與學生所共同組成的教育系統即可視為社會體系的一種類型。在此一體系中，教師是學生的認同目標，教師的人格、哲學、行為、教學方式與內容等，莫不間接或直接地影響到學生的行為型態與人格特質（葉至誠，2002：10）。

㈠學校教育的意涵

人類在原始社會裡並無所謂學校的組織，亦無所謂的學校制度。之後，為滿足學習者及社會進步的需求，學校才應運而生，學校也因此成為負責教育的專門機構（葉學志，1994：221）。學校教育是指在學校裡進行的一切教育活動之統稱（蔡義雄，2000）。再更具體地說：有一群特定的對象（包括老師和學生等）在固定的場所（如教室）中所進行的有計畫、有組織及有系統的教育相關活動（如學習語文等）。

(二)學校教育的功能

1. 傳道、授業與解惑

學校教育的基本功能在於教導讀、寫、算等基本的生活能力，為人處世的道理及解決問題的能力。更進一步地說，學校教育強調理論與知識啟發，期能培養學生具有獨立思辨與解決問題的高層次認知能力。

2. 自我實現的達成

心理學家馬斯洛（H. Maslow）提出「需求層次論」，主張人類滿足了基本需求後才有動機追求成長需求。良好的學校教育必須引導學生追求更高層次的知識、美的欣賞及自我實現的達成。

3. 身心健康與成長

「健全的心靈寓於健康的身體」，學校教育必須規劃健康與體育相關的課程，幫助學生具有充沛體力與旺盛的精神，然後實施情意教育，促其人格均衡發展。

4. 學習社會規範

學校教育除了一方面教導學生瞭解自我、建立自信；另一方面也要積極教導其學習社會價值與規範，以作為未來進入社會生活的準備，例如培養民主素養等。

5. 文化傳遞與創造

教育是一種文化活動，因為學校教育的內容有一部分是一個國家的文化財。是故教育的功能在於維護、傳遞及創造文化的內涵，使該國的文化得以綿延發展。

🖊️ 三、社會教育

㈠社會教育的意涵

　　由於家庭和學校均屬社會組織的一部分，因此廣義的社會教育將兩者一起涵蓋，係指人與社會環境互動下所接受的一切教育活動。然而從狹義來看，社會教育係指正式學校教育以外的教育，其目的在促進全體國民身心之充分發展，社會生活之全面改善，社會文化水準之普遍提高，以增進國家社會之繁榮與進步（轉引自王培光，1994：167）。社會教育的內容大抵包括三類：其一是正規的社會教育，例如：國中小附設補習學校及空中大學等；其二是非正規的社會教育，例如：長青學苑、老人大學、婦女教育及休閒教育等；其三是非正式的社會教育，例如：廣播、電視及報紙等（王培光，1994：164-165）。

㈡社會教育的功能

　　由於社會教育重視的是進修性質的繼續教育，其內容強調生活化與實用化，因此其功能主要有：

1. 提升教育水準

　　雖然國內的文盲比例已微乎其微，但受到先天社經背景與後天學習條件等因素的差異，並非每個國民都有機會順利升學。透過社會教育，可以幫助許多人不必依循正式的學校教育管道也能繼續求知，而此正可有助於教育機會均等的理想實現。

2. 提供技職訓練

　　社會教育提供青年人做就業的準備，同時也為目前就職中的人員提供再教育的專業發展機會，使其更能因應時代進步及科技需求（蔡義雄，2000：38-40）。

3.提升生活品質

參與藝術、文化及休閒相關活動有助於提升社會大眾的生活品質，為達成此一功能，現今有許多社會教育機構與團體紛然成立，例如：社會教育館、文化中心、圖書館、博物館、美術館、動植物園、音樂廳及天文臺等（蔡義雄，2000：38-40）。

四、終身教育

我國有句古諺：「活到老，學到老。」美國教育學家杜威（J. De-wey）曾云：「教育即生活，教育是經驗不斷地成長與改造。」此亦道出終身學習的重要性，因為唯有透過不斷地學習，人生的智慧方得以累積、成長。邇來，隨著我國國民在生活及教育等方面的水準不斷提升，終身教育始逐漸為國人所重視，例如：在 1998 年頒布「邁向學習社會白皮書」，2002 年發布「終身學習法」，終使我國的終身教育邁向法制化（湯誌龍、孟祥仁等，2005：368）。

(一)終身教育的意涵

終身學習法第 3 條明白指出：「終身學習係指個人在生命全程中所從事之各類學習活動（教育部，2002）。」湯誌龍、孟祥仁等（2005：369）則歸納國外學者 Dave 的描述，認為終身教育的意義包括下列六項要點：

1.終身教育的概念係建立在「生活」、「終身」、「教育」三個名詞基礎上。
2.終身教育的歷程涵蓋個人全部的生命歷程。
3.「家庭」是個人終身教育學習歷程中首要的角色。
4.各級學校和訓練中心乃是重要的終身教育機構。
5.終身教育強調具有普遍性特徵，代表全民教育的民主化。
6.終身教育在學習內容、手段、技術和時間各方面是彈性與多元

的。

(二)終身教育的功能

我國在 1998 年頒布的「邁向學習社會白皮書」，內容揭示了八項目標與十四項具體途徑。終身學習的教育體制不但兼重正規、非正規及非正式的教育，也強調各級教育管道的銜接與貫通，及不同教育型態間的平行轉換。誠如終身學習法第 7 條所示：「終身學習機構提供學習之內容，依其層級，應重視學前教育、國民教育、中等教育、高等教育之銜接；依其性質，應加強正規教育與非正規教育之統整（教育部，2002）。」

談到終身教育的功能，實蘊含於「邁向學習社會白皮書」中的八項目標與十四項具體途徑（教育部，2004a）：

1. 八項目標

包括：(1)鼓勵追求新知；(2)促成學校轉型；(3)鼓勵民間參與；(4)整合學校內外的教育體制；(5)培養國際觀及地球村知能；(6)激發學習型組織的潛能；(7)保障全民學習權；(8)認可全民學習成就。

2. 十四項途徑

包括：(1)建立回流教育制度；(2)開闢彈性多元入學管道；(3)推動學校教育；(4)發展多元型態的高等教育機構改革；(5)推動補習學校轉型；(6)鼓勵民間企業提供學習機會；(7)發展各類型的學習型組織；(8)開拓弱勢族群終身學習機會；(9)整合終身學習資訊網路；(10)加強民眾外語學習；(11)成立各級終身教育委員會；(12)完成終身學習法制；(13)建立認可全民學習成就制度；(14)加強培育教師終身學習素養。

第三節　學制的類型

我國自清光緒 28 年頒布欽定學章後，始有正式明文規定之學制（謝文全，1994：195）。學校制度（School System，簡稱「學制」）

有時也可稱為學校系統,其包括兩個概念,其一是「學校」,其二是「制度」。學校係指實施教育的機構,裡面包括施教的人員、對象、場地及設備等;制度則指一個組織體系各部分間的關係,包括交互作用、相互依存及連貫銜接等。因此,學校制度的定義可界定為:各級或各類學校間組織而成的系統,彼此間依據學校的性質、任務、入學條件及學習年限等差異加以區分(王家通,1995:221;吳清山,2004:309-310)。

　　我國現行學制的制定均有相關的教育法令依據,明確規範其內容以供民眾依循(現行學制系統請參考圖 3-1)。主要可區分為學前教育(Preschool Education)、初等教育(Primary Education)、中等教育(Secondary Education)與高等教育(Higher Education)等四個層面。茲分別闡述如下:

🖊️ 一、學前教育

　　廣義的學前教育包括托兒所教育與幼稚園教育;狹義的學前教育則僅指幼稚園教育(吳清山,2004:310)。托兒所教育通常包括「家庭托育」與「托嬰中心」的性質,以照顧幼兒生活起居與安全為主要任務,協助其出生後至進入幼稚園前的教育階段。而幼稚園則大多招收三至五歲的幼兒,為接受初等教育前的準備階段(葉學志,1994:222)。

　　世界多數的國家均未將學前教育納入義務教育,我國亦同。托兒所的設立主要係依據「兒童福利法」與「托兒所設置辦法」,主要招收對象為初生滿一個月至未滿六歲者為限(王家通,1995:231)。我國幼稚教育法第 2 條亦指出:「幼稚教育係指四歲至進入國民小學前之兒童,在幼稚園所受之教育。」此階段的教育任務主要為保護、照顧與教育,以促進其身心健全發展為宗旨。幼稚園又依設置單位的不同區分為公立與私立兩類,前者為直轄市、縣(市)政府、公立師資培育機構或公立小學附設者;後者則由私人所設立(謝文全,1994:

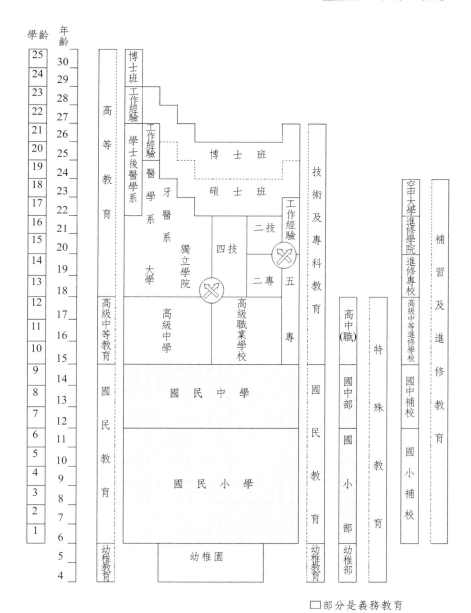

圖 3-1 中華民國學制圖（R.O.C School System）

＊資料來源：教育部（2006a）。中華民國學制圖。2006 年 11 月 1 日，取自 http: //www.edu.tw/EDU_WEB/EDU_MGT/STATISTICS/EDU7220001/indicator/a-4-1. htm? open

195）。由表 3-1 可知，80 學年度幼稚園（含公、私立）共有 2,495 所，迄 94 學年度則增加至 3,351 所，共計增加 856 所，其數量呈穩定成長中。

　　觀諸我國學前教育的現況，發現其主管的機關經常橫跨教育與社會福利單位（如教育局與社會局），而有適用法規重疊、混淆的狀況；此外，在設置標準、師資條件、收托對象等，也有標準不一的現象。為解決此類問題，近年已有「幼托整合」政策的擬定，期幫助學前幼兒在更完整的教育體系下獲得健康成長。未來幼稚園與托兒所整合後將合稱之為「幼兒園」，專責辦理二至六歲幼兒之幼托教育工作。目前的規劃已自 93 學年度起，由離島與原住民鄉鎮市優先實施「國民教育幼兒班」；預計在 95 學年度評估前兩年實施成效，並視國家整體財政狀況後，研議全面辦理之可行性（教育部，2004b）。

表 3-1　80-94 學年度學前教育機構數量成長分析表（單位：校）

學年度	幼稚園	學年度	幼稚園	學年度	幼稚園
80	2,495	85	2,660	90	3,234
81	2,420	86	2,777	91	3,275
82	2,435	87	2,874	92	3,306
83	2,484	88	3,005	93	3,252
84	2,581	89	3,150	94	3,351

＊資料來源：教育部統計處（2006a）。歷年來校數、教師、職員、班級、學生及畢業生數。2006 年 10 月 31 日，取自 http://www.edu.tw/EDU_WEB/EDU_MGT/STATISTICS/EDU7220001/ebooks/edusta/p4-31.xls.

二、初等教育

　　我國的初等教育又稱為國民小學教育。初等教育一詞的英文為「Primary Education」或「Elementary Education」，本身具有基本教育或基礎教育之意（吳清山等，1999：7）。依據我國國民教育法（95 年 2 月修正公布）第 2 條指出：「凡六歲至十五歲之國民，應受國民

教育。」第 3 條則指出：「國民教育分為二階段：前六年為國民小學教育；後三年為國民中學教育。」（教育部，2006b）由此可知，我國的初等教育是指招收六歲至十二歲的國民，修業年限六年，以養成德、智、體、群、美五育均衡發展之健全國民為教育宗旨（謝文全，1994：195）。國民小學屬於義務教育階段，凡學齡兒童一律強迫入學。國民小學也有公立與私立兩類之分，前者為直轄市、縣（市）政府設立，或由公立師資培育機構、公立小學附設者；後者則由私人所設立。由表 3-2 可知，80 學年度國民小學（含公私立）共有 2,495 校，迄 94 學年度則增加至 2,655 校，合計增加 160 校；近年來由於受到「少子化」人口結構等因素的影響，其數量成長速度呈現漸緩的現象。

表 3-2　80-94 學年度初等教育機構數量成長分析表（單位：校）

學年度	國民小學	學年度	國民小學	學年度	國民小學
80	2,495	85	2,519	90	2,611
81	2,492	86	2,540	91	2,627
82	2,505	87	2,557	92	2,638
83	2,517	88	2,583	93	2,646
84	2,523	89	2,600	94	2,655

＊註：上列範圍不含補校及進修學校。
＊資料來源：教育部統計處（2006a）。歷年來校數、教師、職員、班級、學生及畢業生數。2006 年 10 月 31 日，取自 http://www.edu.tw/EDU_WEB/EDU_MGT/STATISTICS/EDU7220001/ebooks/edusta/p4-31.xls.

📝 三、中等教育

詹棟樑（2005：26）認為，中等教育階段是介於初等教育與高等教育之間的樞紐地位，具有提高民族文化的重要功能。我國的中等教育分為二個階段，前一個階段是前期中等教育，亦即國民中學教育；後一階段是後期中等教育階段，亦即高級中等教育。茲分別簡述如下：

㈠前期中等教育

我國中等教育的第一階段為國民中學教育，依國民教育法第 3 條指出：「國民教育分為二階段：前六年為國民小學教育；後三年為國民中學教育。」（教育部，2006b）由此可知，國民中學招生對象為年齡介於十二歲至十五歲的國民，該階段亦屬義務教育，凡學齡兒童一律強迫入學。國民中學與國民小學教育通常合稱為「國民教育」，兩者的課程內涵密切相關，以我國 90 學年度正式實施的九年一貫課程為例，其實施範圍即同時涵蓋整個國民教育階段，強調國中與國小在課程規劃上必須具有銜接、連貫的關係。

㈡後期中等教育

此階段包括普通高級中學教育、高級職業中學教育及綜合高級中學教育等。普通高級中學依據「高級中學法」（95 年 2 月修正公布）設立，其教育目標旨在「陶冶青年身心，培養健全公民，奠定研究學術或學習專門知能之預備。」依據該法令第 3 條指出：「高級中學入學資格，須具有國民中學畢業生或具有同等學力者，經入學考試、推薦甄選、登記、直升、保送、申請、或分發等方式入學。修業年限以三年為原則。」（教育部，2006c）自 90 學年度起，我國高中入學方式採多元途徑，以國民中學基本學力測驗取代傳統的聯考制度。現經改良後的主要入學管道有三：其一是「登記分發入學」，係指學生向所屬分發區域內之分發入學委員辦理登記，再由分發入學委員會，依學生之基本學力測驗成績分發學生。其二是「推薦甄選入學」，係指國民中學各高級中學所定甄選條件，推薦符合甄選條件之學生，學生不可跨區參加，每一學生只能向一所學校報名參加推薦甄選。其三是「申請入學」，係指高級中學依學校發展與地區特色訂選才標準，學生依各校招生簡章規定，直接向學校提出申請入學。

高級職業中學教育依據「職業學校法」（93 年 6 月修正公布）設立。該法令第 1 條指出其教育宗旨在於：「以教授青年職業智能，培

養職業道德，養成健全之基層技術人員為宗旨。」同法第 4 條指出入學資格、方式及年限：「職業學校學生入學資格，須具有國民中學畢業或同等學力者，其同等學力之標準，由教育部定之。職業學校應以多元方式辦理招生；其多元入學招生方式、實施區域、範圍、方法、招生對象、辦理時間、組織分工、名額比例及其他應遵行事項之辦法，由教育部定之。職業學校修業年限以三年為原則。」（教育部，2004c）

我國綜合高級中學乃自 85 學年度起試辦，而後正式實施。依據「高級中學法」（95 年 2 月修正公布）第 6 條指出：「綜合高中，指融合普通科目與職業科目為一體的課程組織，輔導學生根據能力、性向、興趣選修適性課程之學校。」（教育部，2006c）。換言之，綜合高中係統整普通高中和職業學校之教育目標、學生來源、學生進路和教學資源的綜合型高級中等學校；高一課程以試探為主，自高二起依學生之適性發展分化，選擇學術學程（以升讀大學為主）或專門學程（以升讀科技大學、技術學院或就業）、或跨學程（綜合學程）；藉以提供性向未定或性向多元之學生延後分化並獲得適性發展之機會（黃文三，1996：56-98；謝文全，2001：47-96；詹棟樑，2005：107-130）。

另外，依據高級中學法第 7 條規定：「為發展社區型中學，各級政府或私人得設立完全中學，提供學生統整學習。」（教育部，2006c）其意指學生在同一個教育機構中，可由國民中學一直讀到高級中學教育階段，此為六年一貫制的中等學校制度。

再者，由表 3-3 得知我國自 80-94 學年度，高級中學學校數由 177 所增加至 314 所，反觀職業學校數卻由 212 所銳減為 157 所，由此可知，我國職業教育似乎較未受重視。

表 3-3　80-94 學年度中等教育機構數量成長分析表（單位：校）

學年度	80	81	82	83	84	85	86	87	88	89	90	91	92	93	94
國民中學	706	704	708	711	714	717	719	715	719	709	708	716	720	723	732
高級中學	177	186	190	196	206	217	228	242	253	277	295	302	308	312	314
職業學校	212	211	209	206	203	204	204	201	199	188	178	170	164	161	157

＊註：不含補校及進修學校。

＊資料來源：教育部統計處（2006a）。歷年來校數、教師、職員、班級、學生及畢業生數。2006 年 10 月 31 日，取自 http://www.edu.tw/EDU_WEB/EDU_MGT/STATISTICS/EDU7220001/ebooks/edusta/p4-31.xls.

四、高等教育

　　高等教育通常被認定是追求高深學問，探究客觀知識與真理的教育階段（葉至誠，2002：29）。我國在虞夏商時代即有大學的名稱，而歐洲的第一所大學則大約建立於 11 世紀（葉學志，1994：226）。我國高等教育的範疇包括：大學教育（含一般大學、科技大學、教育大學及技術學院等）與專科學校教育。依「大學法」第 1 條（96 年 1 月修正公布）規定，大學教育的功能旨在「以研究學術，培育人才，提升文化，服務社會，促進國家發展為宗旨。大學應受學術自由之保障，並在法律規定範圍內，享有自治權。」（教育部，2007）。至於專科學校則依據「專科學校法」（93 年 1 月修正公布）設立，其設立教育宗旨在於「依中華民國憲法第一百五十八條之規定，以教授應用科學與技術，養成實用專業人才為宗旨。」（教育部，2004d）。

　　1949 年國民政府遷臺後，當時臺灣僅有 4 所高等教育機構，即：國立臺灣大學、臺灣省立農學院、臺灣省立工學院和臺灣省立師範學院（陳伯璋，2005：3）。迄今，臺灣的高等教育學校數量急速成長（請參見表 3-4）。截至 95 學年度為止，公立大學校院共 62 校，私立大學校院 95 校，技職大專校院 60 校（含科技大學 23 校、技職校院 37

校）（教育部高教司，2006）。由此足見，臺灣高等教育機構的數量
呈現逐年增加的現象。

　　此一情形與國內教育改革運動密切相關，原本重視菁英教育性質
的高等教育型態逐漸轉變為普遍化及多元化的需求發展，許多獨立學
院也因應時代變遷改制為大學校院（如技術學院改制成科技大學，師
範校院改制成教育大學）。誠如陳伯璋（2005：4-7）指出：「臺灣高
等教育擴增現象與當代歷史背景及政策規劃存在極大的關聯。」例
如：1995 年成立的教育改革審議委員會，在 1996 年公布教育改革總
諮議報告書，報告書中共規劃五大教育改革方向：教育鬆綁、帶好每
位學生、暢通升學管道、提升教育品質及建立終身學習社會。其中一
項建議的改革措施即廣設高中大學。由表 3-4 可知，僅是以大學校院
數量來看，85 至 86 學年度遽增 14 校，85 至 95 學年度共遽增 70 校，
數量增長速度之快可見一斑。

表 3-4　81-95 學年度高等教育機構數量成長分析表（單位：校）

學年度	81	82	83	84	85	86	87	88	89	90	91	92	93	94	95
大學	21	21	23	24	24	38	39	44	53	57	61	67	75	89	94
獨立學院	29	30	35	36	43	40	45	61	74	78	78	75	70	56	53
專科	74	74	72	74	70	61	53	36	23	19	15	16	14	17	16

＊註：不含補校及進修學校。

＊資料來源：教育部統計處（2006）。歷年來校數、教師、職員、班級、學生
　及畢業生數。2006 年 10 月 31 日，取自 http://www.edu.tw/EDU_WEB/EDU_MGT/
　STATISTICS/EDU7220001/ebooks/edusta/p4-31.xls；教育部統計處（2006b）。重
　要教育統計資訊大綱。2006 年 10 月 31 日，取自 http://140.111.34.69/EDU_WEB/
　EDU_MGT/STATISTICS/EDU7220001/overview/brief-htm/index.htm? open.

📖 參考文獻

王家通（主編）（1995）。《教育導論》。高雄：麗文文化。

王培光（1994）。教育的類型。載於莊懷義等（合著），《教育概論》（頁141-192）。臺北：空大。

吳清山（2004）。《教育概論》。臺北：五南。

吳清山等（1999）。《初等教育》。臺北：五南。

教育部（2002）。《終身學習法》。2006 年 11 月 6 日，取自 http://law.moj.gov.tw/Scripts/Query4A.asp? FullDoc=all&Fcode=H0080048.

教育部（2003）。《非正規教育學習成就認證辦法》。2006 年 11 月 6 日，取自 http://law.moj.gov.tw/Scripts/Query1A.asp? no=1H0080052&K1=正規.

教育部（2004a）。《邁向學習社會白皮書》。2006 年 11 月 6 日，取自 http://www.edu.tw/EDU_WEB/EDU_MGT/SOCIETY/EDU0866001/Business/brief/9309071519.doc

教育部（2004b，2 月 5 日）。幼托整合。《教育部電子報》，1。2006 年 10 月 31 日，取自 http://epaper.edu.tw/001/important.htm

教育部（2004c）。全國法規資料庫—職業學校法。2007 年 2 月 26 日，取自http://law.moj.gov.tw/Scripts/Query4A.asp? FullDoc=all & Fcode=H0040006

教育部（2004d）。全國法規資料庫—專科學校法。2007 年 2 月 26 日，取自http://law.moj.gov.tw/Scripts/Query4A.asp? FullDoc=all & Fcode=H0040001

教育部（2006a）。《中華民國學制圖》。2006 年 11 月 1 日，取自 http://www.edu.tw/EDU_WEB/EDU_MGT/STATISTICS/EDU7220001/indicator/a-4-1.htm? open

教育部（2006b）。全國法規資料庫—國民教育法。2007 年 2 月 26 日，取自http://law.moj.gov.tw/Scripts/Query4A.asp? FullDoc=all & Fcode=H0070001

教育部（2006c）。全國法規資料庫—高級中學法。2007 年 2 月 26 日，取自http://law.moj.gov.tw/Scripts/Query4A.asp? FullDoc=all & Fcode=H0060001

教育部（2007）。全國法規資料庫—大學法。2007 年 2 月 26 日，取自 http://law.moj.gov.tw/Scripts/Query4B.asp? FullDoc=所有條文 & Lcode=H0030001

教育部高教司（2006 年 8 月 5 日）。95 學年度公私立大學校院共 156 所。《高教簡訊》，185。2006 年 10 月 31 日，取自 http://www.news.high.edu.tw/monthly185/content03.htm#title4.

教育部統計處（2006a）。《歷年來校數、教師、職員、班級、學生及畢業生數》。2006 年 10 月 31 日，取自 http://www.edu.tw/EDU_WEB/EDU_MGT/STATISTICS/EDU7220001/ebooks/edusta/p4-31.xls

教育部統計處（2006b）。重要教育統計資訊大綱。2006 年 10 月 31 日，取自 http://140.111.34.69/EDU_WEB/EDU_MGT/STATISTICS/EDU7220001/over-view/brief-htm/ind ex.htm? open.

陳伯璋（2005）。臺灣高等教育的發展與改革。載於陳伯璋、蓋浙生（主編），《新世紀高等教育政策與行政》（頁 3-38）。臺北：高等教育。

湯誌龍、孟祥仁等（2005）。《教育概論》。臺北：五南。

黃文三（1996）。《中等教育》。高雄：麗文。

葉至誠（2002）。《高等教育發展的策略與願景》。臺北：揚智。

葉學志（1994）。學校制度。載於王文科、何福田等（合著），《教育概論》（頁 221-275）。臺北：正中。

詹棟樑（2005）。《中等教育》。臺北：師大書苑。

蔡義雄（2000）。教育的本質。載於陳迺臣（主編），《教育導論》（頁 1-54）。臺北：心理。

謝文全（1994）。學校制度。載於莊懷義等（合著），《教育概論》（193-222）。臺北：空大。

謝文全（2001）。《中等教育：理論與實際》。臺北：五南。

第四章

教育的學科基礎

董宜佩、陳惠萍、鄭世仁、簡成熙

第一節　教育的生物學基礎

　　教育，以教學與學習的兩個層面來說，是因材施教，瞭解學習者本身的發展階段，是教學者所需要具備的素養。人類發展的相關研究，以科學方法求證的方式，已有一百多年的歷史，而尤其以發展心理學家，主要探討人類生命中變化、發展的時間表，除了心理社會觀點之外，演化論、文化差異論、性心理論、認知發展等都是重要的論點，本章節，簡述上述各家論點，期盼讓讀者有深入淺出的基本瞭解。

一、人類發展畢生發展觀

　　人類的生命是由三種重要的系統相互作用修訂而產生的：身體系統（somatic system）、自我系統（ego system）和社會系統（societal system）。身體系統包含生物組織體正常活動所必須的過程，諸如：感覺能力、運動反映及呼吸系統、內分泌、循環系統。自我系統包含對思想、推理，記憶、知覺、語言、使用符號表徵等能力。社會系統則是個人與社會互動的過程，社會過程可以包含自我在社會中的角色、禮儀、文化傳統、社會期望、領導類型、溝通、家庭模式等。

(一)心理社會學派

心理社會學派（psychosocial approach）的特色著重內在運作的過程，身體、自我與外在社會環境的交互作用的產物。考慮身體過程的時候，會重視身體的特性與自我個人的感覺，著重自我歷程的時候，我們會對訊息和關係的內部表徵加以透視，藉此做出分類與解釋。而在社會歷程方面，則是著重在與其他群體中的成員如何互動、影響思考與行為。

人生中的每個時期，人類都嘗試去掌握如何適應社會，並且因應所需面對的心理改變的大小任務，每個過程中都會遇到壓力與挑戰，透過一次次的問題解決、調適與轉變，經驗的累積成為新的社會能力，以邁入人生的下一個階段。

(二)演化論

演化論是解釋生命是自然發展法則，其理論假定，適用於動植物生活的自然法則也適用於人類。此理論將人類歸納於眾多生命形式，並強調生物力在生長中的支配性，及物種（Species）為影響特殊環境對生物適應的影響與結果。

1. 物競天擇

達爾文（Darwin, 1859）提出「物競天擇」（natural selection）的機制，認為物種繁衍受到食物與資源的限制與自然威脅，能存活下來的只占少數。另外，根據他的觀察發現，每個地區，同一物種的成員都有諸多變異性（variability），當一物種比其他個體更適合於當前的環境，更有可能存活、交配並繁衍後代，也更能適應生存進化為新的物種。

2. 適應

適應是進化的基本基礎，適應可以分為生物適應與行為適應。「生物適應」是指動植物為了適應大自然的環境進行偽裝，演化到後

來，根據地區特性的不同，具有優勢的物種能繁衍，取代不易生存的物種成為大多數。「行為適應」指的是學習而來的行為，與遺傳而來的訊息較無關係，以人類為例，因應各地氣候特色，發展出不同的農業特色以供食物之需求，不同的服裝類型以供保暖或散熱所需。

3.演化

人類的演化始於兩百萬年以前的能人（Homo habilis）和直人（Homo erectus），人類學家抱持著兩種不同的觀點，概分為進化的「分支燭架」模型與「諾亞方舟」模型。「分支燭架」模型（candelabra model）是指人類在同時間不同地區進化，並認同人類進化的連續性。「諾亞方舟」模型（Noah's Ark theory）認為人類是共同祖先「智人」進化而來，但因一群人的迅速絕跡和另一群人的迅速膨脹，並不支持人類進化的連續性。後續的化石與遺傳學證據都證實了諾亞方舟理論，人類似乎不可能沒有一個近代的共同祖先，卻沿著類似共同的歷程獨立地進化。藉助於分子生物學的技術，我們能夠追蹤 DNA 的訊息，發現各洲的人種發展非常相近，此暗示其有共同祖先遺傳組系。

人類是由哺乳動物（mammal）演化而來，人類孕育幼兒之時，用乳線分泌的乳汁哺乳幼兒，也因身體覆蓋著毛髮以為保護，與其他靈長目（primate）的猿、猴等動物皆為哺乳類，並有著共同的特徵，如：手足五指、腦體積增加、胎兒與嬰兒期發展時間長、身體發展成為直立，以及出現分工的社會組織。

(三)動物行為學

動物行為學（ethology）是從演化的觀點出發，起源於Charles Darwin 的「本能」的概念，動物學家 Konrad Lorenz 與 Niko Tinbergen 進一步透過觀察、實驗和比較研究法來研究先天遺傳與後天學習的相對作用，生物學家從Darwin 對物種進化的角度，發展出對重要行為的研究興趣，諸如：攝食能力、交配、抵禦天敵等。Konrad Lorenz 與 Niko Tinbergen 專研於「先天行為」（innate behavior），指的是物種內所有

成員的一般性和共有形式中，不需要學習可發生的，相較一般反射行為複雜的稱做固定或模式化動作方式（fixed or model action pattern），如築巢、尾隨等。

當動物行為學家將注意力轉移到人類行為的研究，以嬰兒與成人互動為例，嬰兒外貌的特質被視為引起照顧者的正向的情緒反映（Lorenz, 1943），其與成人間的交互作用，Bowlby（1988）將依戀行為系統（attachment behavioral system）視為一套複雜的信號行為，成人對嬰兒的關懷塑造了嬰兒的期待，成人的正向回應使嬰兒期的安全感順利建立，並提供了後續社會關係信任與否的基礎。另外，其他有關發展的動物行為學研究領域包括：同伴群體的行為，利他主義，攻擊與支配，情緒等。

演化理論可視為注意到行為本身的生物基礎，從嬰兒時期開始，帶著先天的能力與潛能來到世界上，透過與成人的互動，學習到與社會組織認識、交流的能力，在早期發展時，兒童需要得到關懷，並理解與外在環境互動所產生的經驗，其經驗都將成為未來建立依戀背景、適應社會、解決問題的能力，由此可知，早期兒童期發展在人類發展的重要性。

㈣文化理論

透過人類物種演變，各自獨特的方式來適應環境，進而演變為各自具有特色的文化。Ruth Benedict（1934/1950）最早提出以人類發展的多樣性來研究人類發展，提出「文化決定論」（cultural determinism），指出個體的經驗是由文化的力量來塑造，這與進化論觀點有明顯的對應，相較於進化論裡的生物因素對控制人格發展模式來說，文化因素更顯重要。以兒童經驗的建立為例，經驗的連續性（continuity）是存在的，而經驗的轉變過程，是緊張或是舒緩平靜的，將會影響到進入成人時期的發展。

文化決定論的觀點後續成研究其他泛文化觀點對人類發展的重要根基，後續針對個體、家庭、性別角色等因素及其普遍性問題，以及

更深入到移民社會中的種族次文化研究，以美國為例，開展了豐富的相關研究，See & Wilson（1988）提出，成員對種族次文化有認同上的差異，但皆有一些共同的規範、價值觀、愛好或是信仰，以及認同感。簡言之，此觀點強調人類發展中文化的重要性，不同文化背景的評價與總體文化的相互激盪，進而取得平衡與融合，將對人類發展的延展性有正向的幫助。

(五)性心理理論

Sigmund Freud（1933/1964）的心理分析理論著重於情緒與社會生活的發展，提出所有行為都是被激發產生的，此為一種內隱的心理需要，行為的發生並非隨機，而是具有目的或意義的。

1. 基本心理動機

最初的研究中，假定了兩種基本心理動機：性慾和攻擊趨力，以性慾和攻擊趨力與生理能力做出區分，觀察兒童心理受到性慾而產生的影響，其觀點認為，兒童雖無法生育，但其社會性互動活動依舊受到性慾趨力影響。此外，另一著名的假設是「潛意識」（unconscious），認為人的心理猶如一座冰山，意識行為（conscious process）只是露出水面的冰山一角，其他沒有被察覺到的，是原始、強大的動機庫，可以將意識過程約略分為：前意識（preconscious）、潛意識（unconscious）。前者指透過集中思考進入意識提取過往的記憶，後者指被排斥於意識之外的內容，根據其假說，在潛意識中儲存的願望、恐懼、衝動，即使無法有意識地說明，在行為中能仍有很大的影響力。

後續的認知科學的研究中，學者也注意到「認知潛意識」這個研究區域，進而再次佐證，Freud 所提出的，有意識的思想僅能說明我們辨別、分析等認知作用的一小部分（Kihlstrom, 1987）。

2. 人格的三種結構

Freud（1933/1964）提出人格的三種結構：本我、自我、超我。

本我（ID）是本能與衝動，主要的心理能量來源，與生俱來，並

根據唯樂主義（pleasure principle）表現其需要，不考慮自身以外的社會或他人感受。

自我（pleasure principle）指個人與其環境有關係的心理機能，包含知覺、學習、記憶、判斷、自我覺察和語言技能，自我從六到八個月時候開始建立，到了兩、三歲時就可以建立得很好，根據現實原則（reality principle），依自我對外在環境的需求做出反應，並幫助個人有效地發揮作用或滿足社會所接受的表達或滿足時，才去滿足本我的衝動，以用來保護自我。

從自我的原始思維因應外在社會的現實需求成為次級過程思維（secondary process thought），透過縝密的思考，考慮以存在的環境因素，進而尋找到滿足社會的方式，此過程能學習延宕滿足，透過審查計畫來檢驗可行性，稱為「現實檢驗」（reality testing）。

超我（superego）主要包括良心（conscience），即道德與追求道德的理想——自我理想（ego ideal），超我的形成需要到五或六歲才能漸漸形成，形成過程中，透過「認同作用」，兒童會模仿學習父母的特徵並內化其價值觀。在本我、自我與超我這三者間，自我需要應付本我要求，又需要面對超我的內化要求，既需要滿足本我衝動，又不會在超我中有內疚感，如能取得平衡，才會感到滿足。

3.防禦機轉

將意識從思想中排出是基本的防禦——潛抑，意即將不被接受的衝動壓入潛意識，否定是最先使用的防禦方式，心中產生不被接受的思想和衝動越來越遠離意識，個人就會擺脫不舒服的焦慮感，並可以試著與外界人文與自然環境交流，發生在人們生活中，求助於防禦機轉時的不同方式，具有下列幾種：

(1)潛抑（repression）：不被接受的願望被隔離在意識思想之外。

(2)投射（projection）：把不被接受的願望判歸於他人。

(3)反射作用（reaction formation）：不被接受的情感相反地表現出來。

(4)退化（regression）：人們透過恢復生活早期的行為來避免面對
　　壓力。

(5)轉移作用（displacement）：不被接受的衝動透過可替代的管道
　　發洩。

(6)合理化（rationalization）：不被接受的情感與行動透過邏輯的
　　辯解取得解釋。

(7)隔離（isolation）：情感與思想分離。

(8)否定（denial）：否定一部分外部現實。

(9)昇華（sublimation）：不被接受的願望轉變為社會可接受。

4.心理階段

Freud在人格發展方面，從嬰兒時期到青春期：口腔期、肛門期、
性慾期、潛伏期和生殖期，五個階段簡述如下：

(1)口腔期（oral stage）：生命開始時，口是滿足性慾與攻擊的位
　　置，嬰兒透過學習延宕滿足，逐漸學習自身與外界的不同。

(2)肛門期（anal stage）：生命的第二年，隨著擴約肌的發展，兒
　　童學習控制排便，此階段可能的衝突會發生在兒童本身的意願
　　與被期許的文化要求之落差。

(3)性慾期（phallic stage）：此階段發生於生命的第三到六年，兒
　　童的性感受性增強，逐漸具有兩性特徵的行為，此階段的兒
　　童，可以明顯地從行為中觀察到男孩的「戀母情結」（Oedipal
　　complex）與女孩子的「戀父情結」（Electra complex），兒童想
　　要擁有父母的全部注意力，又擔心對異性父母的愛戀會引起同
　　性父母的敵意，也擔心父母的離去或不再愛他們。

(4)潛伏期（latency stage）：此階段從七歲開始一直到青春期，不
　　再發生重大的衝突，人格方面超我的發展，可視為個人與社會
　　關係發展的重要時期。

(5)生殖期（genital stage）：此階段重新喚醒性慾期的戀父戀母衝
　　突，青春期的成熟青年給家庭帶來的性成熟的壓力，此階段的

青年可能會拉遠與家庭的距離，等到發展成熟或到青春期之
末，會逐漸與父母建立起更自主的關係。

這些階段當中，Freud認為，許多心理衝突未能滿足或受到阻撓，
可能導致後來人生階段的繼續追尋，「固著」（fixation）發生在不斷
追求快樂、減少焦慮的行為中，如此的能量若能順利轉變為正面的活
動能力，將可視為「昇華」（sublimation）。

5. 小結

總體來說，此理論的心理分析強調早期對發展的重要性，是以發
展階段與未解決的衝突來解釋成人行為的理論，後來的社會心理學家
Erikson則擴展其思想，認同許多心理分析的概念，並進而發展社會衝
動與經驗對個人與其生活的影響力。此理論的研究成果，承認動機、
情緒、幻想對人類行為的重要性，許多社會問題的起因，諸如：心理
問題、心理失調、性機能障礙等，都顯示了在成年時期處理性衝動表
現的困難，需要在人類發展中進行更多的研究。

(六)認知發展

認知（cognition）是理解與解釋的過程，Jean Piaget（1926/1951）
在認知理解方面的研究提出了影響重要的觀點，諸如：知識是個體與
環境的互動，智能的發展如同生物生長一樣，新結構的形成是智能對
環境的適應，影響認知發展的因素包含環境與自我及其自我調適的歷
程。認知在其他領域應用上，其概念延伸的問題解決（problem solv-
ing）、決策（decision making）等，提供工程、醫學、商業領域的應用。

1. 基模

Piaget（1936/1952）認為，認知植於嬰兒與生俱來的生物能力，
嬰兒期出現兩種基模（scheme），一種是支配某種特定的動作，另一
種是連接動作順序，透過不斷與環境的反覆互動而發展。平衡（equi-
librium）是組織結構與環境互動的有效方式，當有變化發生時，不平
衡產生時，則需要對基本結構進行修正，自我概念的形成是經過不斷

的修正與改變的複雜基模，因此，環境所提供的多樣性，與環境互動的探索，有利於嬰兒的智力有系統地逐漸發展。

2.適應

認知是適應（adaptation）的結果，是指原本已有的基模為了容納新的經驗，逐漸改變的結果，這樣的過程，包含了：以既有基模解釋新經驗，意即「同化」（assimilation）與為新的經驗調整改變原有基模，即「調適」（accommodation）。在生活經驗的累積後，人們把相互關聯的同化跟調適過程整合形成知識，當既有的認知不足以適應新的經驗時，無法產生新的理解，而需要適當的經驗來順應。

3.認知發展階段

Piaget（1926/1952）透過對兒童的觀察，瞭解其探索經驗的歷程，提出認知有發展的階段，每一階段形成的能力，將整合到下一個階段，四階段的整合如下：

(1)感覺動作期（sensorimotor stage）：從出生到十八個月大，在語言符號未發展前，主要特徵是建立眾多的感覺動作基模，促使嬰兒組織練習與環境的關係。

(2)前運思期（preoperational stage）：從語言學習開始，到七、八歲，兒童透過語言、意象遊戲或繪畫，形成了象徵性地表徵基模工具，語言開始迅速發展，但多以自發性獨白為主。

(3)具體運思期（concrete operational stage）：從七、八歲到十三、十四歲，此階段發展出與具體事物連結的邏輯，可以瞭解因果關係，大量使用分類、等級的抽象概念。

(4)形式運思期（formal operational stage）：從青少年一直到成年期，可以同時將許多概念變量化，此階段的能力充分反應智力的本質，成為後來科學、哲學之知識基礎。

Piaget 的認知發展論，透過對兒童觀察與些許的實驗，提出階段性的連續發展，後來的學者接受此觀點，並進而將研究重點轉移到促成發展中的變化，和訊息處理能力的變化（Case, 1985）；另外，衍生

出 Lawrence Kohlberg 對道德衝突的判斷發展階段（Kohlberg, 1978），近期提出的研究重點為後設認知（metacognition）以及相關思維的發展問題（Flavell, 1989）。

㈦學習

學習理論主要探討，解釋經由經驗對行為變化的轉變，人類在面對外面社會環境的衝擊時，能有能力適應與處理，此能力可稱為對環境的學習。根據人類發展的研究，著名的學習理論有四種，簡述如下：

1. 古典制約

由蘇俄的 Ivan Pavlov（1927/1960）進行的實驗，主題是狗的消化歷程，實驗中他以狗粉的呈現來測量狗的唾液分泌，實驗中他注意到，肉粉出現前，聽到實驗助理的腳步聲會引起唾液分泌反應；後來進一步系統性的改變情境，在肉粉出現前，出現刀叉轉動的聲音，數次之後，刀叉轉動的聲音也可以引起唾液的分泌反應。

由研究結果提出，新事件或刺激所得到的反應為「反射」或「古典制約」，在古典制約中，自然刺激與反射反應，稱為「非制約的」，不需要特別訓練的自然反應，稱為「非制約刺激」（unconditioned stimulus, UCS）以及「非制約反應」（unconditioned response, UCR），UCS 可以引發 UCR。

在訓練之後，引發反射反應的新刺激被稱為「制約刺激」（conditioned stimulus, CS），先前非制約的反應在有訓練下成為「制約反應」（conditioned response, CR）。

當反應在撤除支持性條件（非制約刺激）後，反應仍持續的傾向，此現象稱為「抗拒消弱」（resistence to extinction），另外一種情況是，當外來刺激的介入造成反應減少的情形，為「抑制」（inhibition），這是兩種在古典制約中的關係。

古典制約說明了人類發展中的聯想學習，歷程中的信號、符號或其他形式的表徵都可以形成學習，如以情緒的正負面來考量，正向愉

悅與恐怖痛苦的經歷也是古典制約的結果，當記憶中的經驗與特定目標連結，極有可能會形成生活中的面對與規避行為。

2. 操作制約

E. L. Thorndike（1898）透過觀察貓如何逃出迷籠，描述了嘗試錯誤的學習歷程，在這歷程中，貓的盲目活動減少，越來越接近正確逃出解法，此實驗強調了學習中重複的作用。爾後，美國心理學家，B. F. Skinner 回顧 Pavolov 與 Throndike 的研究成果，總結了學習之間的差異，並進而研究，經由行為的結果而引起的隨意行為改變。操作制約（operant conditioning）指受到學習者隨意控制的行為模式的發展，使反應更易重複的任何刺激，為「增強」（reinforcement）。增強物又可分為正性與負性，正增強物出現時，如食物，反應速率增加；負增強被解除時，如電擊，反應速率也會增加。

3. 社會學習

社會學習的概念由觀察和模仿別人的行為而引起的（Bandura & Walters, 1963），透過模仿（imitation）是解決幼兒期自主性與羞怯和懷疑危機的過程，因此，成人的活動就成為榜樣（model），在社會互動的過程中，出現新的認同（identification），進行新的學習，學習的發生可以是在人生中各階段，透過榜樣或獎賞鼓勵模仿行為，尋找群體間的認同與互動適應性。

4. 認知行為主義

相對於古典和操作制約對行為刺激與反應的關係，其未能用言語或概念來詮釋學習者心智所發生的事情，Edward Tolman（1932/1967）提出影響學習的中介反應的概念（cognitive map），關於學習環境的內部表徵，還有其他學者（Mischel, 1973,1979）提出相關的認知因素，例如：認知能力（cognitive competency）、編碼（self-decoding）、期望（expectancy）、價值（value）、目標（goal）、計畫（plan）與自我控制策略（self-control strategy）。後來 Albert Bandura（1982,1989）也

指出，自我績效（self-efficacy）是行為認知基礎的關鍵，根據情境所做出的反應，決定個人的努力程度，有賴於個人對成功的自信。

以上四種不同的論點，古典制約說明了信號與刺激間的聯想，對環境的持久情緒反應，反射類型相聯繫的組織；操作制約強調以行為結果為基礎的習得，社會學習則重視模仿與認同的影響，最後的認知行為主義者，著重學習者在學習的過程中，瞭解學習情境的不同看法、動機、態度與執行的策略都會影響其歷程，進而強調了個人主導學習的新能力。

(八)社會與系統

除上述論點提出環境與自我的互動關係，人類發展中的社會因素亦成為另一個重要的研究課題，如果持以個體與社會組織相對應的觀點，個體與個體之間，是屬於相對應的元素（interdependent element），個體與組織、團體之間，是屬於開放系統（open system），透過適應的過程，進行自我調節。當個體收受到來自外在組織的多元訊息時，產生的回應會進而複雜，此機制為「回饋機制」（feedback mechanism），回饋的過程當中，可有正向或負向兩種迴路（feedback loop），當個體與組織之間的相互關係，產生不協調，可能是由於個體的機能不足或機能過度而導致的。

總結

演化論提供瞭解個體發展的時間架構，強調生物發展與控制，指出環境所需提供適應的特定條件，適應性的變化只有在得到基於遺傳的有機體特性支持時才出現，所以發展的整體模式由遺傳規劃與控制。文化理論認為生物成熟的意義依賴於文化對待他的方式，在一生當中，文化變化的可能性具有很大的影響力。

性心理理論將演化與文化兩種觀點併入考量，人類發展沿著生物決定的路徑，社會關係跟隨性慾衝動的脈絡與發展，此理論強調，嬰

幼兒期是建立基本人格模式的時期，此階段的發展將對未來成長與社會互動有密切的關聯。認知理論則把發展看作指導生物性指導的成長和變化規劃的產物，認知發展中可能的要素在遺傳中都已經出現了，然而，認知發展著重的是基模形成與再適應的過程，通過同化、調適使基模重組或整合，進而形成概念或解釋經驗的基礎。

學習理論中強調個體對多樣環境做出反應的機轉，行為可以透過有系統的環境刺激來塑造，人是具有適應環境的彈性，最後經驗的相似性，是來自於同樣的環境、學習經驗所成就。社會角色理論重視社會角色在組織中的影響，由角色的定義及與群體的關係，提供特有模式，相對於前面所提到的理論，並非以局部、微觀的角度來觀察人類的發展。

系統理論採取科學立場，認為個體自成一系統，為組織裡的一個小系統，每個個體的多種資源，都將影響個體構成的過程，從多角度來探究人類發展，不難發現系統中的特定疆域或規則（rule）、資源轉換都是成長過程的基礎。

本章節所簡述人類發展的理論，迄今，隨著科技進展，人類發展與其互動型態之改變，透過媒介的不同，也日新月異，人類行為與媒介工具之相互關聯，亦成為熱切探討的研究議題，讀者在閱讀本章節之餘，亦可再參考書目中查閱著名經典實驗的詳盡敘述，誠如發展論所給我們的提示，應尊重個別差異與理解，深度探索與閱讀，期盼能給讀者們有更多的啟發。

第二節　教育的心理學基礎

教育的主體是學生，而心理學是探究個體行為與行為潛勢之科學，因此心理學的原理原則向來被運用在教育情境中，針對教育目標的設定、學習個體的的發展、學習活動的安排、學習動機的提升與學習成果的評量等皆依循心理學之原則，藉以提升教育的效能，本章簡述心理學之研究成果對教育的啟示，再者論述個體的認知發展、社會

發展、智力發展，與行為主義、認知心理學對學習歷程之影響。

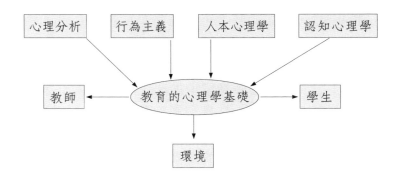

一、認知發展與教育

(一) Piaget 的認知發展論

J. Piaget 是瑞士兒童心理學家，其理論被稱為發生知識論（genetic epistemology），亦稱發展知識論、發生認識論，主張兒童與成人在智力上之差異是質的改變而非全然是量的增加，並強調個體知識係由個體與環境交互作用而產生的，僅憑遺傳與成熟皆無法構成知識，個體之所以主動結構知識乃由於生存需要。

Piaget 強調個體先天存在最基本的認知結構（cognitive structure）稱之為基模（schema），基模是個體認識周遭世界的基本行為模式，人類出生之始的最基本的基模有二，即口的吸吮與手的抓取，而認知的發展可說是基模的不斷擴充與增加。

個體在面對新經驗時，以既有的基模或認知結構為基礎，即可達到平衡，此歷程稱之為同化（assimilation）；調適（accommodation）係指個體在面對新經驗時，既有的基模或認知結構已不敷使用，因此修改、調整或擴充原有的基模以達到平衡。

Piaget 的認知發展階段論主張個體於連續中呈現階段現象，四個

時期順序不變但不同個體間之成長具有個別差異，主要分為四大階段如下：（張春興，1996）

(1)感覺動作期：此階段約從初生到二歲間，依靠各種感覺（視覺、聽覺、嗅覺與味覺）及動作認識周遭世界，此階段若會開始尋找先前看見但目前消失於眼前的物體，則是已發展出物體恆存之概念。

(2)運思預備期：此階段約從二歲至七歲，此時具知覺集中傾向的特質，Piaget 透過三山實驗中瞭解兒童在此階段，僅從單一向度來看事情；再者，世界似乎是以自己為中心，別人的思考與想法都和他相同；無法逆向思考，沒有辦法依邏輯順序重新排列事務。

(3)具體運思期：約從七歲到十一歲，此階段的兒童能進行簡單的邏輯思考，對數量、質量、重量、容量等具有保留概念；同時間內可處理不只單一向度的問題，且不再僅從自己的觀點來看問題。

(4)形式運思期：約在十一歲之後，能有系統的運用邏輯推理來提出假設、運用資料驗證假設與進行抽象命題思考。

1. 皮亞傑派的教育原則

強調注意學生的思考過程，而不只是產物，欣賞遊戲的價值，以及發展認知基模的探索與操縱機會，瞭解學生從彼此的互動中學到許多事物，藉由主動探索和發現所發生的學習比較可能被保留和具有意義，鼓勵學生透過主動參與課程來建構知識。

重視重訪不同脈絡下的重要概念，以協助學生經由練習和延伸該知識至新情境的方式來和結合舊有的知識，為學生提供自我評量的教學和支持、立即而非延宕的回饋。減低對隨全班教學而來的課堂作業的依賴並增加對小組、互動式活動的依賴。平衡及統合學習者和課程二者，而不是把主要焦點中在單一對象上。（李素卿譯，1999）

2.對皮亞傑派的理論與批評

前運思期的兒童在許多方面並不如皮亞傑所認為的那麼以自我為中心，而且認知上的發展也比他所瞭解的更為先進。成人的推理則比他所想像的更不理性，同時形式運思的發展也不如他所預料的那般完整，皮亞傑強調普遍的、統一的認知發展，它是經由一般階段的固定順序漸次進行的，對立的觀點則認為發展是非常特殊的、零碎的，因此每一領域的知識均以它自己的速率進行，彼此並不相干，皮亞傑瞭解知識的社會傳遞及與他人互動二者在刺激發展上的角色，但他經常沒有把這個社會層面納入它的實驗和實例之中，皮亞傑的提問方法的某些方面可能會讓兒童產生混淆，以至於讓他低估了他們的知識，許多學生從未發展出形式運思。（李素卿譯，1999）

(二) Vygotsky 的社會認知發展論

Vygotsky 於 1896 年出生，1914 年就讀莫思科大學，1919 年呼應列寧掃除文盲法徵招識字教不識字者，1924-1934 年致力於心理學重建工作，1926 年出版教育心理學，綜言之其思想深受文學藝術思想的洗禮，亦受黑格爾、馬克思、恩格斯等思想家的影響。1924 年時，Toulmin 稱他心理學界的莫札特，以社會文化取向強調人類心智發展並以語意分析法及衍生法來進行相關研究。

主張個體高層心智歷程有其社會文化根源，所謂高層心智意指有意義的、邏輯思考等是低層心智為基礎，人類思考絕非僅僅是刺激與反應之關係。重視中介歷程，尤其強調社會透過符號系統形塑個人的心智，所謂符號系統包含了文學、藝術、建築、典章制度……，其中最重要的就是語言系統。

Vygotsky 亦強調互動之重要性，他認為能力高者與能力低者之互動可以協助兒童逐漸社會化。

在教育上最受重視的則是近側發展區（zones of proximal delopment）的提出，ZPD具有動態的與個別差異的本質。個體透過自己能力所能

達到的水平稱為實際發展水平與個人接受外在協助後能達到的最大水平這兩者間的差距即稱為近側發展區，以方程式表示如下：

$$ZPD = A-B$$

A：個人接受外在協助後能達到的最大水平

B：個人依自身能力能達到的實際發展水平

　　近側發展區（zones of proximal delopment）的提出強調了外在協助對兒童認知成長的重要，亦相對的印證了教育的功能與重要性。再者教育者（成人或教師）必須瞭解學生目前的學習現況，方能提供適當的鷹架以適時輔導及協助學習者不斷的向上發展。

二、社會發展與教育

(一) Erikson 心理社會發展論

　　Erikson 為新佛洛依德學派學者，導正 Freud 之想法加入社會之觀點，從早期決定論至發展連續論，認為個人之人格發展與社會心理經驗有密切之關係。在人生歷程中依序有八大發展危機，此種危機即轉機即個體發展的契機，當個體無法在需求與限制中獲得調適時，危機即產生，若調適得當則危機解除，個體之自我即可進一步發展成熟。現將各階段之年齡層與可能出現之衝突與主要啟示，詳如下表。

表 4-1 艾里克森理論的心理社會期

階段年齡	主要衝突	對最佳發展的主要啟示
1. 嬰兒 （0~1）	信任 v.s 不信任	· 發展一般的安全感、樂觀及對別人的信任（以涉及基本需求之滿足的一致性經驗為基礎）。
2. 初學步的孩子 （1~3）	自主 v.s 羞恥與懷疑	· 發展一種自主感和有信心的自我依賴，冷靜地應付挫折（經常獲得鼓勵，以及在沒有拒絕或責備的情況下設定限制）。
3. 兒童早期 （3~6）	主動進取 v.s 罪惡感	· 發展探索和操弄環境的主動精神（以容忍度、鼓勵和強化的一致性經驗為基礎）。
4. 兒童中期 （6~12）	勤勉 v.s 自卑	· （包括校內與校外）歡樂及對兒童期發展任務的精熟（以成功及認可進展的一致性經驗為基礎）。
5. 青春期	統合 v.s 統合混淆	· 達到穩定的、滿意的統合感和方向感（以涉及兼具社會接納與認可及成功與滿意的一致性個人經驗為基礎）。
6. 年輕的成年期	親密 v.s 孤立	· 維持個人親密關係之能力的發展（以個人的開放與自信為基礎，而持續地與親密伴侶建立有意義的關係則可以補充這種開放與自信）。
7. 成年期	生產力 v.s 沈滯不動	· 個人與家庭需求的滿足，而對於他人及一般世界之福祉的興趣發展可以補充此種滿足（獲得有保障的、有價值的個人生活，以及從使個人侷限於自我專注的種種壓力中解放出來，並以這二者為基礎）。
8. 老年期	完整 v.s 絕望	· 以對過去的滿意感及對未來的妥善準備來承認及適應老年期。

資料來源：李素卿譯（1999, p.105）

　　Erikson心理社會發展論對教育的啟示是個人在人生發展中危機四伏，需加以引導，再者，父母親（或養育者）在個體幼年時之教養，攸關兒童信任感與自主性之發展恪需注意；在學校教育上，提供充分成功的經驗給國小學童以協助國小學生處理勤奮對自卑之危機，並協助青少年學生瞭解並處理認同危機是責無旁貸的任務。

(二) Kohlberg 道德判斷論（三期六段論）

Kohlberg 認為道德發展不是有無問題而是隨年齡及經驗而增長的，且透過實證與跨國之研究確定人類道德發展的順序原則，並主張道德判斷非單純是非對錯，並涉及多方考量之價值判斷。

Kohlberg 運用兩難問題進行實證研究，將個體道德之發展分為三期六段論如下：

1. 道德成規前期

(1)避罰服從階段

以自我為中心的觀點，對別人的觀點很少感興趣或欣賞。強調對規則和權威的完全服從，以及避免對人或財產造成損害。這會受到迴避懲罰和為服從而服從之渴望的刺激。

(2)相對功利階段

自我為中心及關心自身的利益，並且知道別人具有他們所試圖追求的利益。一般而言，專注在滿足個人的需求並讓別人達到相同的目的，但是當需求產生衝突時，他們會強調公平（每個人都被平等地對待）或互惠（協助滿足別人的需求，以便讓自己得到滿足）。

2. 道德成規期

(1)尋求認可階段

本階段被稱為乖男巧女階段，想要被自己和別人看成是好人，不僅試著透過遵循規則來取悅權威人物，也試著在和親友的互動中符合金科玉律的期望。想要藉由對別人的關心及展現諸如信任、忠誠、尊重和感謝之類的美德來維持相互關係。

(2)服從權威階段

本階段是社會系統和良心的維持，因此被稱為惡法亦法階段。視野從關心很近之人的反應擴展到關心支持社會秩序和

維持個人所處社會或團體的福祉。每一個人都有責任遵守系統的規則及符合它所界定的責任，以便讓整個系統保持運作。

3.道德成規後期

(1)社會法治取向階段

本階段強調實踐社會契約的義務感依然持續著，但是重心由服從法律轉換到支持基本權利、價值和個人所處社會的法律契約。承認法律是達到目的的工具，它本身並不是目的，而且思及法律和人際間的本分應該根植在達到更多數人的更大利益上。承認道德和法律觀點是不一樣的，有時還互相衝突，而當這些衝突發生時，對於正確的事項會產生混淆。

(2)普遍的倫理取向

道德思考會受到普遍道德原則（公義、人權的平等、尊重個人的尊嚴）的承諾所指引，特殊法令或社會協定被認為是有效的，而且在它們根據這些原則的範圍內會被遵守，但是，當有衝突存在時，這些原則優於一切。

對教育者而言道德認知發展遵循先外而內、循序漸進原則，因此道德教學需配合兒童心理發展，按部就班循序漸進。

📝 三、智力發展

智力有人定義為智力測驗所測定的分數，亦有人認定為抽象思考的能力、學習能力獲解決問題之能力。從 20 世紀初起所提及的有 Spearman 所提的智力二因論，將智力分為(1)一般因素，簡稱 G 因素，(2)特殊因素，簡稱 S 因素；Cattell 將其分為(1)流體智力，是指受先天遺傳因素影響與(2)晶體智力，受後天學習因素影響較大的智力；或 Thurstone 提及的智力群因論主張人類的智力是由七種基本能力組合而成，分別是語文理解、語詞流暢、數字運算、空間關係、聯想記憶、知覺速度、一般推理等七種能力。本節僅介紹近幾年來最重要的兩大智力理

論一為 H.Gardner 之智力多元論，二為 R.Sternberg 之智力三元論。

(一)智力多元論

H. Gardner 根據其多年來在大學醫學院研究腦傷病患之成果，運用在建立其多元智力理論上，他將智力分成八大項目分別如下：

1. 語言智慧

有效地運用口頭語言或書寫文字的能力。

喜歡用文字閱讀、寫作、講故事、玩文字遊戲等，最佳的學習方式是透過書籍、錄音帶、寫作工具、紙、日記、對話、討論、辯論、故事等。

2. 邏輯—數學智慧

有效地運用數字和推理的能力。

喜歡推理、實驗、提問、解決邏輯難題、計算等，最佳的學習方式可探索和思考的事物、科學資料、操作、參觀天文館、科技館等。

3. 空間智慧

感覺視覺空間，並把所知覺的表現出來。

喜歡用意象及圖像設計、繪圖、想像、隨手塗畫等，最佳的學習方式是樂高積木、錄影帶、電影、幻燈片、想像遊戲、迷宮、智力測驗、圖畫書、參觀藝術博物館等。

4. 肢體—運作智慧

善於運用整個身體來表達想法和感覺，包括特殊的身體技巧，如協調、平衡、敏捷、力量、彈性和速度。

喜歡透過身體感覺，最佳的學習方式是跳舞、跑、跳、觸摸、建造、手勢等演戲、動作、建造、體育和肢體遊戲、觸覺經驗、動手學習等。

5.音樂智慧

察覺、辨別、改變和表達音樂的能力。

喜歡透過節奏旋律，最佳的學習方式是唱歌、吹口哨、哼唱、手腳打節拍、聽等唱遊時間、聽音樂會、在家和學校彈奏樂器等。

6.人際智慧

察覺並區分他人的情緒、意向、動機及感覺的能力。

喜歡他人回饋，領導、組織、聯繫、操作、調停、聚會、朋友、群體遊戲、社交聚會、社區活動、俱樂部、老師／學徒制等。

7.內省智慧

意識到自己的內在情緒、意向、動機、脾氣和欲求，以及自律、自知和自尊的能力。

喜歡深入自我，最佳的學習方式是設立目標、冥想、夢想、安靜、計劃秘密處所、獨處時間、自我調整、選擇等。

8.自然觀察

大自然觀察之能力。

表 4-2 多元智慧論總表

智慧	核心成分	符號系統	優異表現
語言	對聲音、結構、意義、文字及語言的敏感性	語音式語言（如英語）	作家、演說家（如 Virginia Woolf、M.L.King. Jr）
邏輯—數學	對邏輯或數字敏感並能分辨出：能處理一長串的推理	電腦語言（如 Pascal）	科學家、數學家（如 Madam Curie、Blais Pascal）
空間	能準確感覺視覺空間及表現轉換最初的感覺能力	表意語言（如中文）	藝術家、建築師（如 Frida Kablo、I.M.Pei）
肢體—運作	能控制身體動作及靈巧處理事物的能力	手語、點字	運動員、舞蹈家、雕塑家（如 Jesse Owens、Martha Graham、Auguste Rodin）
音樂	能創作並欣賞節奏、音調、音色；欣賞音樂的表達形式	音樂符號系統、摩斯密碼	作曲家、演奏家（如 Stevie Wonder、Yo-Yo Ma）
人際	能適切地辨別及回應他人的情緒、脾氣、動機及期望	社交暗示（如動作及臉部表情）	顧問、政治領導（如 Carl Rogers、Nelson Mandela）
內省	能接近自己的感情生活及區分自己情緒的能力	自我的符號（如夢境和藝術品）	心理治療醫生、宗教領袖（如 Sigmund Freud、Buddha）

資料來源：李平譯（1997）

　　根據下表可知每項智慧在其神經系統上皆有對應之部位與其發展之關鍵期。

智慧	神經系統	發展因素
語言	左顳葉及額葉（如布洛卡／韋尼克區）	兒童早期激發；直到老年保持健康
邏輯—數學	左頂葉、右半腦	青少年及早期成年達顛峰
空間	右半腦後區	兒童早期拓樸學的思考使得歐幾里德示例在九、十歲左右發生；藝術眼光至老年保持健康
肢體—運作	小腦、基底神經節、運動皮質	因成分（強壯、靈活）或領域（體操、棒球啞劇等）而有所不同
音樂	右顳葉	最早發展智能：天才常經歷發展上的危機
人際	額葉、顳葉（特別是右半球）、邊緣系統	在出生後三年的關鍵期內依戀／團結的發展
內省	額葉、頂葉、邊緣系統	在出生後三年的關鍵期內形成自我與他人之間的界限

資料來源：李平譯（1997）

㈡ Sternberg 的：智力三元論

　　Yale 大學教授 R. Sternberg 提出智力三元論，強調過去智力測驗所測量到的智力商數的範圍太過狹隘，主張對智能的論述應超越 IQ（Beyond IQ）。智能涉及三個因素的交互作用包含經驗智力（experiential intelligence）、組合智力（componential intelligence）與脈絡智力（contextual intelligence）。

1. 經驗智力

　　經驗智力的核心能力是個體如何應付新奇事件的能力與重複遭遇幾次工作或新問題後，完成工作所需自動化的能力。

2. 組合智力

　　依據功能來分，組合智力包含三種成分所構成：

(1)後設成分：確認問題、決定目標、計畫策略與監控表現的歷程。

(2)表現成分：指執行所選定計畫或工作的歷程。

(3)知識獲取成分：吸收新知的歷程。

3.脈絡智力

脈絡智力反應在個體適度調整自己符合環境要求的能力、從多種可能情境中針對主觀需求與客觀形勢做出抉擇的能力與遇到難以解決問題時能設法改變環境以達目的之能力。

綜言之，Sternberg 強調認為智能如何在日常生活中運作，是表現於有意的調適和選擇與個人生活及能力有關的實際環境（黃國彥等，2003）。

四、學習歷程

學習是因經驗而使個體在行為表現或行為潛勢上產生持久改變的歷程（陳密桃，2003），本節將從行為主義、認知論與人本主義上論述學習之重點。

㈠行為主義與學習

1. 古典制約（classical conditioning）

蘇俄生理心理學家巴夫洛夫（I. Pavlov）進行狗的唾液分泌之實驗如下：

制約前：食物 UCS→唾液分泌 UCR

鈴聲 CS→未能引起唾液分泌

制約歷程：鈴聲 CS ＋食物 UCS→唾液分泌 UCR

制約後：鈴聲 CS→唾液分泌 UCR

古典制約學習的原理是一種刺激替代的歷程，當制約刺激與伴隨

著原本就能引發某一反應的非制約刺激，將過多次後此中性刺激亦可引發該反應，此為一種刺激替代的歷程。

古典制約的學習歷程中，有一些基本學習現象分述如下：

(1)類化與辨別

當古典制約學習完成後，與制約刺激類似的其他刺激，也能產生同樣的制約反應，此種現象稱之為刺激類化；若同樣的刺激引此類似的反應則稱之為反應類化。

但若當古典制約學習完成後，如有其他與制約刺激類似的其他刺激出現時，個體只對特定的制約刺激作反應，而對其他刺激不作反應，此種反應稱之為辨別。

(2)消弱與自發恢復

當古典制約學習完成後，如果僅出現制約刺激，不再出現非制約刺激，則已建立之制約反應將逐漸減弱甚至不再反應，此種現象稱之為消弱。

而當制約反應被消弱後，有時雖未再出現非制約刺激伴隨制約刺激，但單獨出現制約刺激時個體又會出現制約反應，此現象稱之為自發恢復。

2.操作制約

20 世紀初期美國心理學家 E. L. Thorndike 以貓開迷籠的實驗，建立其學習理論，他主張學習是嘗試與錯誤（trial and error）或選擇與連結（selecting and connenting）之歷程，並發展出學習三大定律，分別是練習律、準備律與效果律。

Skinner 以小白鼠為實驗對象，設計了司肯納箱。實驗時將飢餓之白鼠放入實驗箱中，小白鼠在箱內有許多動作，其在無意中壓到槓桿後，即有食物掉下來，小白鼠得以食用，經過多次之後小白鼠終於學會壓桿以獲取食物，小白鼠壓桿的行為即是制約反應（CR）、槓桿是制約刺激（CS）而食物則是增強刺激（RS），食物可以強化老鼠壓桿的行為，也被稱為增強物。（陳密桃，2004）

　　在上述操作制約實驗歷程中可知，操作制約之要義是在個體許多自發的行為中擇一操作，透過增強物的提供使得個體的行為獲得滿意的結果，最後只要出現制約刺激就可以使得個體產生制約的行為。由上述基本概念衍生而來的增強類型有下列四項：

(1)正增強：給予個體喜歡的增強物，促使個體某一行為出現的頻率增加之歷程，稱之為正增強。

(2)消弱：拿掉個體喜歡的增強物，促使個體某一行為出現的頻率降低甚至消失增加之歷程，稱之。

(3)懲罰：給予個體喜歡的增強物，促使個體某一行為出現的頻率降低甚至消失增加之歷程，稱之。

(4)負增強：拿掉個體喜歡的增強物，促使個體某一行為出現的頻率增加之歷程，稱之為負增強。

　　值得注意的是負增強通常與懲罰並用，如給予記過、予以懲罰，若表現良好後再予銷過。

	正增強物	負增強物
給予	正增強	懲罰
拿掉	消弱	負增強（逃避）

　　提供增強物時，若每次反應即予增強稱之為連續增強，若行為出現後並不一定每次都能獲得增強的話稱之為部分增強。部分增強時根據獲得增強的頻率或時距又可細分為以下四類：

(1)固定時距（fixed-interval erinforcement）增強如月薪、週考。

(2)變動時距（variable-interval erinforcement）增強如不定時小考。

(3)固定比率（fixed-ratio erinforcement）增強如按件計酬。

(4)變動比率（variable-ratio erinforcement）增強如買樂透簽六合彩中獎等。

　　在教育上，操作制約原理的用途較古典制約廣泛，如行為塑造、後向連鎖反應、代幣制、警示（逃脫制約）、消弱等，簡述如下：

(1)應用正增強的原理,增加行為出現的次數。

(2)應用消弱的原理,減少不當行為出現的次數。

(3)應用塑造的原理,形成新的行為。

(4)應用刺激控制原理,協助學生會在適當的場合做適當的反應。

(5)應用間歇增強原理,建立行為的持續性。

(6)應用類化原理,使學習產生遷移。

(7)應用塑造原理,形成新行為。

(8)應用懲罰原理,抑制不當行為的發生。

學校採用獎勵(讚許、獎品、記功、高分數)與懲罰(訓斥、記過、低分數、剝奪權利)的辦法,督促學生學習,其目的藉由外在因素以維持學生的學習動機。

3. Bandura 社會學習論

Bandura 社會學習論主要概念為學習來自觀察與模仿,以幼兒觀賞成人打玩偶後被獎賞、懲罰或無獎懲之結果,提出所謂楷模學習與替代學習之效應。此在教育上之涵義與運用更為廣泛,中國人常提及的「見賢思齊」、「相觀而善為之摹」、「徙木立信」、「殺一儆百」、「殺雞儆猴」等皆可說是運用到社會學習理論的原理原則。

值得注意的是最易引起兒童學習的楷模如兒童的重要他人、同性別的人、高榮譽、高社經、高收入地位的人(張春興,1994),就行為學習論在教學上的應用如編序教學、精熟學習、凱勒計畫等皆屬之。

(二)認知心理學與學習

1. 頓悟學習

德國心理學家庫勒(Köhler)進行的「猩猩接杆」實驗,強調了人類的頓悟學習,有別於連結主義所主張的學習是嘗試錯誤的歷程,他主張學習是認知的歷程,頓悟學習的難易端視:(1)個體的智力;(2)問題情境之結構;(3)過去之經驗;(4)學習內容之性質;(5)個

體的意願而定。

2. Bruner 的啟發式學習

　　Bruner 強調任何知識均可不改其本質而有效的教會所有不同發展階段的學生，只要方法適當，因此學校課程應該是統整性與結構性使學生學到事物與事物間的關係，也就是事物間有意義的關聯，據此才能習得通識與概念，並進而產生學習遷移。

　　再者他主張教學應注重直覺，直覺是頓悟的基礎，強調發現式學習法，與發現式教學法，教師配合學生之經驗，安排適當的、具結構性的學習情境，運用螺旋式課程的原理原則，促使學生能主動發現知識的原理原則。

　　發現式學習之優點是有助個體記憶、有助智力的提升能促使學習者完成獨立求知的內在滿足感，但亦因學生素質不一、並與學生語言能力有關，因此部分學生常產生挫折感。

3. Ausubel 的有意義教學論

　　歐素伯（Ausubel）十分強調學習時先備知識的重要性，他認為在教學時教學者應提供一個適當的橋樑，讓學習者可以將已學習的內容與將學習的內容做一關聯以協助學生做有意義的學習，此一橋樑即稱為前導組織（advance organizers）。

　　歐素伯並強調學習時先以漸進分化的方式組織和呈現教材，再以統整融合的方式進行事實、原則與概念間的關係進行比較與整合，而促使學生將學習內容清晰穩定的納入認知結構中。呈現教材、漸進分化、統合。針對學習訊息被學習者接納的方式與學習者訊息獲得的方式可分為下列四大類型：

表 4-3　Ausubel 的學習分類表

訊息被學習者接納時的方式是……

所要學習的訊息是透過學習者的		有意義的	機械式的
	接受式	一、有意義的接受式學習 　　教學者邏輯組織訊息後提供給學習者 　　學習者將之納入現有認知結構中	三、機械式的接受式學習 　　教學者邏輯組織訊息後提供給學習者 　　學習者將其孤立儲存記憶
	啟發式	二、有意義的啟發式學習 　　學習者獨自獲得訊息 　　將訊息與原有知識相關聯納入現有認知結構中	四、機械式的啟發學習 　　學習者獨自獲得訊息 　　學習者將其孤立儲存記憶

資料來源：引自陳密桃（1999, p127）

對 Ausubel 的有意義學習而言，其優點在涵蓋教學與課程的原理原則，可節省教學時間，並促使學生較易獲得有系統的知識，但深受教師能力的限制。

4.訊息處理論（information processing）

訊息處理具有階段性、暫時性與永久性的特徵。就階段性而言，訊息處理分為感官收錄、短期記憶與長期記憶三大階段，在感官收錄與短期記憶階段，具有短暫性前者以一至三秒為限，後者以二十秒為限；而長期記憶原則上是永久的。

就記憶容量而言，短期記憶容量有限以七加減二個意元為限，如欲在此階段擴大記憶廣度則需採取意元集組（CHUNKING）的方式加以處理；長期記憶的記憶廣度原則上是無限的。

訊息進入大腦時，短期記憶就功能而言是運作記憶透過此階段的處理，方能進入到長期記憶階段，因此短期記憶之加強方式如注意、多碼並用、複習等；至於長期記憶之加強方式如計劃性練習、位置法、序列學習、關鍵字法、主觀組織法、圖像法、理解、筆記摘要等

皆是加強長期記憶的方式。

　　本章摘要敘述心理學可作為教育情境中的原理原則，包含了個體的認知發展、社會發展與行為主義、認知心理學與訊息處理論在教育上之運用，希望在協助教育人員進行教育決定時能發揮其效能。

第三節　教育的社會學基礎

引言

　　佛經《大般涅槃經》第三十二卷中有如下的記載：「爾時大王，即喚眾各各問言，『汝見象耶?』眾盲各言：『我已見得。』王言：『象為何類?』其觸牙者即言象形如蘆菔根。其觸耳者言象如箕；其觸頭者言象如石；其觸鼻者言象如杵；其觸腳者言象如木臼；其觸脊者言象如床；其觸腹者言象如甕；其觸尾者言象如繩。」

　　在理解世間的各種現象時，就某種程度而言，我們皆是摸象的瞎子，往往誤以部分為整體，誤以成見為公論，因而扭曲了真實的面貌。這是因為人類受限於生長的環境與時代的背景，無法真實把握現象的本質，有如生活在柏拉圖所謂的「洞穴」之中，受限於時空背景所造成的盲點，誤把日光的投影當成事物的本身，不僅難以知覺事理的真相，反而在見到事理的真相之時，感到危疑震撼、慌亂失措（鄭世仁，民89）。對於日常簡單的事物尚且如此，如果所要把握的現象是複雜有如教育者，自然更難加以釐清。而教育的複雜性在於它的立論基礎甚廣甚深，其中任何一種基礎都足以令人目盲五色，難以見到現象背後的完整真實。

　　本節所要敘述的是教育的社會學基楚，目的在於說明教育與社會有密不可分的關係，如果捨教育而言社會，固然無法見到社會的全貌；同樣的，捨社會而言教育，亦無法看清教育的方向。因此，在教育現象的探討中，不能把教育與社會的關係加以釐清，所談都將是以

偏概全，猶如佛家經典上所說的瞎子摸象一般，見樹而不見林。幸虧人類為了釐清教育與社會的錯綜複雜的關係，經過長期的努力之後，已發展成一門專精的學術科目，那便是教育社會學。因此，如要詳細探究教育與社會的縱橫交錯的關係，便需要鑽研教育社會學的完整學說體系；如果只是想要略知此種關係的梗概，最方便的方法將是從教育社會學的學說體系中摘出綱要，作快速而整體的瀏覽即可。

　　本節限於篇幅，當然只能採用略覽的方式來介紹教育的社會學基礎。而所採取的方法則是選擇教育與社會二者的關聯處，由此展現教育與社會的各種可能關係，而在此同時，更要注意將這些主題放在教育社會學的體系下去觀照，才能使其綜觀全體、脈絡分明，而不失諸瑣碎。

　　基於此一考量，筆者將教育與社會的關係，在教育社會學體系的覆罩下，設立一系列彼此之間有其連貫性與互補性的問題，然後試著加以一一解說，如能由此提供讀者一個粗淺的答案，那就感到無限的歡喜了。

　　我所設立的這一系列彼此相關而又互補的問題如下：

　　1.教育的本質為何？何以教育與社會二者有不可分離的關係？

　　2.人類對於社會的認識如何？

　　3.今日有關社會的圖像有哪些主要的見解？

　　4.我們要研究教育與社會的關係，必須兼顧到哪些重要的層面？

　　5.從宏觀的層面進行分析與從微觀的層面進行分析，二者有何相關？有何不同？

　　6.教育與其他社會制度之間的關係如何？

　　7.除了社會學基礎之外，教育的其他基礎為何？彼此之間有何關係？

　　茲將此一系列的問題，不忖鄙陋地作野人的獻曝如下，尚請各位讀者有以教我：

一、教育的本質為何？何以教育與社會二者有不可分離的關係？

要解開教育與社會的關係如何，必須探討的第一個問題是：教育的本質為何？人類為何創造了教育，其功用何在？若要對此問題有所理解，必須從人類最早的發展史中去回顧，才能知道教育本質的底蘊。

就人類在地球上的求生過程來看，教育是人類在面臨生存競爭的過程中，所獲得的最重要的發明。回顧人類的生存奮鬥史，教育的發明具有最關鍵的影響力，換句話說，若無教育的發明，人類很難在生存鬥爭中與其他動物一較長短，早就被比我們更強壯的其他動物消滅了。所以教育的本質是人類存活的重要依據。

人類此一最重要的發明（亦即教育），在人類的生活中出現甚早，其源遠流長幾乎可以與人類的生存時間同其久遠。不管是最早的廣義的教育（或稱社會教育），或是今日的狹義的教育〈亦即學校教育〉，二者雖然在外貌與內涵上皆有明顯的差異，但是作為人類生存的主要手段，此一本質卻未曾改變。

在廣義教育（或稱社會教育）的時期，教育的實施是在家庭與社區中，其師資是父母、兄長、親友，以及任何可以產生互動的他人；其教材則為實際生活中的各種素材，尤其是將來生活或工作所必須的技巧；其教法採取示範與模仿的互動方式；其授課時間則瀰漫在日常生活的分分秒秒中，並無正式規定的時段可言；其地點則為隨處皆可教學，並無固定的教室可言；其成效的評量，亦無如今日學校所採用之正式的格式或等第，而是以口頭的讚許或否定為之。其後，由於人類知識的逐漸累積與專精，生活化的教育已經無法將必須的生活知識全數傳遞給下一代，加上人類社會的細膩分工制度，所以有了專門的教育機構出現，那就是今日大家所熟悉的學校。學校的出現，同樣是為了滿足人類生存的實際需要，學校教育的興辦如果忘記了最早的本質，忽視它與社會的必然關聯，便會產生南轅北轍的缺失。換句話

說，教育是人類為了生存而發明的「社會工具」，是為了社會的發展與延續而構思的一種制度，二者的關係是存在於教育的本質之中，是不辯自明的論題。換言之，從上述人類生活的演進史來看，教育自始至終都存在於人類的社會中，未曾須臾分離。教育是為了社會的需要而存在，教育與社會二者的關係不僅是密不可分，而且可說是二者合一，完全不可分離。因此，無論是廣義或狹義的教育，其基礎的建立，毫無疑問地是最先安立在社會之上。

進一步說，為什麼探討教育不能不將焦點對準在社會的因素上呢？因為教育本身含有濃厚的社會性，排除了這些社會的因素，教育就失去了其應有的面貌。每個人自出生至死亡，無時不生活在各種的團體之中並受其影響，而非完全獨立自主。這些團體有時是親密的小團體，像家庭與朋友；有時則是大的結構，像公司、機關等。教育社會學家並不否認個人因素對教育具有影響的力量，但他們所強調的重點在於團體力量對教育的重大影響。所以對於教育的本質、宗旨、目的、設施、效果等各個層面，都需要從社會的角度來加以考量。忽略了教育的社會因素，極可能造成教育的偏頗，甚至產生錯誤。惟有把握住教育的社會性與群體性，才能找出教育的社會趨勢，辦出符合社會需要的教育，並用教育的力量帶領我們建立更為美好的社會。這種將焦點對準在社會因素之上的教育理解，便形成教育社會學的主要觀點所在。陳啟天對於教育所具有的社會屬性所做的清晰的解說，很能說明教育的此種社會性質。他認為教育的社會性在於（陳啟天，民57，pp.120-124）：

第一，從社會學看來，教育的本身即含有社會的意義。教育就是一種社會關係，教育離開了各種社會關係，不但無從實施教育，並且無所謂教育。

第二，從社會學看來，教育的宗旨須適合社會的目的。教育是為社會設施的，不祇是為個人設施的，因此教育的宗旨必須適合社會的目的。教育宗旨離開了社會的目的，也就失去其依歸。

第三，從社會學看來，教育的設施必須適應社會的需要。教育要

能幫助兒童在社會中得到最有效率的生活，就必須考量社會所需要的各種能力。

第四，從社會學看來，教育的效果須能促進社會的進步。

二、人類對於社會的認識如何？

人類對於社會的認識經過三個不同的階段，即是人類知識累積的三個階段。依據素有社會學之父之稱的孔德（Auguste Comte, 1798-1857）在他的「實證哲學課程」的鉅著中，分析社會與人類思想進化的三階段法則，發現「吾人的每一個主要觀念，每一條知識分支，都接連地通過三個不同的理論階段：虛構或神學階段、抽象或玄學階段、實證或科學階段」（蔡筱穎、郭光予譯，民85，頁13）。因此有關對於社會的認識也同樣經過此三階段。

在神學時期（Theological Stage），人類對於社會的出現與原因，是藉助於超自然的因素來加以解說，亦即在此階段中，人類對於社會的概念，設想了一系列的超自然的或神明的力量來作為根本的理由，而非在自然現象或社會事件的本質中找出可能的答案，例如：用上帝以泥土捏出亞當，再用亞當的肋骨捏出夏娃的神話，說明了西方人對於社會起源的神話。此種對於事物的解說方式雖然看似可笑，其實卻是人類腦力發展初期的主要特徵，充分顯現人類追求完美的強烈企圖心。

到了玄學時期（Metaphysical Stage），人類開始以真實原因的追尋取代超自然因素的依賴。在此階段中，由於人類理性的逐漸昌明，超自然或神明的力量不再被用來作為解釋事物發生的原因，而改以人類的直觀思辨理性，用邏輯推演的方式來理解自然現象或社會事件，在自然現象或社會事件的本身找出背後的答案，而不再依賴超自然的力量作為答案的來源，因此比起神學的解釋，具有較高的合理性與系統性。而在此一階段對於社會概念的理解，是受到社會思想極深的影響。人類最早的文化中，即充滿了有關社會的見解，像古希臘、羅

馬，以及中國的早期文化中，就不乏此類的思想。例如：在西方社會
中，約在紀元前 3、4 世紀的古希臘哲學家，就能脫離神話的說法來
解釋社會的發展，而蘇格拉底、柏拉圖、亞里斯多德等人更以理性的
觀點來說明有關人類發展的理論，提供了許多至今依然被視為有用的
社會學知識。例如：亞里斯多德的政治論（Politics）提出了他的政治
主張，已涉及到社會的組織及其對個人的影響。在東方的社會中，比
蘇格拉底年紀稍長的中國的孔子，以及春秋戰國時代諸子百家的論述
中，也提出了許多有關社會的思想。這些早期的社會思想除了努力地
把社會現象（nomos）與自然現象（physis）加以區分，以顯現社會法
則與自然法則的不同之外，更重視理想社會的探討。例如：中國的禮
運大同篇對理想世界之憧憬、柏拉圖的共和國（Republic）論及他對
理想社會的見解、5 世紀的奧古斯丁（St. Augustine）的神城（The city
of God）、16 世紀摩爾（Thomas More）的烏托邦（The Utopia）、17
世紀培根（Sir Francis Bacon）的新大西洋（The New Atlantis）皆對於
理想社會的情況有所主張與寄望，但由於當時尚無科學研究的有力工
具，對於實際社會的情形反而較少研究。到了 18 世紀德國的哲學家
費希特（J. G. Fichite）才開始對實際的社會有所討論（主要是關於國
家的觀念），更接近現代的社會學見解（孫本文，民 57）。雖然他們
皆以哲學的玄思為其探究的方法，而且只有片段的、偶然的敘述，但
是皆已明顯地觸及社會學的領域，使得社會科學的種子，能得到沃
土，慢慢發芽、生長、茁壯，對社會科學的誕生皆起著不可或缺的影
響作用。

　　到了科學實徵的時期（Positivist Stage），人類更以法則的尋求超
越原因的探究，亦即對於所有事件的解釋都應該以科學的、實證的實
驗為主，不能僅憑邏輯的演繹推理，或直觀的思辨而獲致，而必須達
到相當客觀的境界，並保證任何理性清明之人，都能依據相同的程序
來獲致相同的結論。這種保證使得世界不再神秘化，並使事物的實體
得以真正顯現在每個人的眼前，讓人們直接感受到它，並瞭解其中所
具有的規律或法則。在此一時期，人類開始建立了具有科學特徵的社

會學以及專門研究教育與社會關係的教育社會學。之後,由於教育本質的改變、教育與生活的關係日益密切,以及教育現象日趨複雜等原因,使得教育現象日益複雜難懂。也因此促成教育社會學蓬勃發展起來(Comte, 1896)。

三、今日有關社會的圖像有哪些主要的見解?

人類對於社會的圖像有不同的見解,這在教育社會學的學說中有極為深入的探討,簡單地說則有和諧理論、衝突理論,以及詮釋的理論三種看法。

第一種見解稱為「和諧理論」,又稱為結構功能主義、系統理論、共識理論。儘管名稱不一,卻代表了對社會的一種共同看法。此種理論的傳統是繼孔德(Auguste Comte, 1798-1857)與斯賓賽(Herbert Spencer, 1820-1903)的創建,涂爾幹(Emile Durkheim, 1858-1917)的發揚光大,帕深思(Talcott Parsons, 1902-1979)、韋柏(Weber, M)等人的修正補充,以及墨頓(Robert Merton, 1910-?)的集其大成,而有長遠的歷史。功能主義的鼎盛時期是在 1940-1950 年代,其後因為功能主義本身理論上的弱點受人攻擊,而逐漸失去獨領風騷的地位。這可能是因為其他新的理論對於某些問題有較大的說服力,也可能是功能主義之典範無法配合時代的脈動所致。但若要說結構功能理論已失去與人競爭的力量,恐怕也是言之過早。

此種見解強調一個社會的永續存在,有賴社會秩序的維持(Parsons, 1951; 1960; 1961; Merton, 1968; Weber, 1930; 1949; 1968)。一個失去秩序的社會,不僅無法滿足人們的基本需求,更是造成弱肉強食的主因。而教育在維持社會秩序的功能上扮有重要的角色。例如:被尊為結構功能主義大師的涂爾幹認為社會雖然是由個人所組成,但是社會的重要性遠超乎其組成的分子之上,具有自己的實體。社會的組成分子為了整體社會的永續生存,必須犧牲一己的自由,而接受社會的種種限制,更必須將社會生活所必須的道德與信仰一代一代地傳承下

去，因此個人的行為並非受到個人意識的支配，而是受到超越個人並且形成個人意識的共同信仰與情感的支配。這些社會的事實以及社會的行動方式，可以被視為與社會的行動者相分離的。涂爾幹把社會當成是一個遵從自己規則的系統，個人在社會之中，是無法與整體社會相提並論的。換句話說，所有的組成社會的個人之總和，依然無法與社會劃上等號，因此只能用社會的本質來解釋社會的生活，無法由個人的意識去瞭解社會。因此創造並且鞏固團體的向心力是最重要的一件事（Durkheim, 1951; 1958; 1961）。而社會秩序的獲致與維持依賴的是什麼？涂爾幹的答案是「共識」（consensus），那便是組成團體的每一個分子都具有共同的信仰與情感，或稱之為「集體的良心」（collective conscience）。「集體良心」是一種社會的事實，因此是存在於個人之外，且對個人有所約束。一個社會如果沒有共識，或對於主要的道德問題缺乏一致的看法，則社會的秩序無法獲致，社會生存所不可或缺的相互合作便無法形成，群體的生活也就無法運作。就算勉強組成團體，也只是分崩離析的團體。如果個人褊狹的利益戰勝了社會的責任，而成為社會的主要觀念，那麼，衝突與失序必然發生。因為在這種情況下，個人利益成為行動的主導力量，每個人將發現自己必須與所有的人為敵。而「集體良心」的存在，會限制個人的行動，使其依照社會的規範去行事，而不能有所逾越。唯有如此，集體的社會生活才有可能。但是共識（或「集體良心」）的獲致則有賴於教育的實施。在涂爾幹等人的眼中，教育便是社會化的代名詞，唯有依賴社會化的力量，使下一代接受上一代的既有規範，社會才能存續下去。因此他認為教育的功能是無可取代的，並對教育賦予完全正面的評價（Durkheim, 1947）。

　　第二種見解是衝突理論。由於和諧典範無法對社會的變遷現象提出使人信服的說法，因而有衝突理論的出現。基本上，衝突理論的出現可以被解釋為功能主義對於社會秩序的說詞已經無法深入人心。如果社會真的是以和諧為底色，以共識為基調的話，那麼要如何解釋自古以來便一再重演的改朝換代的戲碼呢？我們只要翻開歷史，看到連

年戰爭之慘烈，就不免對功能主義的說法產生懷疑。

衝突理論的傳統是循著馬克斯（Karl Marx, 1818-1883）等人的見解而次第開展的（Marx, 1971; Marx and Engels, 1965）。馬克斯認為社會是無情的競爭舞臺，而階級的衝突與鬥爭是社會變遷的主因。這些論點經過席嵋爾（Georg Simmel, 1858-1918）、達倫道夫（Raff Dahrendorf）、寇舍（Lewis Coser, 1913- ）等人的補充與修正，更趨完備（Dahrendorf, 1959; Coser, 1956）。

馬克斯學說的主要重點，認為社會的不公平是由經濟因素造成的。因此經濟制度的影響力遠大於其他任何的制度。他認為經濟結構是社會的下層結構，決定了社會的本質，更是促成社會變遷的主要衝突來源。其他的社會制度（諸如政治、法律、信仰、思想等）都是上層結構，上層結構都是由社會的生產關係所決定，皆是經濟與社會狀況的產物。換句話說，只要經濟與社會狀況有所改變，其他制度也會跟著改變。而依據馬克斯此一說法，經濟以外的其他制度都是中產階級用來鞏固其既得利益的工具。如此一來，在衝突學說的觀念中，教育制度也是中產階級用來鞏固其既得利益的重要工具。藉由教育的作用，人類很難窺知現實社會的矛盾與衝突，因而認可社會的現況，並認為那是自然而正常的現象（Young, 1971）。所以教育是社會不平等的幫兇，協助既得利益者扭曲社會的實體，讓其得以鞏固既得的利益。

第三種見解稱為「詮釋典範」，是對於結構典範的見解提出截然不同的主張。詮釋的典範並非一個統一的學派，而是由許多不同的學說所組成，其中主要的有符號互動論（symbolic interactionism）、現象學（phenomenology）、俗民方法論等（ethnomethodology），這三派雖然名稱不同、重點互異，但是他們的基本精神則有相通之處，那便是對於結構典範的見解提出截然不同的主張。

所謂結構典範指的是和諧理論與衝突理論的共同主張，表面上看來，和諧理論與衝突理論是兩個截然不同的典範。但是，事實上，這兩個典範有一個共同的特點，那便是強調社會大於且優於個人的基本主張。詮釋的典範對此基本觀點持有不同的看法，因而提出一系列的

質疑，其中最主要的是，人類的行動是受到系統的決定嗎？結構典範者把人類的行為描繪成由社會系統所決定、無主動創造其社會世界的能力、是在社會化的歷程中由社會的規範與價值所塑造、是被其所擔負的角色所限定，因此毫無自由之可言。這種觀點被詮釋典範者指為錯誤的。詮釋典範者認為個人具有主動力，可以主動地建構自己的社會世界，而不是被一個外在於自己的社會系統所決定（Blumer,1962; 1969）。其實，詮釋典範者並非不承認人類的行動具有某種程度的結構性與例行性，更不否認社會機構與制度的存在。在多數的行動中，行動者早已知道自己應該如何行動，也知道別人會如何行動，並同意社會規範會對個人的行為產生限制。但是這些預存的知識所提供的僅是行為的一般指示，而不能提供明確的細節，因此當事者還是保有相當的發揮空間，能提出自己的詮釋與修正。因此詮釋典範認為即使是面對最嚴格的規定，依然無法使每一個人完全俯首聽命；即使是行動者表現出相當的標準化與結構化，也不能以此作為個人一定會服從外在力量的證據。行動者內在的詮釋才是此標準化行動的理由，而非僅僅由社會系統單方面地決定。誠如葛分可（Harold Garfinkel）所指出，主流社會學把人描繪成「文化的傀儡」，只能按照社會的文化所規定的標準指示去反應，而毫無自主的權利是錯誤的。因為社會的分子能夠不斷地參與獨特的情境、賦予情境各種的意義、將此知識與他人分享、創建出社會秩序的內涵，由此觀點視之，人是社會世界的創建者，而非單方面地被社會世界所形塑。依此見解，教育是具有正面的功能的，但是其重點不應該完全強調社會秩序的維持，也要同時兼顧個人人格的成長與創意的培養（Garfinkel, 1967）。

四、我們要研究教育與社會的關係，必須兼顧到哪些重要的層面？

研究教育與社會的關係，除了從上述三大典範的比較下手之外，通常可以由具體的社會層面進行分析，而此種分析層面的完整把握，

就是教育社會學完整體系的建立，解說教育的社會學的基礎應該兼顧到整個的社會體系，才算完整。

　　依據大陸學者吳康寧的看法，他把教育社會學分成四篇，構成一個完整的體系。第一篇為「教育社會學學科論」，先橫後縱地展示教育社會學的「基本面貌」。第二篇為「教育的社會背景」，考察了社會結構，社會差異，社會變遷及其對教育的影響。第三篇為「教育自身的社會系統」，分析校內活動的社會屬性。第四篇為「教育的社會功能」，說明教育如何貢獻於社會（吳康寧，民 87，前言及頁 10），可謂體系燦然大備，值得推崇。另一位大陸學者魯潔則將教育社會學分成宏觀的教育社會、微觀的教育社會，以及中觀的教育社會學。所謂宏觀的教育社會學主要是探討教育與整個社會之間的關係，其中包含經濟與教育、政治與教育、文化與教育、青年文化與教育、人口與教育、生態環境與教育、社會變遷與教育等。微觀的教育社會學主要著重分析具體的教育活動及其參與者的社會學特徵，內含班級的社會學分析、教師的社會學分析、家庭與教育、性別差異與教育、個體社會化與教育等。中觀教育社會學則集中考察溝通宏觀社會與具體教育活動之間聯繫的那些中介，內含社區與教育、學校組織的社會學分析等章（魯潔，1991，頁 372），所見頗有道理。

五、從宏觀的層面進行分析與從微觀的層面進行分析，二者有何相關？有何不同？

　　筆者認為教育社會學的基礎理論，可以區分為兩大類。其一是從宏觀的角度說明「教育的社會基礎」，另一是從微觀的角度說明「教育自身的社會系統」，二者的相關與差異如下：

　　就相關而言，從社會學的觀點來理解教育現象時，其所強調的是將教育的理解焦距對準在社會的因素上。所以不論是宏觀的教育社會學或是微觀的教育社會學都要注重社會的因素，離此一步，便已失去學術的正當性，而侵犯了其他學術科目的應有領域。大陸學者吳康寧

認為教育是社會的「子系統」，必然會與外在的社會產生三種關係，其一是教育的生存與運轉必然會受外部社會的制約。其次是作為一種特殊的社會子系統，教育系統當有其自身之社會結構與過程。最後是作為一種社會子系統，教育系統也必定會對外部的社會有所影響。依此見解，宏觀的教育社會學重視的是教育系統外的社會「母系統」，除非我們能夠瞭解母系統的現況與未來方向，否則教育的實施將無法符合社會的需要。除非我們能夠排除母系統的缺失與限制，否則教育的實施將無法如願進行。除非我們能夠重視母系統與子系統的溝通與合作，否則教育的實施將無法避免受到掣肘與阻礙。除非我們能夠因應母系統的優勢與弱點，否則教育的實施將無法獲得有效的策略與手段。另外，我們不得不承認，教育的子系統在母系統之前，往往受到限制或制約，必須採取因應或妥協之道，才有突破或進步的餘地。但是，我們更要堅信，教育本身具有很大的影響力，透過觀念的引導與改造，可以發揮社會的主導力量，而不僅僅是被動服從現狀而已。

　　就不同而言，「教育自身社會系統」的學校本身（即使只是一個班級或一個小組）也是一個社會，教育的實施過程更是社會互動的過程，因此，對於微觀的層面而言，注重的是子系統內的人際互動，以及由此互動所造成的教育效果，因此要集中分析學校中的六大主題：從學校的人員（包括教師、學生、行政人員等）可以發現各種角色的相依賴或相排斥的情形；從學校的文化可以瞭解決定學校氣氛與士氣的背後原因；從學校的課程（包括正式課程、潛在課程、空白課程等）可以發現學校教學內容的真義；從班級組織可以明白學生日常在校的生活環境；從課堂教學可以瞭解學生接受各種影響的實際過程；從教學評量可以知道學生成績或分數的真實意義；凡此種種，皆在說明學校自身就是一個多采多姿社會系統，從學校的社會性質來看教育，可以得到許多意想不到的結果。與此相比，宏觀的層面所注重的六大主題完全不同：從社會的結構（包括政治、經濟、文化、家庭、大眾傳播等）可以找出教育格局所受的限制所在；從社會的期望可以瞭解教育目的的爭議原因；從社會的階層（包括階級、性別、區域、

種族等層面）可以發現教育機會的不均的理由；從社會的變遷可以見到教育改革的基本要求與方向；從社會化的歷程可以知道學校教育之根本不足所在；從社會的科層體制可以明白教育組織的運作原理；凡此種種，皆在說明教育的子系統無法避免外圍大的社會系統的限制，或對於大的社會系統的依賴。由此可見，完整的教育社會學要兼顧宏觀與微觀兩個層面，不能偏廢，始能見到教育與社會關係的全貌（Dewey, 1916）。

六、教育與其他社會制度之間的關係如何？

　　首先我們要知道，教育並非人類生存的唯一「社會工具」。人類為了滿足生活的需要，因而對於日常生活中的價值、態度、規範、行為模式等，加以訂出一定的準則及實踐的手段，以便作為共同遵守的依據，這些準則及實踐的手段便稱為「制度」。而這些共同遵守的準則與手段如果專門集中在生活的某一領域，便稱為某一制度。準此而言，有關家庭生活領域的準則及手段，便是家庭制度。有關教育生活領域的準則及手段，便是教育制度。唯有各種制度的設立，社會才能正常地運作，人們的各項需求才能獲得滿足。教育制度對於人類生存固然重要，但是教育之外的其他制度對於社會生存也同樣具有重要的貢獻，例如：國防、經濟、財政、內政、外交、交通、司法都是重要的生活領域，這從政府的組織編制的設計上容易看出。其他不斷出現的社會問題，使得新的制度相繼出現，例如：環境保護、全民健保、外勞管理、偷渡客遣送等，不勝枚舉。雖然各個制度所訂定的準則依其獨特性而有不同，但是為了滿足生活的需要或解決生活的問題則無二致，所以各領域所定的價值與態度、行為與規範，基本上是有共通的原理，那就是不能違背社會共通的價值與態度、不能訂出超越常理的行為與規範，否則便會窒礙難行。

　　其次，教育制度與其他社會制度之間有何種可能的關係？分析而言，此種關係的可能情況有四：其一是相互隔離的關係，這是指社會

尚未發達之前，教育與其他社會制度的接觸不深，彼此並未發生太多的關係。等到社會發達以後，教育制度與其他社會制度的關係日益密切，同時存在著三種可能的關係，即是：相互調適的關係，相互改變的關係，以及相互依存的關係（林清江，民70，頁26-28）。

所謂相互調適的關係，指的是教育制度受其他社會制度的影響，也影響其他社會制度，彼此求取適應。這是一種消極的相互關係，彼此雖然視對方的實際情況，而採取必要的措施以為配合，但這只是兵來將擋、水來土掩的策略而已。例如：家庭結構的改變，生育率降低之後，許多學校的招生人數明顯下降，為了實際的需要，乃有降低班級學生人數的制度出現。班級學生人數降低之後，師生的互動機會增加，對家長配合的要求也相對提高，轉而又影響了家庭的生活型態。這是教育制度與家庭制度相互調適的明顯例證。

所謂相互改變的關係，指的是教育制度與其他社會制度之間，不僅以消極的調適作為彼此的關係，更採取積極的方式來改變自己與對方，使彼此的適應達到更圓融的地步。例如：經濟結構的改變，工業逐漸取代了農業的經濟地位，學校的類型不得不做積極的改變以為因應，所以工業職業學校興起，農業職業學校沒落，原因在此。同時由於科技的提升，經濟市場所需的人才素質也較以往提高，所以工業職業學校乃需朝向工專或技術學院去轉型，否則便難以生存，這是因為經濟制度的改變所引起的教育制度改變。但在此同時，教育類型的改變與程度的提升，更產生了科技的發明，進而改變了經濟的既有型態。這是教育制度與經濟制度相互改變之一例。由此可以證明，教育雖然受限於社會的其他制度，但在相當程度之內，教育仍具有主動的力量去突破社會的侷限，並對其他的社會制度產生改變的作用。

所謂相互依存的關係，指的是教育制度與其他社會制度的關係，如唇齒之互依，如影之隨形，有我才有你，無你我難存，二者的命運無法分割。這種情形可以由教育制度與政治制度的關係作為說明。政治制度的類型決定了教育的特徵與重點，例如：共產主義國家的教育制度以培養共產主義的意識型態為第一要務；民主主義國家的教育制

度則以破除各種有害的意識型態為主要任務；沒有這種政治制度就沒有此種教育制度；同樣的，沒有此種教育制度的維護、穩定與發揚，此種政治制度也難長久。由此可以看出教育制度與政治制度具有相互依存的關係。

其三，教育無力獨自決定其型態、規模、格局：

「教育格局的形成並非某一社會結構孤一作用的結果，而是全部社會結構綜合作用的產物；且任一社會結構的制約也絕非僅限於教育系統某一因素，而是波及多種因素乃至整個系統」（吳康寧，民87，p.59）。我們不難發現，教育的存在條件與存在目的大都決定於教育之外的其他社會制度，所以教育的格局必然受限於教育之外的其他制度。就教育的存在條件而言，辦理教育必須依靠許多現實的物質與人力，缺少這些物質與人力，教育的辦理幾乎是不可能的。例如：物質的條件是由經濟制度所決定的；學生的素質是由家庭制度所決定的；學校數量的規劃要視人口與交通的狀況而定；學校規模的大小是就學人口多寡的函數；教師待遇的決定與就業市場或經濟景氣脫離不了關係等，這些條件都無法由教育制度本身加以解決。就教育的目的而言，教育的辦理並非只針對教育本身的需要而設想，而是必須對整體社會的需要進行考量；教育目標的設定也不可以光憑教育的想像而閉門造車，而是要以社會的實際情況作為依據；教育的實際運作更不能一廂情願地自以為是，而要與社會的期待取得協調等。因此，若不考量其他社會制度而談教育，不僅無法見到教育的真相，更無法得到合宜的方向與有效的手段。

其四、教育制度與其他制度相比，其重要性如何？

社會各個制度的重要性不一定相等，而以當時的實際需要作為衡量的依據。例如：在戰爭頻繁的年代裡，徵兵的制度也許是最重要的。但在和平的時期，生產的制度也許更為優先，未可一概而論。但是值得注意的是：在人類進化的過程中，教育制度的地位原本較為輕微，教育的格局往往受限於社會的結構，受到很大的拘束。但是教育對於其他的社會制度也非全然無力的。教育對於整個的社會制度所能

發揮的影響力決定了教育制度的社會地位。教育制度的社會地位隨著
社會發展階段的改變而有不同。在人類發展的早期,教育的重要性並
不如今日明顯,與教育最有直接關係的大概是文化傳承之一項而已,
至於交通、環保、經濟、消費等,與教育的關係並不明顯。所以教育
在當時的整體社會制度中,僅居於外圍的地位。但是隨著時代的變
遷,教育制度的重要性已經大為提升,逐漸由社會制度的邊緣地位轉
入核心地位,而受到更多的重視。時至今日,教育制度在社會生活中
的地位已非往昔可比。在一個現代化的複雜社會中,幾乎所有的其他
制度都會受到教育的影響,因而提高了教育制度在整體社會制度中的
地位。誠如國內學者林清江所謂:教育已由社會結構的外圍地位移向
核心地位,而對整個的社會具有關鍵性的影響作用(林清江,民 70,
頁 28)。

七、除了社會學基礎之外,教育的其他重要基礎為何? 彼此之間有何關係?

　　教育的研究並非某些人的專利,只要有興趣,任何人都可以對教
育的現象提出解說。而且教育現象的理解並不只限於社會學的單一觀
點,我們還可以有其他的不同觀點。有關教育的學科甚多,例如:教
育哲學、教育心理學、教育史、教育行政學、教育經濟學、教育人類
學、社會教育學等,便是各自以其獨特的觀點來研究教育。既然各種
教育科目都以教育為研究之對象,彼此之間就必然存有相互關聯與相
互區隔的關係。國內學者林清江曾經把教育社會學與教育心理學、教
育經濟學、比較教育、教育史、教育哲學等科目的異同及相互關係做
過清楚的比較(林清江,民 61,頁 24-27),值得參考。此處擬從本
質上的不同,來辨認被稱為教育三大基礎學科的教育哲學、教育心理
學以及教育社會學三者的相互關係。
　　首先說明三者的相似性:教育社會學、教育哲學以及教育心理學
被稱為教育理論的三大基礎科目,因為這三個科目涵蓋了有關教育現

象的三種主要觀點，分從社會學、哲學，以及心理學的觀點去把握教育的本質。此三科的相似性有二，其一是，這三科皆以整體教育作為研究對象，此與其他教育科目往往只著重於教育的某一部分不同。例如：教育行政學只研究教育機構中的行政部分，而非對於教育的整體加以探討；其二是，這三科皆從理論的層面去探究教育的現象，而與強調教育實用性的其他科目有所不同。

　　其次說明三者的相異性：儘管教育社會學、教育哲學，以及教育心理學具有上述的相似性，他們之間的差異性仍然十分明顯。就研究方法而言，可以將三者區分成兩大類型，而教育社會學與教育心理學同屬於社會科學的領域，同樣以科學的方法來解釋教育的現象，因此可以被歸為同一類。這兩科皆強調科學實證的要求，皆將教育現象視為「社會事實」（宋明順譯、友田泰正著，民 79，頁 1），而對其進行客觀的研究，以確保其研究的三大特性：理論性（theoretical）、實徵性（empirical），以及客觀性（objective）（Reid, 1986, p.22-24）。相對的，教育哲學則偏向於哲學的領域，是以直觀思辨作為探究教育的方法，並不強調科學方法的客觀性，也不以社會事實來侷限研究的範疇，反而涉及許多抽象的概念（例如：人性的善惡），並認為這些無法提出科學證據的概念，其重要性並不亞於能夠客觀實證的概念（Ritzer,1975；1979）。就研究對象的不同而言，可以對同屬於社會科學領域的教育社會學與教育心理學加以區隔。一般而言，教育社會學所注意的是教育現象中有關團體的與分類的屬性，要從社會的關係中解說教育的現象與本質，而其所強調之重點是：學校的世界是一個社會的世界，教育現象更是社會現象的一環，忽略大的社會因素而談教育，往往會見樹而不見林，甚至造成誤導或偏見。而教育心理學家則以有關個人的心理屬性（例如：人格、動機、情緒、行為等）去考量教育的現象與本質，用兒童的身心發展階段、學習動機、個別差異等概念，作為解釋教育的基本用語。由此可見，此三科雖有相異性，卻沒有相互矛盾處，反而具有互補互成的性質。教育哲學從超越時空的角度，去把握教育的基本方向，可作為教育實施的重要依據；教育社

會學與教育心理學則要彼此配合，互相參考。因為個人的社會屬性與心理屬性是不可分離的整體。誠如個人心理學的大師阿德勒（Alfred Adler）所指出（蔡美玲譯，民79，頁33-34）：

> 即使是個人的思想，也是由與同類相處的社會關係中得到。因此，為了知道一個人的思想，我們必須察看他與同類的關係。人與人的關係一方面由宇宙的本質決定，所以是變動不居的；另一方面它也由固定的制度或習俗決定──比如社會或國家的政治傳統。如果沒有同時瞭解這些社會關係，我們便無法領會心理的活動。

所以三者所採之觀點雖異，但是其中並無軒輊之分，反而要藉著三者的相互補足，才能使教育的圖像更加清晰。因為教育心理學從心理發展的觀點，說明個人的智力、性向、動機等對其教育的影響；教育哲學以思辨的方式，對教育的形上本質、目的、功用加以解說；而教育社會學則重視教育的社會因素的考量。唯有三者互補，才能使教育的基本理論燦然大備，為教育找到最佳的坦途。

結語

誠如魯道夫（Anthony Rudolf）的「人文主義者的十四行詩」所生動描述的主題：我們都是被決定的。其詩云（引自Meighan,1986,p.6）：

> 我被我的階級（class）所決定；
> 我被我的性別（sex）所決定；
> 我被我的信仰（God）所決定；
> 我被我的基因（genes）所決定；
> 我被我的下意識（unconscious）所決定；
> 我被我的童年（childhood）所決定；

我被我的死亡（death）所決定；

我被我的氣候（climate）所決定；

我被我的故鄉（homeland）所決定；

我被我的工作（work）所決定；

我被我的報紙（newspaper）所決定；

我被我的深層的語言結構（deep linguistic structures）所決定；

我被我的上述種種所決定；

連我的自由都是被決定的。

　　人類的一生中，受到外界的束縛甚多，其中有的是屬於個人的與自然的因素，有的則屬於社會的因素。詩中所提及的，除了基因、下意識、氣候三者屬於個人或自然的因素之外，而其餘的階級、性別、信仰、童年、鄰居、工作、報紙、語言結構，無一不是社會的因素，甚至連死亡也成為一個重要的社會事件，而非個人所能獨立決定之事。在人類文明尚不發達的年代，個人與自然的因素對一個人的決定力是十分巨大的，但是隨著人類文明的累積，社會的因素的重要性乃與日俱增，終至超越了個人與自然因素的影響力。社會因素對我們的影響力量是無所不在的，正如馬基（Reece McGee）所謂：「我們都是受到出生背景與社會環境所操控的木偶，我們的身上綁滿了無形的線，受著社會的操縱而不自知」（McGee, 1975, p.xi）。當我們理解了許許多多綁在我們身上的無形的繩線，也許比較能夠發現自己與社會具有無法斷絕的關係。而教育社會學的研究就是要增加我們對影響教育的社會因素的瞭解。

　　本節說明教育的社會學基礎，從社會學的角度來把握教育現象的意義。這種觀點可以提供我們另一種新的視野，讓我們以另一種方法來理解教育的世界。我們一生下來便已繼承了許多的「社會屬性」，更無法自外於社會。人類受到其「社會屬性」的影響可謂既深且鉅，教育的理解之所以要注重社會的層面，主要原因是「人是社會的動

物」，而教育又是為了社會的需要而發明的一種求種族生存的重要手段。換句話說，教育具有相當的社會屬性。所以正確瞭解教育的社會屬性有其絕對的必要性，但是在理解這些屬性的同時，千萬不要忘了教育的複雜本質，教育的基礎並非單一因素所決定的，而是由許多不同的學術領域共同塑造而成，其中有哲學之基礎、有心理學之基礎，亦可有其他許多學術之基礎，而社會學之基礎也是其中之一，且與哲學、心理學二者，共成教育學的三大基礎，這些基礎彼此之間雖有不同，並非孤立，而是彼此支撐、彼此聯合，才能見到教育的全貌，使教育的實施有效。如能兼顧到教育的其他學科基礎，互補互成，共同拼出一幅完整的教育圖像，這樣才有助於完整教育的實施。

第四節　教育的哲學基礎

　　由於教育學是一門實踐取向濃厚的專業領域，科技整合的色彩很濃。許多人文藝術、社會科學，甚至於自然科學等都可以豐富教育學的視野。傳統心理、社會、哲學並稱教育學的三大基礎。一般而言，心理學、社會學在 20 世紀的發展，逐漸淪為社會科學，因此，對於教育本質、目的等的探討，哲學擔負的角色也就益形的重大。本章首先介紹哲學的意義，作者將從有趣的星座談起，進而為同學介紹哲學的基本內涵，接著，作者將論述教育理念之建構有賴哲學之指引，並為初學者簡單介紹教育哲學之內容。同時，考量到讀者可能未來都有志於成為教育工作者，作者也特別歸納了教育工作者如何在教育歷程中作哲學式的自我反省，希能有助於讀者利用哲學的視野去統整其他各教育專業領域並形成圓滿的個人教育哲學信念。

一、哲學的意義──從血型、星座說起

　　哲學給人的第一印象是深奧、枯燥……研究哲學的人喜歡鑽研一些無聊的問題。在我課堂上，更有學生問我會不會算命，新新人類似

乎對星座、血型等很有興趣，就讓我們從血型、星座說起。

　　「你是A型的人，個性比較深層」，「雙魚座與雙子座，愛情速配指數不高」、「雙魚座的人，這個月的愛情運勢很好，但花錢較不節制，最好要注意健康」……這些都是報章傳媒及時下年輕人的話題。無論是星座、血型，甚至各種算命的術數，都反映了人們無法確切的瞭解自我，無法完全處理情感問題或是人際關係，也反映了人們對未來的不確定感，而希望透過星座等指引自己，先不論其是否準確，這毋寧是一正常而又合乎情理的人生態度。為什麼我稱之為正常又合乎情理？畢竟人，生有涯，知無涯，雖然經過不斷的努力，但是人生在世，豈能盡如人意，隨時會遇到許多挫折，藉著對有限知識、或信念的掌握，使自己趨吉避凶，事實上，這也是各種知識的功能。

　　不過，合理的懷疑是，透過血型、星座等可以使我們更瞭解自己嗎？更能瞭解別人嗎？更能有效的處理人際關係嗎？甚至於更能掌握未來以趨吉避凶嗎？星座、血型是一種對人的分類，「分類」可說是人類重要的認知發展，血型如果可以作為分類標準的話，其理由可能是某些生理學的原因。古希臘哲學家，很早就提出類似的看法，如希波克拉提斯（Hippocrates）認為人有四種體液，人的氣質隨不同體液之多寡而有不同。血液多者屬樂天型，黑膽汁多者屬憂鬱型，黃膽汁多者暴躁型，黏液多者屬冷靜型。以血型論人之氣質，並不新穎。如果是星座，代表著大宇宙與人心靈中的交感作用。中國古代自陰陽家以降，特別是漢代，非常流行以星象來預測人事，不過，是否準確呢？如果有大規模的資料蒐集，利用統計學的知識加以分析，未嘗不能加以釐清。西方的科學之所以能進步，就在於他們能夠為求知而求知，而不完全盲從已有的信念。如果星座真的準確，為什麼星座可以預測人的個性、運勢？當對星座有興趣的新新人類開始嚴肅而認真的討論這些問題時，其實已經進入了哲學知識論（epistemology）的探索天地。知識論探究的是知識的特性、知識的規準。以希波克拉提斯為例，我們可以追問，何謂血液？何謂黃膽汁？這涉及到對名詞的定義與分類，為何黃膽汁多者會暴躁？有何種理由或經驗上的證據？祇有

仔細探索這細節，才能使吾人決定是否要相信希氏所言。同樣地，筆者要質疑相信星座的年輕人，是什麼樣的理由使你願意相信？可能的回答之一是我覺得自己的個性與星座書上描寫的很接近，「訴諸個人的經驗」當然也是一種認知的方式。不過，這也會有許多的誤差。大學教育的目的正是希望能藉著比較嚴謹的態度來培養大學生在各個專業領域中，理解人類知識文明的建構歷程。

哲學是一種對知識、智慧的愛好。前面對星座等的質疑，其實是提醒讀者可以用科學的態度去反思。科學與哲學有什麼不同？在 20 世紀，由於科學的昌明，許多學術領域逐漸的科學化。在古代，哲學涵蓋了科學，由於各種專業知識的累積，傳統知識論已被細分成各種的科學知識。不過，也正因如此，在隔行如隔山的今天，我們更須要發揮哲學的統合功能。畢竟，現有的科學知識並無法完全使人類掌握自身的命運。新新人類的各種資訊電腦能力（這是科學的極致）也許有助於擇偶，結交異性，但是網路所造成的一夜情、情感詐欺，也衍生了許多新問題，這些問題其實又回到了人類最初的基本問題：是否科學可以使新新人類不受失戀之苦？答案當然是否定的。也正因如此，在科學昌明的 21 世紀，大家仍然對星座、血型趨之若鶩。因為對自我的探索、情感的歸宿，及對未來的掌握（包括生死），仍然是所有人類必須面對的問題。

我們既不能以現有的科學來完全否定超能力、錢仙、星座、血型、運勢等論題；又不能完完全全不加思考，全盤接受。合理的態度應該是去深層思考自我，去反省自我，進而接納自我，對自我的反省也可以同理的去體諒他人，如果星座有價值，其價值在於它提供了一套瞭解自我與他人的方式，但這衹是方式之一，而且這種方式可能有很大的誤差，在現有的科學基礎上去設想、去印證、或否證，也許可以豐富星座學的知識內涵，而不是流於浮面的預測，大學生應該時時增進自己對事物的思考判斷力，用批判思考的態度去處理各種議題。血型、星座衹是其中之一。不加思索的相信星座是盲從；現有的科學知識可以幫助我們去探索，但也不宜用現有的科學知識去否定。換言

之，運用理性、謙虛的態度去面對未知，正是哲學的素養。

二、哲學的內涵與態度

　　從以上對星座、血型等很簡要的分析，我們大致可以體會，人生在世，除了最基本的生存需求外，我們面對大自然及人生百態時，會產生「驚奇」（wonder），為了克服這種心理的不確定感，會油然而生各種敬畏、信仰、探索、掌握之心。哲學正是希望透過一種理性的探索方式，把人生可能面對的問題，作一圓滿的思考。當人們面對外在的世界，或反思其內在體驗時，到底他是在面對哪些問題？或者，換個方式問，哲學家所探討的問題有哪些？下面的分類，可以有助於初學者掌握哲學的意義。（簡成熙，民93：8-13）

　　知識論　知識論（epistemology），顧名思義，是探討知識的理論。心理學、政治學、物理學、化學也是在探討知識，哲學與它們有何不同？從人類最初的知識發展來看，沒有什麼不同。現在由於知識的分化，各種不同的知識已各自發展其不同的方法論。不過，哲學的知識論焦點放在「知識」這個概念，到底什麼叫做知識？何謂真理？用什麼標準判斷知識的真偽？人類如何獲得知識？知識可以分成哪幾類？不同知識之間的真偽判斷標準是否不同？不同的知識可否統整？由於哲學的知識論是對知識的性質作一個綜合且深層的思考，也將有助於各專業知識建構者以見樹更見林的視野，去檢討自己的專業知識。教育哲學正是希望從哲學的立場，來檢視教育現象中的各種問題，以發揮指引教育的功能。

　　關於知識的來源，西方理性主義的傳統，認為人類普遍而正確的概念和知識，是來自於人類先天的理性思維。例如：提倡「我思故我在」的法國思想家笛卡兒（R. Descartes），特別強調理性的懷疑，是一切知識的基礎，他認為人有與生俱來的天賦觀念（innate ideas），作為一切認識的依據。德國哲學家康德（I. Kant）也認為「時間」與「空間」是一種先驗的感性形式，「十二範疇」是先驗的悟性形式，

各種經驗是在這些先驗形式的運作之下，才得以產生知識。希臘時代的蘇格拉底（Socrates）自稱自己無知，祇是愛好知識而已，他認為教育就是要運用類似產婆的接生方法，將學生心靈已有的觀念引出；西方與理性主義對立的另一經驗主義（empiricism）傳統，則認為知識來自於感官經驗的累積，這種耳目口鼻等所感官的經驗，最為實在。例如：英國的哲學家洛克（John Locke），認為人的心就像是一白板（tabula rasa），各種觀念其實是來自當事人親身的經驗。人們透過感覺（senses）與反省（reflection）使各種經驗變成喜怒哀樂等觀念，而形成各種知識。理性主義與經驗主義的對立，是西方知識論的重大論爭，如何相輔相成，就成為學者們努力的重點。除了理性與經驗在知識追求所扮演的角色外，信仰、體驗、靈修、禪定……也不容忽略其在知識追求上的價值。佛教甚至於認為透過理性、經驗所獲得的知識祇是「俗諦」，人們應該追求「真諦」，以達涅盤「智慧」之境。生有涯、知無涯，在浩瀚的知識領域裡，我們應該學習謙卑。

　　形上學　　形上學的字源是 meta-physics，意為「物理學之後」，是指各種物理現象、變化、運動的律則之外，更為基礎的本質。我國《易經》：「形而上者謂之道，形而下者謂之器」（繫辭）。用常識來理解，也指出了形而上的道，代表著萬物生成變化的終極原理，有別於形而下的各種具體事物。嚴格說來，所有形上學探索的內容都是知識論。因為形上學主要探討各種事物的終極性質，特別是宇宙的性質及其生成變化。諸如宇宙的本性是精神（唯心），還是物質（唯物）？各種分殊的事物可以歸納成為「一」種特性，還是各有「多」元風貌？大自然的變化與永恆為何？形上學給人的印象是充滿著玄思，一般人在思考事物時，幾乎完全就其具體的感官經驗來立論，形上學卻要人們超越此一層次作更抽象的思考。其實，形上學的探究，正反映了人們心靈中對大自然奧秘探索的內在渴望。事物的本性與宇宙的性質，不能祇壓縮成物理學或天文學，因為這些學問無法處理精神問題。生有涯、知無涯，物質肉身有腐朽之日，人們其實更期待宇宙律則能生生不息，人的精神亦應可透過不同時空的轉換，企求超越

物質生命層次，淨化心靈，甚至於因此而獲得求贖，以求得更完美而永恆的生命存在。於此，形上學不僅是對實體的探究、對永恆律則的追尋、對生命意義的探索，更是人類終極夢想之所依。

有關上述問題，本文無法在此仔細討論，但必須特別指出，即使有許多人反對形上學之種種論述，卻不代表他們心中不存著形上學想法，正因為每個人或多或少都有一些不周全的想法，因此更有必要研讀形上學，使自己的形上思想系統化與精緻化，得以自覺並加以反省。新新人類對星座的愛好，其實也反映了他們的形上信念。教育工作者之形上學立場，亦會影響到他們對學生、對社會、對人類的終極目的之關懷。

價值論　方東美在《科學、哲學與人生》一書中，論及哲學思想是意境的寫真。自理論上看，是起於境的認識；自實踐上看，是起於情的蘊發（張光甫，民 88：99）。境的認識，在此是指對各種事理的瞭解，是一種有關事實的陳述與判斷，可是當對這些事實要作出各種主觀、情感好惡的判斷、鑑賞時，就涉及價值論。有關價值的分類很多，我們在此僅提出內在價值（intrinsic value）與外在價值（extrinsic value）之分，因為這有助於對爾後教育目的之釐清。所謂某件事物有內在價值，是說價值直接屬於事物本身，不附從任何其他事物或目的，所謂外在價值也稱為工具價值，某事物的價值，不在於其本身，而在於它是否能促進或獲致其他功用或利益。譬如教育的價值可以是培養完美的個體，或是提供社會所需人力，前者接近教育之內在價值，後者則接近教育之外在價值。當然，這種區分並不絕對。

如果我們從價值論的內容來看，又可分成兩種截然不同的領域，其一是倫理學（ethics），其二是美學（aesthetics）。

倫理學又稱為道德哲學（moral philosophy），探討道德的本質，何謂善（good）？道德判斷的標準是什麼？道德原則是相對，還是絕對？用通俗的話來說，倫理學探討的問題對個人而言是，「我『應該』做什麼？我是不是『好人』？」倫理學的探討非重要，不僅涉及個人立身處世、待人接物的準則，更涉及整個社會的發展方向。

　　西方的倫理學大致發展成「目的論」（teleological theory）與「義務論」（deontological theory）。前者認為某事之所以為善，是由於可以獲致某項目的，諸如助人為「快樂」之本，善有善「報」，要做好事，以求得「來世」的解脫⋯⋯這些事物之所以良善，是因為能獲致一些成果，這些成果可能是實質的物質，也可能是精神或心靈上的感受。目的論由來已久，一直到近代，以邊沁（J. Bentham）、彌爾（J. S. Mill）等所倡議的「效益主義」（舊譯為功利主義）（Ultilitarianism）成為最具影響力的勢力（但昭偉，民91）。效益主義認為某件行為的後果，若能帶給當事人或多數人最大的快樂，即為善，道德的價值在於能促進人類福祉。民主生活中的少數服從多數的「多數決」以及各種公共政策的實施，都體現了效益主義的精神。

　　義務論則認為目的論涉及各種利害的考量，是一種外在價值，這祇不過是「他律」（heteronomy），道德不能建立在某種外在目的，道德是人類理性擺脫個人情感、好惡、利害，純粹訴諸理性的「自律」（autonomy）行為，義務論對道德的界定較為嚴格，以德國哲學家康德為代表。我國儒家思想很重視「義利之辯」、「正其誼不謀其利，明其道不計其功」，也有義務論的色彩。在歷史中，有無數仁人志士，有所為有所不為，一切以義為準則，也說明了義務論可以解釋人類許多可貴的德性。自啟蒙運動以降至當代，在自由主義的條件下。效益論與義務都成為西方民主價值的核心，學者以「正義倫理學」（justice ethics）稱之，近年來逐漸受到「德行倫理學」（virtue ethics）與「關懷倫理學」（care ethics）的挑戰，前者重視「好人」所具備的履行社會角色的謙謙美德，後者重視道德行為的情感因素，都引起了很大的注目。

　　倫理學對教育工作而言，至少有二個重點，其一是道德教育是教育的重點，倫理學的研究，有助於教師進行道德教育，其二是教師在教學過程中，無法迴避一些倫理議題。例如：學生犯了錯，可否進行體罰？教師具有倫理學的素養，較易完善的處理師生關係。

　　美學　每一個人都會有自己喜歡的事物。如果在受教育的過程

中，沒有受到邀約去追求美好的事物，生命可能淪為黑白，不復有繽紛亮麗的人生。讀者們是否有野外踏青的經驗？是否有國外旅遊的經驗？那種心曠神怡、與大自然景觀合而為一的情感經驗，與形上信念、知識論證、道德情操、宗教情懷等，確實有相當的不同，歷代的哲學家當然也不會放過對「美」的探討，「美是什麼？」此問題，即是美學所要探究的課題。

美具有多樣性，無法明確定義，大自然鬼斧神工之美，人物景物之栩栩如生，電影「火戰車」（Chariots of Fire）中那種謙謙君子之爭，撼動了觀影者的心靈，「緬甸的豎琴」，當英軍與日軍在夜幕低垂正要短兵相接時，忽然〈甜蜜的家庭〉小號與豎琴聲悠揚而起，使兩方化干戈為玉帛，也是另一種美感經驗。由於美不是一種明確客觀的知識屬性，而是人們在面對美好事物時的愉悅情感。休謨（David Hume）即認為「美並非事物本身的屬性，祇是心靈領受的一種激情或意象。」這種把美界定成一種從感官層次接受外在經驗而形成判斷主體（即人）的一種愉悅感受的歷程，確實符合一般人的經驗。不過，美感與快感如何區分？重金屬加上搖頭丸帶給當事人的快感與聆聽莫札特音樂有什麼差別？美感經驗帶給人主體的滿足，是否有層次的分別？如果區分感官、認知、精神等層次，是否愈偏向精神層面，愈是具有美學的價值？康德把美定為一種「純粹而無私的滿足」（pure disinterested satisfaction）。康德認為如我們接觸了美好事物，因為得到滿足，而判斷其為美，那麼「滿足與否」就取代了「美不美」的問題。如果為了追求某種快感或意念，而去追逐某種事物，其實就已經約束與限制了自己，使自己淪為衝動制約式的滿足者。康德認為美是當事人擺脫了利害，由事物之形象或形式所激起的自然想像，並從中體驗到一種精神的喜悅、感動或快樂（伍振鷟等，民88：330-333）。

美學較之知識論或倫理學，其判斷之標準更不易建立。到底美是主觀，還是客觀？如果是主觀的，那根本就不須進行美感教育了，也無從進行各種藝術的鑑賞活動了。如果是客觀的，巴哈的〈布蘭登堡協進曲〉與莫札特的〈小夜曲〉也應該可以比出高下了，其評價標準

在那裡？梵谷一生潦倒，其作品生前不為人所重視，為何會如此？我們可以簡單的說，藝術在某一範圍內，仍有其應循的規則，如音樂的曲式，美術的構圖、色澤、光影等，但到某種階段以後，則容許藝術者無止境的自由探索空間，甚至於可以允許擺脫傳統的規則，創作出新的美學典範。而且，藝術也無法不受所處時代的影響。馬克斯主義等之學者，即特別提醒我們注意藝術所受社會階級影響。批判理論的學者認為當代藝術已淪為一種文化工業，不復有藝術的主體性。後現代主義的學者則結合科技，企圖顛覆傳統藝術較為靜態的形式美學觀。我們應具備多元的視野，才能豐富自己的美學素養。

　　哲學家建構、分析美的理念，藝術工作者則創造出藝術品，教育工作者則傳遞這些美學價值。知識在於求真，道德論在於求善，美學在於求美，共同營造一真善美的人生。對初學者而言，哲學的學習不在於各種深奧的哲學知識，而在於能培養哲學思考的態度。何謂哲學思考的態度？美國教育哲學學者奈特（G. Knight）認為哲學可以培養下列四項心智，這也是教育工作者必須具備的態度與能力：（邱兆偉主編，民88：13；簡成熙譯，民91：9-10）

　　自我省察　藉著哲學的訓練，人們可以體會，許多事物可以從不同的觀點得到不同的詮釋，任何一項主張、立場或意見，都各有偏見或臆測。哲學也會使人更能設身處地體會別人的想法。若是不懂或不願意自我省察，自然會堅持己見，不易得到客觀的真相。不僅追求知識真理需要自我省察，為人處事更需要自我省察的功夫。

　　兼容並蓄　兼容並蓄是一種心理的傾向，那就是當面臨到特定的主題，會很廣泛的思考各種情況，而不會沾沾自喜於狹隘的思路。隨著知識的分殊發展，許多問題必須仰賴專業的知識，但也正因如此，兼容並蓄的特性更顯重要。經濟的成長涉及的絕不僅是經濟的專業知識，還涉及教育、環保等等問題。哲學的思辨可以有助於大家跳開自己的專業思維模式。

　　洞察見解　哲學的思辨不僅求其廣博，更是要人們從膚淺的表面認知中，深入問題的核心。一般人見到杯子視之為當然，但是哲學家

會去思考杯子的本質、成因等問題，哲學家不會僅從感官中得到滿足，所以哲學的思辨會有助於洞察見解的提升。藉著哲學的學習，我們期待能使學生更易於掌握問題的核心。

　　通權達變　人們日常生活所遇到的問題，固然大多可由科學的知識來解決，但許多人事間的糾葛紛爭，常常無法靠單一的道德規範，甚至於許多情境更是處兩難之局面。通權達變正是一種態度，希望藉著哲學全方位且深入洞察的修養，而能回應外在的挑戰。通權達變並不是圓滑或騎牆，也不是要人放棄理想。圓滑也者，其出發點是為一己之私，而通權達變則是達成理想回應現實所必需。一個能通權達變的人，他同時需要自我省察、兼容並蓄且具洞察見解的睿智，在堅定理想上，作出正確的抉擇。

三、教育理念之建構有賴哲學之指引

　　我們前面已經介紹了哲學本身的內涵，如果從現代的各種學科來看，政治哲學、歷史哲學、法律哲學、社會哲學……這些學科中哲學也都扮演了相當重要的角色；更細部地看，以哲學中的倫理學來說，幾乎各行各業也都發展出其專業倫理（professional ethics），如醫事倫理、商業倫理、諮商倫理……哲學幾乎成為各種學科的基礎，即使是物理學、化學、生物學等，也幾乎可以從亞里斯多德的作品中，追溯出豐富的成果。時至今日，英美博士學位的授予，無論是主修何種領域，率多以「哲學博士」（Ph. D）稱之，並不是主修哲學的博士，而是各種專業領域達到一高深研究境界之博士，這也可看出西方學術界對哲學在人類知識文明中價值的認可。教育的哲學基礎何在？我們可從教育理念的建構及教育歷程中的反省，加以說明。

　　教育的本質與目的　到底何謂教育？從字面的意思或歷史的發展，能否完全定奪教育的本質與目的？不同的哲學立場，可能對教育有不同的看法，也自然的會有不同的教育目的觀。譬如，有些學者認為教育的重點在傳承人類已有的文化遺產，重視的是整個社會的存

續，有的學者則重視學生的自我實現，認為學生個人的福祉，才是首要。很明顯的，前者會比較重視群性的教育，這是社群主義（communitarianism）的教育目的，而後者會比較重視個性的養成，強調個人自主性（individual autonomy）。這是自由主義（liberalism）的教育目的。當然，社會的利益與個人的利益，不一定衝突，譬如，「知識經濟」時代的來臨，培養個人科技的能力，不僅增加國家的競爭力，也使得個人離開學校後，更利於在社會中謀職。不過，如果把教育界定在增進個人或社會的「利益」（interest）或「福祉」（happiness），增加知識經濟的能力，是否就一定符合個人或社會的利益？仍得更進一步的對「利益」或「幸福」作一概念分析。譬如，臺灣在 60 年代經濟起飛之際，興建水庫、開發山坡、鼓勵養殖、興建工廠，教育也配合此，歌頌水庫之防洪、灌溉、發電功能，更把海埔新生地視為是與海爭地的成果，現在土石流、地盤下陷、水源污染，顯示過去以經濟為主導的政策，犧牲了環保，當誇耀臺灣經濟奇蹟之餘，也許可以再加以質疑，是否真的符合臺灣利益。同樣地，當把教育目的視為重視學生的自我實現、潛能的開展，是要開展哪些潛能？如果是智能，當然要儘量開展，如果是人性潛藏的攻擊性呢？很明顯地，教育目的所涉及的種種概念，有賴哲學進一步的澄清。

　　一般而言，教育學者較為重視教育的內在目的，認為教育有其獨立的價值，不能過渡淪為政治或經濟考量的工具；至於政府或社會大眾，則較為重視教育的外在目的，認為教育應擔負著社會進步的功能。二者可相輔相成，也可能相互衝突。陳迺臣認為教育目的之形成可以從形而上的理念，完美人格、理想人生的定義加以討論（陳迺臣，民 78：251），這些都涉及哲學的探討，教育的本質與目的，確有賴哲學之指引。

　　教育內容　教育內容即是指課程與教材所包含的一切態度、價值、信念、技能。我國一直以五育──德智體群美來統攝所有的教育內容。課程與教材的編輯與撰寫是學科專家的事，與教育哲學有什麼關聯？譬如，「數學」是一門重要的學科，數學教科書的編寫當然是

數學專家的事。不過，筆者至少可以提兩個問題，數學專家不一定能回答，其一是「為何要在中小學教數學？」其二是「在中小學教數學要教到何種程度？」，後者是教育心理學的問題，前者則是典型的教育哲學問題，以下約略言之。

首先，課程的選定必先回應「為何選 A 而非 B 作為課程內容？」，一般的論述會強調因為 A 較有認知價值，因為 A 對受教者有用，或者是因為 A 的提供對社會有益，這些理由能否成立有賴哲學之仔細檢查。雖然對知識之界定不同，但少有哲學家完全否認知識之價值，因此課程內容反映了人們對知識之分類與界定。哲學上各派知識論之看法直接反映在課程之建構。

一部哲學發展史，其實就是人類窮究真理的歷程，哲學對知識的分類，將直接有助於學校課程的編輯，英國的教育哲學家赫斯特（P. H. Hirst）在 20 世紀 60 年代，曾經把人類知識分成：(1)形式邏輯與數學、(2)自然科學、(3)有關自己及他人心理狀態的覺知與理解、(4)道德知識與經驗、(5)美感知識與經驗、(6)宗教體驗、(7)對前述六種知識概念的反省，即哲學理解（Hirst & Peters, 1991：63-64），影響課程編輯，非常深遠。

由於課程與教材涉及知識的傳遞，大多數的教育哲學家都是站在知識論的立場去檢討知識的結構。不過，美國女性主義教育哲學家諾丁（N. Noddings）卻認為應該從人類「關懷」（care）的角度去建構課程內容，諸如關懷自己、關懷親密之人、關懷周遭熟識之人、關懷不相識之他人、關懷動植物、關懷自然環境、關懷人為制度環境、關懷理念、知識等（Noddings, 1992）。

我國在公元 2000 年以後實施的中小學九年一貫課程，特別強調「統整」，新課程劃分成七大學習領域，包括語文、健康與體育、社會、藝術與人文、數學、自然與科技、綜合活動等七大學習領域，並列出了十項應培養的基本能力（教育部，民 87）。到底劃分的標準何在？統整的基礎何在？基本能力是如何被建構？已有學者從教育哲學的立場加以質疑（蘇永明，民 92）。我們期待這項 21 世紀初臺灣最

重要之中小學課程方案，能奠定在堅實的哲學基礎上。

教育方法　在教學的過程中，至少涉及教師、學生、教材等層面，教材的提供有賴哲學之反思，已如前述。教師到底如何看待真理、價值，以及教師如何看待學生，將直接影響到他們的教學方法。教育哲學對教學方法的影響，可以從兩個層面來加以探討。

首先，在教學的過程中，老師若把學生心靈視為一待開展有賴外在刺激充填的容受器，他會很在意強調客觀的真理，提供系統的知識，使學生在受教的過程中能不斷豐富、擴展其心靈。老師若把學生心靈視為一種主動建構的概念系統，他就會運用類似蘇格拉底「引出」式的方法，將學生已有的觀念，加以循循誘導。理性主義的教師可能重視學生理性心能之開發，教學中重視講述、討論、對話、觀念的詰難。經驗主義取向的教師，視學生心靈為一白板，有賴外在經驗的刺激，書本提供的是命題式的知識，不及實際的經驗，因此他們特別重視參訪、旅遊、實驗等之價值；建構主義的教師，則肯定人類本有的心能，認為學生會主動的去建構外在經驗，因此在教學的過程中，會提供各種人為的經驗，啟發學生去建構知識。

在另一方面，教學的成效不能建立在「不擇手段」之上，教師是否可以違反某些倫理準則，祇是為了學業成績？我國近年來，政府三令五申「零體罰」政策，為什麼在教學過程中，不宜「體罰」？近年來，教育心理學界很流行「教室管理」或「班級經營」，除了一些具體的技術外，其實也涉及某種程度「社會控制」（social control）的理念，值得在此加以探討。

教育有別於「訓練」（training），後者較侷限在技能之培養，知識、價值信念的傳遞，是否可透過「灌輸」（indoctrination）來達成目的呢？英國學者史努克（I. A. Snook）曾用下列的例子，提醒教師加以思考：（Snook, 1972：64-65；簡成熙，民93：102-103）

1. 教一套意識型態，強調是唯一合理的。

2. 教師對某些事存疑，但卻以確定的方式教給學生。

3. 教師教給學生一些他已知為錯的事物。

4.教幼童一些好習慣。

5.叫學生背書。

6.教師不自覺的影響學生。

7.教師教他認為確定但事實上卻有爭議的觀念給學生。

8.教師不在乎學生是否理解。

前面三項是很明顯的「灌輸」，代表教師「有意」的為了某種目的而施教，但卻違反了理性規準；四到六項雖然也並未提供學生充分的反省與批判，但一般不被視為灌輸；至於七、八項則有爭議。整體而言，有些學者認為，在教學的過程中，灌輸無可避免，因為生有涯知無涯，教師的確沒有把握保證自己所教的一定是對的。不過，教育與灌輸的分別，教師仍應時時勉勵在心。哲學中的倫理學提供教師一套理性的標準，使教師在教學過程或班級經營的過程中，能合理而整全的進行思考，圓滿和諧的處理各種師生衝突。

四、哲學對教育的思考

前面已經針對哲學對教育本質、內容、目的、方法的導進功能作了初步說明。在教育學術領域中，以哲學為基礎而發展出的教育專業，稱為「教育哲學」（philosophy of education），也是師資培育中重要的一門學科，讀者未來可透過選修教育哲學，加深加廣自己對教育哲學的專業素養。在此，我們祇須要作初步的介紹即可，為了便於初學者理解，我們僅以重要的教育哲學派別（school），作提綱契領式的說明。（邱兆偉主編，民 92：27-29）

觀念論與唯實論的教育哲學 觀念論（idealism）源自柏拉圖，唯實論（realism）（或譯為實在論）可溯自亞里斯多德，可代表西方兩大思想體系。觀念論重視的是抽象永恆的觀念，人類所追逐的真理，應是超越時空的理念，而非現實的虛幻；唯實論則肯定可以從具體的事物中去捕捉永恆的觀念，重視現實的經驗。前者重視數學的純粹推演價值，後者則重視自然科學的價值。不過，在柏拉圖、亞里斯多德

的時代，二人雖有上述差異，但他們都肯定客觀真理的存在。觀念論心目中的教育內容與其知識論立場相呼應，特別重視學生與永恆觀念之間的聯繫，除了數學外，人文學科反映的是亙古不移的時代經驗，最為觀念論學者所重視；唯實論則著重與自然律則的呼應，教育的重點是利用感官經驗去體察自然的律則，「行萬里路可能勝讀萬卷書」。

　　實用主義與存在主義的教育哲學　觀念論與唯實論是重要的傳統哲學派別，都很重視終極實體（absolute reality）的探討，都企求去追尋一外在客觀的永恆真理或律則。20 世紀，美國以實用主義為核心，歐洲則最先發展出存在主義，二者都不企求去追尋所謂客觀的真理。實用主義認為知識是人與環境的互動歷程，沒有永恆的必然性；存在主義則認為二千年西方哲學史是一個人類主體存有被遺忘的歷史，「存在先於本質」，哲學的重點是在討論人類生存的境遇，而不是冰冷的客觀知識。實用主義在知識論上產生了相對性，存在主義在價值論上也產生了相對性的結果。這種相對論的立場，有別於傳統觀念論、唯實論對知識價值採取絕對之立場。實用主義較唯實論更為重視經驗的價值，由於否定知識的絕對性，實用主義的教師也更為重視學生主體的興趣；存在主義從人類存有的特性出發，認為人被無端的拋進這個世界，生命在本質上是一種虛無，必須充分的發揮自由、抉擇的特性，去抗拒外在的一切束縛，而為自由的抉擇負責。存在主義的教師不重視系統的知識，也不似實用主義的教師，要把學生導入社會適應之中，他會重視學生的主體性，要學生真誠地面對自己的生命，過當下的生活，生命的意義不在於彰顯社會的期望，而是當下的個人自覺。

　　教育分析哲學　20 世紀前期也同樣崛起歐陸的另一哲學系統是「分析哲學」，後來發揚於英美，成為英語系世界的主流哲學。分析哲學認為傳統哲學探討的許多問題，其實是語言的混亂使用，並不具有認知的意義。哲學的功能不在於研究所謂的事物本質，而是在澄清語言用語。分析哲學應用在教育上，特別重視教育術語的概念分析，務求精確的使用各種教育用語，成為 20 世紀 50、60 年代以後英美的

主流教育哲學。不過，持平說來，「分析」祇是工具，概念分析無法
直接進行價值判斷。教育活動更是極富價值判斷的活動，所以，分析
哲學也無法取代傳統哲學。不過，經由分析哲學的努力，許多教育的
概念，都有了進一步的澄清。忽略了教育分析哲學，將會錯失英美許
多精采的教育哲學課題。

後現代主義　20世紀末年，由於科技的發展，生活方式的變遷，
在自由民主、資本主義制度下，逐漸產生一種思潮，對既定的民主、
平等、科學、道德、美學持一種嘲諷的態度，我們稱之為後現代主義
（postmodernism）。後現代不反對民主，卻嘲諷民主下的各種缺失；
不反對平等，卻更為正視假平等之名，行霸權之實的主流政治，特別
重視對弱勢、邊陲的捍衛；質疑傳統理性、科學的獨大，希望能建構
出有別於傳統科學的另類科學。後現代思潮認為傳統的理性觀過於狹
隘，希望能藉著各種「搞怪」，增添人類的非理性層面。對於各種知
識、道德，後現代學者也認為其間充斥著權力的運作，某種知識、價
值都可能是因為「政治正確」而成為主流，教育的重點，不在於追求
「正確」的知識與價值，而在於「解構」既定知識潛藏的意識型態。
許多人批評後現代思潮祇破不立，其實在反省、批判既定知識、價值
的合理性時，已展現了積極的意義。學生在學習活動中的各種創意，
種種違反常規的行為模式，後現代教育者特別提醒教師不要從正統的
角度去「規訓」（discipline）學生，能從理解的角度去體會、欣賞學
生的「搞怪」，才能與學生共創新的文明。

在此，所介紹的教育哲學派別，其實是掛一漏萬，不過，從這些
派別中，讀者們應可體會哲學確能導引教育理念。傳統觀念論、唯實
論，較為重視知識、價值的客觀性；現代哲學實用主義則重視知識在
人與環境互動的效用；存在主義、後現代主義較為重視建立在個人主
體認知上的價值；分析哲學則反映了科學、理性、實證的精神。不同
哲學觀下的教育主張，有時的確會有明顯的衝突，教育工作者應兼容
並蓄，因為教育事業繁複，所面對的問題，不一而足，祇有教育工作
者具備圓滿完整的多元教育信念，才能因地制宜，順應個別差異的學

生。當然，不同教育哲學立場，也應互相對話，釐清彼此的限制，不斷修正不合時宜，甚或偏狹、錯誤的教育哲學觀，這是讀者日後研修教育哲學，可以進一步探索的重點。

五、教育歷程中的哲學反省

　　前面已簡要說明了教育目的有賴哲學指引，教育內容有賴哲學抉擇，教育方法有賴哲學規範。但教育本身是一項實踐的事業，實踐教育目的、內容、方法的是人，各位讀者都可能是未來教育崗位的可畏後生，甚至可能是政策制定者，具備有哲學思辨的能力與情懷，將能使您的教育實踐更為圓滿。讀者未來思索教育問題，或是實際教學時如何反省自己所學，乃至日後成為教育哲學研究者，如何凸顯教育哲學的思考呢？這裡提供一個方便的法門：

　　基本教育哲學內容的學習　同學們未來選習教育哲學時，所唸的教科書，可能是以教育哲學派別為架構，諸如觀念主義（idealism）、唯實主義（realism）、實用主義（pagmatism）、存在主義（existentialism）、分析哲學（analytic philosophy）、後現代主義（postmodernism）等對教育之啟示（Ozmon & Craver, 1995；邱兆偉主編，民88）。以學派為主的教育哲學，優點是綱舉目張，但是可能遠離了教育實務，而且各種哲學派別人物的介紹，也過於簡略，不易深入瞭解一教育議題。有些教科書，則是以哲學的內容為架構，諸如人性論、心靈論、知識論、道德論等與教育的關聯（伍振鷟主編，民77）。這樣的撰寫體例，較能凸顯哲學與教育相關的議題，缺點則是學生要去苦熬一些很艱澀的哲學術語；也有些教育哲學教科書，介紹了哲學的議題，另闢章節討論教育本質、目的、內容、方法等（陳迺臣，民78；歐陽教主編，民88；簡成熙，民93），對初學者而言，哲學重視的是好學深思的態度，不必過於拘泥文字的微言大義，致見樹不見林，但是，研習至某個階段，也必須自我要求，才能在綿密艱實的哲學概念與論證中走出，進而探索教育實務。

　　釐清所要處理的教育概念　哲學重視觀念的澄清。當不同的人用同樣的詞表達概念時，不一定是指同樣的意義。例如：甲反對「補習」，乙贊成「補習」，甲可能指的是老師上課留一手、收高額學費、填鴨式的教育，乙可能是指補救教學或課後輔導。如果二人不釐清彼此的概念用語，去爭辯「補習」應否合法，其實並無太大的意義。所以，當您聽到各種教育口號、主張時，不要先急著表達您情緒性的意見，先檢查各種概念，才更能凸顯問題的爭議所在。我國近年來教育改革也充斥著許多教育口號，如「生命教育」、「性別平等教育」、「主體性教育」、「教訓輔三合一」，讀者應該仔細去釐清其概念。

　　論證前提之檢查　每個人之所以接受某種教育主張，他可能不自覺的接受了一些前提而不自知。例如：某位國中老師反對「高中多元入學方案」，認為廢止聯招，反而造成各種關說現象。這位老師其實已經先對「公平」有了一種認定，他認為學生憑其程度而通過共通的考試，即為公平。但是，如果仔細去思考，「公平」可以有更多元的考量，完全以學業智能作為升學的標準，而忽略了其他的多元智能，是否公平？如果重新思考「公平」的意義，也許該老師會支持「高中多元入學方案」。當然，我們不可能完全釐清我們思考的前提所在，因為不可能無止境的向上探求。通常，自由、民主、基本人權、誠實、熱愛真理、博愛、大多數人的最大利益、尊敬他人等都是可接受的前提。

　　經驗科學知識的蒐集　哲學重在觀念的釐清與信念的探索，科學則重在事實的驗證與探索新知。這並不是說哲學和科學涇渭分明，二元對立。因為合理的信念，也必須有正確的事實佐證。一位教育工作者必須時時汲取教育新知，利用正確的新知來修正已有的信念，不宜抱殘守闕。像洪蘭（民90）的《講理就好》就深入淺出的介紹了許多認知心理學的研究成果，值得教育工作者正視。

　　合理的推論　由前提推論至結論，本來有嚴格的程序，不過，人們常常感情用事，當局者迷，而陷入「我執」的困境而不自知。推理

的謬誤可以分成形式謬誤及非形式謬誤。有關形式謬誤之預防，須要靠專技的邏輯學知識。不過，在教育問題的論證中，祇要能仔細檢查各種教育主張的推論過程，就不至於有太離譜的偏執。

　　檢查不同主張之論證　當讀者已經對自己的主張，所涉及的概念、前提仔細檢查，而得到暫時的結論後，還必須有所保留。因為教育問題涉及價值判斷，若從不同的預設出發，常會得到不同的結論。讀者最好正視不同的觀點，特別是與自己主張相反的觀點，這樣才可跳出自己原先視野的限制。當然，若經過比較之後，仍然堅持自己的看法，將更能顯示原主張的合理性。

　　審視教育哲學論證外的其他考量　哲學論證本身考量的重點是概念的推演是否合理。至於，合理的理念是否具有實踐性，有否足夠的客觀條件加以貫徹，這有賴其他之考量。所以，教育哲學能有助於教育工者反省各種教育主張，但反省各種教育主張，絕不能祇靠教育哲學。雖然，哲學工作者常自詡為最能全面性的通觀各種問題，但處在分殊的知識體系中，仍得尊重各種多元、專業的聲音，教育的決策，除了教育哲學外，教育心理學、教育社會學、教育行政學的專業判斷，都應發揮影響力，才能使教育判斷立於圓滿的教育專業上。

　　反省個人的教育實踐　孔門先賢曾子，一日三省其身，臨死之前，仍戒慎恐懼，我們固然無法做到，但是教育工作者若不懂得反省自身，「知行不一」也同樣會發生在教育工作者身上。對教育工作者而言，如果知是一回事，做又是另一回事，將遠較一般人產生更壞的影響。人非聖賢，教師也不可能時時貫徹其理想，但祇要教師懂得反省，必然能夠隨時自我督促與要求，進而內化其教育理想。

　　培養貫徹教育理念的實踐智慧　教師懷抱著教育理想，但是一到教育現場，馬上就會面臨嚴格的考驗，有太多現實的條件阻礙了教育理想的貫徹。初出社會的年輕教師，我們既不希望他變得圓滑世故，也不希望他太執著而自我毀滅。其實，每一個人都必須在理想與現實之間，尋求一個平衡點，這有賴「實踐智慧」（practical wisdom）。實踐智慧不祇依賴理性認知，也有賴感性覺察，是一種在實踐活動中

所培養而成的慧見。我們無法在此言傳，教師的實踐智慧愈強，將愈能調合理想與實際，求得一公約數，不至於隨波逐流或憤世嫉俗。

從實踐中檢證並修正教育理念 教育理論不應孤懸於教育實踐，而應從實踐中來檢證。當教育工作者發現理論滯礙難行時，可能是理論的建構出了問題。教育哲學的建構不衹是靜態的論證過程，更應從實際的教學過程中加以修正。所以，教育哲學的建構，絕不衹是侷限在象牙塔內教授們的概念遊戲，每位基層工作者每日無不在建構其教育哲學，這種廣大的基層智慧，才能使本土教育哲學的建構，早日到來。

本章從哲學談起，筆者從血型、星座中指出，人面對未知的惶恐與期許，會自然的運用理性的力量來為自己解惑，哲學的追求正是人生解惑的歷程。教育是一實踐的事業，舉凡教育的目的、教育內容、教育方法，無不受到哲學的導引。本章也為初學者介紹了基本的教育哲學主張。同時，作者也啟示了同學如何運用哲學，陶融自己的信念，並具體的列出了從事教育哲學思考的步驟。希望能夠啟發初學者進入教育哲學的殿堂。

📖 參考文獻

伍振鷟主編（民 80）。《教育哲學》。臺北：師大書苑。

伍振鷟等著（民 88）。《教育哲學》。臺北：五南。

李平譯（1997）。《經營多元智慧》。臺北：遠流圖書公司。

李素卿譯（1999）。《當代教育心理學》。臺北：五南。

宋明順譯，（友田泰正著），民 79。《教育社會學》。臺北：水牛。

但昭偉譯述（民 91）。《重讀彌爾的效益論》。臺北：學富。

邱兆偉主編（民 88）。《教育哲學》。臺北：師大書苑。

邱光偉主編（民 92）。《當代教育哲學》。臺北：師大書苑。

洪蘭（民 90）。《講理就好》。臺北：遠流。

孫本文，民 57。《社會學》（上冊）。臺北：商務印書館。

張光甫（民 88）。《教育論叢》。高雄：復文。

張春興（1991）。《教育心理學》。臺北：東華書局。

教育部（民 87）。《國民教育九年一貫課程總綱》。

陳迺臣（民 78）。《教育哲學》。臺北：心理出版社。

陳啟天（民 57）。《社會學與教育》。臺北：中華書局。

陳密桃（1999）。《認知取向的學習》。載於林生傳編：教育心理學。臺北：
　　五南。

蔡美玲譯，民 79。《瞭解人性》。臺北：遠流。（Alfred Adler 原著，Understan-
　　ding Human Nature.）

歐陽教主編（民 88）。《教育哲學》。高雄：麗文。

蔡筱穎、郭光予譯，民 85。《當代社會學》。臺北：遠流。

魯潔（1991）。《教育社會學》。北京：人人教育出版社。

簡成熙譯（民 91）。《教育哲學導論》。臺北：五南。

簡成熙（民 88）。〈本土教育哲學的建構：一位教育哲學教學者的省察〉。
　　《教育研究雙月刊》。66 期，頁 3-10。

簡成熙（民 93）。《教育哲學：理念、專題與實務》。臺北：高等教育。

蘇永明（民 92）。〈九年一貫課程的哲學基礎—唯實主義為主〉，見楊龍立主
　　編，《九年一貫課程與文化》（頁 1-31）。臺北：五南。

Bandura, A., & Walters, R. H.（1963）. Social foundations of thought and action: *A so-
cial cognitive theory*. Englewood Cliffs, N.J.: Prentice-Hall.

Benedict, R.（1934）. Patterns of culture. New York: New American Library.

Blumer, H.（1962）. Society as Symbolic Interaction. In Rose, A. M.,（ed.）, *Human Behaviour and Social Processes*. London: Routledge and Kegan Paul.

Blumer, H.（1969）. *Symbolic Interactionism*. Englewood Cliffs: Prentice-Hall.

Bowlby, J.（1958）. The nature of the child's tie to his mother. *International Journal of Psychoanalysis*. 39, 350-373.

Bowlby, J.（1988）. A secure base: Parent-child attachment and healthy human development. Basic Books.

Case, R.（1985）. *Intelligence development: Birth to adulthood*. New York: Academic Press.

Comte,A.（1896）. *The Positive Philosophy of Auguste Comte*. London: Bell.

Coser,L.（1956）. *The Function of Social Conflict*. New York: The Free Press.

Dahrendorf,R.（1959）. *Class and Class Conflict in an Industrial Society*. London: Routledge and Kegan Paul.

Darwin, C.（1872/1965）. *The expression of the emotions in man and animals*（2nd authorized ed.）Chicago: University of Chicago Press.

Darwin, C.（1859）. *On the Origin of Species*. John Murray, London.

Dewey, J.（1916）. *Democracy and Education*. New York: McMillan.

Durkheim, E.（1947）. *The Division of Labour in Society*. New York: The Free Press.

Durkheim, E.（1951）. *Suicide: A Study in Sociology*. Glencoe: Free Press.

Durkheim, E.（1958）. *The Rules of Sociological Method*. Glencoe: Free Press.

Durkheim, E.（1961）. *The Elementary Forms of the Religious Life*. New York: Collier Books.

Flavell, J. H., Green, F. L., & Flavell, E. R.（1989）. Young children's ability to differentiate appearance-reality and level 2 perspectives in the tactile modality. *Child development*, 60, 201-213.

Freud, S.（1933/1964）. *New introductory lectures*. Harmondsworth: Penguin. [Being the Penguin edition of the 1964 Strachey translation of the German original.]

Freud, S.（1964）. An outline of psychoanalysis, the standard edition of the complete psychological works of Sigmund Freud（Vol. XXIII）. London: The Hogarth Press and the Institute of Psychoanalysis.

Garfinkel, H.（1967）. *Studies in Ethnomethodology*. Englewood Cliffs: Prentice-Hall.

Hirst, P.H. & Peters, R.S.（1991）. *The Logic of education*. London：RKP.

Huitt, W., & Hummel, J. （2003）. Piaget's theory of cognitive development. *Educational Psychology Interactive*. Valdosta, GA: Valdosta StateUniversity. Retrieved [date] from http://chiron.valdosta.edu/whuitt/col/cogsys/piaget.html.

Kilhlistrom, J. F. （1987）. The cognitive unconscious. *Science, 237*, 1445-1452. Kohlberg, L. （1978）. The cognitivedevelopmental approach to moral education. In Readings in moral education. . Minneapolis MN: Winston Press.

Lorenz K, Hyden H, Penfi eld W, Magoun HW, Pribram KH （1969）. On the Biology of Learning. Harcourt Brace & Company, New York.

Lorenz, K. Z. （1943）. Die angeborenen Formen moglicher Erfahrung. Z Tierpsychol 5: 235-409.

Marx, K. and Engels, F. （1965）. *The German Ideology*. London: Lawrence & Wishart.

Marx, K. （1971）. *A Critique of Political Economy*. London: Lawrence & Wishart.

McGee, R. （1975）. *Points of Departure: Basic Concepts in Sociology*. Hinsdale, IL: Dryden Press.

Meighan,R. （1986）. *A Sociology of Educating*. London: Cassell.

Merton, R. K. （1968）. *Social Theory and Social Structure*. New York: The Free Press.

Mischel, W. （1973）. Toward a cognitive social learning reconceptulization of Personality. *Psychological Review*, 80, 252-283.

Mischel, W. （1979）. On the interface of cognition and personality: Beyond the person-situation debate. *American Psychologist*, 34, 740-754.

Newman, B.M. & Newman, P. R. （1999, 7th edition）. *Development through life: A psychological approach*, Belmont, CA: Wadsworth.

Noddings, N. （1992）. *The challenge to care in schools*. New York：Teachers College Press.

Ozmon, H. & Craver, S. （1995）. *Philosophical foundations of education*. Columbus, Ohio：Charles E. Merrill Publishing Co.

Parsons, T. （1951）. *The Social System*. New York: The Free Press.

Parsons, T. （1960）. *Structure and and Process in Modern Societies*. Chicago: The Free Press.

Parsons, T. （1961）. "The School Class as a Social System". In Halsey, A. H., Floud, J., and Anderson, C. A., Education, *Economy and Society*. New York: The Free Press.

Pavlov, P. （1927/1960）. *Conditioned reflexes*. New York: Dover press. See, K. O. & Wilson, W. J. （1988）. Race and ethnicity. In N. J. Smelser （ed.）, *Handbook of sociology*（pp.223-242）. Newbury Park, Calif: Sage.

Reid, I.（1986）. *The Sociology of School and Education*. Fontana Press.

Ritzer, G.（1975）. *Sociology: A Multiple Paradigm science*. Boston: Allyn and Bacon.

Ritzer, G.（1979）. "Toward an integrated Sociological paradigm". In Snizek, W., et al.（eds.）, *Contemporary Issues in Theory and Research*. Westport, Conn: Green-wood Press.

Snook, I.A.（1972）. *Indoctrination and education*. London：RKP.

Thorndike, E. L.（1898）. Animal intelligence: An experimental study of associative pro-cesses in animals. *Psychological review*, 2.

Tolman, E. C.（1932/1967）. Purposive behavior in rats and men. New York: Appleton-Century-Crofts.

Weber, M.（1930）. *The Protestant Ethic and the Spirit of Capitalism*. London: Allen and Unwin.

Weber, M.（1949）. *The Methodology of the Social Sciences*. Glencoe: Free Press.

Weber, M.（1968）. *Economy and Society: An Outline of Intermediate Sociology*. New York: Bedminister Press.

Young, M.F.D.（1971）. "An Approach to the Study of Curriculum as Socially Organiz-ed Knowledge". in Young, M.F.D.（ed.）*Knowledge and Control*. London: Collier-Macmillan.

第五章

影響教育發展的因素

蔡啓達

　　邁入 21 世紀的知識經濟時代，科技人才的培養、民主的發展、社會的和諧、經濟的繁榮與文化的創新，莫不直接或間接地影響教育的發展。而教育發展的良窳，也關係到國家整體建設與國家未來的發展。

　　從巨觀與微觀角度檢視，發現影響教育發展的因素相當廣泛而多元。而影響教育發展的巨觀因素，係指教育系統的外在因素，包括文化、社會、政治與經濟等四方面。微觀因素，是指教育系統的內在因素，包括教育內容、組織、設備和環境等。本章則針對文化、社會、政治與經濟等四個外在影響因素探討與分析之。

第一節　文化的因素

　　教育的實施有賴文化導引其規範與內容，而文化的傳遞則有賴教育活動之實施，才得以延續其生命。教育作為一種文化場域，彼此之間是一種相輔相成的關係。而文化是指什麼呢？文化與教育之間的關係與影響為何？以下，分別作深入淺出的分析與說明。

一、文化的概念

關於文化的概念，可以從文化的意義與文化的特質兩方面，分別說明之。

㈠文化的意義

文化是什麼？歐陽教（1993）認為，文化是一個複合的概念，而且是一個多樣態的歷程；文化的內涵，係指人類運用其獨特的心靈巧思，創造科技器物、語言文字、典章制度、風俗習慣、思想信念……。

英國人類學家 E. B. Tylor，指出文化是一種複雜的整體，包括知識、信念、藝術、道德、法律、風俗，以及其他作為一個社會成員時所習得的能力與習慣（陳奎熹，1995；楊洲松，2004）。

R. Linton 強調文化是習得的行為，認為文化是習得行為的綜合形態以及行為的結果，其內涵為某一特定社會組成分子所共享與傳遞。

此外，英國學者威廉斯（Raymond Williams），對文化提出三個廣義的解釋：第一，文化指涉「一個智識、精神、美學發展的普遍過程」。第二，指「一個民族、一個時期甚或一個群體的某種特定生活方式」。第三，文化用來表示「有關智識的誠品與實踐，特別指藝術活動方面」。

由此可知，學者因立足點或文化理論的差異會有不同的詮釋。大致而言，文化可說是某一群體潛意識、理所當然與共同擁有的，它包括生活方式、規範、信念、符碼、習慣、風俗等特定的內涵，透過某一些方式傳給下一代，以彰顯特定群體的意義與價值。

㈡文化的特質

陳奎熹（1995）指出，文化大概有五方面的特質，包括文化是複雜的整體，物質與非物質，具有習得性與傳遞性，具有累積、選擇與創造的特性和可用來區分不同社會的特徵等，茲將其分別說明如下：

1. 文化是複雜的整體，它包括語言文字、典章制度、風俗習慣、思想信仰、倫理道德、知識、科學、藝術、法律等方面，其所含的因素彼此相關形成一個體系。

2. 文化包括物質與非物質，物質係指各種具體的人工製品；非物質是指思想、觀念、價值、情緒等，及各種抽象事物如語言、文字、科學、藝術、法律、宗教信仰等。

3. 文化具有習得性與傳遞性，人類獲得文化，並非靠遺傳方式，而是經由後天學習活動而來的。它能夠代代相傳，乃因人類透過教育方式，運用語言符號來傳遞的。

4. 文化具有累積性、創新性與選擇性，文化的發展是由簡單而至複雜，人類除了保存前人文化，亦從事創新文化，文化是一代一代逐漸累積而來的。文化的內涵是社會各組成分子共同遵守的規範、價值和行為體系，並不全部皆具有強制性，有些是有選擇性的，有些僅為某一些社會團體所遵從。

5. 文化可用來區分不同社會的特徵，文化是人類異於其他動物的主要特徵，也是區分不同社會的主要標誌。不同的人類社會具有不同的文化背景，其行為模式與價值觀念亦有所差異。

二、文化與教育發展的關係

從歷史發展角度而言，教育發展的目的皆為符合與滿足當時社會、政治與經濟的需求；易言之，即在反映當時社會的文化規範對教育發展的影響。文化內容夾雜著正、反文化，經常透過正式與非正式教育、正規與非正規教育、學校與非學校教育來傳遞，其間交互導引、進步與創新，彼此才具有良性與正面價值導向的發展（歐陽教，1993）。

因此，文化是教育發展的母體或材料，而教育則是篩選、保存、綿延與創造文化的工具，彼此之間具有下列三種關係：

(一)具有相輔相成的關係。

㈡具有靜態的對應關係。

㈢具有動態的辯證關係，正反相成、平衡互補。

三、文化對教育發展的影響

　　由於社會變遷快速，在追求經濟發展與創造社會財富累積的過程中，雖然我們的生活水準相對提高了，但文化精神層面卻未能同步提升，以致產生社會失衡的現象。而由文化失調所造成的社會問題，則有賴良好的教育措施來改善。至於文化對教育發展會產生哪些重大的影響，將其說明如後。

㈠改變教育的內容

　　知識的改變或增加，將造成教育內容的重大改變或修正。例如：最近科學家對九大行星的定義與認知，與過去有很大的差異，國際天文學聯合會（IAU）於 2006 年 9 月 25 日表決通過修正行星定義，冥王星正式遭到降級，失去七十年來公認為太陽系第九大行星、也是最外緣行星的地位；太陽系從此成為八大行星。另外，在 2006 年 1 月 22 日、23 日，95 學年度大學學科能力測驗國文科試題出現火星文試題，雖然備受爭議，但此種流行於臺灣年輕族群、網路的次文化用語，早已被年輕族群大量運用到日常生活中。此種因知識的改變或青少年次文化的流行，將來皆可能造成學校在課程與教學內容的重大變革。

㈡影響教育發展的正常化

　　由於家長的智育的偏差觀念與重視升學主義，除影響大學生選填志願的取向，也使學校教育產生偏差，大都傾向於教導學生認知性、要考的學科，而忽視技能與情意領域學科。如此不但未達教育功能，反而間接或直接助長青少年問題的嚴重性，影響未來教育的正常發展。

㈢引起教育制度與結構的變革

因應時代改變，師資培育法通過後，師資來源多元化，改變傳統師範學院獨攬培育師資來源的盛況，各大學開始增設師資培育中心，改變大學結構朝著綜合大學型態發展。另外，教師法的頒布與國民教育法的修訂，各校紛紛成立教師會、教評會，使得學校內部的權力結構面臨重組，皆間接影響教育制度與結構的變革。

總之，文化的變遷與發展，導致社會制度、觀念與價值觀的改變，同樣地造成教育上目的、內容、教育發展正常化與教育制度和結構的變革等。而在教育發展上，我們必須積極思維因應的策略，加以調整並尋求突破與創新，才不致因文化變遷所帶來的衝擊，造成教育發展上的障礙。

第二節　社會的因素

從社會的觀點而言，教育之目的在涵泳社會價值，促進社會流動，導引社會變遷與促進社會的全面發展。教育的功能，也不僅止於傳遞社會文化，反應社會變遷的事實，更應負起推動社會進步的責任（陳奎熹，1995）。以下，針對社會的意義，影響教育發展的社會因素，及社會變遷對教育發展的影響等概念，分別說明如下。

一、社會的意義

國語日報辭典（2000）認為，社會是多數人彼此有相互關係的集合體。簡言之，社會包括：人、多數人與存在的相互關係。然而，人與人之間就像是一個有機體，可以構成任何型態的組織，也必然衍生各種可能的發展關係，與造成其發展關係的任何因素，而這發展關係也可能是正向或負向的發展等。

由此可知，社會可以分為狹義和廣義兩方面。狹義係指多數人彼

此之間相互關係的集合體（有機體）。而廣義除了指集合體之外，亦應涵蓋更廣泛的層面，包括多數人彼此之間的相互關係、影響的因素與可能產生的變遷等。

二、影響教育發展的社會因素

教育發展的目的在促進社會流動，導引社會的進步與發展，而社會發展或變遷卻為教育的變革與發展帶來契機。因此，社會變遷與教育發展之間的關係是相當密切的。而關於社會變遷意義為何？與影響教育發展的社會因素有哪些？以下，分別說明之，以瞭解兩者的概念。

㈠社會變遷的意義

近幾十年來，由於社會變遷相當地快速，造成社會一些脫序與失調的現象，使得教育的發展面臨嚴重的挑戰。而社會變遷意指為何？引述幾位學者看法，說明如下：

社會科學辭典（2005）指出，社會變遷（social change）是指社會組織或結構某方面的現況與前一時期狀況的差別。而研究社會變遷必須辨認所研究的對象，並且運用歷史的觀點描述其所經歷的變化與解釋造成變遷的原因，才能瞭解為何社會變遷是以某種方式發生而非以另一種方式發生。

其次，陳奎憙（1995）認為，社會變遷包括人口結構的變化，教育水準的提高，生育率的增減，都市生活中睦鄰觀念的改變，公會組成後勞資關係的建立，家庭民主中夫妻關係的調整，以及學校專業化後教師權威來源的改變等。變遷不一定代表進步，因進步含有價值判斷，在某一個社會認為進步，但在另一個社會可能被認為是退步，因此社會學者對於變遷通常認為是一種社會演化歷程。

劉世閔（2005）指出，社會變遷係指社會組織與成員在文化、結構、價值觀和行為模式方面不斷地變化。

由此可知，社會變遷因某一些原因造成社會的改變，而導致社會

解體、價值衝突、個人行為失調，使得原有的教育目標、內容、制度或結構，無法滿足現況需求，而形成教育問題，改變教育未來的發展。

(二)社會因素

影響教育發展的社會因素，其泛指一些因社會變遷而造成社會觀念與價值觀的改變，進而影響到教育的正常發展。整體而言，其因素包括社會制度、社會階級、家庭結構、人口結構等方面，茲將其分別說明如下：

1. 社會制度

其範圍包括政治、經濟、法律與文化等。社會福利措施越完善，人民生活品質不斷提升，則休閒與藝術教育的提倡，愈顯現其重要性。法律制度的改變，有必要推動法治教育，教導民眾或學生遵守法律，才不至於使法律形同虛設。婚姻制度的變革，造成外籍新娘人數逐漸增加，產生新臺灣之子的教育問題，因此有必要推動教育優先區政策，以協助弱勢族群學生提升其學業學習成就。

2. 社會階級

係指父母的社會階級地位決定其社會與文化資源的使用。勞工階級限於時間與收入而無法積極地干涉學校教育，中、上社會階級父母，因收入豐厚、工作時間短，而積極參與學校教育，而符應其關心與期待。因此，社會階級潛在地支配教育發展，而教育則反應階級的價值、規範和態度，維持支配階級的經濟與文化優勢和利益。

3. 家庭結構

家庭為兒童社會化的第一個基本單位，它會因外在社會環境的變化而產生改變，造成家庭的教育與經濟功能逐漸減弱。如家庭人口減少，造成婦女就業人口增加，促使學齡前教育的發展。離婚率不斷增加、非婚生子女人數增多，造成家庭功能喪失，產生中輟生、單親學生的教育問題，迫使政府在教育上提倡家庭教育或學業低成就補救方

案，以解決這些教育問題。

4.人口結構

係指因某些原因造成人口有增長、減少或比率不均現象，而影響教育的發展。如出生率下降，使教育人口有少子化的趨勢，造成學校班級學生數減少，引發師資過盛問題，政府因而提出實施小班小校或降低班級人數的政策。醫藥發達使國人壽命延長，造成老年及成年人的比率高於青年人，迫使政府推動終身學習教育，學習文化、保健、休閒、藝術等教育。

三、社會變遷對教育發展的影響

由於社會變遷快速與科技發達，使現代人過度追求物質生活享受，間接影響學生正確的價值觀，引起教育發展調適的問題。吳明清（1993）指出，社會的變遷，使社會逐漸邁向多元、開放、競爭、富裕、科技發達、資訊豐富、國際化與人文理想等方向發展，也直接或間接地影響教育發展的方向；因此，分別這些社會發展方向對教育發展所造成的影響，加以敘述與說明之。

㈠多元的社會

社會的多元化，表現在價值觀念與思想態度的差異，使得教育目標、理念、內容的發展，也更顯現出不同的多樣性。而在多元的社會中，指導學生尊重、接納與關懷別人或弱勢族群學生的看法或想法，作理性與適當的判斷或選擇，以達到異中求同，同中求異的目標；因此，在教育上必須適應多元的學生需求，培養學生多元化的興趣與能力，並教導學生尊重與接納多元化社會的特性，更彰顯出其重要性。

㈡開放的社會

由於社會的進步與發展，使得社會愈趨於開放，相對地傳統的、

獨斷的權威也愈式微。使得權利意識逐漸地興起，而促進教育權利的肯定與教育機會追求的發展。因此，在開放社會中，政府應提供充足且均等的教育機會，學校提供良好的教育環境，教師提供有效的教學，以符合家長的教育期望並滿足學生的教育需求。

(三)競爭的社會

當前社會是一個高度競爭的社會，追求績效、卓越與成就，已是一個不爭的事實。因此，處在這樣一個社會中，教育的發展應致力於指導學生養成正確的學習態度與正確價值觀，使學生具有競爭力卻又不迷失在競爭的洪流之中。

(四)富裕的社會

由於經濟與科技的發展，使得社會愈來愈富有。而社會愈富有，則教育資源的投入與分配就愈充足，相對地對教育發展也愈有利。不過，在富裕社會中需要注意到社會大眾對教育品質追求精緻化與卓越的需求。因此，政府必須充實教育資源，學校必須教育學生善用社會資源，培養學生勤奮的習性以及適當的消費行為，才能進一步提升教育發展的水準。

(五)資訊的社會

由於網路科技的發達，使得知識與資訊傳播管道迅速而多元，學校教育不再是知識與資訊唯一的來源，使得學校喪失了某種程度的吸引力與教育功能。因此，處在這樣的環境中，學校或教師應謹慎選擇與組織知識與資訊內容，並透過有效的教學方式，以吸引學生學習興趣，發揮學校教育功能，促進有效的教育發展。

(六)科技的社會

在科技社會中，教育活動的各種設施與過程，皆可以借用科技的發明，以提升教育品質，增進教育效果。不過，可能因為學校缺乏經

費、市場缺乏教學適用的科技器材或教育人員觀念等，使得科技的發明並未充分運用在教育活動上。因此，政府有責任從事各種教育科技的研究發展與製造，提供並指導學校教師使用，學校必須善用科技發明，改善教學方法，以提升教育品質。

(七)國際化的社會

由於交通與資訊科技的發達，縮短了國家與國家彼此之間的距離；而在地球村中，人與人之間的交流也愈來愈頻繁。使得各國在政治、經濟與學術文化的交流與互動上，日益升高，國際化的社會早已隱然形成。因此，在教育上應培養學生關心國際事務的興趣與能力，建立適當的全球觀與世界觀，才能立足於國際化的社會。

(八)人文的社會

當社會的變遷與發展逐漸趨向多元、開放、競爭、富裕、資訊充斥、科技發達時，社會自然比較傾向功利主義；科技掛帥的結果，難免與人文的基本精神背道而馳。因此，在教育上必須以人文教育為基礎，教育學生尊重人性、肯定人性的尊嚴與價值，才能促進社會的和諧發展。

總之，社會變遷會造成社會不同的發展，對教育目標的發展，也產生重大影響。因此，尋找教育發展的調適或改變，其目的不僅在教育學生充實豐富的知識以適應社會變遷，也要協助其發展思考與批判的能力，更應鼓勵學生追求卓越，以在國際化與全球化的競爭舞臺上立於不敗之地。

第三節　政治的因素

從政治的觀點而言，教育的目的在培養學生民主態度、守法的習慣，以奠定民主政治的基礎。而政治制度的發展與變革，也常影響教育制度與教育的發展。以下，分別從政治的概念、政治與教育發展的

關係、政治對教育發展的影響等三方面略述如下。

一、政治的概念

　　國父說：「政治就是管理眾人之事」，政治的目的在控制個人、團體或個人與團體之間的關係，它具有強制力的組織。政治制度在現代社會中，已經成為一個重要的制度，政治的不安定，可能危及人民生命財產之安全。政治的制度或作為，在現代社會中，已直接或間接影響個人或團體的生活，是任何個人或團體無法逃避。當社會面臨政治危機或問題，只能以積極態度面對，尋求改善與解決之道。（陳奎熹，1995）

二、政治與教育發展的關係

　　民主政治的建立，有賴藉由學校教育的實施，以提升國民的個人的政治認知、價值、態度與民主素養，以達成服務社會政治目標、維護發展社會政治體系，促進年輕一代政治社會化與政治的品質。

　　而從教育發展而言，教育改革目標的實現，有賴透過政治體系的運作，制定合法的教育政策。從政治方面而言，任何國家為實現其政治理想，必須透過教育力量培育人民政治的行為、信仰或意識形態。所以，政治與教育發展具有密不可分，與相輔相成的關係。而兩者之關係，進一步說明如下：

　　㈠教育發展為民主政治發展的必要條件而非充要條件。

　　㈡教育除培養民主政治的自由、平等與法治外，亦培養政治上的容忍態度。

　　㈢教育具有培養政治菁英或領導人才的重要功能。

三、政治對教育發展的影響

要瞭解政治對教育發展的影響，首先瞭解世界重大的政治運動與我國近幾十年來的政治發展，才能釐清政治對教育發展產生哪些的影響，茲將其分述如下：

㈠世界重大的社會政治運動

近半個世紀以來，世界有三個值得注意的社會政治運動，分別是：
1. 追求自由、平等的運動。
2. 婦女解放運動與婦女加速取得權力運動。
3. 保衛基本人權和自由的運動。

㈡我國的政治變遷與發展

黃政傑（1993）指出，我國自民國 76 年政府宣布解嚴，至民國80 年終止動員勘亂時期，政治的發展朝著下列的方向轉變：
1. 開放黨禁、報禁、媒體，政黨政治應運而生，並促進報紙、媒體的大鳴大放。
2. 改選中央民代，擴大人民的政治參與。
3. 推動基層選舉，落實地方自治，讓草根式民主逐漸成長茁壯。
4. 強化民主法治，保障人權普世價值。
5. 開放大陸探親，促進兩岸雙向交流。
6. 群眾運動愈來愈多，抗議事件層出不窮。

㈢政治對教育發展的影響

從上述的世界與我國政治的發展，可以歸納出政治對教育發展的影響，有下列幾個方面：

1. 政治的體制或意識形態，影響教育發展的型態

教育可以使人民具有某種政治的意識形態（ideology），而此種意識形態力量，也會造成社會的變遷（林清江，1983）。民主國家與共產國家因所信奉的社會哲學與意識形態不同，所以教育制度與型態便有很大的差異；例如：美國實施民主政治，所以要求民主教育，以培養學識豐富的明智公民。

2. 政治的參與，影響教育政策的走向

民國 83 年由民間教育改革團體發起的 410 教改運動，由於這些政治活動的參與，迫使政府啟動教育改革運動，在教育政策上產生重大的轉變，包括在教科書的開放、教育基本法的制定與頒布、國民教育法的修改、實施九年一貫課程和教育鬆綁以解除教育上不必要的管制等。

3. 政治的發展，促進教育內容的改變

由於上述世界三個政治運動的發展，促使各國的教育內容，朝民主化與兩性平等的方向發展，並使人權教育愈來愈受重視。

4. 政治的變遷，彰顯教育發展的重要性

政府自民國 76 年解嚴以來，由於政治的變遷或發展，提高人民的政治參與度；因此，有必要透過學校教育，加強學生的民主與法治教育觀念，以提升國民的民主政治素養與政治品質。所以，當政治變遷與發展時，教育的發展也常隨之起舞。

第四節　經濟的因素

21 世紀是知識經濟發展的時代，教育的發展要因應知識經濟與社會的需求和革新，才能提升國家未來的競爭力與發展需要。而經濟因素到底是如何影響教育發展呢？以下，分別從經濟的概念、經濟與教

育發展的關係、經濟對教育發展的影響等三個層面，敘述與說明之。

一、經濟的概念

關於經濟的概念，可以從經濟的意義與教育的經濟理論兩者，分析與說明之。

㈠經濟的意義

人類經濟的發展是從 17 世紀之前的早期農業經濟時代，進入 17、18 世紀的工業經濟時代，再進入到 20 世紀的資訊經濟時代，及 21 世紀以知識經濟為主的時代（吳清山，2002）。而這些轉變意謂著經濟的發展是一個動態與持續不斷改變的歷程。

而經濟是指什麼呢？社會科學辭典（2005）指出，經濟有二種意義，第一，係指對人類物質資源、商品和服務的有組織管理。第二，有關人類資源管理、生產和分配的社會制度。因此，經濟是指對各種物質資源，透過有效的方式加以管理、生產、分配與運用，以提升其效益。

㈡教育的經濟理論

經濟發展的良窳，影響國家財政的收入，而國家財政的多寡，間接影響教育的投資，教育投資的多寡，又關係教育現代化的發展、教育設備及資源的提升和教育的品質。有關教育的經濟理論，可以從教育投資論與教育消費論二個觀點來加以分析和說明。

1. 教育投資論

亞當‧史密斯（Adam Smith）在國富論中提到，教育是人力資本的投資，可以間接促進國家富強。美國經濟學家薛爾茲（T.W. Schultz）認為，接受不同程度的教育，可以得到不同程度的教育效益（林清江，1983）。

2.教育消費論

　　教育的投資是兼具生產性與消費性，如投資興建大學可以促進當地的繁榮與提升生活品質，當社會富裕後，人民又有多餘的時間與經濟，選擇教育作為一種消費。經濟開發國家及開發中國家，職業結構及人力供求情況不同，教育發展型態自不相同（林清江，1983）。

　　由此可知，教育從經濟角度來看，是一種投資或消費？是見仁見智的說法。不管持何種看法，以經濟觀點，強調教育經費的有效、合理、適當的分配與運用，才能真正提升教育的績效與品質。

二、經濟與教育發展的關係

　　經濟與教育發展之間的辯證關係為何？是一個令人耐人尋味的議題。陳奎憙（1995）指出，教育在經濟發展所扮演的角色，通常有二種不同的看法：一種認為教育制度扮演被動的角色，只提供各階段經濟發展上所需之各種不同類型的技術人才；另一種認為教育制度扮演主動角色，旨在改變現有經濟結構，從而加速經濟成長。

　　在發展中國家，由於經濟尚在起步階段，因此在教育發展上，非常重視基礎義務教育和掃除文盲教育，透過學校教育來提升人民素質，以因應國家經濟發展之需求。而在經濟已開發國家，由於經濟繁榮與穩定發展，因此「有錢」與「有閑」是這個社會的特徵，所以有必要提倡休閒教育、生涯發展教育與終身學習教育等，以因應有閑階級與高齡化社會的到來。

　　因此，教育發展與經濟發展是循環交互合作的關係。在經濟上，因技術發展所形成的經濟結果，影響教育的型態，同時教育培養經濟發展所需的勞動人力、生產的科學技術和管理的水平以促其發展。雖然，經濟發展與教育擴張的因果關係尚無定論；但經過經濟學家的分析顯示，中小學教育比高等教育對經濟發展有更強烈的影響，而且教育擴張對貧窮國家的經濟影響更加劇烈。

三、經濟對教育發展的影響

從經濟的觀點而言,教育的目的在開發人力資源,改善人力素質,以促進經濟不斷地成長。18世紀的亞當史密斯(Adam Smith)認為,一國的經濟發展,有賴教育的普及與發展。不過,在傳統的社會中,過去認為教育是一種「社會服務」,而在現代社會中,則視教育為一種「投資」。而經濟對教育的發展影響為何?以下分別敘述之。

㈠經濟的繁榮,增加進教育的投資

當經濟發達,政府預算增加,相對在教育經費的投資也會增加,促使教育質量改進與提供新設備;當經濟蕭條,政府預算減少,對教育投資也相對減少,因而改進教育資金的使用效率。美國由於經濟發展迅速,雖然國民所得不是全世界第一,但因「經濟繁榮」,使得教育經費也相當充裕,所以校舍建築、教學設備充實及教育研究的推展更能現代化,教育素質的提升更是迅速。

㈡經濟市場的擴展,影響家長教育選擇權觀念

社會由於經濟的發達,使國民年平均所得提高,使得閒暇和消遣活動增加,因而政府在教育發展上提倡終身學習教育和休閒教育,家長也更有時間關注子女教育問題,如家長教育參與權與選擇權觀念的形成與建立。

㈢經濟政策,影響教育市場的發展

美國採取「自由經濟政策」,經濟活動是放任的、自我調適的;因而也影響其教育培養人才的方式,政府限制人力計畫的嚴格控制,學校的發展不是由政府預先計畫加以控制的,學生有自由選擇系所或學校的機會,不過畢業出路往往影響以後學生選讀系所或學校志願的改變,猶如市場供需關係產生自動調節的作用。

四教育投資的差異，影響教育發展的決策

由於教育投資經費的差異，美國提出補償教育計畫（Compensatory program）以適應貧窮兒童的特別需要，而影響教育發展的決策；如實施「擴充學生學習計畫」提供貧窮學生旅行參觀及其他活動，使學生接觸更廣泛的環境與文化；或提供「矯正或補救閱讀困難的教學」、「個別輔導計畫」使貧困學生與一般學生享有同樣有效的教育機會（林清江，1983）。

五經濟結構改變，影響教育制度的變革

由於臺灣社會面臨經濟環境快速的轉變，婦女勞動參與率逐年增加（尤其是有年幼子女的婦女）、生育比率逐年下降，以及家庭組成結構的變遷、轉型，使得「雙薪家庭」（dual-earner family）、「單親家庭」（single-parent family）的數量增加；經濟結構、家庭結構的改變，職業婦女增加，幼兒乏人照顧，有必要提早規劃學前教育、幼托教育或課後照顧政策與實施家庭教育。（林海青，2005）

六知識經濟發展，影響教育發展的內容

由於資訊科技與知識經濟的發展，需要更多高科技的技術與人力資源，因而重視高級研究、資訊科技教育與技職教育的發展。另外，知識經濟與高科技的發展，使環境生態受到嚴重的污染與破壞；因此，政府有必要在教育上提倡環保教育以兼顧和保護自然生態環境。

總之，經濟對教育發展是會產生某種程度的衝擊，尤其邁入 21 世紀的知識經濟時代。因此，知識經濟發展的成敗有賴健全教育發展的支持，而有效與健全的教育發展將可以使知識經濟發展如虎添翼，兩者之間的關係是相當密切的。

第五節　結論

　　教育發展是社會進步的動力，而文化、社會、政治與經濟的變遷或發展，也同樣地對教育發展帶來衝擊與改變。教育是國家的根本，教育發展更是關係國家整體建設與未來發展；面對這些詭譎多變發展的衝擊，學校教育也必須彈性調整與建構出具體、前瞻和創新的策略，包括在教育組織再造、教育目標轉變、教育內容更新、教育方法的調整、師資的賦權增能與教育制度革新等方面，並結合資訊與科技，從事知識的創新與更新，才足以因應未來社會的挑戰與競爭。

📑 參 考 文 獻

林清江（1983）。《比較教育》。臺北，五南。

林海青（2005）。《知識經營與教育發展》。臺北，高等教育。

周業謙，周光淦譯（Jary, D. & Jary, J. 著）（2005）。社會學辭典。臺北，貓頭鷹。

陳奎熹（1995）。《教育社會學》（增訂四版）。臺北，三民。

歐陽教（1993）。文化變遷與教育思潮演進。《文化變遷與教育發展》。中國
　　教育學會、國立中正大學成人教育中心主編。嘉義，國立中正大學成人教
　　育中心。

吳明清（1993）。社會變遷中的教學模式及其應用。《文化變遷與教育發展》。
　　中國教育學會、國立中正大學成人教育中心主編。嘉義，國立中正大學成
　　人教育中心。

吳清山（2002）。知識經濟與教育發展。《初等教育學刊》（臺北市立師範學
　　院），12，1-18。

黃政傑（1993）。社會變遷、意識形態與學校課程。《文化變遷與教育發展》。
　　中國教育學會、國立中正大學成人教育中心主編。嘉義，國立中正大學成
　　人教育中心。

楊洲松（2004）。《當代文化與教育—文化研究學派與批判教學論的取向》。
　　臺北，紅葉。

第六章

教育的歷史發展

徐宗林

第一節　教育的緣起

　　人類的起源，直到今日，依然是一個未得其解的謎。有學者認為人類的祖先，同出一源，都是由非洲分別移出去的；有學者則認為人類的起源，應是多元而分別在各個不同地區演化而發展的。

　　依據近期大陸考古學者的推斷，距今一百七十萬餘年前的元謀人、距今七十萬年前的藍田人、距今五十萬年前的北京人以及距今六萬年前的河套人（註一），都足以說明我國中原地帶，早已有人類祖先的生存活動了。

　　人類是靈長類動物的一種。從解剖學的立場言，此一陳述可以說已無庸置疑。在人類漫長的演化過程中，從「茹毛飲血」、「築巢棲居」、「鑽木取火」，都說明了人類演化的漫長歷史。古人類能夠創造出文明以後，各項生存活動所累積的經驗，隨著生存活動的進行而互相模仿、互相學習。當人類生活在覓食的生存方式時，他需要認識到哪些植物的果實、葉莖是可以吃的？他需要瞭解到哪些動物是容易捕獵的？他需要知道哪些自然環境下，會有哪些類別的動物出現？在人類穴居的時候，哪些地形是比較安全、不易為食人野獸所侵入？這些生存上所需要的經驗，當然，跟人類的生存活動是一樣的久遠，一

樣的受到人類的傳承以經營其實際的生存活動。這種生存經驗的「教」
與「學」，組成了人類廣義的教育活動。因此，吾人可以說，廣義的
教育是和人類的生存史一樣的久遠。

　　因此，吾人可以斷言，教育起源於人類生存的需要；教育起源於
人類文化累積的結果；它需要予以傳遞；教育起源於人類生存活動所
形成的技能，需要傳授給社會中的其他分子。在人類由食物覓食期，
進入到遊牧時期，再進入定居而有簡單的農業活動時，生存上需要教
育以傳承生存經驗已是不言而喻的事實了。人類文化愈進步，人類社
會愈需要教育。這也是一項淺而易見的道理。

　　當一個社會群體定居在平原，有了人口積聚的城市生活方式，政
府行政制度產生，創造了抽象的文字符號而且成熟，再加以社會分工
的生活方式出現時，社會制度下的「教」與「學」，就成了特定的教
育組織出現的時候了。狹義的學校教育，因而為之誕生。

第二節　中國教育的發展

一、虞夏商的教育

　　古《尚書》中有言：「契，百姓不親，五品不遜，汝作司徒，敬
敷五教。」此處所謂「司徒」可以視之為教育官吏，而所教的則為人
倫道德方面的教材。所謂的五教則為：「父義、母慈、兄友、弟恭、
子孝。」除了人倫、道德的教育以外，《尚書》還提到「詩言志、歌
永言、聲依永、律和聲」等文句。因此，詩歌、民謠之類的材料，亦
當作教育的材料。

　　其次，依《禮記》所載：「有虞氏養國老於上庠，養庶老於下
庠；夏后氏養國老於東序、養庶老於西序。殷人養國老於右學、養庶
老於左學。」《孟子》書中提到：「設為庠序學校以教之……夏曰
校、殷曰庠……學則三代共之，皆所以明人倫也」。宋人朱熹以為

「校序皆是鄉學，而學則為國學。」（朱熹《四書集註》）

　　前述的庠、序、學，雖然是教育性的機構，負有學校的功能，但是，庠、序、學尚具有養老、教孝與學習音樂的作用，可以視為多功能的「教」與「育」的場所。

二、西周的教育

　　西周王朝係公元前 1112-前 771 年間的王朝。西周繼承虞夏商的文化。社會制度漸次形成，依《周禮‧地官》所載：「立地官司徒，使帥其屬而掌邦教……小司徒之職，掌建邦之教法……鄉師之職，各掌其所治鄉之教而聽其治……。」由此可見，掌教育的官吏，其名稱仍依舊制，稱為「司徒」。當時不僅有邦教亦有鄉師之設。由是可知在西周時，有國學與鄉學之設。國學多為貴族子弟進入而鄉學則為鄉間一般平民子弟進入。依《禮記‧王制》篇：國學設於中央，但有大學與小學之分。「小學在公宮南之左，大學在郊，天子曰辟雍泮，諸侯曰泮宮。」

　　鄉學係地方啟蒙兒童學習的所在。一般鄉設有庠、州設有序、黨（約五百戶人家）設有校。

　　西周學校制度尚稱健全（依《禮記》所載）。至其教學內容則仍以人倫、道德教育為主，外加禮、樂、射、御、書、數。教授內容計有六德：知、仁、聖、義、忠、和；六行：孝、友、睦、嫻、任、恤；鄉三物：德、行、藝；六藝：禮、樂、射、御、書、數。

　　西周王朝實行封建制度，社會之安定每每依賴於禮的教導與實踐。在《禮記》中提到凡成年人在進入社會之前須實行冠禮儀式。《禮記》有曰：「……古者冠禮……所以敬冠事；敬冠事，所以重禮；重禮，所以為國本也。」經由冠禮的儀式，使即將成年者，必可體認成人對社會所肩負的責任。同時，經由冠禮的儀式，可使個體對社會建立起認同感。

三、東周─春秋戰國的教育（770-247 B.C.）

　　西周王朝主要活動地區為今之陝西一帶；東周王朝的活動地區則由西東遷，進入現在河南一帶。前者以涇渭平原為主；後者則以河南洛水一帶之肥腴地區為主。但是，西周王制鞏固而東周王制則漸趨崩潰，最終演變至春秋、戰國諸侯相爭時期；諸侯劃地為王，不再聽命於周王朝，形成了所謂春秋五霸、戰國七雄，各據一方的戰亂局面。

　　東周遷至河南地區，國力漸衰，加以封建制度鬆弛、人口增加快速、諸侯擁地自重、新的思想逐漸醞釀；復加以經濟狀況衰敗，故而造成了社會劇烈的變動。春秋、戰國，雖有百家爭鳴、百花齊放的學術思想的高潮迭起，但是中央號令難以貫徹，各地諸侯多自以為政，戰爭頻仍，民不聊生，人民生活自然苦不堪言。

　　東周王朝的官學已趨沒落。《詩經》有：「刺學校廢也。」《左傳》有：「……天子失官。學在四夷，猶信」的說法。官學不興，諸侯多以養士取代教育。養士乃在集合天下智勇雙全之士，供獻策略、提供建言，身負重任以為諸侯效命沙場或獻計策於宮廷。當時養士著稱的有呂不韋、魏無忌、田文、越王勾踐等人（註二）。戰國時刺秦王的荊軻即是一位智勇雙全的燕國養士。

　　官學衰敗的另一現象即私人講學的盛行。

　　春秋時代的孔子堪稱為影響力最大的一位私人講學者。不過，在介紹春秋私人講學的孔子前，老子的教育觀點，似乎應該先談談。

　　老子姓李名耳，著有五千餘字的《道德經》一書。

　　老子相信宇宙先是混沌不明而後天地相生，萬物育成。其間重要的即是宇宙之間充塞各處的道。道是一切事物的基本法則；是恆常運行而不變的。老子以為「人法地、地法天、天法道、道法自然。」老子認為自然是無邪的；自然是無為的；人類在社會生活中，會喪失了自然的本性。因此，他主張「返璞歸真」；要人們「復歸於嬰兒」；人們最好是「無知無慾」；甚至要「絕學棄智」。教育理想上，他主

張人們要「禁慾」、要「知足」，因為，人的罪過是來自於「人有所欲」。

孔子（551-479 B.C.）。

孔子是春秋時人，也是儒家的偉大思想家與教育家。他著《春秋》、刪《詩經》，教導學生重禮義、作君子、遠小人。他一生以教學及希冀於從政，造福人民，故能「有教無類」，打破貴族子弟壟斷的教育。他的弟子多能精通六藝，專長於文學、德行、言語、政事。他鼓勵學生好學不倦，惕勵自己要教不倦。孔子以行仁、知仁為人格教育的典範。他要學生己立人而後達於人。他提出教育的主旨即在「志於道、依於仁、據於德、遊於藝。」期望學生個人能夠有中心信仰與堅定的信念；一切行為舉止，都要依據仁德為之；道德乃人的基本所在；同時，個人亦能對文藝有所學習。他利用啟發式教學，期望學生在受教時能舉一反三。孔子在教學時更利用學生個別差異，能知得多者，就多教；能知得少者，就少教。他啟示學生富貴如浮雲。富與貴人之欲，但是，必須取之以道。他以為一位君子乃是訥於言而敏於行者。「君子以慎言語，節飲食。」這是《論語》中孔子對君子的描述。君子還要能「博學於文、約之以禮」。君子要「憂道不憂貧。」

總之，孔子的儒家教育理念，在中國歷史的過程中，幾乎沒有一個朝代，曾有所質疑、有所批判；大都皆以尊孔的心態，主使了各個朝代的教育實施。

孔子之後，發揚儒家學術思想而能有所推進者，則為孟子（371-189 B.C.）。

孟子為戰國時鄒人，也是一位鼓吹仁政的儒學大家。孔子在《論語》中，甚少談及性與利。孟子不然。孟子對人性的主張，開創了中國性理討論的空間。孟子以為人性本善。人生而就有羞惡之心、辭讓之心、惻隱之心、是非之心。人的這四種天賦良知的心，就像人的四端一樣，實無需任何的置疑。因此，教育的作用，就是將這天賦良知、良能的心，予以開展出來。人有此四心，行仁義實易如反掌。是故，孟子有言：「仁，人心也。義，人路也。」又曰：「仁，人之安

宅也。義，人之正路也。」

　　孟子所嚮往的教育為「有如時雨化之者。」這說明教育不是外力強加諸於受教者身上而是將教育的作用，當作為春風化雨，沐浴在薰薰的感化與教化之中。由於孟子主張人性本善，教育除了積極的開展人性以外，消極的就在於保存人的本性，不使之遭受外來的汙染。正如孟子所言：「人之異於禽獸者幾希？庶民去之，君子存之。」教育即在鼓舞人們保留人的本性是也。

　　荀子（298-238 B.C.）名況，約後於孟子，為反對孟子性善說的思想大家。

　　荀子以為人身本有的欲求，如果不能予以節制，則為求各人慾望之滿足，爭奪在所難免。其次，人的情慾乃人的本性，如若順從不加以干預，則為害於人的行為定會發生。因此，人所顯現的善良行為，不是人的自然行為而是人加以教養後的行為。這就是荀子所謂的：「人性本惡，其善者偽也。」偽，指的是人為的，不是自然的。

　　荀子在著作裡，積極鼓吹音樂的教育。這是因為音樂可以激發人的向善心理，且有舒緩人的慾求的作用。

　　荀子在其〈修身〉篇中提到：「非我而當者聖師也；是我而當者吾友也。」這說明教師的職責即在矯正學生的過錯；指出學生不當的行為。其次，個人所結交的朋友，如若能夠指出個人行為可取之處者，亦可視之為良友也。荀子也是一位極其重視個人所處環境對個人之影響者。他說：「蓬生麻中，不扶而植……故君子居必擇鄉，遊必就士，所以防邪僻而就中正也。」

　　荀子重視的人倫社會是有禮、有法的社會。在社會生活的環境裡，人們的行為舉止，應該遵循社會的禮法。荀子以為「道者，非天之道，非地之道，人之所以為道也。」這是說社會的規範是人訂定的，禮法便是此種人為的道也。教育學生，當以社會之規範為教材，不能忽視社會現存的人為之道——禮與法。

四、秦漢的教育

　　春秋、戰國之後，由秦為之統一。秦統一戰國之紛爭，前後歷經十有五年；在歷史、文化上，占有極重要之地位。秦始皇以武力先後征服各諸侯，完成中國的統一局面，旋即推行「書同文、車同軌」的統一政策；希望在社會、文化上呈現一統的局面。由於秦始皇重用法家李斯的獻策，加以戰國時法家韓非學說流傳，是故，儒學倡仁義的仁政，未能為當時主政者所採納。始皇帝為了消除思想的紛爭，聽從李斯的獻策，下令焚書坑儒，對儒學之貶抑，莫甚於此。

　　除了始皇帝推行「書同文、車同軌」的文化統一政策外，田疇的丈量、律令的整合、衣冠的一致、語言的統一，始皇帝的統合，亦有其功勞。

　　秦始皇在文字改革方面，將繁雜的大篆改為小篆，以節省筆畫，便於書寫。另外，始皇帝亦以出巡各地，宣揚法令，統一民俗。他更以吏為師，使政治措施，帶有教育的意義。

　　秦政時期，較為重大的教育制度之興革是設置博士官職。博士為官名，其職掌為諮詢政事、史事而其人能通古今學術者。以《史記》司馬遷之記載，秦時設有博士七十人，雖無實際行政權責，但因學術造詣甚高，社會地位尊榮，其所建議者，對當時社會文化影響甚大。

　　秦時在兒童啟蒙教育方面，已有為兒童識字、寫字、識物名、書寫個人姓名文字學習的書籍，如：〈倉頡〉篇、〈爰歷〉篇及〈博學〉篇。由於是兒童啟蒙教材，故對爾後的書同文，不無貢獻。

　　漢高祖劉邦於公元前 207 年，受秦之降服。公元前 202 年擊敗項羽，始完成統一大業。戰爭甫告結束，劉邦即以約法三章，安頓百姓，希望穩定大局。漢朝初始，以「與民休息」、「無為而治」的行政方式，消除秦時的苛政與峻法。

　　及至武帝元光元年（135 B.C.）聽從儒學大家董仲舒之建議：「罷黜百家，獨崇儒術」，儒學地位始又受到執政者的青睞。另外，武帝

時為了替國舉才，詔令推行「賢良方正，直言極諫」之士，以為國用。對於當時社會學術風氣，具有鼓舞與指引的作用。

漢代學制係以行政級別而分設中央及地方官學：

㈠中央

設有太學、四姓小侯學及鴻都門學。

㈡地方

郡國設有學。
縣道設有校。
鄉設有庠。
聚設有序。

此處四姓小侯學專為京師貴族外戚四姓樊、郭、陰及易氏子弟所進入；鴻都門學則為一專門性學校，主授藝術方面的學科。

漢時太學為中央政府九卿之一的太常所管轄。武帝時聽從董仲舒的建議置博士弟子五十人於太學，主為教學、研經、取士、祭祀主事之用。東漢時設有「博士弟子」，漢昭帝時人數增至一百人。至漢宣帝時，增至二百人。東漢順帝時，太學人數竟達三萬餘人（註三），可謂達於頂峰狀態。太學學生主修儒家經典，希望學生能通經致用。演變至東漢時，太學學生須經由考試始能進入。太學學生出路或進入仕途，或私人授徒講學、傳授儒家經典。

漢代除了中央及地方設有官學外，兩漢時期私人講學風氣亦甚為濃厚。從啟蒙兒童就讀的書館以至高等的、專門性質的學校，所在多有。啟蒙兒童多以識字為主。漢代學者揚雄將秦時兒童讀物〈倉頡〉篇修改成為〈訓纂〉篇，總字數為五千餘字以供兒童識字。另外，漢人司馬相如編〈凡將〉篇、史游編〈急就〉篇，將日常生活，如：農藝、生理、動物、姓氏等字彙加以列入。另外，較高年齡兒童則習《論語》、《孝經》。

若欲專精研究者則需至名師處，學習經典。漢代著名的經師講學

授徒的有：鄭玄、馬融、李膺等人。其中鄭玄因學生眾多，無法一一面授，故設置年歲較長而學識堪任教者給予初學之士教誨。到學識程度較高之後，再由鄭玄親自面授。但是，由於學生人數眾多，能夠登堂入室而直接接受教誨者亦僅數十人而已。

私人講學，多注重經典文句之解釋。解釋文句須引證其他書籍所記載者；除文句之解釋外，尚須注重文句意義方面之辯難。師生之間，互動頻繁，相互詰難，終日不食，可見當時私人講學之熱烈情形。

漢代的教育思想家，可以賈誼、董仲舒、揚雄、王充四人為代表。現在簡略地說明他們四人的教育見解。

賈誼：賈誼為漢文帝時的一位青年才俊，年齡不到二十歲，文章就見稱於當時。他才華早露，未得長壽，年三十三歲就過世，殊堪世人懷念。賈誼強調兒童從小就應該及早養成良好的習慣，否則一旦惡習纏身，要滌除就會困難重重。其次，他強調環境對個人成長之影響力甚大，「故太子初生，而見正事，聞正言，行正道，左右前後皆正人也。習與正人居之，不能不正也。」（註四）其次，賈誼在教育論點上重視胎教。母親懷胎期間，受制於母親的一舉一動。倘若母親是一位賢淑的女性，對胎兒將來的發展，一定有其影響。

董仲舒（179-104 B.C.）：漢武帝時獻策「獨尊儒術，罷黜百家」，使孔學再度受到執政者的重視。董仲舒為人才氣豪放，所獻策文多為經國利民的讜論。另外，他又才氣橫溢，思想宏偉，為漢代著名的天人合一論的倡導者。董氏著有《春秋繁露》討論人性問題；不主張性善說，亦不主張性惡說。他認為性是天生之質的意思；有可以為善或可以為惡的性質。

教育思想上，董仲舒主張「化民成性」，使社會大眾從義遠利，知善、知惡。教育若能順應性之所好，好之；性之所惡，惡之，則教育必然省力不少。

董仲舒對漢帝施政，頗多參與。他主張振興官學、統一學術思想、推行拔擢「孝廉茂才」以為國家選用人才，貢獻不小。

揚雄（53B.C.-18 A.D.）：揚雄為西漢末期一位深具哲學思想的學

者。他在倫理道德思想方面，承繼孔孟學說甚多；但是，在討論自然、宇宙問題時，則較為傾向於老莊思想。揚雄著有《太玄》及《法言》兩書。由於他個性不喜歡奉承、諂媚，故宦途並不順暢。

在討論人性問題時，揚雄是主張性善惡相混的說法。在人性的內裡，存在著一些好的性質，如：好奇，求食；但是，人性中也存在著好勇鬥狠、你爭我奪的劣根性。揚雄以為人的修養與教育的後天作用，對人性中的善、惡有修為的作用；也就是說人的本性修其善則為善、修其惡就為惡。

在教育實施上，他重視禮義對人的行為的規範。他強調為學除了讀書以外，更應重視人的品行。他重視從師的價值。因為，一位好的教師，一經選任，必然也就選對了一位模範人師。

王充（公元 27—約 100）：王充為東漢學者，生於現今之浙江。他著有《論衡》一書對東漢時期社會之迷信鬼神，提出有力的指正。由於西漢以來，社會大眾對陰陽讖緯風氣，已習以為常。社會沉浸在一些鬼怪、亂神的不當傳說與不科學的信念當中。王充依理，逐一辯駁，極富科學見地。

人性理論方面，王充以為人之本性，可以分為三種等級：上等人的本性是善的，不受後天因素的影響；中等人的本性是善惡混的，教育可以使之為善而惡習亦可使之為惡；下等人的本性是惡的，後天的教養亦難以改變其先天為惡的本性。

由此看來，人的後天教育僅有作用於中等人的本性；對上等人及下等人的本性則無任何效果可言。

五、魏晉南北朝的教育（220-589）

漢末歷史進入所謂的魏蜀吳三國鼎立時期。魏蜀吳分庭抗禮前後四十餘年。由於兵荒馬亂，民生疾苦，中央太學及地方郡國學，均受波及，幾近停頓狀態。魏文帝時曾設太學、置博士。在教學荒怠下，學業荒廢甚多。漢劉備入主蜀地亦曾設太學、置博士。地方州亦設學

校，然因地處偏僻，學風不熾，乃在意料之中。居現在南京之孫權亦置太學，設祭酒以教國子。然因軍事頻仍，文教事業並不彰顯。

晉代歷史先後不過一百五十餘年，較為特殊的是設國子學以取代漢以來設置的太學。晉代的貴族子弟所進的中央學校為國子學而一般平民子弟進入的則沿用舊稱為太學。於地方郡國之學，居於北方之前趙劉曜與後趙石勒，均先後設置學校，宣揚文教，推崇儒術；反而在北方興起了尊重漢人學術文化的風氣。

南朝足處江南一帶，風尚清議，好談玄學，對老莊之說尤為重視。不過，在中央學校教育方面，性質略與以往之太學相近的，則有專為研究老莊之玄學；專為研究歷史的為史學；專為研究辭章者為文學；專為研究孔孟學術者有儒學。此四門學術領域，擴增了以往獨尊儒術的狹隘學術發展路徑，未始不是學術進步的徵兆。至於郡國地方之學，中央則指派祭酒及博士至各郡國開辦學館以教授儒學經典，為南朝教育啟動了新的一頁。

北朝與南朝相比，文教的發達尤勝於南朝。蓋因北朝王室更迭較南朝為少，在上位者對教育、文化，尤其是佛教，至為熱心，對學術文化的促進，作出了貢獻。

此期教育思想家，當推顏子推及劉勰二人。

顏之推（531-595）為山東臨沂人，生於梁天監年間。拜師求學期間，曾經研習老莊學說。顏子推著有《顏氏家訓》一書，主為家庭教育專書。專書內容以教導子女習禮、處世、治家、讀書等道理。顏之推重視子女研習古人之嘉言懿行。他以為不論是事君、孝親，皆須從研習古人的著作中，神領體會。顏之推體認到子女的家庭教育，應及早施行；一旦機會錯失，而後再教育則事倍功半矣。他曾說過：「人生幼小，精神專利；長成以後，思慮散逸，固須早教勿失也。」（註五）

顏氏的教育見解頗為強調經世實用之學。舉凡農、工、商、藝、數、醫、琴、棋、射等，技藝性能力之發展，他也一一談及，對當時祇重經典文章學習，開拓了新的領域。

劉勰（約465—約522）學術思想較為偏向佛學之鑽研。他因幼年家貧，故未能及早拜師求學。然而，他獨力博覽佛經，終至離家而充當和尚。劉勰教育論點，著重個人的修身養性。他認為人的本性是善的；但是，人的身體所含攝的慾望則是惡的。他期求經由人的教育，使人的耳、鼻、口、目感官皆能不受外在環境中物質的誘惑。人的慾望須能節制；為惡的可能性，也就為之降低。他主張教育即在使人「神恬心清」，滌除不當慾求；心能清淨，邪惡即不會發生。其次，劉勰是一位崇尚為學益智的學者。為學不但要能志於學，更要能專心致志於神，亦即全神貫入，絕不二心是也。

六、隋唐的教育

隋唐兩代，前後三百二十六年（581-907）而有隋一代，僅三十八年即亡。

南北朝期間，北朝北魏帝王有偏好佛學者，故佛學研究盛極一時；而南朝學術風氣則較偏好老莊，崇尚清談。儒學研究，至隋文帝一統中國以後，其重要地位始克逐漸恢復。隋朝在中國文化史上最具特殊貢獻的就是於隋大業 2 年（606 年）創設科舉取士制度。當時設立明經與進士二科取士，廢止南朝曾經實行過的九品中正選舉人才的制度。由於九品中正制度，特重家世背景，無法真正選出才品雙全的人才，終至淪為「上品無寒門，下品無世族」的窘境。科舉考試制度，因為袪除了世襲家庭背景的不公平現象，同時，運用公正的考試制度，因而，科舉制度沿用一千三百餘年，至清光緒 31 年始加以廢除。

隋代的學校教育制度，大體上有中央的官學和地方的官學兩個系統。官學以外，尚有私人講學的實施。

中央官學設有專為貴族子弟進入的國子學及一般子弟進入的太學及四門學。隋之四門學為國子學和太學的預科學校，不同於北魏、北齊時幼童入學的四門小學。中央除設有普通高等學校的國子學及太學以外，尚設有專門性質的學校，如：書學、算學及律學。

地方學校屬於官學的則有州學、郡學及縣學；但地方學校之設立，並不普遍。

在教育行政制度上，隋代較為特殊的一項是設置國子監。國子監與中央官學之國子學、太學合為一體，既是最高教育行政機關又是最高學府。這對明、清兩代亦設國子監，頗具引證的作用。

漢唐兩代，為漢文化歷史上最為光彩而又能向外擴張的兩個朝代；不論是學術文化、政治發展、教育制度、文藝創作、經濟豐盛，唐朝的文化都為其鄰近各國，留下了深遠的影響。

在教育制度上，大體均沿襲官學與私學兩個系統，肩負起文化傳承的偉大責任。

中央官學設有：專為貴族子弟就學的崇文館、弘文館及國子學。屬於一般平民子弟可就讀的：太學、四門學及廣文館。屬於專門性質的學校則有：律學、書學、算學、醫學、崇玄學。另有專為啟蒙兒童就讀之小學。

地方官學則有府學、州學、縣學、市鎮學。除此以外，州亦得設州醫學、府醫學。府亦得設府崇玄學及州崇玄學。

科舉制度至唐朝，已有較為完整的制度。一般而言，有每年舉行一次的常科制和不定期舉辦的特科制。科舉考試的程序則由鄉試而省試而吏部試。前一項為地方性；省試由中央禮部執行，故省試及吏部試為中央舉辦之考試。考試科目則主為經典之類的著作、三禮、三傳等。考試方式則以帖經：將空白格內之經文補上；墨經：以文字或口語解釋經義；策問：對政論性文題，作出論說文章；詩賦：寫出詩及賦。

私學在唐代亦甚為發達，究其類型，計有專為經學講授之私學；兼以經史為主研讀的私學；專為玄學研究的私學；專為詩賦研究的私學及專為技藝傳授之私學（註六）。

隋朝國祚不長，祇有三十八年而已。故教育思想家，不及唐朝眾多。在此僅以韓愈（768-824）及柳宗元（773-819）為代表，略述唐代的教育見解。

　　韓愈為今河南人。幼年失怙，由其兄嫂扶養成人。他幼小即一心向學，雖三次參加吏部考試而均失敗，但專志向學的心意甚堅。韓愈所處的學術文化環境是傾向佛、老思想的一個環境。他覺得往古所尊奉的道統——堯、舜、禹、湯、文、武、周公、孔、孟——早已失落；在佛、老思想受人們推崇與敬仰的情況下，如何恢復儒學道統，仍是教育者、為政者所應極力思考的一項課題。

　　韓愈以為為文論述，必須先認清真正的道在哪裡？佛、老之道，不是正統的我國道統。他因而提出「文以載道」的口號。他以為「師者，傳道、授業、解惑也。」此處的道，應該是堯、舜以至孔孟的真傳道統；而為人師者，尚需認知經世治人的事業。並就道統與志業有所疑惑者，予以解答清楚並清除學生的困惑。他另外主張人性三品說，上焉者為善乃自然本性使然；中焉者為善、為惡，端賴有無給與適當之教育，而下焉者，為惡亦係自然之本性而難以抗拒之。

　　韓愈以為聞道有先後。倘若學生聞道在先，為人師者不妨就教之；這說明了韓愈對師生的互相切磋琢磨與教學相長的益處，深信不疑。

　　柳宗元為唐代文學大家之一。他在教育主張上，強調明道乃是教育的要旨所在。明道須能博覽群經，最好閱讀百家名言，哪怕是佛學方面的所謂道，如果真能有益於世事，也算是有價值的真道。柳宗元以為五經乃是君子取道的源頭。士大夫讀書不多，見識自會顯得狹窄，眼光也會食古不化。君子受教，除了明道以外，接下來應該劍及履及地去行道，亦即將經世致用的道理，化約為實踐的行動。

　　柳宗元在兒童教育實施上，將兒童之成長譬喻成樹木的生長。樹木之生長應依樹木生長的規律予以協助之。順木之性的生長必然能枝繁葉茂。順兒童本性之成長，也必然有助於兒童的健全發展。

　　人的造就成為柳宗元教育的一項理想而他理想的個體乃是經世益民、為國、為社會有能力提供貢獻的益世君子。

七、宋元的教育

宋朝之前，史稱五代十國（907-960），總共經歷五十四年。這段時期，中原各地兵荒馬亂，民不聊生，各國互相攻伐，學校教育瀕臨絕學的邊緣。大致而言，五代十國是儒、道、佛三大學術思想並行的時代。文教政策亦以三教學說為基礎。

五代十國的官學，在中央的計有後唐、後周、後梁的國子監；後唐、南唐的太學及閩地的四門學。

地方官學則有後唐的州學及南唐的學館。

私人講學的飽學之士，為了避開戰火的肆虐，多選風景秀麗的山區，開學館、創精舍以招受學生，研習儒、道、佛經典。

宋朝學制亦分官學與私學兩大類型。官學則有中央之官學與地方之官學。

中央官學計分：

為貴族子弟就讀之學校有：宗學、內小學、諸王官學。

為平民子弟就讀之普通學校有：國子學、太學、四門學、廣文館、小學。

為專門研究而設置的專門學校有：算學、醫學、畫學、書學、道學、武學、律學。畫學與武學為宋朝之首創。

地方官學計分：

屬於普通性質的學校計有：路學、州學、縣學。

屬於專門性質的學校計有：州醫學、縣醫學。

宋朝私人興學方面，值得注意的是書院制度的興起與發展。

唐朝於開元 11 年，曾設置麗正書院，其目的不在教學而在藏書及對經典之校勘。

及至宋朝，書院成為自由講學、宏揚學術的聖地。書院多選擇名山，風景綺麗的地方建立。宋朝著名的書院計有：江西廬山的白鹿洞書院、河南太室山的嵩陽書院、湖南的嶽麓書院、河南的應天府書

院、浙江的茅山書院及湖南的石鼓書院。書院講學多以儒家學說為其內容，間有與佛老之說相爭論者。書院教學重視研討、講解、論辯、讀書、修身，但不以參加科舉之試為其宗旨。書院多訂有教規，以朱熹白鹿洞書院教規為例，其要求有：

　　為學之序——「博學之，審問之，慎思之，明辨之，篤行之。」

　　修身之要——「言忠信，行篤敬。懲忿窒欲，遷善改過。」

　　處世之要——「正其誼，不謀其利；明其道，不計其功。」

　　接物之要——「己所不欲，勿施於人。行有不得，反求諸己。」

　　宋朝的學術思想，除了由於程顥、程頤二人宏揚儒學及性理之學並有朱熹（1130-1200）集大成外，尚有受佛老思想影響而有陸九淵之性理之學的興起，形成宋朝的理學。

　　程顥重視仁的價值。他以為為學須先識仁；禮、義、智、信皆仁的一部分。人須以誠敬之心來認識仁；故仁的認識不重外在萬物的認識而在內心的體認。教育除教育人認識充斥於萬物之中的仁以外，尚須從主敬上下功夫。

　　程頤教育理論頗為接近其兄；同樣主張為學須先主敬，使個人心意能夠專於一。倘若個人能夠主敬，則個人的喜、怒、哀、樂，皆能合乎中節的原則。教育的另一要求在明瞭先聖先賢的義理，認識古人的德性以便奉為楷模而學習之。個人亦須養其浩然之氣；將個人心中的慾念消除，保持心境的清明。

　　朱熹是宋朝的大思想家、大教育家。他不但對儒學經典，如：《大學》篇、《中庸》篇、《論語》、《孟子》作了註釋，而且，親自講學於書院，對宣揚儒家正統思想，貢獻頗大。

　　朱熹曾在福建武夷山，創建武夷精舍，作為講學之所在。朱熹師承程顥、程頤之學，提倡「理在氣先」，格物即在窮理之說。由於人的稟氣各殊，教育的首要目標即在明明德，將個人的稟氣澄清，故重現人的明德本性。

　　朱子在《語類》中說：「稟氣之清者，為聖為賢，如寶珠在清冷水中；稟氣之濁者，為愚為不屑，如珠在濁水中。所謂明明德者，是

就濁水中揩拭此珠也。」（註七）

朱子以為人之有仁、義、禮、智四德，猶如天地運行而有春夏秋冬。四德之中，仁德涵蓋其他三德，亦即仁德之中，攝有禮義與智。教育的作用即在使人發揮仁德，培養出愛人利物的心地。其次，教育在使人能夠專一而居敬。居敬不是斷絕與外在事物的接觸；居敬不是獨處一室，使人耳目不再與外在事物作出互動。居敬的真實意義是讓人敬畏一切事物，內心絕不放逸、閒蕩或浮誇。心意專一而不胡思亂想，如此，在認知外在事物時，才能謹慎為之。教育另一目標即在使個人有致知而窮理的態度。朱熹以為：

　　「上而無極、太極，下而至於一草、一木、一昆蟲之微，亦各有理。一書不讀，則闕了一書道理，一事不窮則闕了一事道理；一物不格，則闕了一物道理。」（《朱子語類》）（註八）

朱熹在白鹿洞書院中，對於「為學」、「修身」、「處事」及「接物」皆訂有教條，前文已有列舉，在此不另贅言。

朱熹是宋朝參加過科舉考試而晉身仕途，但是，後來卻從事私人講學，反對科舉的一位教育家。他極欲恢復古代儒家真學，使《大學》章句中之「誠意、正心、格物、致知、修身、治國、平天下」的訓示，能夠再為世人重視。這也就是想要重整古人的「修己」以「安人」的教育明訓。

元朝為蒙古人入侵中原而建立的一個朝代，統治中原前後九十八年（1271-1368）。

元朝入主中原，最初採取高壓的文教政策，然後採取安撫懷柔的統治政策，如：尊崇儒學、容許宗教信仰之自由選擇、對宋人遺留的理學，不加干預及容許私人講學。但是，究其實際情形，以文教制度而言，科舉取士依然有著「蒙漢有別」的方式處理。

元代學校制度，在中央設有國子學，教學語文為漢語、漢文，為

漢人子弟所進入者。另外設有蒙古國子監,招收蒙古子弟,教學語文以蒙古語文為之。除蒙古國子監外,另設有回回國子監,以回文、回語教授學子。

地方學校則設有路學、州學、縣學、社學。

屬於特殊學校則有路之蒙古字學、陰陽學、醫學。

元代統治中原為期不足百年。在學術思想漸次衰退的情形下,鴻儒飽學開創新學術、新思想者,實未見其人;此亦為異族文化影響下,有所不振的緣故。

八、明清的教育

朱元璋於公元 1368 年建都今日之南京,國號明。次年,隨即向北進兵,元兵不敵,潰亡。明朝朱棣（朱元璋四子）由於爭奪王位,占據南京;旋即於公元 1241 年,由南京遷都於北京。明王朝統治中原凡二百七十七年。

明朝為漢人從蒙古人手中爭回了政權;文教、學術、科舉等活動,又回歸於尊崇儒學、推崇宋人的理學貢獻,尤其科舉取士,考試科目涉及之經文注釋,多以宋朱熹所註者為準。然因帝王專權的緣故,講學自由顯然不及古人,因而,為學之士或投入八股科舉之列,或投入經文考據之列。

明代學校制度,亦可區分為官學與私學。官學在中央專為貴族子弟就讀的有宗學。屬於一般性質的學校有:京師國子監及南京國子監;另外,於京師設有太學。屬於專門性的學校有:武學、醫學及陰陽學。

官學在地方有府學、州學、縣學、社學。為尊崇孔、顏（淵）、曾（參）、孟四氏而設有四氏學。在地方設立而為專門性質的學校有武學、醫學、陰陽學。

私人講學方面,程度較低者有家塾或蒙館;程度較高的有書院。

明朝書院中最負盛名的是設立在今江蘇無錫的東林書院。東林書

院不祇是對講學活動有影響，而且在師生論政活動方面亦有所影響。東林書院講學，每有定期之講學活動。年有年會；月有月會。講者講學完畢，並舉行答詢式的互動教學，對學生思想之啟發，不無助益。

　　明朝在教育理論及教育實踐上，最為後人稱讚的應是王陽明（1472-1528）先生。王守仁又稱陽明先生，係浙江餘姚人。經過科舉考試後，王守仁曾經步入仕途。在得罪宦官劉瑾後，一度被貶至貴州龍場任職。王守仁的思想接近宋人的性理之學。但是，他卻有所增進；即除了主張「萬事萬物之理，不外於吾心」，看似有極端的主觀唯心論的色彩外，他提出了「知行合一」的學說，以駁斥朱熹「知先行後」、「知重行輕」的論點。王陽明先生以為「知」與「行」就是一體的；「知是行的主意，行是知的功夫」；二者理應一體看待，不能以先後，輕重加以區分。這一論點，他似乎對宋人理學，有了更進一步的闡述。

　　王陽明先生認為人人皆有致良知的能力。祇要增一分良知，去一分物慾，人人皆有機會成為正人君子；成為聖者。良知本乎人心；物慾會蒙蔽人的良知；為學之用，即在拭去那些蒙蔽人的良知的物慾。因此，去人慾、致良知，便是教育的首要目標。

　　王陽明警惕學者，不要因為會讀書，有學識而太過於高傲及驕驁。他希望為學要謙卑，要能辨善惡，要誠心，言而不巧偽。知識的作用，應該是用來節制人慾，務求天理的明澈。王陽明在兒童教育思想方面，深具卓見。他反對當時對兒童過度嚴厲的體罰，使兒童視入學就讀當成畏途，看成囹圄一般。他主張為了順應兒童心理，教學應以歌詠、習禮、讀書為之。要使兒童對讀書感到趣味，有所喜好；心中喜悅，讀書進程自然會有情不自禁的效果。

　　明朝另一位具有教育見解的學者是顧炎武（1613-1682）。顧氏認為宋朝理學最大的缺點是忽略了經世致用的教育理想。理學祇注重到性理、人慾、居敬的重要性；對於古代實用的教材如六藝、禮、樂、射、御、書、數、社會文物典章、民生實用技藝則未能予以兼顧。因此，顧炎武以為為學之要，不能僅僅是為了應試科舉，擠身官職。顧

炎武尤其感覺到士大夫必須捨棄為己謀利的心意，要有撥亂反正的正義感；同時，要有救世、淑人的胸懷。

顧氏治學首重嚴謹，論一事，必舉一證；存一疑，必反覆參證以祛除此一疑惑；求諸事理，絕不惟讀書是尚。顧氏對科舉流於人才真偽不辨，提出以薦舉的方式，代替取巧式的科舉考試。

公元 1644 年，清兵入關，進駐北京；滿人入主中原，清朝統治中原從此開始。

清人統治中原初期，以懷柔政策作為統治的策略。對於孔子學說、宋人理學，甚為推崇，備受尊重。然至公元 1657 年開始，藉文字案件而興鎮壓措施，開始有了所謂文字獄。文人學士因而多投入經文考證研究工作，以免招致牢獄之災。

清朝學校制度，亦可分為官學及私學二類。官學方面中央有國子監，通稱太學；專為貴族子弟就讀者有宗學、覺羅學。屬於特殊性質的學校有旗學、俄羅斯學、算學館。地方官學以教授儒家經典的學校，分別設有府學、州學、縣學、社學。為西南土苗族人設有土司學。屬於專門性質的學校，地方上設有：商學及陰陽學。

私學的設置主由民間人士或為其子女教育而設，或集會地方士紳、富賈捐資設館施教。這類學校有家塾或稱門館、或稱族塾。教學內容多以識字、讀簡易兒童讀物，如：《三字經》、《幼學瓊林》，稍後再教以四書。除了讀書功課以外，尚有臨帖、習字、作文章的活動。

清朝書院制度，並不太發達，這主要的原因是異族統治，對漢人思想箝制甚嚴；另外一項原因是書院學子參與官辦考試，成為地方官學的一部分。清朝書院著名的有初期恢復的衡陽石鼓書院；以後成立的長沙嶽麓書院及杭州的敷文書院。

清朝初期，強調不以讀書為重而應以經世致用之學為要的教育學者有顏習齋（1635-1704）及其弟子李恕谷。顏習齋名元，今之河北人。李恕谷名塨亦為河北人。習齋一生為學，不曾進入仕途而其著作主要為〈存學〉篇、〈存治〉篇、〈存人〉篇及〈存性〉篇。顏元思

想的傳承與發揚則為李恕谷先生。現在簡略說明二人的教育思想。

　　顏李均反對傳統上將讀書視為一切學問的來源。他們提出質問：「試看千聖百王，是讀書人否？吾人急醒。」「讀書愈多愈惑，審事機愈無識，辦經濟愈無力。」倘若將人的精力耗費在讀書上，難免忽略了人間世事及經國治世的事務。顏李二人對於宋儒強調的主敬、居敬、主靜，認為這些看似個人追求性理的方法，實則遠離了人世經歷，世間實務。不論是主敬、主靜的功夫到達何種程度，實質上，並未對個人及人世產生多大的實際效用。顏李二人以為遠一分程朱，就近一分孔孟。是故，教育之目的不能不考慮到為學的目標乃是正德、利用、厚生而已。顏李二人以為「誦讀中度一日，便習行中錯一日；紙墨上多一分，便身世上少一分。」他們極力批評「書生無用」、「白面書生。」（註九）

　　由於中原漢人文化璀燦、豐富，加以四鄰各地文化發展遲緩，漢、唐中原文化鼎盛時期，曾一度影響到朝鮮、日本、西域各地。及至 1840 年，英人挾西方科技文明之賜，以船堅砲利之勢，闖開了海禁大門。中原主宰的漢人文化面臨到前所未有的挑戰。因此，在文教方面，出現了「師夷長技以制夷」的觀點；大規模的學校教育制度之引用，於焉開始。

　　公元 1862 年，清人成立同文館以儲備通曉外語的人才；1866 年設立算學館，傳授天文、算學；1863 年上海設置廣方言館，除了教授經史文義外，對外國語、算學亦列為課程而教授之；1864 年，廣州同文館成立；此外，公元 1888 年臺灣西學館成立；公元 1893 年，湖北自強學堂設立。公元 1880 年，實用性的學校，如：天津水師學堂；1885 年的天津武備學堂；1887 年的廣州水師學堂；湖北、湖南、山西武備學堂，均一一先後成立。

　　在「中學為體，西學為用」，廣設學堂，研習西藝的教育思潮下，清朝末年，所設立的學校，多為單一性的；直至光緒年間，才有較為完整的學校制度的創設。

　　公元 1902 年清政府由管學大臣張百熙擬訂壬寅學制，開啟了學

校教育制度化的先河。

　　壬寅學制由初等教育、中等教育及高等教育三個階段組成。

　　初等教育階段：設蒙學堂四年、尋常小學堂三年、高等小學堂三年。

　　中等教育階段：設中學堂四年、大學預科或高等學堂三年。

　　高等教育階段：大學堂三年、大學院年限不定。

　　公元 1905 年，光緒 31 年，在張之洞、趙爾巽、袁世凱等人的建議下，明令廢止科舉考試。一千三百餘年的科舉制度，終於在西學東漸，國人力圖振興學校教育的要求下，畫上了歷史的句點。

第三節　西洋教育的發展

 一、希臘的教育

　　西洋一詞，往往是一個難以界定的概念。一般而言，西洋若從地理上加以界定，它指的是現今大部分的歐洲地區。不過，若從文化綿延的觀點來論，西洋還會將歐洲以外的屬於基督教文化及英語系的地區如：北美的美國、加拿大、澳洲、紐西蘭也加進去。其次，從歐洲文化的發展來看，東歐地區以及俄羅斯，也會劃在西洋概念所含攝的範圍內。由於西洋所涵蓋的地區極廣，一般都會將它的重點，放在以地中海為範圍或以歐洲為範圍的教育活動上。

　　西方文化的搖籃是今日的希臘半島南端的雅典。由於希臘半島位於地中海，接近南方的克里特（Crete）島，一度是接受埃及文化的跳板。希臘半島所形成的希臘文化，匯合了中東兩河流域的文化及埃及文化而形成了獨特的希臘文化。因為，希臘人所創造的希臘文化，對歐洲各地的文化，諸如在語言、文字、科學、哲學、藝術、建築、數學、政治等重要文化領域方面，都有其歷史上的痕跡。

　　希臘人是屬於印歐（Indo-European）民族。希臘民族主要是由希

臘半島北部逐漸向南遷移而來的民族組成。在公元前 7 世紀，希臘半島的南部，逐漸形成了城邦（polis），亦即 city-state。希臘半島的南部，海岸線曲折、小島眾多，地中海在其南方，兩邊分別是愛琴海及亞得里亞海（the Adriatic Sea）。希臘半島東西面積並不寬廣，但是，南北卻呈現狹長的面貌。半島上山嶺並不高，丘陵地帶加上小平原，構成了城邦出現的良好地理條件。希臘城邦中，最具影響力的兩個城邦是具有軍事武力、重視組織、以集權方式統治的斯巴達（Sparta）及文化優雅、強調民主的雅典（Athens），亦即今日希臘首府雅典市。這兩個城邦，堪稱是當時六十餘個城邦的代表。

　　斯巴達城邦由三種人組合而成：一種是享有政治權利而且經濟狀況不差的公民；一種是沒有政治權利，但是，卻享有較好的經濟地位的provincials；另一種卻是既沒有政治權利，也沒有經濟地位的Helots，亦即奴隸組成。斯巴達城邦的人口，公民人數極少，大部分由奴隸組成。

　　斯巴達城邦重視軍事武力的優越性，因此，整個城邦的文化發展重點，就放在武力與征服二項生活的目標。斯巴達城邦沒有教授文字和一般知識的學校。斯巴達城邦的公民子弟是唯一可以接受教育的子弟。普通人士及奴隸子弟是沒有權利去接受學校教育的。這裡所謂的學校，在斯巴達城邦就是指軍營式學校（barrack）。六、七歲的斯巴達兒童，屬於公民子弟、男性則須進入軍營學校，接受軍事訓練式的兒童教育。他們依年齡而被編成隊伍，接受軍官的教導。他們在體能上加強鍛鍊，要求能夠耐寒、耐飢、忍受惡劣的自然環境。學習吃苦耐勞、絕對服從。學習跑、跳、擲、角力、武器使用的技巧，甚至如何偷竊而不被人發現的技巧，也是日常訓練的科目。斯巴達公民的男童，過著集體的軍營生活；教育活動重視的是訓練、鍛鍊、紀律等的價值。因此，斯巴達公民男性兒童的教育即在培養斯巴達城邦的武士。體育、群育、德育是受到重視；智育方面，尤其是文字的、文化的陶冶，幾乎可以說是付諸闕如。

　　與斯巴達針鋒相對而且互相爭雄的另一城邦是雅典。雅典城邦在

希臘文化的貢獻上，為後人留下民主政治的思想、科學、哲學、文學、史學、戲劇、文法、修辭、建築、醫學、神話工藝等等；真是包括了極為豐盛的西方文化遺產。雅典城邦沒有集權獨裁的寡頭政治、沒有以戰爭和征服為國家的最高理想；雅典城邦的人們，喜好理性的、沉思的冥想；酷愛對自然的探究；重視自由民的個性發展，因而，在文化素質上成為希臘其他城邦人民所嚮往的一個城邦。在往後的歲月裡，雅典城邦的文化，竟能隨著亞歷山大帝（Alexander the Great, 356-323B.C.）的足跡而擴散到東地中海沿岸、埃及及北非沿岸。希臘的語文，成為當時最為通行的語文。希臘的學術思想，成為當時學者最為熱門的研究課題。

雅典城邦在文化的型態上，可以說由於社會自由民階級與奴隸階級非常顯著，因而，發展出兩種不同型態的文化：一種是以自由民的勞心為主的文化內容，稱為文雅藝能學科（liberal acts）；一種是以奴隸及一般勞工的勞力為主的技藝文化（technical acts）。文雅藝能學科如：文法、修辭、哲學、算術、幾何、音樂、邏輯、天文等是；技藝方面如：金工、木工、造船、建築、冶金等是。

雅典城邦的教育，由於貴族壟斷學校教育，因而，發展出了所謂的博雅教育（liberal education），專為自由民子弟而設的教育。至於奴隸的子弟，多隨從父兄，習得技藝中的一種，絕無進入學校，學習文雅學科的可能。雅典城邦的貴族子弟，在六、七歲時，即由僕人之中挑選一位人品好，具有見識的奴隸，充任貴族子弟的教僕（peda-gogue）；陪伴貴族子弟至學校就讀。一般自由民的兒童，會至私人教師所設立的文字學校、音樂學校及體操學校就學。教僕隨主人家子弟，沿途給與照顧，避免兒童結交不良朋友。雅典城邦政府並未設立任何形式的公立學校。學校教師的薪俸來自於學生繳納的學費。城邦政府對自由民子弟的教育，採取放任的態度，並無法律的規定。

文字學校教授兒童讀、寫、算。兒童多半早上在文字學校或音樂學校學習；下午則去體操學校學習。

音樂學校是專為貴族子弟學習七弦琴之所在。在音樂學校學生不

僅練習演奏七弦琴，還需要配以詩歌，誦頌之。

體操學校一共有三所：Academy 為雅典最早成立的體操學校，多為貴族子弟學習的場所；Lyceum體操學校進入者為新進加入公民行列及家境富裕人家的子弟；Cynosarges 則為尚未獲得完全公民資格家庭的子弟學習的場所。

一般而言，英文中的學校（school）係來自希臘文：意指有閒者去的地方。這就說明了能夠進入學校就讀的兒童，均是貴族人家的子弟。一般勞工、奴隸的子弟是沒有餘暇、經濟能力、社會地位，可以進入學校接受教育的。

在公元前 5 世紀時，具備了基本的文化能力的青少年，會與私人講學的詭辯學者（sophists）簽訂合約，繳納學費，跟隨學者學習辯論、修辭、文法技巧，以便將來從事法律事務、公眾事務的工作。史學家們認為私人講學的詭辯學者及體操學校，其程度可視為今日之中等教育程度。

大致上說來，雅典城邦的教育，在實施上已經有了智育、德育、體育、群育與美育。文字學校提供了智育；詭辯學者也有智育的實施；德育分散在智育的教材及體育與群育的實施活動中；音樂學校具有美育的功能。雅典城邦男性青年，年齡在十八至二十歲時，他們會去接受二年的軍事訓練，成為軍事後補幹部（ephebus）。這期間，就有群育與體育的教學。由是觀之，雅典城邦的公民教育，具有五育的發展；教育的理想即在這五種教育實施均衡發展。這也是雅典城邦實施公民養成教育的一個過程。

雅典城邦除了已經有了較完善的學校制度外，在教育理論上，也較斯巴達城邦為完善。尤其是希臘著名的三大哲學家。實際上，他們都有教育的理論，以及實際教學的經驗。

蘇格拉底（Socrates, 470-399B.C.）曾經從事過軍旅生涯，也算是一位詭辯學者。他之不同於一般詭辯學者的地方是他教授學生，並不一定要繳高昂的學費，才給與教導。蘇格拉底對於送些食物、禮品作為學費者，他也照教不誤。他喜歡沉思、喜歡智性的對談，但是，他

雖有智慧，卻從不以自己擁有智慧而高傲不已。他謙虛，從不認為自己是一位智者。他祇承認自己是一位愛好智慧的人。

蘇格拉底是一位主張知行合一的人。他認為知識是道德的基礎。是非、善惡的判斷需要知識。倘若真能認識到善，人是會去行善的。蘇格拉底因而強調智德一致。另外，蘇格拉底以為人們應該瞭解到自己有限的智慧，不要狂傲、自大；要謙虛，要作一個智慧的愛好者。蘇格拉底在教學方法上，每每採用詰問的方法，讓學生自行認識到自我的無知。（註十）然後，激勵自我從反覆詰難的過程中，自我尋找知識的所在；自我從啟發中形成知識。蘇格拉底以為真正判斷知識的根據是人的概念而不是人的感覺。人的感覺常常會因人而異，但是，人的概念卻會得到一致性。

蘇格拉底由於提出了一些新的見解，如：太陽是石頭的說法，被認為褻瀆了雅典的神而被判死刑。他經過多次辯駁，未能獲得正義的審判。他終於服毒於監獄，接受了不當的判決。他的弟子柏拉圖（Plato, 428-348B.C.）因而感受到雅典城邦不見容於人的理性判斷而出遊各地。

柏拉圖原名Anistocles。柏拉圖是他的渾名，意為寬大的肩膀。柏拉圖著有《共和國》（Republic）一書，被認為是西方最早的一部教育經典名著。柏拉圖也是闡述蘇格拉底哲學思想的一位學者，因為，蘇格拉底並沒有留下任何的著作。舉凡蘇格拉底的哲學思想、政治見解、教育主張、道德觀點、社會學說等，都是從柏拉圖及其他學者的著作中去闞知。因此，柏拉圖的歷史地位，堪稱蘇氏的主要傳承者。

柏拉圖是西方哲學史上將觀念論完整地建構的早期學者之一。蘇格拉底將哲學討論的問題，從宇宙、物質的思維轉化成討論人類切身的道德、教育、社會、政治、知識等與人相關的重要問題。因而，有人說蘇格拉底將天上的哲學，帶到了人間。柏拉圖則將人間的哲學，給與系統的組織，成為西洋哲學史上偉大的觀念主義（Idealism）的奠立者。柏拉圖以為觀念才是真實的存有；因為，觀念具有普遍性、永恆性、抽象性，而人的感覺則不具有真實性。他以為人的觀念，先天存在於人的心中，藉由後天的接觸而將先天的觀念喚醒，甦醒過來。

他在《共和國》中主張財產共有制，這樣可以消除人的私心。他主張社會的組合，係由金質的人、銀質的人及銅質的人共同組合而成。金質的人主要偏重理智的思維，喜歡沉思，酷愛知識、真理，作為城邦的統治者——哲人王最恰當。銀質的人偏好德性的追求，極富正義感、為人勇敢、擇善不捨，肯犧牲、奉獻，作為城邦的保國衛士最適當。銅質的人，喜好慾望的滿足，安於生活的溫飽，祇能做些勞力的百工。社會上這三類人，若能和諧相處，互相協調，社會就是一個實現了正義的社會。因為，人們各盡所能，各取所需，不會有任何怨言被提出。

在社會實現正義的同時，教育的工作，就顯得非常重要了。因為，人究竟是金質、銀質、銅質？係由多次的篩選、淘汰而決定的。教育可以說是社會追求和諧時的一個機制。它透過兒童接受教育，經過篩選而作了選擇、作了分配、作了培育。

柏拉圖在《共和國》裡提出的教育計畫，是一個漫長的教育過程。因為，如果以培養哲人王（philosopher-kings）為例，幾乎從兒童六歲起，一直要到五十歲，正規的教育才能告一個終了。

兒童六歲接受國家的教育。教育的內容有智育、德育、體育、美育。學生學習的內容有音樂、舞蹈、算術、語文、體操。道德教育透過語文材料及禮儀規範的認識，形成良好的行為習慣。此期教育直至十八歲為止。能夠通過鑑別測試者，就繼續接受二年的軍事教育；如果未能通過，就被鑑定為銅質的人，他們將從事百工，勞力的工作，終身不改。

十八至二十歲的教育內容，主要為軍事訓練式的教育。學生須熟習武器的使用及一般軍事的技能，對體能的鍛鍊，尤為重視。這一階段教育結束，便須經過再次篩選與鑑別的程序，合格者繼續接受國家統治者的養成教育；不合格者則被鑑定為銀質的人。由於他們已習得了軍事技能，符合擔任國家衛士的職務，故將繼續接受較為專門學識的教育，為期十年之久。

從二十至三十五歲，這批未來國家的立法者、統治者，將學習算

術、幾何、天文、政治學、倫理學，然後，再學習辯證法、形上學等學科；主要的用意是瞭解形式與現實層次的各項問題，獲取純粹真實的知識。

從三十五到五十歲，是未來哲人王，要實際體驗現實社會存在的種種問題。

從三十五至五十歲，這些未來國家的統治者，由於先前所學較為偏重純理論、純觀念的學習，實務的接觸比較有限；實際的經驗，有所欠缺。因此，從三十五歲開始，他們會有十五年的時間，投入於實際的政治、軍事、法律、經濟、教育等事務的活動。他們有機會，將先前理論性、觀念性的認識與現實的、經驗性的事務作出結合。這將有助於未來哲人王統治城邦的需要。

柏拉圖是第一位較為詳細地提出教育歷程的西方教育家。他著重於教育選擇人才、培育人才的功能。他視教育為國家職務的一部分。國家應該負起其公民子弟的教育責任。在柏拉圖的心目中，教育是自由民子弟所享有的一項權利。奴隸及非公民子弟是沒有教育特權的。其次，柏拉圖的智育，特重觀念的啟發。他尤其重視數學中的幾何。因為，幾何所提供的，甚多是具有普遍性質的定理或原則。

柏拉圖的弟子亞里斯多德（Aristotle, 384-322B.C.）是希臘北部的馬其頓人。他的父親曾任馬其頓王的御醫而亞里斯多德則擔任過馬其頓皇太子即後來亞歷山大帝的啟蒙教師。亞里斯多德在十七歲時即南下雅典城邦，投入柏拉圖學生的行列。由於亞里斯多德思維縝密、邏輯思考敏銳、熱愛自然科學，特別是生物的研究。他的學生亞歷山大帝曾令他的士兵為亞里斯多德蒐集標本，提供亞里斯多德作學術性的研究。因此，亞里斯多德在生物學、物理學、天文學、邏輯等領域，均有莫大的貢獻。

亞里斯多德是一位重視政治勢力的思想家。亞里斯多德認為政治的力量，往往會影響到教育的實施。一個專制、獨裁的城邦，它的教育理念和教育實施，自然較會傾向於專制、獨裁政治制度的認識與維護。相反的，一個較為重視民主憲政的城邦，它的教育理論與教育實

施，自然較為注意到民主憲政的價值，教育其人民成為一個民主憲政社會的成員。亞里斯多德在倫理價值的追求上，重視至善的實現。一個善良的社會成員，應該是一位追求至善的成員。喜悅、快樂固然是社會成員所追求的價值，但是，幸福的價值比喜悅、快樂更高；自然成為社會成員嚮往、追求的目標。另外，亞里斯多德鼓勵父母於幼兒成長時期，多予以照顧，如：他主張不要將嬰兒縛得太緊；要給嬰兒喝牛奶等是。

希臘三哲的蘇格拉底可以視之為街頭教師。因為，他有招收弟子，但是沒有固定的場所實施教學。柏拉圖創立學苑（Academy），門口掛著不懂幾何的人，不要進來；可見他的學苑，多麼重視數學。亞里斯多德設立的學校叫來錫姆（Lyceum），課程重點較為重視自然科學，如：生物學、物理學等是。

二、羅馬的教育

羅馬（Rome）是現在義大利的首府。羅馬建城是在公元前 753 年，由拉丁民族所建立。羅馬城是在泰伯（Tiber）河畔。它由一個小小城邦，幾經戰爭，逐漸向外擴張，於公元前 188 年併吞了北方的馬其頓；公元前 146 年，占領了希臘半島；公元前 133 年攻占了小亞西亞，成為第一個橫跨歐、亞、非，以地中海為中心的大帝國。

羅馬人對西方文化的貢獻甚為卓著。在法律、醫術、行政、文學、建築、軍事、航海等方面，都有優良的貢獻。公元前 450 年，羅馬人公布了十二銅表法，明確地宣示法律的尊嚴，奠定了羅馬人注重法律的社會傳統。

羅馬在逐漸擴張其版圖的時期，對於文教方面亦甚為關注。羅馬人的文化顯示了務實、樸素、守法、注重實用、不尚空談、冥想；說明了羅馬人務實的民族性格。

羅馬也是一個實施奴隸制度的國家。真正能夠到學校接受教育的兒童，都是來自貴族或富賈人家。一般奴隸家庭的子弟，多是子從父

業，擔任一般農事、勞力的工作。貴族子弟，大半在六至七歲的時候，就去小學（Ludus）就讀。Ludus 為拉丁文，有遊戲的意義。小學所教授的學科主為讀、寫、算。兒童須背誦教師口述的字句，並且練習文字的寫法。比較起來，羅馬人的兒童教育，沒有像希臘人那樣重視音樂的教學。其次，兒童教育期間，十二銅表法，也是教材的一部分。

羅馬人重視實用，不尚理論的建構，因此，在中等教育階段，就開始重視拉丁語文的教學。學生不僅學習文法而且接觸名家的文章，如：賀銳士（Horace, 65-8B.C.）的文章。學生跟隨文法師（Grammatist），學習實用的文法、作文技巧以備專精於修辭的學習而成為社會頗受人們敬重的演講士（Orator）。

較為高等的修辭學校，主要是培養擅長於口語表達的演講士。早在希臘的雅典，當柏拉圖及亞里斯多德成立以哲學為主的學校時，另外一位著名的學者愛蘇格拉底（Isocrates, 436-338B.C.）則以傳授演講技巧、辯論方法為主要的教學內容。這一學派實用的教育目標，為羅馬人所接受，影響到了羅馬人注重演講、辯論、口語發表能力的教授。學生學習修辭、文法、歷史，以增進演講的內容與能力。他們學習告一段落後，或投入公共事務，或獻身法律事務，為人民辦理訴訟、簽訂合約、辦理協議方面的文件等。在政治上，參與政府議會，也需要有能言善道的雄辯口才。

1 世紀羅馬帝王維斯帕辛（the Emperor Vespasian）執政時期，他熱心於文教事業，強化圖書館，設置國家修辭講座；有拉丁文的修辭講座，也有希臘文的修辭講座。修辭講座的教師，其薪俸由政府公費支應。對於社會已成名的文法師、修辭學者、哲學家、醫師，免於其勞役及免於軍職的義務。（註十一）

羅馬對西方教育史的貢獻，除了重視雄辯家的教育目標的提出外，羅馬的另一教育貢獻，便是發展出羅馬七藝，為西方中古大學及拉丁文法學校的課程，作出了貢獻。羅馬七藝是指：三藝即文法、修辭、邏輯及四藝即算術、幾何、天文、音樂。前三藝較為偏重文字及

思維方面；後四藝較為注重數學方面。

　　羅馬的教育家即拉丁文學家、修辭家；雖然，也具有哲學的素養，但是，他們在西方哲學史上的地位比不上先前所提的希臘三哲。

　　西塞祿（Marcus Tullius Cicero, 106-43B.C.）是羅馬共和國希臘化時期頗具影響力的教育家。西塞祿的教育理想是要培養一位健全的演講士或一位公眾領導人。演講士、公眾領導人，不僅要言語能力強，運用文字的能力也要強。演講士是一位嫻習修辭、精通文法、懂得歷史、瞭解法律的學者；更重要的，他是一位具實用知識的人。西塞祿認為培養演講士有賴於人文學科的知識。這些人文學科是指文法、文學、修辭、物理、天文、音樂、歷史、民法、邏輯及法律等。這些學科的學習是為了雄辯的用處而不是為了發展心智的用處。

　　羅馬另一位頗具影響力的教育家為坤體良（Marcus Fahius Quintilian, 35-95）。坤體良著有《一位演講士的教育》（*Institution Oratoria*），詳細地敘述如何教育一位演講士的歷程。他主要的教育見解有：

　　個別差異：兒童時期，演講士的教育，就應該注意到他的個別差異，諸如：他喜歡哪些學科？他的才華在哪裡？

　　兒童教育：教師應該應用兒童的遊戲、競賽，發展他的興趣、增進他對演講的喜好。

　　品德教育：演講士需要具備良好的品德，應用人文知識以增進他的演講效果。

　　學校教育：坤體良覺得兒童在一起，互相有切磋的機會；相互從友誼當中，增進彼此的能力。

　　實用教育：演講士是一位以知識作論辯的人；演講士不是一位沉思、建構理論的哲學家。

　　學習音樂：音樂的學習不是作為個人陶冶心性的學科而是有助於個人聲音、音調、韻律的發展。

　　羅馬重視實用的教育，為西方教育傳統，奠定了重視表達能力養成的教育，故對文法、修辭、邏輯在課程中的地位，奠下了新的基礎。

📝 三、中世紀的教育

　　西方歷史學者，認為西方的歷史，有類似向上發展的傾向。另外，西方的歷史，大致上可分為三個歷史階段：古代的希臘、羅馬；中古的歐洲以及文藝復興以後的現代。中古是承繼希臘、羅馬的文化遺緒而轉承至現代的過渡歷史階段。中古也是歐洲北方蠻族，大舉向南遷移，然後接受基督宗教文化洗禮的歷史階段。有西方史學家認為，中古歷史階段是日爾曼民族拉丁化的過程；也為日後蠻族成立的國家，如：盎格魯、撒克遜、法蘭克所組成的國家的現代化、滋生、發展的地區。

　　中古亦稱中世紀。大致以西羅馬帝國被日爾曼人侵入而覆亡於公元 476 年為起始而以東羅馬帝國於公元 1453 年滅亡為終點。在這將近千年的歷史時期，基督教文化主宰了歐洲人民的種種生活活動。雖然，官方的學校活動停頓下來，但是，教會的教育活動，則是日漸受到重視。

　　基督宗教興起於現今的中東以色列地區，其創始人為耶穌（Jesus, 4B.C.-29A.D.），因為宣揚基督救世、天國降臨而被羅馬統治者處以死刑。耶穌殉道以後，他的弟子繼續宣揚基督降臨，拯救人民的福音，遍及中東地區及義大利。耶穌在世時，以簡易明瞭的言詞、比喻、實例，說明他的信仰、他的宗教、他的道德觀、他的人生觀、他的來世世界觀。他重視自我的反省。他強調對人的同情。他視別人如同自己。他主張寬容、人人平等。因為，大家都是神以其形象而創造出來的。他以真誠的心，宣揚人們對神的期望。他肯定神會拯救人類以消除其苦痛。從教育的觀點來看，耶穌的道德教育，已脫離了當時人們信奉的「以眼還眼、以牙還牙」的報復論。

　　基督宗教提出了一神論，希望眾信徒捨棄偶像神的崇拜。人們應該秉持信、望、愛的精神，成為一個虔誠的信徒。天國是會降臨的。人死後，贖罪了的靈魂是會經過最後審判而得以進入天堂的。如果信

奉了基督耶穌，人的罪惡是會赦免而得救的。人在世間為非作歹，終不悔過的便會進入地獄。天堂與地獄成了顯明的對比；讓世人認真作出抉擇。由於亞當、夏娃冒犯了神的戒律，以致其子子孫孫都擔負了原罪。唯一可以贖罪的方式就是接受基督的信仰，作一個得救的基督信徒。

基督宗教在宣教時期發展了良好的教會組織。由羅馬中央至各地教區以至地方教會，形成了嚴密的、垂直的教會行政組織系統。

中世紀跟教會有所關聯的教育活動計有：

教區學校（parish school）　亦稱唱遊學校（song schools），為各地地方教會所設置的教會學校。主以兒童教育為主，配合初級拉丁語文、聖歌、聖經故事的學習及教會儀式的嫻熟；較高級的學科則有天文、幾何、邏輯、修辭等。

寺院（monastery）**教育**　公元 5 世紀義大利聖本鐸（Saint Benedict, 480-563）有鑑於羅馬貴族社會生活腐化，背離了基督宗教簡樸的生活方式，因而，創建修道院（即寺院）作為培育教會人員的教育機構。修道院多建築於風景奇麗的地方，遠離城市，希望來寺院的修士，皆能過著孤獨、寡慾、安貧、信仰、篤實的清白生活。修道院生活簡樸、財產共有、勤勞工作、按時禱告、抄書修鍊、遠離家人、一心奉神，形成了中古時期的文化資產保護的所在。加以寺院修士抄書，使古籍得以流傳下來，不致於滅絕。

中世紀除了教會的教育活動外，還有所謂的世俗教育活動，如：

騎士教育　中世紀實施封建制度，封建郡主、貴族莊主，為了自身安全起見，多有武士或騎士的設置。騎士亦以保護教會、維護社會治安、保障婦孺安全、宣揚教會理念為職志，形成了中世紀特殊的社會階級。

騎士的養成採取生徒制的方式。從貴族家庭中挑選優秀兒童，充當馬僮，照顧騎士及其馬匹，直至十五歲為止。然後，追隨騎士並參與封建莊主的宮廷生活的社交活動。跟隨騎士，熟練騎術、打獵、兵器的使用、保持身體強壯。另外，尚需學習歌詠、交際舞蹈、吟詩

等。二十一歲起，經過教會儀式、宣誓以後，即正式成為合格的騎士。

　　生徒訓練　中世紀在封建制度下，一般勞工階級，若從事木工、金工、泥水工、有需手藝者，往往經由生徒制加以養成。技術性、技藝性工人，多組有基爾特（guilds）的行會組織，謀求自身權利的保護。生徒制分為三個階段。第一階段稱為生徒（apprentice）：指願意跟隨技師而學手藝的兒童——生徒——需與技藝師傅一起生活，成為師傅家庭成員之一。他需協助師傅工作，累積經驗，從日常觀察、模仿、實作當中，練習技藝；約需三至十年期限不等。師傅評斷其能力，幾可勝任工作時，即讓他擔負工頭（journeyman）；可以單獨工作，暫時離開師傅。但是，為期不許太長。然後，自己創作精心設計的作品，展現個人的才能，經眾師傅評定技藝純熟，即可被認定為師傅，始有權招收生徒。

　　大學教育　11 世紀，義大利境內波隆納（Bologna），成為法學教學與研究的重心。撒來奴（Salerno）成為醫學教學與研究的著名學府。巴黎則成為神學教學與研究的重鎮。私人講學風氣日熾。阿伯拉（Peter Abelard, 1079-1142）等著名學者常常吸引眾多的學生聽從講學。教師行會因而興起。大學（university）一字來自 universitas 原意為社團、組合，有基爾特的涵義。巴黎大學一部分教授，因不滿巴黎大學教學的限制而遷往英國牛津（Oxford）。牛津大學即在公元 1167 年或 1168 年成立。（註十二）

　　大學是中世紀中期西洋教育史上的重大創舉。它象徵著自由講學的制度化，也象徵著西方學校制度先由大學而向下發展的歷史軌跡。

　　中世紀的大學是追求智慧的最高學府。一所大學是否能夠成名，取決於教師的素質。因此，有人說中古大學是學人的聚集所在。至於大學的特點，約可分述如下：

　　教授專長　中世紀大學的課程，主以神學、醫學、文法、修辭、邏輯、天文、法律、辯證等學科為主。另外，如：亞里斯多德的物理學亦為內容之一。

　　學生年齡　大學學生年齡以十四、五歲入學；就讀三至五年不等。

　　學生國籍　大學學生來源，不限於大學所在地的學生；有英、法等地的學生至巴黎大學研習神學者；有西班牙、英國學生至波隆納大學研習法學者。故而中世紀大學可謂國際性的大學。

　　教學語文　教學語文以拉丁語文為之。因此，一般貴族、富賈子弟從小就學習拉丁語文，以備接受大學教育之用。

　　學生等級　大學學生分為三種等級：

　　初學者（the baccalaureate）主修文法、修辭、邏輯等科目。

　　證書者（the licence）主修自然哲學。

　　師傅者（the mastership）主修道德哲學及自然哲學。（註十三）

　　學生權利　中世紀大學的學生，身分較為特殊。他們享有：免兵役、免勞役、免稅、審判獨立、罷教、罷課、遷校、飲酒、獲得學位、畢業後有任教權等。

　　成立權狀　中世紀大學成立後，多半會尋求教皇之認可，因而獲得了成立之許可狀。或尋求當地國王的認可，獲取成立許可狀，以增強大學的社會地位。

　　大學目的　大學既是自治團體，教師與學生各組會社，形成組合以保障各自的權利。但是，大學卻是追求知識、培養高深學識人才的場所，則是無需質疑的。

　　中世紀大學為西方高等教育機構奠下了學術超越政治、追求學術自由與自主的優良傳統，對西方文化的增進，作出了極大的貢獻。

　　中世紀的文化主流是基督宗教的思想與教會主事的教育活動。聖·奧古斯丁（Saint Angustine, 354-430）是西方即將進入中古時期前，最為有影響力的哲學家與教育家。他出生在北非，即現今的阿爾及利亞。他曾至義大利研習修辭學。他可以說為中世紀基督宗教奠下了神學基礎的一位哲學家。聖·奧古斯丁強調信仰先於理解。基督信徒必須首先有堅定的信仰，然後再作教義的理解。他反對教育實施濫用體罰。雖然，亦如早先的神學家一般，他主張禁慾主義，對人的肉體慾求，視為邪惡的來源。他重視希臘、羅馬異教的人文學科，以為這些文雅學科的學習，有助於基督信仰的建立。

　　聖・奧古斯丁著有《神之城》（*the City of God*），希望人間也能尋覓到神的殿堂。他重視柏拉圖的哲學及新柏拉圖（neoplatonism）——哲學與宗教的結合，強調生與死的深奧意義。

　　另一位中世紀末期，深具影響力的哲人及神學家為聖・多瑪斯（Saint Thomas, 1225-1274）。他是中世紀即將結束，思想上卻為重視理性價值的後人，開創了一個新的時代。他不像聖・奧古斯丁提倡柏拉圖的思想。他提倡的是亞里斯多德重視理性、強調具體事物的認知，先於抽象觀念的認知。教育見解上，重視對人的理性的陶冶與鍛鍊，期使人人都成為一個理性的動物。

📝 四、文藝復興時期的教育

　　文藝復興（Renaissance）為西方 15 世紀發生的歷史運動。就字義來說，文藝復興即「再生」、「重生」之意；意即西方人理性的再生、理性的復甦。經過將近千年宗教信仰思想的禁錮，西方人開始追求世俗生活的價值。他們肯定此生此世生活的意義而不獨追求來世的天國生活。這種轉變，一是由於古籍的發現。學者們從希臘、羅馬各家的著作中，感受到世俗生活的實在性。另一是由於自然科學研究有了相當的成就，尤其是對自然的瞭解，有了實質的進步。再一是由於發現了人的價值，找尋到人的生活意義，形成了人文思想的濫觴。

　　文藝復興運動，在歐洲南方義大利，興起了對古代文學、語文、哲學以及生活觀、宇宙觀研究的興趣。在歐洲北方日爾曼地區則興起對宗教的改革。人們運用理性質疑教皇權力。人們運用理性懷疑購買贖罪券，能否一定消除世間為非作歹的罪行。人們應用理性，希望自己直接閱讀聖經與神溝通。這股理性崛起的浪潮，為西方近代歷史，開啟了嶄新的一頁。

　　文藝復興時期，著名的學者有維吉銳奧（Pietro Paolo Vergerio, 1349-1420）、維特瑞奴（Vittorino de Feltre, 1378-1446）、古瑞奴（Guarino of Verona, 1374-1460）等人。他們要不是推廣古典語文、希

臘語文、拉丁語文的教學，就是設置宮廷學校，推廣人文教育的實施。文藝復興運動，開啟了近代人文思想，也將偏廢了將近千年的古典語文經典的教學，重新復興起來。

一些重要的文藝復興運動主張為：

回到古代　回到希臘、羅馬著名學者學術思想的研究，如：柏拉圖、亞里斯多德、西塞祿、坤體良、李維（Livy, 59B.C.-17A.D.）、維吉爾（Virgil, 70-19B.C.）等人的著作研究。

強調古典　古代語文學者中，尤以西塞祿的文體，成為文藝復興時期，學者們競相模仿的對象。因此，西塞祿的散文作品，成為學者、學生競相學習的範例。

宮廷學校　維特瑞奴曾經擔任大學教授。他曾設立「歡樂學舍」（the House of Joy），作為教授古典語文、歷史、哲學的學校。教學重視身體與心靈的鍛鍊。

人文思想　中世紀以神為本，教育的重心在於培養服侍神的僕人。文藝復興時期以人為本，教育的重心回到人間事務的關心，導致了人文思想的發展。

世俗主義（Secularism）　文藝復興運動，帶動了世俗價值受到人們的珍惜。人們對人生觀有了改變，開始追求、享受感官帶來的樂趣。

運用理性　理性的復甦，學者們敢於質疑前人的論點，敢於有一己的創見。因而，促成了近代學術的進步。

文藝復興時期，伊拉士莫斯（Desiderius Enasmus, 1466-1536）可以說是較為有影響的一位人文教育家。當時因為他的拉丁語文教科書流行各地，他又曾前往英國講學，可以說他是當時著名的學者之一。

在教育上的貢獻有：

他主張博雅教育，反對偏狹的西塞祿文章模仿的教學方式。因為，這樣會使教育走上形式化。他要求接受博雅教育的人，知識上要廣博，學習古人的認識、判斷及風格。

他提倡人性本善，教育實施如能好好利用古典經文，對人性趨善的發展是可期的。

他反對體罰，任何形式的體罰，都會使學生的學習興趣為之降低。

他不贊成迷信宗教。他也不贊成將宗教信仰情緒化。他認為宗教的信仰，應該有理智探討的空間。

他希望學生學習古代經典的興趣能夠發展出來。要認清古代學識的價值所在為何。

一個受過良好教育的人，必須是一位懂得希臘語文及拉丁語文的人。這已是文藝復興時期的流行口語了。

五、宗教改革時期的教育

西方教育史上，第一個 R 英文字母開頭的字是文藝復興（Renaissance）。第二個 R 英文字母開頭的字是宗教改革（Reformation）。第三個 R 英文字母開頭的字是唯實主義（Realism）。這三個英文字所代表的思想與運動，都深深地影響到了西方的教育。

西方基督宗教，在羅馬教皇的發號施令下，各地的教區、教會形成了一個嚴密的宗教教會組織，儼然是一個龐大的教會帝國。然而，由於羅馬教會在第 16 世紀，為了整修教堂，籌措大量經費，發行贖罪券，以抵免人間的罪行，因而，爆發了宗教革命。

宗教改革發生在北歐，也算是文藝復興運動的一部分。它象徵著理性思考對宗教信仰及制度的反省。不過，宗教改革也是由科學進步、地理上諸多發現、教會神職人員生活腐敗、教皇專權、羅馬教會苛徵暴斂、各地國王、皇子暗中反對教皇的權勢以及早期宗教改革的先驅，如：英國牛津大學教授威克里夫（John Wycliffe, 1320-1384），提出對教皇權力的懷疑，主張信徒自行閱讀聖經，直接來與神溝通、交流等主張，終至演變成宗教革命。

宗教改革時期，反對羅馬教皇及教會的人，稱為反抗者（protestants）。他們所信仰的教義即新教教義（protestantism）。因而，使得統一的羅馬教會，分為屬於羅馬教會指揮的舊教即天主教，及分由各地脫離羅馬教會而組成新的教會為新教。

宗教改革對西方教育的影響為：

人人要讀聖經的結果，促成了各國國語聖經的出現。聖經教義普及了；人們認字的能力普及了。間接促進了下層社會大眾，沒有學過拉丁語文的人，也能閱讀聖經了。

宗教改革引發了天主教人士的反擊。最為著名的就是耶穌會（the society of Jesus），在 1514 年由西班牙退伍軍人羅耀拉（Ignatius de Loyola, 1491-1556）組織建立。耶穌會是教育團體，也是藉教育活動維護天主教勢力的自願性團體。它培訓篤信舊教教義，勇於犧牲奉獻，深具使命感而願意遠赴他鄉，廣傳福音的教士。耶穌會採取軍事指揮的精神；採取絕對服從、嚴格的道德訓練。耶穌會訂有詳細的教學章程：日有日課、月有月課、年有年修習的教學內容。透過詳細的「學習計畫」（the Ratio Studiorum），逐步完成各項預定的學習內容。耶穌會善於利用獎懲方式，以激勵學習動機。進入耶穌會的十三、四歲青少年，學習的內容有拉丁語文、聖經；逐年增加學習的內容有：希臘文、哲學、神學、教會史、數學、物理、音樂等，務期耶穌會的教士，均能上通天文，下達地理；以淵博的知識，帶領信徒，維護天主教的勢力。

對宗教改革運動，具有引爆作用的一位宗教改革家是馬丁・路德（Martin Luther, 1483-1546）。他曾於 1520 年提出對「日爾曼基督貴族的演說」（Address to the Christian Nobility of Germany），呼籲貴族們重視教育，不要重視城堡、軍械、軍隊而忽略了日爾曼人的文化與教育。他認為日爾曼人道德在衰退，文化在沉淪。唯有重視教育，才能挽救此一頹勢。他要求父母認清養育子女的神聖性。嬰孩是神所賜給父母的一項恩物。兒童的最初教育，家庭不能有所怠忽。政府亦應負起教育其人民的責任來；政府要提撥公共經費，支援教育所需。路德強調聖經是教育不可或缺的教材。閱讀聖經的能力是教育活動應該致力的目標之一。

另一位深具影響力的宗教改革教育家是喀爾文（John Calvin, 1509-1564）。喀爾文的宗教及教育活動，主要在瑞士日內瓦地區。喀

爾文主張政教合一制度。教會不但管理人們信仰方面的事務；政治方面的事務，亦由教會負責辦理。他主張嚴厲的道德規範。人們必須虔誠地接受教會的教義。他在日內瓦設立日內瓦學院，採年級制；學習內容重視古典語文、法國語文、聖經、神學等學科。

　　宗教改革期間，引發了新教教徒對教育的重視。1682 年，塞拉（St. John Salle）組織基督教學校兄弟會。1646年，諾亞爾（Port Royal）於法國巴黎成立諾亞爾團體小學校（註十四），致力於以新教教義的廣備為目的，以教育活動為手段，鼓吹新教的教義。無可諱言的，宗教改革，使人們注意到教育在促進人民的宗教信仰、知識普及、民智覺醒等方面，都做出過貢獻。

六、唯實主義與教育

　　唯實主義（realism）是在科學逐漸受到人們的注意後，所興起的新思潮。具體的、實在的、特殊的事物的真實性，顯然容易為人們所認同。抽象的觀念、符號、文字，顯然不夠具體與實在。因此，有些教育家注意到，與其教兒童抽象的語文，何不改為教具體的、實在的事物呢？教事物（things）而不教以文字（words）是對兒童教育活動的重大改革。

　　唯實主義影響下的教育，使教育的重點放在事物上；認知的方式，透過個人的感覺；學習的內容，偏重於具體的事物。唯實主義大致上分為三個派別，即人文唯實主義、社會唯實主義及感覺唯實主義。

　　人文唯實主義　英國詩人彌爾頓（John Milton, 1608-1674）以為語言、文字所代表的事物，真能恰如其份，教育實施重視語文的價值，倒也無可厚非。因此，彌爾頓以為學習古代經典作品，還是具有價值的，如：亞里斯多德的著作：物理的、天文的、邏輯的，均有研究的價值。

　　社會唯實主義　法國人文學者蒙臺因（Michel de Montaigne, 1533-1592）、英國哲人洛克（John Locke, 1632-1704）可以代表社會唯

實主義。蒙臺因強調社會事務是具有教育的意義。學生從社會經驗中所獲得的知識，其真實性遠遠勝過語言、文字所代表的事物或知識。市場、劇院、史蹟場所、古戰場、市政廳等，皆是可以利用的教育資源。學生學習的內容，自然生動而具體，較之文字符號實在多了。

感覺唯實主義 捷克教育家康米紐斯（John Amos Comenius, 1592-1671），堪為代表人物之一。康米紐斯是西方近代偉大教育家之一；他提倡泛智教育，認為一事、一物、一草、一木、一蟲、一花，均有教育的價值；均有教育的涵義。康氏提倡普及教育，以為神造人，以其形象為之。故人人皆有智慧，接受教育；而且人人平等，皆是神的子民。神的子民，應不分男女、尊卑、貴賤、智愚，皆應具有受教育的權利。康米紐斯將插圖與文字並列以增進兒童學習的便捷。另外，他強調教學應儘量利用國語為之。康米紐斯並計畫完整的學校教育制度，即：

學前教育為母親學校，以發展幼兒感官能力為主。

小學教育為國語學校，區分為六個年級，國語、歌唱、歷史、地理等科教學為主。

中等教育為拉丁學校，區分為六個年級，各以文法、物理、數學、倫理、辯證及修辭代表之。

高等教育為大學，招收十八至二十四歲青年入學，培養高級行政人才，供政府任用。

七、啟蒙運動時期的教育

18 世紀是西方歷史上所謂的啟蒙運動時期；也是西方人高唱理性，讚美理性的時代。當時學者們運用理性思維質疑君主專權的正當性；學者們運用理性思考倡議自由、平等及追求財富的天賦人權理論；學者們應用理性打破宗教上、哲學上的形式主義。當理性普照大地，人們的心智就會為之開啟。當理性之光，照耀人群時，知識會廣備，社會會進步。人的無知為之減少，社會犯罪自然減少。總而言

之，啟蒙運動為人們開啟了新的時代。美國獨立、法國大革命；前者建立了美洲第一個民主共和國；後者打倒了專權的帝制，提出了自由、平等、博愛普世的價值觀。

啟蒙運動時期，新的學說紛紛出現。哲學上的經驗主義、理性主義；政治上的社會民約論、三權分立說；經濟上的自由經濟說；宗教上的虔誠主義；文學上的浪漫主義；教育上的自然主義教育思潮等，都可以說是啟蒙運動時期重要的學說思想。

啟蒙運動時期，以日爾曼而言，就在 1763 年公布了學校法規（school code）；規定小學教授的科目應包括歷史、地理及自然。在英國，初等教育的推廣，得力於教會團體，如：「海外福音宣傳社」（the Society for the Propagation of the Gospel in Foreign Parts），不僅提供讀、寫、算、宗教方面的學習內容，而且將實用的紡織、技能性的縫紉學習，放在初等教育的內容裡。宗教教學方面，除了教聖經以外，教義問答、教會入門、詩篇等亦包括在內。

在中等教育方面，日爾曼地區，因受唯實主義影響而出現唯實學校（Realchule）。這對早期具有人文色彩的古文中學（Gymnasium）深具挑戰性。值得注意的有受盧梭（J. J. Rousseau, 1712-1778）自然主義教育思想影響而實際上成立學校，將自然主義教育具體地實踐出來的巴斯多（Johann Bernhard Basedow, 1723-1790）。巴斯多成立了汎愛學校（Philanthropinum），重視實用科學及數學的教學。在法國耶穌會的教育勢力依然強大之下，教學依然重視拉丁、希臘語文、哲學、古代史，但是，演講教士會（the Fathers of the Oratory）則教法文、數學、科學、歷史、地理。18 世紀英國中等教育，主由拉丁文法學校擔任教學的工作。英國公共教育的理論與實施，都落後於歐洲各國。

在高等教育方面，新式大學，如：海爾大學（the University of Halle）於 1694 年成立。科學研究成為大學的重心。教會對大學開始放鬆了它的干預。日爾曼另一所自由色彩濃厚的大學哥丁基（Göttingen）於 1734 年成立。這些新大學的成立，將自然科學學科帶進了高等學府；諸如：大學不再以拉丁語教學。物理學成為課程之一，在在都促

使教會跟著大學有所改進。在英國的劍橋大學及牛津大學，早在1685年，化學已經納入了課程內容。1747年，劍橋大學設立了數學榮譽考試制度。（註十五）

　　上述的這些各級教育機構的變動，說明以下幾項事實：

㈠自然科學發達的結果，使中學校及大學校的課程，開始有了新的內容。

㈡古典學識的優勢在衰退。自然科學、數學、道德哲學逐漸受到重視。

㈢教學方式上：注重感官經驗的認知方式。經驗主義的哲學思想，對教學方式，頗具影響力。

㈣百科全書學派，認為天下重要的知識，可以編在百科全書裡。人們祇要肯閱讀，就可以獲致知識，進而接受教育。

㈤1789年，法國States-general法規，通過公共教育應該強調現代學識及實用學識的教育內容。

㈥較具公共教育呼聲的是1794年的來克納（Lakanal）法規；要求居民在一千人以上的鄉鎮，應設小學，教授讀、寫、算、地理及自然。（註十六）

　　啟蒙運動期間，教育的公共化及普及化，已受到學者們的注意。至於教育理論上，最為受人側目的要算兒童教育中心學者盧梭（J. J. Rousseau, 1712-1778）了。

　　盧梭被認為是西洋教育史的哥白尼（Nicolaus Copernicus, 1473-1543）。哥白尼將地球為中心的宇宙觀，改變為太陽為宇宙的中心。而盧梭則是將成人為中心的教育，改變為兒童為中心的教育觀。盧梭也是一位鼓吹民約論的學者。人民與政府間的關係是一種約定的關係。政府的權力來自於人民；故他的思想，極具民主思想色彩。盧梭沒有進過歐洲當時的大學，完全是一位聰慧而自學成功的思想家。他著有《民約論》（*the Social Contract*, 1762）是討論民主政治的大著。他著有《愛彌兒》（*Emile*）則是討論教育的名著。盧梭重要的教育論點為：

教育涵義　教育是兒童成長過程中，順其本性，保護其本性而逐階段發展的一種過程。教育應該注重由內向外的發展而不是由外而內的灌注。

自然教育　人的三位教師是自然、事物及人。自然的教育，使人的官能得到發展。事物的教育使人認識到事物間的必然關係。人的教育防止兒童自然本性的墮落。三者教育皆以自然為準。

教育歷程　人的教育歷程即人的生長歷程：

嬰兒誕生即開始教育，以身體活動為主要施教對象。生活基本能力的發展，如：飲食、說話、行走等能力之發展。

兒童時期的教育，一直到十二歲，都是以保護兒童免於喪失本性為主。不教任何課本性的知識而以自然的知識為主體。

青少年期的教育，一直到十五歲，以青少年對太陽的興趣而學天文學知識；以世界事物而引導去學習地理知識；他不是學自然科學而是自己去發現出自然科學的知識。

青年時期，十八歲開始真正學習關於人的知識：道德的、社會的、宗教的知識等。他將逐一接觸。二十歲進入社會，他才需要學習經典名著、觀賞戲劇、研究政治、認識世界。然後，成家立業，成為社會中的一員。

消極教育　消極教育不是不施以教育而是教師盡力保障兒童的自然本性，不受外來的侵犯，盧梭說道：

> 「因此，首先實施的教育應該是消極教育。消極教育並不完全包括了教導道德與真理，而是保護兒童使其心靈免於邪惡，使其心智免於錯誤。如果您不做任何事，而不要任何事發生，如果你能使您學童身心健康而長到十二歲，雖然，他左右手還不會分辨，就從您的第一課教導起。他理智的眼光即將開綻出理性的光芒。」（註十七）

生存教育　教育的準則是教人知道如何生存？因此，教材的編

選、教學的內容，均應與個人的生存與生活，息息相關。

反對讀書 十二歲以前的兒童教育，不應教以文字、典籍的知識。這些均與生存活動關聯不大，如果一定要教課本，盧梭提議讓兒童讀讀英國小說家的《魯濱遜（Robins Crusoe）漂流記》。因為，這是描寫個人如何生存的好書。

發現知識 盧梭認為傳統教學方法，都是教師將知識教導給、傳遞給學生。教師教學工作就是「給」，而學生學習活動就是「受」。一為主動，一為被動。自然教育的方式是學生從自我經驗活動中，自行發現到自然的定律及自然現象間的因果關係。

自行設計 教學活動需要運用教具時，盧梭不贊同事先製作好各種教具而是配合教學活動的開展，由教師、學生共同合作、設計、製作教具；現場就可以配合應用，如：利用一條棍子，將中間置於椅背上方的中間，即可讓學生試探平衡原理。

女子教育 愛彌兒長大成年後，他的女伴蘇菲亞（Sophia）的教育，都是迎合男性，以便成為一個賢妻良母。盧梭的女子教育，未能跳出當時女子教育的傳統。

自然教室 愛彌兒十二歲以前的教育，多在自然環境下實施。瞭解樹的高度、判斷小溪的寬度、指出太陽位置與時間的關係等等，都是愛彌兒學習的材料。

教育重點

成長：兒童成長是自然的現象。但是，成長有階段性，因而，成長階段不同，教育的材料、方法等亦應有所不同。

活動：兒童的學習，應該儘量利用活動為之而不僅僅是讀書而已。

經驗：兒童從活動中形成自我經驗。有活動即有經驗。經驗成為兒童認知世界的歷程和結果。

興趣：興趣是激發兒童學習的動力。興趣也是誘發兒童樂於學習的動力。

盧梭的教育理論，開啟了以學習者為導向的教育實施；同時也為教育的心理化，開啟了新的發展途徑。

八、19 世紀的教育

1806 年，法國拿破崙（Napoleon）打敗日爾曼今之德國，使得法軍占領了柏林。日爾曼著名哲學家費希德（Johann Fichte, 1762-1814）在法軍監視下，發表《告德意志國民書》，呼籲以教育振興國家；教師帶動國家的重整。至 1830 年代，日爾曼小學已經多為公立制而且實施免費制。小學接受六至十四歲的兒童。教師經過挑選、訓練，皆由男性充任。小學課程以 4R 為主：即讀、寫、算、宗教。課程中亦有活動。小學名稱為平民學校（Voksschulen），主要為平民子弟就學。

日爾曼當時以古文中學為主。至 1870 年，新式的唯實古文中學成立；因唯實古文中學畢業生亦可升入大學，故其地位為之提高。一般古文中學課程有宗教、德文、拉丁文、希臘文、法文、史地、算術、數學、自然、物理、化學、礦物、寫作、繪畫等。至於唯實古文中學課程為宗教、德文、拉丁文、法文、英文、地理、算術、數學、自然、物理、化學、礦物、寫作、繪畫等。

大學方面，值得注意的是 1810 年柏林大學成立。該大學為國立，主以科學研究為主；提倡教學自由、學習自由，成為美國州立大學仿效的對象。

1808 年，法國拿破崙提出國家教育制度實施方針。他設置了帝國大學（Empirial University），各級學校教師聘任皆須由帝國大學畢業者充任。帝大校長為 Grand Master，專向法國帝王負責。帝大設有三十位諮議委員。拿破崙對外戰火連連；對內實施專制統治，終不得民心而失敗被囚。Grand Master 後改為教育部部長。

1833 年，法國小學制度尚付闕如；在家長要求下，小學設有宗教教學活動。小學入學與否，尚無法律明文規定。小學入學尚收取費用。直到 1882 年，法國法律始明文規定，六至十三歲兒童，須入小學就讀。

英國在 1833 年，經由國會撥款，支應私人學校建築校舍，始打

破了政府從不支助貧民子弟入學的政策。這才使得英國政府，對人民的教育有了參與。

1833 年，英國國會通過了工廠法，禁止九歲以下兒童在工廠工作。凡十三歲以下的兒童，每日工作少於八小時，不得超過。凡十三至十八歲的青少年，每週工作不得超過六十九小時。工廠須給與童工每日二小時的教學。

1805 年，美國紐約市組成了紐約免費學校學社（the New York Free School Society），為貧困兒童的教育，提出推展的計畫與實施。

美國公共教育家何銳斯‧曼（Horace Mann, 1796-1859），在擔任麻州（Massachusette）教育董事會秘書職內，積極提升公共教育品質，諸如：教師須經由考選而後任用；教師須經由訓練而養成；小學應增聘女性教師；學校應設置圖書館；鼓勵出版兒童讀物；積極推廣學生的閱讀能力，拼字能力；以正當方式，來教算術、文法、作文；介紹唱歌、歷史、地理、生理、衛生、道德教育、聖經進入學校課程；學生出席予以制度化；教科書加以統一等等，對美國新英格蘭地區公共教育之推展，起了模範作用。

1821 年，美國第一所公立中學在波士頓設立。

1839 年，美國開始設立培養師資的師範學校。

1860 年，美國已有州立的師範學校十一所。

美國國會於 1862 年，通過以聯邦政府土地提撥各州，作為發展農業及軍事教育經費之用。這就是「馬銳爾法案」（the Morrill Act），對州立大學之出現，作了重大的影響。1865 年美國馬里蘭（Maryland）州成立約翰‧霍布金斯（Johns Hopkins）大學，對美國州立大學之創設與發展，深具影響。

19 世紀是歐洲教育國家化的一個時期。長久以來，羅馬天主教和新教教會對教育機構——學校，多有所控制。現在，即面臨了國家的挑戰。以民族文化復興，國家振興，學校教育責無旁貸的論點，指出國家教育的重要性即日爾曼教育家費希德（Johann Gottlich Fichte, 1762-1814）。他的愛國教育、民族文化復興的教育，成為歐洲民族國

家教育的先驅。

　　19 世紀推行平民教育、重視貧苦兒童教育且在教育理論上有所貢獻的便是裴斯泰洛齊（Johann Heinrich Pestalozzi, 1746-1827）。他的教育著作豐富；他提出以教育促進社會進步的論說。他倡導兒童、心智、心靈、雙手結合的教育。他將團體遊戲介紹進兒童教育課程裡。兒童學文字時，同時附帶地學事物的形、數；他採取直觀的教學法以實物替代抽象的語文符號。

　　裴斯泰洛齊將實用課程引進了兒童教育的活動。他將編織、縫紉、農業等引進至兒童教育的內容中（註十八）；為的是要以教育改善兒童家庭的經濟狀況，並習得生活知能。

　　赫爾巴特（Johann Friedrich Herbart, 1776-1841）是日爾曼 19 世紀頗具影響力的一位教育家。他重要的教育貢獻是：

　　將教育學奠立在心理學的基礎上。他捨棄了心靈實體說而採取心靈狀態說。他試圖給教育科學打下基礎。

　　他提出興趣的發展、教育應有所協助。教育發展的興趣應是多方面的，如：經驗的興趣、審美的興趣、同情的興趣、社會的興趣及宗教的興趣。

　　他提出了系統的教學程序，即：學習重視清晰，將欲學習的觀念系統地結合在一起；他講求觀念的清晰；他主張學習者將所學的觀念與既有的觀念作聯合，產生關聯；新、舊觀念在心靈內，組織成系統的觀念；一束束貯藏在心中；然後加以證驗之，再付諸於應用。（應用為其弟子附加者）

　　任何教學，都應將所欲教的教材，所欲學的內容，加以組織成系統觀念；有一定的領域、科目、綱要、單元，密切組合，提供學習者清晰、系統，易於聯合的觀念。如此，學習起來，才會事半功倍。

　　他主張教育實施上，可以利用文化複演的理論。因為，教育就類似使一個沒有文化的嬰兒，成為一個文化不完全具有的半文化人──兒童。然後，才能經教育再使其成為文化成熟的人。

　　另外一位日爾曼教育家，而且，創設了幼稚園的就是福祿貝爾

（Friedrich Froebel, 1782-1852）。福祿貝爾以為人如同植物一般是會成長的。植物成長的內在規定，凡植物內部均一一具有。植物會朝向一定的方向，一定的型態開展（unfolding）下去。一個嬰兒的生長，也是如此這般。他以為幼小的兒童，一如在花園中的花草樹木，需要園丁——教師的呵護、照顧，才能欣欣向榮地成長下去。他主張人在宇宙當中，事實上是一個整體。人與自然的和諧、人與人的和諧，也需要經由教育來啟導兒童認識之。他發明恩物（gifts）；製作兒童教學時使用的教具；透過圓圈、木柱等物件，使兒童認識到人類的整體性、統一性。他重視應用遊戲，實施教學。從遊戲中，兒童習得團體的規律；從遊戲中，學習到平等的對待。這會有助於兒童道德的教育。

從 18 世紀中期的盧梭，以至 19 世紀的裴斯泰洛齊、赫爾巴特、福祿貝爾等教育家，為 20 世紀兒童中心教育的實施，奠定了深厚的基礎。

九、20 世紀的教育

20 世紀對全世界的人來說，都是一個紛爭不斷的世紀。人類前所未有的二次世界大戰，都發生在 20 世紀的前半期。第二次大戰以後的冷戰，區域性戰爭，接連發生在亞洲、非洲、歐洲、中東，真可以說，烽火連天，世界各地人類的紛擾，幾無法中斷。

另外，18 世紀以來的工業革命，依然在一些地區開展、進行著；希望經由工業化的推動，進入現代化。西方人在工業革命以後，由於科學、技術、工藝的日益進步，人們對科學的評價，愈來愈高，甚至認為科學就是福音，有解決人類疾苦的功效。

1860 年代，英國教育家斯賓塞（Herbert Spencer, 1820-1903）就提出「什麼知識最有價值？」的疑問。他的回答很簡單：科學知識。因為，科學知識有助人們滿足自存活動的需要；有助人們滿足間接自存活動的需要；有助人們滿足養育子女活動的需要；有助人們滿足參與社會政治活動的需要以及滿足人們休閒生活活動的需要。再加以科學

知識具有實用性、正確性、普效性，甚至可以陶冶心靈，是故教育的材料最迫切需要的便是科學知識。

1916 年，英國科學家就直指戰爭初期的失利，實乃由於英國教育界不重視自然科學知識的緣故。為此，英國教育的改革，課程的內容，往往便是教育改革的重點之一。

1918 年英國教育將公立免費的、義務的教育，由五至十四歲兒童承受。1920 年時，能夠進入中學的小學畢業生，僅占 5-9%。小學教育發展至 1939 年時，英國全境 69%的城市及 20%的農村，設置了高級小學。1938 年，英國中等教育已區分為三軌制：即偏重升學的文法中學，介於升學與職業教育之間的現代中學及具有職業教育導向的技術中學。

1944 年教育法案，注意到開放中等教育的呼聲。1954 年英國開始設置綜合中學，旨在減緩中學階段太早出現分流教育中的選擇性及區隔性。1988 年，英國教育當局將「普通證書考試」與「中學教育證書考試」合併，成為評量能否進入大學的一項參考。

高等教育的多元化，也是二次大戰後，英國教育改革的一項重點。除了歷史久遠的傳統大學外，綜合工藝、技術類型的大學及開放性的空中大學，都顯示了英國高等教育已走向大眾化，並配合社會、經濟、科技的發展。1971 年，空中大學正式成立，學生人數已達二萬人之眾。

1923 年，法國小學教育，增加道德教育內容。1928 年，法國小學教育主體為六至十三歲的兒童及青少年。1936 年，法國小學學生畢業年齡提高至十四歲。1920 年代，法國小學畢業學生，能夠進入中學就讀的人數甚少，祇有 2.7%的學生，進入國立中學就讀。1938 年，有 3.8%的小學畢業生，能進入國立中學就讀。

1923 年時，中學課程中，拉丁語文、希臘語文皆為必修科目。1945 年前法國學校制度，尚有雙軌的色彩。1943 年，法國推行教育改革，主要用意就是採取單軌制的學校制度；消除了普通教育一軌及職業教育為另一軌的制度。

　　1989 年法國政府頒布了「教育法」（the Act of Education），強調教育的目的是培養健全人格的公民，有能力參與社會及專業之生活。

　　1990 年，二至二十二歲人口中，在學人數占了 80.2%，較 1966 年的 66%，進步不少。

　　工業革命後的歐洲，由於資本主義的迅速崛起，及至 19 世紀民族國家挾科技發達，工業生產力之增加，亟需物質原料，提供其工業生產之需。因而，對內形成了社會貧富懸殊，勞工生活陷於困境的局面，而有社會主義的出現；對外由於軍事力量的強盛、殖民主義為害於亞、非各地人民日益加劇。

　　至 1917 年蘇維埃革命成功，建立了第一個共產黨執政的俄羅斯政權而後有蘇聯政體的出現。由於蘇聯共產革命的思想基礎是馬克斯（Karl Marx, 1818-1883）思想，因而，唯物主義思想、階級鬥爭理論、科學論證方法、工人無祖國、生產與勞動必須與教育結合的觀點等，大大地被蘇聯教育家所採納。

　　1917 年，蘇維埃政權首先著手推動掃除文盲工作。1939 年時，俄羅斯九至十五歲的識字人口數已達 89%。教育實施上，注重教材與學生生活的密切配合；教與學的緊密結合；學習實務知能；發展共產主義教育，成為俄羅斯教育改革的重點。（註十九）

　　蘇聯教育家莎茨基（S. T. Shatsky, 1878-1934），曾經創設快樂生活營，試圖將生活與教育，作一緊密的結合。他強調學生自治、重視生產勞動，並提倡社會集體意識的陶融。

　　馬卡連柯（Makarenka）的教育理念，強調一個有文化的蘇維埃勞動者的培養。一位具有文化素養的勞動者，應是快樂的、自信的、守紀律的而且能勝任建設社會主義的國家，並能為祖國而戰鬥。教育的理想應和政治的理想相結合。經由共同的目的、集體的生活經驗、統一的工作，來達成培養學生的集體意識。他所創設的工學團，便是生活和教育結合的場所。

　　二次大戰以後，1947 年起，蘇聯實施七年制的強迫義務教育。五年以後，實施中、小學十年一貫的學制。赫魯雪夫（Nikita Khrushchev）

執政時，改為十一年制。1957 年，蘇聯搶先發射人造衛星成功亦證明了科學教育的成功。蘇聯政府於 1967 年成立教育科學院，著重科學方法對教育的研究。1973 年，蘇聯政府注意到勞工子弟升入大學的問題。1984 年，蘇聯教育當局將兒童入學年齡提前一年。

由於共產主義思想體制下，蘇聯實施計畫經濟，難以與資本主義國家自由經濟體制相抗衡；加以軍事費用支出過於龐大；共產集權政治制度，難以與民主、自由的浪潮相對應，故 1991 年蘇聯解體，各加盟國自動組成獨立國協。蘇聯集團的勢力，大量萎縮後，各附庸國則紛紛自求獨立的國際人格。1992 年，俄羅斯國會通過教育法（the Law of Education），明確指出俄羅斯的教育應該朝向全民化、自由化、民主化、多元化及人性化的教育方向邁進。

1897 年，美國教育哲學家杜威（John Dewey, 1859-1952）發表「我的教育信條」（My Pedagogic Creed），指出教育的一端為個體的心理；另一端為個體所屬的社會。

杜威在 1896 年時，曾於芝加哥大學設立實驗小學以實驗生活與教育相互結合的教育理論。此亦為美國 20 世紀初至 50 年代進步主義教育的緣由之一。杜威強調教育即個人經驗之轉換、重組、重建、改造的歷程。教育即生活。教育是為了經驗的成長；教育是屬於經驗活動的一種；教育是要利用經驗為之推展。他強調學校是社會，亦是社會組織的類型。他不認為知識僅止於認知而已。知識的價值在其實用性。能用的知識才是真的知識；能解決問題的知識，才算是真正的知識。杜威以做中學，倡議行以求知、知行合一。他的教育名著《民主與教育》（Democracy and Education, 1916）成為進步主義教育運動的重要理論依據之一。

進步主義教育運動是美國 20 世紀教育發展最為引人注目的教育改革運動。它捨棄了傳統上「由外而內的形成」（formation from without）而改為「由內而外的發展」（development from within）。它改變了成人為中心的教育；形成了以兒童為中心的教育。進步教育強調經驗、活動、興趣，使教育與生活經驗緊緊地扣在一起。進步主義者設

立的學校，直接就稱呼為「活動學校」（Activity School），與傳統學校以讀書為主的旨趣，有著顯著的差異性。

　　美國 1910 年推行六三三四學制，亦是進步教育運動下的一項成果。

　　在教育發展上，1938 年的蓋恩斯（the Gains Case）案例，使密蘇里大學首次提供給黑人學生運用各項教育設施。至 1954 年，已有二千餘名黑人青年進入白人學院、大學就讀。美國初級學院（Junior College）於 1910 年代出現。至 1952 年已有五百八十六所。1954 年約有二百五十萬人進入大學深造；州立大學、聯邦土地撥付成立的學院數目，超過了私立大學的數目。

　　1957 年蘇聯人造衛星升空進入太空軌道，激發了美國教育的改革。1958 年國會通過「國防教育法」，充實科學、數學、現代外語的教學；工藝、技術教育也受到重視。1972 年，卡內基（Carnegie）高等教育委員會指出，1900 年時，十八至二十歲能夠進入高等學府的不過 4%；1970 年時，則增至 40%。

　　美國在 1980 年代，教育實施追求卓越（excellence）；希望提升教育的素質。1985 年，「國家在危機中」（A Nation at Risk）指出美國教育諸多缺點，如：全年上課時數不夠多、學生家庭作業欠缺等。1995 年時，美國教育界希望藉由教育經費的提升促進教育品質的進步。他們期盼每一學生的教育投資可望達到六千美元。（註二十）

　　總之，發展教育，不論是教育的質與教育的量之提升，已經成為人類普遍重視的一項社會價值了。

🔆 小方塊

　　中國教育史上最偉大的教師，非孔子莫屬。孔子人稱聖人、萬世師表、儒學鼻祖。他的學識思想、他的為人處世、他的美譽、他的歷史地位，真是無人能夠比擬於萬一。

　　司馬遷在《史記‧孔子世家》一文中，讚賞孔子的偉大，引用了《詩經》上的一句話：「高山仰止，景行行止」，然後加上了他自己的一句話：「雖不能至，然心嚮往之。」

　　希望重視、愛護中華文化的各位年輕朋友，能夠發自內心地瞭解這位有教無類的教師；能夠發自內心地嚮往孔子的偉大教誨。因為，如果把孔子的教育見解，袪除在中國教育史之外，那麼中國教育思想史的源頭，將會是一片空白。

　　《論語》中孔子言行，吾人如今細細讀來，真是躍然於紙上。

　　下面的二句話，司馬遷似乎心有戚戚焉。

　　「三人行，必得我師。」「德之不修，學之不講，聞義不能徙，不善不能改，是吾憂也。」

　　倫理、道德一向是孔子言論教誨時，特別重視的項目。這二項教育內容，因為是人類社會生活的重要支柱，所以，教育實施上是無法割捨的二項重要基礎。

　　蘇格拉底可以說是西方與孔子所處時間相當接近的一位街頭教師。他的偉大，也是西方教育史家所讚嘆不已的。

　　蘇格拉底好學深思，雖具有極高的智慧，但是，從來不願以智者（sophist）自居，而總是以愛智者（philosopher）自況。有一天，朋友請客吃中飯，朋友在家左等、右等，始終不見蘇格拉底的到來。因此，就叫一位僕人，順著蘇格拉底要來的路，查看查看。僕人走了一半的路程，就看到蘇格拉底站在那兒一動都不動。因此，上前打招呼，提醒蘇格拉底趕快去主人家用餐。蘇格拉底似聽非聽地、虛應一番，繼續他的沉思。僕人無奈，祇好回報主人所見一切。主人又等了好一陣子，蘇格拉底還是不見蹤影，祇好與其他朋友一齊吃這頓誤點多時的午餐。

　　午餐完畢，主人循路看看，蘇格拉底是否已經返家。走到半路，祇見蘇格拉底動都不動地還在沉思著。

　　人們不知道他沉思、冥想些什麼？想當然一定是什麼重大的難題，讓他沉思不已，竟然忘了赴朋友家的午宴！

　　蘇格拉底喜歡引用雅典神廟的一句格言：「認識你自己！」

　　這一句話，提醒了我們：向外看、向外問，固然重要，但是，不可忽視的，也要常常向內看、向內問；問問我自己，哪些事做了？哪些事沒有做？哪些做得對？哪些做得不對？讓大家心懷謙虛，常常反省自我，才能提升自我！

教育史之研究

在教育研究的學科中，教育史無疑是其中較為受到重視的學科之一。教育史不是針對現實教育之實施加以瞭解，加以探討的一個研究領域。它是對人們過去教育實施的演變，加以歷史之重建的一門學科。它應用歷史的研究方法，就過去人們教育活動之種種，加以瞭解，予以重建，予以詮釋以便對現實教育的實施，有所借鏡；並對未來教育之發展能酌予規劃上之參考依據。教育史亦在瞭解過去人類對文明建構之種種，作出探究；因為，人類早已藉由經驗之傳承，來提升各項文化活動之品質。然而，教育史貴乎在歷史史料中，整理並重建出過去教育種種活動之真實面貌。因此，在史料的蒐集上，史料之鑑定上，必須訴諸於科學方法；而在正確史料之運用上，必須以藝術的方式為之編纂，始能重建出有意義的教育史來。

「人是唯一能夠將過去，現在與未來連貫起來的動物。」這是古羅馬教育家西塞祿所強調的一句名言。

註　釋

註一：教育史，徐宗林、周愚文，五南圖書出版公司印行，86 年，臺北市，頁 15。

註二：中國教育史，王鳳喈，國立編譯館出版，86 年，臺北市，頁 40。

註三：同註二，頁 85-86。

註四：中國教育史，陳青之，臺灣商務印書館，52 年，臺北市，頁 12。

註五：同註四，頁 166。

註六：中國教育發展史，喻本伐、熊先君、伍振鷟校訂，師大書苑有限公司發行，84 年，臺北市，頁 255。

註七：同前，頁 312。

註八：同前，頁 318。

註九：同註二，頁 235-236。

註十：同註一，頁 218。

註十一：*A Cultural History of Western Education*, R. Freeman Butts McGraw-Hill Book

Company, Inc., New York, 1958, p.88.

註十二：同註十一，p.135.

註十三：西洋教育史，徐宗林，五南圖書出版公司印行，80 年，臺北市，頁 211。

註十四：西洋教育史，編輯部編譯，五南圖書出版公司印行，78 年，臺北市，頁 290-291。

註十五：同註十一，pp.293-298.

註十六：同註十一，p.277.

註十七：*The Development of Modern Education,* Frederick Eby, Prentice-Hall, Inc. Eng lewood Cliffs, N.J., 1952, p.349.

註十八：*A History of Western Education*, H. G. Good & J. D. Teller, The Macmillan Company, London, 1969, p.246.

註十九：近代教育史，W. F. Connell 原著，孟湘砥、胡若愚主編，五南圖書出版公司印行，82 年，臺北市，頁 342。

註二十：同註一，頁 473。

第二篇
教育的內涵

第七章

教育的內容──課程與教材

蔡清田

　　課程是什麼？有人認為課程是指教材，亦即，課程是條列的教材內容；也有人主張課程便是學校教學科目；尚有部分人士認為課程是一系列的教學目標；更有人認為課程是一種教學計畫或行動研究方案。由此觀之，課程的意義具有豐富的內涵。然而課程概念的分歧，造成課程意義的分殊與多樣化，不僅令學校教育人員莫衷一是，而且不同人士的不同課程觀點，極易形成迥異的立場，造成困擾。本章旨在釐清課程的意義、內涵與課程發展的相關概念。

第一節　課程的意義

　　黃政傑（1985）以及李子建與黃顯華（1996），皆曾經從學科、經驗、目標和計畫四個向度來界定課程的意義。另外，尚有從學校教師的教育專業文化的觀點，來分析課程的意義，將課程視為有待在教室情境當中加以實地考驗的一套教學歷程的「研究假設」（黃光雄與蔡清田，1999），甚或將課程視為「行動研究方案」（蔡清田，2000；蔡清田等，2004a；2004b）。茲就「科目」、「經驗」、「計畫」、「目標」、「研究假設」與「行動研究方案」等課程意義加以闡述。

🖋 一、「課程即科目」

㈠「課程即科目」的意義

將「課程」視為一種科目，通常是指學校教學的科目、學習領域、教材、或教科用書，這是教師、學生家長及社會大眾所熟知的一種課程定義，也是最傳統、最普遍的課程定義方式之一。

在此種傳統的課程定義下，「課程」代表著學習領域的科目知識結構、內容或教材綱要。特別是一般人往往將教師準備於課堂教學的科目單元主題與內容綱要，視同「課程」的同義詞，或將學校的科目表或功課表，視為「課程」的全部，甚至將教科書當成唯一的「課程」。

過去臺灣地區的中小學的學校教育，通常是根據科目進行教學，而且學校的教學科目名稱，通常都是由教育部統一規定，甚至學校所使用的教科用書，也是由教育部所屬國立編譯館編輯審查之後，並經由臺灣書店統一配送全國國中小學使用。甚至各科教師所使用的教學指引與教師手冊，也是由國立編譯館編輯審查通過後，統一配送全國學校教師使用，以為全國各地教師教學的依據。另一方面，學生習作及坊間出版的測驗手冊及參考書，也是學校教師用來準備應付考試的補充教材，甚至，以往民間出版的參考書及測驗卷，曾經一度成為替代教科書，用以準備升學考試之主要教學材料。

教育部於民國 82 年公布國小新課程與 84 年公布國中新課程之後，教育部開放民間參與教科書編輯，民間教科書出版社編輯教科用書之後，經過國立編譯館審查通過後，便可由地方縣市政府統一購買或由個別學校選購，作為學校教學的內容。

㈡「課程即科目」的功能

「課程即科目」強調科目知識，而使教學內容具體化的教科用書與器物用品也經常被當作課程，這是一種偏向科目本位的課程取向。

科目教學的功能，是促使學生於最值得學習的學科知識內容上獲得智慧的成長。其所關心的教育問題主要包括：課程內容應該如何被形成與陳述？在教育歷程中學科內容的地位與功能是甚麼？哪一部分的學科教育應該被分類為「通識科目」、「專門科目」或「職業科目」或「選修科目」？

在「課程即科目」的定義之下，「學科知識就是力量」，學科可以用來訓練學生的心理官能，例如：幾何學可以訓練學生的邏輯官能，拉丁文可以訓練想像官能，古典語文的學習可以產生普遍的心理訓練。此種觀點認為學科知識是主要學習的內容，也是學校教育的目的。學校的學科教育目標，旨在教導學生追求學科知識真理與智慧，以達成傳承並捍衛鞏固學科知識之使命。

其優點是，可以將科目之間、學習領域之間做一清楚的區分，例如：「語文課程」或「數理課程」或「社會課程」或「藝能課程」等等，強調忠實反應學科知識本質，重視學科知識內容與課程材料，對於學生的評鑑，主要在瞭解學生的學科知識。因此，教育行政當局在規劃、監督與管理課程方面，也較方便與明確，有一致而標準的規範。由於科目間有明確的劃分，因此學習內容的選擇與組織也比較容易進行系統安排，例如：課程應包含多少科目？每一科目占多少學分或時數？科目間的順序與統整應如何安排等皆比較容易進行設計。因此規劃學生進行的學習內容較有系統，也較合乎知識的結構。

(三)「課程即科目」的限制

「課程即科目」的定義將科目、學習內容或學科知識內容視為其同義詞，是狹隘的觀念，許多批評者認為這種定義仍有不足之處（李子建與黃顯華，1996，9；Schubert, 1986, 26；Tanner & Tanner, 1995, 32）：

1. 忽略學生對於學習活動的主觀認知、創造、思考與智能發展，較不鼓勵學生主動建構知識和參與學習活動，容易使學生處於被動接收訊息的角色。

2. 課程定義侷限於學科內容與教材，忽略了教學過程的動態因素，容易流於教師為中心的學科內容之單向灌輸，導致偏重教學內容而輕視教學過程的偏頗心態。

3. 教材內容與教學過程兩者截然分開是不恰當的，容易將「課程」淪於「科目本位」、「教材本位」，忽略教學策略、順序程序、引起動機的方法、內容詮釋等，容易忽略學生在學習活動中所獲得的實際經驗與師生互動的影響，甚至漠視師生創作表現和教師個人成長等。

4. 此種定義，未能包括課外活動和學校生活的經驗，祇注意學科內容知識，忽視學生個別差異。因此，課程改革容易流於教材內容上下左右搬動、上課時數調整、教學科目增刪而已，難以注意到課程實施的實況和教育改革的動態，甚至教學環境與教師態度等未能充分配合改變。

二、「課程即目標」

(一)「課程即目標」的意義

「課程即目標」的課程定義，將「課程」視為一系列目標的組合，不論是教育目的、宗旨、一般目標、具體目標、行為目標或表現目標等等，皆由學生行為的改變，呈現教育效果。例如：課程學者巴比特（F. Bobbitt）的課程思想，主要乃在於強調課程是為將來生活的準備。其主張的課程意義，係指一連串預備年輕學生，將來能履行成人事務的活動和經驗，而且課程目標是評鑑學生學習結果的規準，亦即，課程的目標乃是指預期學生所要表現的行為，其教育方法強調實作與實際參與活動以獲取經驗。例如：巴比特將人生經驗分成十個領域：語言活動、健康活動、公民活動、社交活動、心智活動、休閒活動、宗教活動、親職活動、非職業性的實用活動與職業活動。其所關心的議題主要包括下述兩個問題。第一個是應採取何種途徑以擬訂教

育目標？第二個應透過何種方式以表達陳述課程目標？

　　「課程即目標」的觀點，往往將課程視同工廠中的生產線，因此，目標的擬定必須具體明確而清楚。例如：課程學者泰勒（Ralph Tyler），便主張以行為及內容的雙向分析表，來協助敘寫具體的課程目標（Tyler, 1949），以便於教育管理。這種觀點，重視課程目標的引導作用，依據目標選擇材料，以社會需求為主，其次顧及學生興趣能力與學科知識。課程要素一方面包括實質上的活動或經驗，另一方面則注重形式順序的邏輯安排，強調目標與手段的連鎖，由最終目標分析其先備條件，轉化為階段目標，再安排學習階層。在評鑑方面，初步的評鑑在診斷學生的先備能力，最後的評鑑在判斷目標的達成程度。

　　部分主張「課程即目標」的人員，認為課程目標應由社會或政府決定，學校祇負責如何使課程產品符合規格的科學技術工作。因此，「課程即目標」的課程定義，通常是指以政府立場或官方定義的課程目標，或政府官方預期的學習結果，例如：1929 年所公布的中華民國教育宗旨：「中華民國之教育，根據三民主義，以充實人民生活，扶植社會生存，發展國民生計，延續民族生命為目的，務期民族獨立，民權普遍，民生發展，以促進世界大同。」又如 1946 年公布的中華民國憲法，第 158 條規定：「教育文化，應發展國民之民族精神、自治精神、國民道德、健全體格、科學及生活智能。」1979 年公布之國民教育法，第 1 條也明文規定：「國民教育依憲法第一百五十八條之規定，以養成德、智、體、群、美五育均衡發展之健全國民為宗旨。」

　　特別是臺灣地區「課程標準」或「課程綱要」的學校教育目標或課程目標，便是明顯的指政府預期學習結果之「課程即目標」實例。例如：1994 年教育部公布之「國民中學課程標準」，也明確地指出：「國民中學教育繼續國民小學教育，以生活教育、品德教育及民主法治教育為中心，培養德、智、體、群、美五育均衡發展之樂觀進取的青少年與健全國民為目的。」1998 年教育部公布的「國民教育階段九年一貫課程總綱綱要」的課程目標：「國民教育之學校教育目標在透過人與自己、人與社會、人與自然等人性化、生活化、適性化、統整

化與現代化之學習領域教育活動，傳授基本知識，養成終身學習能力，培養身心充分發展之活潑樂觀、合群互助、探究反思、恢弘前瞻、創造進取的健全國民與世界公民。」上述目標皆是政府用來進行課程發展的具體教育政策指標。

又如 1989 年，美國總統布希（George Bush）邀請各州州長召集全國教育會議，並建議六大國家教育目標，以引導美國全國學校教育（DOE, 1991, 3），美國「全國教育目標」如下：

1. 在公元 2000 年以前，所有的美國兒童都將做好就學準備。

2. 在公元 2000 年以前，高中生畢業率將增加到至少 90%。

3. 在公元 2000 年以前，四、八、十二年級的美國學生，都能證明有能力面對英語、數學、科學、歷史及地理等方面問題的考驗；而且在美國的每一所學校，都將使全體學生，學習充分運用其心智，準備好作一個負責的公民，能繼續學習，並在現代經濟社會中，成為一個有工作生產力的從業人員。

4. 在公元 2000 年以前，美國學生的科學與數學成就，將領先全世界。

5. 在公元 2000 年以前，每一個美國成年人都能夠具備讀寫能力，並且有能力在全球經濟中參與競爭，獲得成為負責任的公民所需的知識及技能。

6. 在公元 2000 年以前，每一所美國學校都將免於毒害與暴力，並能提供有助於學習的紀律環境。

1993 年美國柯林頓（Bill Clinton）總統，也簽署了「目標 2000：教育美國法案」（Goal 2000: Educate America Act），除了保留布希政府的六項國家教育目標之外，又增加兩項新目標（高新建，1997）：

1. 全美國的教育人員，將繼續接受改善其教育專業技能所需要的課程方案，全美國的教育人員，並且有機會學得教導並裝備下1 世紀所有美國學生所需要的知識與技能。

2. 全美國每一所學校，將增進學生家長投入參與提升學生的社會、情意與學術成長之合夥關係。

㈡「課程即目標」的功能

上述這些由政府制訂的教育目標實例，指出「課程即目標」的課程觀點，因為便於教育績效管理與行政運作，往往受到政府青睞。政府經常主張教育應有明確的目標為引導，學校課程要有目標導向，以設計學習方法與教學內容，達成預定的教育政策與教育理想。

課程目標明確化，可以形成詳細的具體目標或行為目標，因此，透過建立課程目標，便可精確預測、控制各種課程現象。所以，課程目標可以判斷整個課程方案達成目標的程度，作為課程修訂的參考依據，可以引導課程評鑑的進行，因此，「課程即目標」具有統一教育目標、而且容易進行課程評鑑的優點。此種課程意義，重視課程目標的明確性與可觀察性，採取可觀察或可測量的形式的評鑑，指出學生學習的終點，引導教學活動之進行。

此種觀念，合乎西方社會控制人類的世界觀，應用精確的科技力量於學校教育的過程與結果，提倡以科學替代人類不確定性。並利用工廠生產之譬喻，將課程視同製造產品的生產輸送線，並以教學為課程技術的運用問題，重視品質管制的步驟，合乎教育績效之必要性，強調具體目標之說明，以促進教育效率，促成教室的例行措施之標準化，其主要的特色包括：

1. 教師必須在教學進行之前，對自己的教學科目加以明確規劃，列出可以測量的具體目標。
2. 學生在學年或學期或學習階段一開始，必須先接受事前測驗，以確定學生的起點行為。
3. 學校教師必須就每位學生或每一群學生，明白地列出有待學生必須完成的工作單元。
4. 課程有其學習的先後順序性或階層性。
5. 教師與學生均應記錄其教學與學習的預期進度及進步情形。

㈢「課程即目標」的限制

　　「課程即目標」的課程定義，是將課程建基於行為科學之上，而且將學校視同工廠，教育視同生產，在學校工廠內，教師如工人，學生是原料，課程是加工生產線。就其缺點而言，設定目標，雖然便於管理控制，但是此觀點，容易忽略了人類行為的複雜性及社會的交互作用，忽略教師在此課程發展的過程當中扮演的主動角色。此種目標導向的課程，往往被定位為一組有意圖的預定學習結果，過度重視預期的學習結果，忽視非正式的學習以及學習的方法與活動，忽略了教學內容與過程，漠視學習者的個別經驗。

三、「課程即計畫」

㈠「課程即計畫」的意義

　　所謂「課程即計畫」，是由事前規劃的角度，將課程視為一種計畫。換言之，課程計畫是指課程發展人員根據社會文化價值、學科知識與學生興趣，對課程目標、內容、方法、活動與評鑑等因素所作的一系列選擇、組織、安排之規劃。「課程即計畫」，強調「事前規劃」與「預先計畫」的觀點，主張課程是預期的，而且其程序是可以事前加以規劃的，其中包含了學習目標、內容、活動以及評鑑的工具和程序等，作為教育工作的準則，以便於掌握學習結果。

　　以課程為計畫的定義，將課程視同在教學之前的預先課程計畫或規劃工作。例如：舒伯特（Schubert, 1986, 28）就認為課程蘊含著「規劃活動」的計畫意義。「課程即計畫」的範圍，可能包括全國性、全省性、縣市性、全校性、個別教師為個別班級所擬訂的教室層次等所包含的各項課程計畫（黃政傑，1991，71）。此種定義認為課程可以是學者心中的理想，也可以是政府規劃的課程，或學校的校務計畫，或教師規劃的教學計畫，或學生的學習計畫。因此，課程計畫者，可

以是學科專家、教育行政人員、課程專家，也可以是學校行政人員或是班級教室之任課教師。

　　臺灣的國定課程或國家層次的課程，包括國家制訂之課程標準或課程綱要，例如：教育部於 1998 年 9 月 30 日公布的《國民教育階段九年一貫課程總綱綱要》（教育部，1998）。一般而言，課程標準或課程綱要是由教育部出面邀請教育人士，開會研議各級學校科目之課程計畫，俾便各級學校遵循，然此並非透過立法機關之法律，而是一種教育行政命令，這是一種教育行政中央集權制度下的國定課程計畫。通常課程標準或課程綱要的各種計畫，是政策性的課程行政命令與規定。教育部修訂的課程標準，以兩個層面來進行設計，亦即課程標準總綱小組與各分科的課程標準，分此二組，各司其職。課程標準總綱包括教育目標、教學科目、每週教學時數、實施通則；而分科課程標準則決定學科教學目標、教材大綱、時間分配、實施方法。新頒布的《國民教育階段九年一貫課程總綱綱要》則是由教育部聘請社會賢達、學者專家、學校教育工作者與民間教改團體所組成的一個課程發展專案小組，共同研商的課程計畫，包括國民中小學的課程改革基本理念、課程目標、基本能力、學習領域與實施通則等內容，基本上這也是一種中央政府主導的國家層次課程計畫與課程行政命令。

㈡「課程即計畫」的功能

　　「課程即計畫」的觀點，強調課程是一套事先規劃的學習計畫或教學實施的程序。此種計畫對學習者的學習目標、內容、評鑑等，均以整體呈現的方式提供學習機會，具有結構完整與精緻的優點。這一觀點，主張課程是可以事前預期控制的，因此便於做層級的規劃，如中央政府規劃的全國課程、地方縣市政府計畫的課程、學校發展的課程或個別教學者在教室設計的課程等，具有清楚的層級與可事先規劃的優點。總之，「課程即計畫」，乃透過計畫來界定課程的意義及其內涵，強調預先事前規劃的觀點，認為課程是可以預期，可以事前規劃。因此，可以經過周密計畫，規劃優良的學習內容與方法，達成預

期的學習結果,此為課程計畫之特色。

㈢「課程即計畫」的限制

然而,此種課程定義,容易遭受下列的批評:

1. 「課程即計畫」,重視事前預先規劃,因此往往祇重視正式的、理想的、或文件上的課程規劃,甚至是官方的命令與規定,重視社會文化價值之傳遞,並強調社會道德文化標準的建立,難免有時會忽略課程背後的課程目標之合理性與正當性。

2. 主張計畫與執行是隸屬於不同層次的課程決定,實施不同於設計,因此教學不同於課程。但是,就學校教師而言,在實際教學過程中,課程和教學往往是一體的兩面,因此,難以單方面從事前規劃的課程計畫,來瞭解學校教師實際教學的複雜過程,更難預測千變萬化的教學結果。

3. 「課程即計畫」,往往要求教師和學生必須依預定計畫進行實施工作,否則事前規劃的努力便是徒勞無功,因此「課程即計畫」的課程觀點容易形成教育監督管理與控制的手段(Tanner, 1988, 23)。甚至,經常誤認為教師的教學歷程必定忠實地進行課程實施,忽略師生與課程互動之複雜歷程與教學結果,此為「課程即計畫」的限制之一。

4. 「課程即計畫」,缺乏教學上的彈性,容易忽略學習者個別的學習經驗差異與不同的學習興趣與需求。這種重視「預先規劃活動」的定義,忽略學習的複雜過程或學生的經驗,容易忽視不易事前預測的複雜學習結果及學生獲得的學習經驗。

5. 「課程即計畫」,往往訴諸由上而下的政府施政理想與教育行政計畫,強調官方的課程行政命令規定,未能充分顯示發展的動態歷程,且未能兼顧在教室課堂教學情境當中可能隨時出現的教學創意,忽略教室教學的實況,漠視教師在教室課堂隨機應變出現的變通計畫或另類思考(Portelli, 1987, 361)。

四、「課程即經驗」

㈠「課程即經驗」的意義

「課程即經驗」的定義，傾向將「課程」視為學生從實際學校生活所獲得的「學習經驗」，是學習者、學習內容與教學環境之間的交互作用，以及交互作用之後所產生的經驗歷程與實際結果。其所關心或質疑的課程問題之一便是：課程是事先規定的嗎？學生可以從學習活動中學到什麼？學生自己認為自己的學習如何？以及如何獲得更佳的學習？

此種觀點，重視的是學習者個別的學習經驗及其所產生的學習歷程與成果。其基本假設，主張學校課程應該適應個別學生，而非學生適應課程，以學生為學習的中心，強調學生個人的學習經驗之意義理解，以學生興趣與需要，作為學校課程設計之依據。此種觀點強調學生學習動機是內發而非外塑，主張學校課程應該符合學生認知、技能及情意發展階段。因此，學校課程若能依此提供學生學習的活動經驗，才能進一步促使學生在學習活動的經驗中進行學習和獲得成長。

㈡「課程即經驗」的功能

「課程即經驗」的課程定義較為寬廣，重視經過指導或未經過指導的學生學習經驗，此種定義，成為一種比較多元的學習經驗，有利學習者的均衡發展。此種的課程觀點，注重學生的學習過程，特別強調學生在學習過程中的認知、技能、情意等方面之發展，重視學習活動對學生個人的教育意義。

此種「課程即經驗」觀點，強調學習者的個別差異，尊重學習者個人的主體性，重視學習者平等參與學習活動的機會，兼重目標與學習過程，具有經驗主義的色彩。

㈢「課程即經驗」的限制

以學習經驗做為課程的定義，由於每個學生都可能有不同的經驗，因此這種觀點暗示著學校教育情境當中存在著許多不同的「課程」，容易使課程的意義混淆不清。特別是如果課程是學校生活中的學生學習經驗，則任何一位課程研究人員或是學校教師皆無法掌握課程全貌，更難以完全理解課程的真相。因此「課程即經驗」的課程定義不免遭受下列的批評（Schubert, 1986, 31）：

1. 重視學生興趣與需求，但是，未必能對個別學習者有充分的指導，且較少注意社會的需求，容易忽略社會文化對課程的影響，低估課程與社會之間的互動關係。

2. 不能明確地區分正規科目學習活動的正式課程與課外活動的非正式課程。這種學生學習經驗的課程定義範圍太廣闊，使課程研究造成高度的教育挑戰。就算課程研究人員進行九年的長期觀察研究，也是無法精確預測或控制一位學生在九年國民義務教育過程中所經歷的學校生活經驗。

3. 「課程即經驗」定義的學習成果，難有具體的客觀評鑑標準，也難以對學習者進行完整而正確的評鑑工作，教師與學生容易趨易避難，流於糖衣的軟式教育。

4. 雖重視學習者個別的學習經驗，但在現實學習環境中，卻難以完整而周全地安排以順應個別學習者的需求及個人整體的全人格發展，因此，在實踐方面產生困難。例如：在臺灣地區目前存在的大班教學實際情境當中，學校班級學生人數皆在三十名以上，一位教師如何在有限的時間與資源條件之下，與一班三十人的學生進行個別對話進行個別指導，進而規劃促進學生個人發展的課程，這是目前臺灣學校教師在現行的教育制度之下，亟需克服的困難。

五、「課程即研究假設」

㈠「課程即研究假設」的意義

「課程即研究假設」（curriculum as hypothesis）的觀點與教師的教育專業關係相當密切。課程一方面是教育學者表達教育理念之媒介，另一方面也是教師在教室情境中進行教學實驗的「研究假設」（Stenhouse, 1985, 65）。由此觀之，課程的意義，不衹是代表一套教材輯或預定的教學內容大綱，而是在教室情境中將一種教育理念與教育價值轉化為教育歷程當中的教學實務，而且課程也是有關教學歷程的一種「研究假設」的具體規範說明。依教師的教育專業觀點，課程應該是一套教學內容與教學方法的建議，以說明在何種邏輯前提之下具有教育價值；在何種條件之下，此套課程是可以在教室實際進行教學。換言之，為了驗證此套課程是否具有教育價值，為了驗證此套課程是否在教室實際情境中具有教學的可行性，可以將課程視為有待教師在教室情境脈絡的教學過程中加以考驗的一套「研究假設」（Stenhouse, 1975,161）。

「課程即研究假設」基本假定是：外來的課程發展人員可以從教室情境之外，提供課程建議，並要求教師遵循其課程指引，但是卻無法保證學生能夠有效進行學習。課程計畫人員必須告訴教師：「課程是一種在教室情境中有待考驗的研究假設」。因為個別學生是不同的，而且個別的教室情境也是相異的，因此，每一位教師都必須根據個別教室情境中的實際經驗，去接受、修正或拒絕任何普遍的規則或原理（蔡清田，1995）。換言之，教師必須考慮其所處之個別教室情境與可能的效應，因此有待教師在實際教室情境當中，加以實地考驗或修正。

事實上，教師可以研究的角度來處理課程所蘊含的教育理念與知識本質，並將其視為可以進一步探究的問題。課程是開放的研究假

設、可以質疑的方法與內容，不是理所當然的教條與命令。換言之，教師可以把教室當成課程的實驗室，教學便是進行實驗研究，而教師與學生則是共同進行研究的學習夥伴，課程就是有待考驗的研究假設，教學行動就是實驗的自變項，學習成果就是依變項，而學習影響則是師生共同研究之對象。換言之，可以從微觀的教室研究角度來探討個別教師在個別教室中個人所進行的教學活動；亦即，課程是一種學校教育教學歷程的規劃說明書。因此，課程也可以是一種開放給教師公開質疑並進行教室教學考驗的研究假設，而且，課程所處理的教育知識，應該是可以允許教師與學生在教室實際情境當中加以主動建構的，課程也可以是允許教師與學生彼此協調磋商的學習內容與方法，以適用於教室教學的動態歷程，如此的課程對教室中的師生才具有豐富的教育意義（蔡清田，1997a）。

　　具體而言，「研究假設」特別是指由課程計畫人員所發展出來，並送到實驗學校，以便實驗教師在教室情境中加以實地考驗的暫時假設之教學方法策略與教學內容，他們可能被稱為「指引綱領」或是「假設策略」，也是有待教師去蒐集資料的「待答問題」。課程計畫人員所提供給教師參考的課程，是一種提供教師與學生進行教學與學習的「探究證據」。「探究證據」是指課程計畫人員所提供而有待探究的各種教學材料與媒體，「探究證據」這個字眼說明了課程計畫人員所提供的教學材料與媒體，是有待教師與學生在課堂中進行批判考驗與探究，這是一種用來協助師生進行討論與批判的媒介（Stenhouse, 1971, 1）。

　　「課程即研究假設」意指教師對政府所規劃的課程目標與教學內容及方法，可以因時因地因對象而加以制宜與權衡。不管政府制訂的課程目標與方法內容為何，教師應該站在教育專業的立場，若不合於學生興趣能力與需求，皆應加以考驗反省與改善。教師應該參與教室層次的課程發展，並就國家層次、地方層次與學校層次的課程加以考驗，不把課程標準、教學指引、教科用書內容當成理所當然的教條與命令規定，並在教室情境當中進行教室研究，以課程作為教育設計手

段與工具，將「課程」視同「研究假設」，以協助學生進行學習。因此，「課程即研究假設」的課程觀點，乃是以課程為一種協助教師與學生進行教學與學習的教育設計，而非用以壓制教師和學生之控制工具（蔡清田，1992；蔡清田等，2004a）。

　　從課程發展的角度而言，所有的課程皆是有關知識、教學與學習本質的「研究假設」。課程應該不是可以事前明確界定或規定的目標，而且，不是單一絕對的知識結構。教育的目的不是要學生尋求統一的標準答案，而是應教導學生從探究過程當中，進行討論與學習，引導學生進入多元社會文化的對話，經由討論探究的方式而學習瞭解各種不同意見。因此，學校的課程應促進學生認知過程的發展，引導學生學習如何學習、提供學生發展心智能力成長的機會。

(二)「課程即研究假設」的功能

　　「課程即研究假設」之優點，視課程是可供質疑與考驗的假設，重視教師的教學方法、學生學習的思考模式、師生互動等因素，以及這些因素變項彼此之間的動態交互作用等等，進而有效的課程可以落實於教室實際教學的實務當中，而非將課程與教學兩者視為截然劃分的兩極，而且其有效性，也可以在實際的教室情境中得到充分的考驗與印證。因此，課程不僅可以隨著時代的社會變遷與時俱進，而且重視課程革新與教育專業自主，以及學校教師的專業成長。換言之，一方面透過教學實務，以驗證課程理念；另一方面也同時透過課程研究發展與實施的過程，改進教學歷程與教學結果（蔡清田，1997b）。

　　「課程即研究假設」的觀點，認為在教室情境當中進行教學的教師必須和學生進行磋商與協調，以進一步將課程，轉化為教學的「研究假設」，並透過教學歷程將課程蘊含的教育理念，轉化為教室中的教學實際行動。換言之，教師不僅應該將課程視為在教室中有待實地考驗的「研究假設」，教師更需進一步採取「研究假設」的教學，以思辨質疑的教育批判方式來實施事前規劃的課程，藉以啟發學生的心智成長，而不是一味地灌輸規定的課程內容與方法。因此，「課程即

研究假設」的觀點，重視批判教學方法，鼓勵學習者質疑、探究、討論的學習方式。教師與學生在課程實施過程當中，所扮演的關鍵角色受到應有的重視，而且師生關係同時也是一種平等、互惠、協商與教學相長的「互為主體」之平等關係與歷程（蔡清田等，2004b；蔡清田等，2005）。

㈢「課程即研究假設」的限制

值得注意的是，課程是一種研究假設，也是一種動態的驗證過程，但此種「課程即研究假設」的觀點，也容易予人飄忽不定、虛無飄渺、缺乏安全保障的感覺。尤其此種具有實驗性質的課程教學過程，容易造成教師莫名的壓力與恐懼，甚至造成教師無所適從的教學困境。另一方面，此種鼓勵研究的教學過程雖然重視學生的參與，但在實際的教室教學情境中，究竟學生是否真能對自己所扮演的實驗研究角色有充分認知，仍有待深入加以探究（蔡清田，2001）。

過去臺灣的學校課程受到教育傳統觀念之影響與束縛。一方面，教育行政體制往往透過由上而下的方式制訂課程規範，並未能根據教學實務加以具體說明；另一方面，教師也未被鼓勵，將課程視為在教室中有待考驗的研究假設。中央政府的教育部或地方政府的教育廳局也許可以透過行政命令公布課程標準或課程指導綱領，規範教學與學習內容方法。但是，教育部或教育局並不能保證以行政命令規定的課程能被教師有效地照章實施，因為上級政府透過行政命令所統一規定的制式課程，不一定適用於每一位教師與每一位學生。由於個別學校的環境脈絡不同，個別教室情境迴異，教師與學生均具有獨特的個別差異，所以，課程應該要能鼓勵教師的彈性教學，並引發教師反省批判自己的教學，以有效地協助學生進行學習。為了考驗課程的研究假設，教師必須和學生進行合作，視課程即有待考驗的研究假設，師生共同在教室教學情境當中，考驗並評鑑課程研究假設。因此，師生可以合作進行課程研究與磋商協調，以探究課程所具有的潛能與可能限制。

　　此種「課程即研究假設」的定義，相當重視教師的教育專業成長與專業自主性，但在教育的現實層面中，若整體社會大環境未能提供教師適當的專業成長機會，以及實際支持與鼓勵等相關配套的課程革新措施，則此種假設驗證的課程研究發展之實驗精神，很容易流於形式，甚至祇是淪為一種教育改革理想情境的口號！在此同時，在從事培養師生反省批判與創造思考能力之時，雖然強調心智啟發與學習成長，但是，也不可造成學生學習失控，而危及學生個人利益，甚或造成社會的矛盾衝突與對立，這是從事課程發展的學校教育相關人員與教師應該特別慎思熟慮之處。

六、課程即行動研究方案

㈠「課程即行動研究方案」的意義

　　從教育專業立場觀之，「課程」是一種在特定的時間與空間範圍之內的教育行動說明，教育實務工作者，必須將課程視為可以解決教育實際問題的行動研究方案。但是，教育行政機關不應將課程視為要求教育實務工作者照章執行依樣畫葫蘆的教育內容權威規定或行政命令，而且教育實務工作者不應將「課程」視為一種教育行政機關由上而下的科層體制式事前規範的教育內容；課程也可以是一種協助教育實務工作者進行教育實驗的行動架構，課程也可以是教育實務的專業工作人員，特別是教師，透過由下而上的發展，或是由內而外所建構的教育行動內容，將教育理想具體轉化成為學校教育實務情境中的教育行動方案（蔡清田，2002）。

　　課程並不祇是有關教育目的、教學原理與學習內容的說明，「課程」更是一種協助教育實務工作者透過教育實踐行動，針對教育目的、教學原理、學習內容與實施策略等，進行反省思考與討論對話的「行動研究方案」（Elliott, 1998, 39）。事實上，「課程」就是一種教育行動媒介，教育實務工作者必須透過教育行動，將「課程」所蘊含

的教育理念與知識本質付諸實際教育行動，並將其視為可以進一步探究的研究方案。

㈡「課程即行動研究方案」的功能

　　教育實務工作者置身於教育實際情境，最能瞭解學校教育實務工作的實際問題與困難所在之處，如果能在獲得適切的指導與協助，採取教育研究途徑，可以在學校教育實際工作情境當中，改進教育實務問題。因此，教育實務工作者不應祇是被研究的對象，更是研究的參與者。教育實務工作者要有專業自覺和專業自信，肯定自己本身就是教育實務工作情境當中的研究者，換言之，「教育實務工作者即教育行動研究者」，可以透過行動研究，凸顯教育實務工作者的專業形象，消除一般人對教育實務工作者祇從事行政或教學而不參與研究的消極角色印象（蔡清田，2001）。

　　一個完整的教育行動研究，需要教育實務工作者採取研究的立場與態度，加以公開的批判和實徵的實驗，以決定其適當性。因此，每一個學校教室都是教育行動研究的實驗室，亦即，教育實務工作者應將學校教室視為實驗室（歐用生，1999；蔡清田，1997d；Stenhouse, 1975），在學校教室情境中採取教育行動研究，作為改進課程和教學的依據。特別是教育實務工作者所進行的教育實務工作是「以研究為本位的教育實務工作」（Rudduck & Hopkins, 1985），特別是「以研究為本位的教學」與「以教學為本位的研究」。換言之，教育實務工作者的教育實務不僅要被研究，而且要由教育實務工作者本身進行教育行動研究（蔡清田，1997a），特別是「課程」就是教育行動研究的媒介，更是實現教育理念的教育行動研究方案。

　　課程，是一種可以將教育理念與理想願景，轉化為具體教育行動的實踐媒介，課程也是一種鼓勵教育實務工作者從事教育行動研究的行動方案。因此，教育實務工作者可以透過課程，將其學校教育經營理念與理想願景，轉化為具體的教育行動，並將課程視為進行教育實驗的行動研究方案，有待教育實務工作者在學校教育實驗情境中進行

實地考驗（Elliott, 1998），並根據學校教育實驗情境當中所蒐集到的證據資料，進一步修正，以達成教育革新的理念與理想願景（蔡清田，1999）。換言之，課程是教育革新的主要內容與行動媒介，是提供教育專業工作者進行行動研究與達成教育改革理想的行動架構。因此，進行教育行動研究可以鼓勵教育實務工作者，根據教育行動實務，考驗教育理論與課程知識，建立教育工作者的專業判斷知能與專業信心，建立「教師即研究者」的專業地位（Stenhouse, 1975; 1983），甚至建構「教育實務工作者即行動研究者」的教育專業地位（蔡清田，2000），進而同時結合由下而上的課程革新發展與由上而下的課程改革推動，合力促成教育革新與進步，達成教育革新目的，實踐教育改革的理想願景（蔡清田，2005）。

第二節　課程的內涵

📝 一、課程的層次

　　課程存在於許多層次，每一個層次的課程都是特殊決定過程造成的結果。例如：課程學者古德拉（Goodlad, 1979）便認為有五種不同的課程在不同的層次運作。第一個層次是「理想課程」（ideal curriculum），例如：政府、基金會和特定團體成立委員會，探討課程問題，提出的課程革新方向，都是屬於「理想課程」。第二個層次是「正式課程」（formal curriculum），指由地方政府或教育董事會所核准的課程方案，可能是各種理想課程之綜合或修正，也可能包含其他課程政策、標準、科目表、教科書等等，皆屬於「正式課程」。第三個層次是「知覺課程」（perceived curriculum），指學校教師對於正式課程加以解釋後所認定的課程。第四個層次是「運作課程」（operational curriculum），指教師在班級教學時實際執行的課程。第五個層次是「經驗課程」（experienced curriculum），指學生實際學習或經驗的課程。

除上述的課程分類之外，就葛拉松（Glatthorn, 1987, 1）認為課程可依據教學實施程度而分成六種不同的類別，即「建議的課程」（the recommended curriculum）、「書面的課程」（the written curriculum）、「支持的課程」（the supported curriculum）、「被教的課程」（the taught curriculum）、「施測的課程」（the tested curriculum）以及「習得的課程」（the learned curriculum）。「建議的課程」係指學者所構想推薦的課程，類似於古德拉的「理想課程」；「書面的課程」係指政府公布的課程綱要內容，與根據課程綱要所編輯出版的教科用書，類似於古德拉的「正式課程」；「支持的課程」則是指受到學校教師所支持的課程內容與方法，類似於古德拉的「知覺課程」；「被教的課程」係指教師所教導的課程內容，類似於古德拉的「運作課程」；「施測的課程」係指透過測驗考試等評鑑的課程內容；「習得的課程」係指學習所學習經驗到的課程，類似於古德拉的「經驗課程」。上述六類課程涵蓋的層面，包括課程政策、課程目標、學習方案、學習領域、學習科目、學習單元及教材等。

二、課程的結構

依課程結構，課程則包括「顯著課程」（explicit curriculum)、「潛在課程」（hidden curriculum）與「懸缺課程」或「空無課程」（null curriculum）等三種類型（黃光雄，1997）。「顯著課程」係指學校及教師所規劃和提供的知識和經驗；通常「顯著課程」同時包括看得到的「正式課程」，例如：學校所規劃而明列於科目表的學習科目，以及「正式課程」之外的「非正式課程」，例如：學校所規劃的運動會、教學參觀等學習活動。「潛在課程」則是指學校的物質、社會及認知等環境所形成的學生非預期的學習結果，換言之，「潛在課程」乃指不明顯、不易察覺的課程，學生可能經由學校環境當中人事物的互動過程，而學習的內容或經驗。「懸缺課程」或「空無課程」是指學校應教、但卻沒有教的學習內容，例如：開放心胸、包容異己、熱

愛藝術、環保意識、民主素養、批判反省、愛心耐心、處理衝突之知能等。因此，進行課程設計時，宜同時考量顯著課程和潛在課程，較能達到學校的目標。

三、課程的發展動向

　　臺灣地區由於受到升學聯考、統一命題、統一分發與國立編譯館統一編輯教科書的制度影響，大多數教師往往認為課程是政府頒布課程標準的規定或政府編輯發行的教科書，或是民間出版社根據政府頒布課程標準而編輯且經政府審查通過的教科用書。此種觀點認為課程是政府官方規定的書面內容或教科書商編輯的物質產品，甚至認為教科書就是課程的全部，容易忽略了課程的計畫、目標與經驗等層面的意義（黃政傑，1991），而且往往認為教師的角色祇在於將別人所設計的課程產品內容加以照本宣科，進行忠實的課程實施（歐用生，1996）。不僅未能從情境的觀點界定課程（黃光雄，1996），更漠視課程可能涉及教育實務反省批判的歷程（McKernan, 1991）。

　　近年來課程研究的方向有些改變，過去課程的界說偏向於強調教學計畫的內容，而現在課程專家則以整個學習情境定義課程（黃光雄，1981，3）。「課程」，可說是學生學習的科目及有關教育內容的設計，或者是一系列學習目標，或者是學習的一切計畫，不過這些都是可預期的，與學生的實際經驗可能不盡相同，然而，學生實際學習經驗也是課程的一部分。課程不僅是學科材料或學生將要學習的材料，課程也是學校教育年輕人的所有經驗，不管學習是在教室、運動場或其他學生生活的場合發生（黃政傑，1985，33；Tyler, 1949）。因此，課程是教師為達到教育目的，所計畫並指導學生的所有學習經驗。課程定義相當富有彈性，其最低限度可以代表學生學習科目的綱要，其最大範圍可以涵蓋教育機構的計畫、教學、學習中所發生的任何事情，甚至認為最廣義的課程，可以同時涵蓋教育目的、教育方法，及其環境互動之下的學生學習經驗。

　　今日的臺灣社會正逐漸邁向政治民主化、社會國際化、經濟市場化與文化多元化之際，教育部積極推動國民教育九年一貫課程改革、小班小校教學示範計畫與多元入學方案等教育改革措施，開放民間出版社與教科書商參與中小學教科書的編輯，進而鼓勵地方政府與學校教師進行投入鄉土課程的研究發展，支持學校教師進行開放教育與田園教學，企圖培養立足臺灣、關心鄉土、放眼世界與前瞻未來的國家公民。這一連串開明進步的「教育鬆綁」課程改革措施，展現了政府重視教育改革與課程革新的企圖與決心，同時也凸顯了學校教育工作第一現場的學校教師，進行課程內容的選擇組織與評鑑的重要性。因此，為了因應政府的教育改革與課程革新，「課程即行動研究方案」的課程意義，不僅一方面可以改善教師的教學實務，提升學校教師教學的效能與改進學生的學習品質，另一方面也說明了教師的課程發展的教育專業能力之必要性與重要性。

第三節　「課程發展」的相關觀念

　　課程發展（curriculum development）是將教育目標轉化為學生學習的課程教學方案之歷程與結果（黃光雄與蔡清田，1999，171）。課程發展是指課程經由發展而轉趨成熟的轉化歷程與結果，強調演進、生長的課程轉化觀念與歷程（黃政傑，1991）。課程發展強調教育理念的發展演進與實際的教育行動，以彰顯課程並非祇是純粹思辨的教育理念產物，而是付諸教育行動的歷程與結果，重視課程目標的規劃、內容的革新、活動的設計、教學的實施、成果的評鑑等程序的發展過程（黃光雄與蔡清田，1999，171）。

　　「課程發展」源於學校的教育方案或實驗的課程教學架構，可能祇發生於一個學校，可能注重某一學校的學習領域方案或某一科目之教學，也可能包含新教學策略的試用與評鑑（McKernan, 1984）。學校課程發展是課程改革的基層模式，是以學校的自發活動或學校的課程需求為基礎的發展過程，是學校創始的課程發展活動，以學校為中

心，社會為背景，透過政府和學校的權力與責任之再分配，學校獲得課程自主與專業影響力，賦予學校教育人員經營管理學校課程的權利和義務，使其利用學校內外的各種可能資源，主動自主而負責地去規劃、設計、實施和評鑑課程，必要的話可以尋求外來的專家之協助，以滿足學校師生的教育需要（王文科，1997；黃政傑，1999; Eggleston, 1979, 12）。

課程發展是一種知識權力互動之發展歷程，包含了課程決定的互動和協商（蔡清田，1995），存在著許多矛盾爭議、價值對立與利益衝突，需要社會人士、政府部門、學科專家、教育學者、行政人員與教師等人員互相合作，彼此溝通與協調的一種教育事業，才能促進學校課程發展之良性演進。是以，「課程發展」不應祇是一味地強調擬定教育理想目標的規劃，因為課程規劃的重點，往往祇是根據社會文化、學科知識與學生興趣需求，決定教育理想與課程目標的計畫方針的方法過程。「課程發展」也不應祇是一味地強調技術方法的設計，因為設計的重點，往往祇是強調課程要素的選擇、組織與安排的方法過程（黃政傑，1991）。事實上「課程發展」應該奠定在精緻的課程規劃與課程設計基礎之上，精益求精，甚至注意到革新、實施與評鑑的歷程與結果。茲就課程發展的課程規劃（curriculum planning）、課程革新（curriculum innovation）、課程設計（curriculum design）、課程實施（curriculum implementation）和課程評鑑（curriculum evaluation）等五個行動理念，分述如下：

一、課程規劃

「課程規劃」所關心的是課程發展人員採取何種途徑以規劃其教育目標、教育內容與課程領域？是否參考社會變遷、教育政策、學校特色、學生需求等情境因素？透過何種歷程以達成其課程目標？「課程規劃」是從教育理想與計畫的角度來進行課程發展，根據社會文化價值、學科知識與學生興趣，對教育理想與課程目標計畫方向等重要

因素所作的一系列選擇之規劃。「課程規劃」至少包括下述三種途徑（黃光雄，1996）：

　　㈠泰勒（Ralph W. Tyler）在「八年研究」（The Eight Year Study）所發展出來的「目標模式」（objectives model）。

　　㈡史點豪思（Lawrence Stenhouse）在「人文課程方案」（The Humanities Curriculum Project）所規劃之「歷程模式」（process model）。

　　㈢史克北（Malcolm Skilbeck）所提倡的「學校本位課程發展」，以及羅通（Denis Lawton）所倡導之文化分析途徑（cultural analysis approach），兩者皆是「情境模式」（situational model）之代表。

　　就「課程規劃」的要素而言，主要包括了教育理想與課程計畫內容的程序方法之規劃。就其優點而言，在於教育人員可以經過周詳的計畫，規劃優良的教育理想與課程計畫方針，建構所欲達成的學習結果；就其限制而言，則在於往往祇重視「理想課程」、或政府文件「正式課程」，不易探討學校教師「知覺課程」與教室情境當中「運作課程」或學生的「經驗課程」，甚至忽略了「潛在課程」之探究。

　　學校課程發展，始自學校教育情境的評估分析，據此而提供不同課程的教育計畫之規劃內容（Skilbeck, 1984）。課程發展人員在規劃課程時，必須瞭解學校教學情境之社會文化脈絡因素，以考量課程發展之可行性（Skilbeck, 1984, 234）。所以，「課程規劃」的「情境分析」是「課程發展」的主要構成要素。「情境分析」乃是課程發展的主要任務，旨在引導課程發展人員注意寬廣的學校環境與課程內涵，這些因素都是所要蒐集的資料（黃光雄，1996; Skilbeck, 1982）。

二、課程革新

　　「課程革新」之「目標擬訂」是「課程發展」的主要課程構成要素。具體的課程目標在「課程發展」中，是衍自「分析情境」的結果，因應社會變遷需要，提出課程革新之理想目標。「課程革新」所

關心的是課程發展人員如何將其教育目的、教育目標及教育價值加以轉化，成為一套提供學生學習之學習經驗？在此課程轉化的過程中，是否考慮了理想的教育內涵與學校情境中的教學型態？是否涉及了教學目標之革新？是否涉及了教學型態與學校教師觀念之改變？其課程革新的主要特色是什麼？

　　一般人經常將「革新」（innovation）、「改革」（reform）與「變革」（change）混為一談。事實上，「革新」包括新觀念、新物件、新措施的實施歷程與結果等多個層面。「改革」則通常是指由政府研議推動或民間社會與企業界所企圖進行的大規模「革新」。有時「改革」特別是指由政府發動的「革新」，透過立法程序或行政命令，往往見諸官方公布的正式文件或施政計畫，企圖達成教育目標、課程內容、教學方法策略、教師價值觀念與評鑑途徑等層面之「變革」。「變革」則是一種「革新的結果」或「改革的結果」，是教育人員學習新觀念與新事物之「結果」。

　　「課程革新」是一項慎思熟慮的系統嘗試，介紹新課程觀念與新課程方法技術的意圖，企圖改進學校課程之嘗試過程與結果。「課程革新」是學校教育人員所面臨的某種教育理想及嘗試企圖所支持的新課程、修訂課程、新課程政策或新的課程理念（Fullan, 1992, 22）。事實上可以從「技術途徑」、「政治途徑」與「文化途徑」等三個層面來分析「課程革新」之推動現象（Corbett & Roseman, 1989; House, 1979; 1981）。實際上「課程變革」與「課程革新」兩者之間很難完全截然地加以區分，因為如果能從某一特定課程革新所在的大社會變革之整體脈絡來加以詮釋，將能有助於相關人員對「課程發展」之理解（House, 1979）。

　　「課程改革」之推動並不是一種單純技術歷程或純粹的技術問題，而是一種政治與教育關係密切的課程革新問題，而且與整體社會文化息息相關。因此，從事教育改革的相關人員有必要理解「課程改革」的整體社會文化脈絡，並努力建立「課程改革」相關人員與學校教師之共識，以分享共同的教育改革理念（Rudduck, 1987, 12）。

📝 三、課程設計

「課程設計」是「課程發展」的主要構成要素（Skilbeck, 1984）。這一構成要素包括設計教學活動的內容結構和方法、範圍與順序、教學工具和材料、合適的學校教學環境設計、相關教學人員的部署和角色界定，以及時間表和資源供應。「課程設計」所關心的是課程發展人員採取何種途徑以設計所欲達成之變革？課程設計歷程是否符合教育專業精神？是否涉及了相關師資？授課師資是否具有教育專長？是否熟悉教材與教材組織？

「課程設計」乃是指課程因素的選擇安排與組織（黃政傑，1991）。就性質而言，「課程設計」是擬訂學生學習的目標與選擇組織安排教學活動的「科學技術」，比較關心具體而實用的課程決定「最後產物」之課程製成，涉及了理論基礎和方法技術等兩個層面。就理論基礎而言，係指以學科知識、學生興趣、社會需求、文化要素、政治意識型態等作為課程的理論基礎來源；就方法技術而言，係指依照課程理論基礎、對課程因素進行選擇組織與安排。這些課程因素包括目標、內容、活動、方法、教材及評鑑、時間、空間、資源、學生組織、教學策略，及學校教師專長等項目。

📝 四、課程實施

「課程實施」所關心的是課程發展人員採取何種策略以實施所設計的學校教育課程方案？是否重視學生甄選？是否重視正式課程、非正式課程與潛在課程之影響？是否考慮教師的課程內容表達技巧、學生興趣與鼓勵學生發問等教室動態歷程與學校文化因素？

「課程」經過設計後，若沒有經過「課程實施」的實際行動，則無法落實「課程」之教育理念，更無法達到預期的課程目標成效。因此「課程」如果要對學生產生影響，必須透過「課程實施」付諸教育

行動。「課程實施」的意義是指學校教師將「事前經過規劃的課程」
付諸實際教學行動的實踐歷程，換言之，「課程實施」也就是將書面
課程（written curriculum）轉化成為教室情境中的教學實際作為的教育
實踐（Marsh & Willis, 1995, 205）。更進一步地，「課程實施」不衹是
將「事前經過規劃的課程」付諸實施傳遞，而且「課程實施」也是教
育信念轉化的歷程與協商交涉結果。

　　由於「課程發展」的歷程投入相當多的教育資源、時間與課程專
家的人力物力，因此，從教育績效的角度而言，「課程發展」人員有
必要從「課程實施」人員身上，獲得有關「課程」實際執行與使用情
形之回饋資料。因為未來的課程改革努力成果，將有賴於建立在過去
成功的教育實踐基礎之上，以避免重蹈失敗覆轍。因此，應該重視並
善加利用「課程實施」成敗的回饋資訊，以作為進一步發展新課程方
案之參考，並有助於邁向成功的課程改革發展之實施。是故，課程實
施的「實施詮釋」是「課程發展」的主要構成要素，特別重視課程實
施的教室動態歷程與學校文化因素。

五、課程評鑑

　　透過「課程評鑑」，進行「檢查、評估、回饋和重新建構」是
「課程發展」的主要構成要素。因此，「課程評鑑」應被視為整個
「課程發展」過程當中每一步驟的必要工作，亦即研究、規劃、設
計、實施、採用等步驟都是「課程評鑑」的對象。「課程評鑑」所關
心的是課程發展人員是否採取任何形式以評鑑其所發展的課程？是否
考慮了學習評鑑的適當性？是否採取「形成性評鑑」（formative evalu-
ation） 或「總結性評鑑」（summative evaluation）？如何地利用課程
評鑑所發現之結果？

　　「課程評鑑」，係指評鑑在課程領域之應用，換言之，「課程評
鑑」就是指教育評鑑人員蒐集有關課程的資料，用以判斷課程的優劣
價值。所謂「形成性評鑑」與「總結性評鑑」，皆是利用「課程評

鑑」的歷程或結果，以控制課程研究發展之革新品質。就此而言，「課程評鑑」是一種教育的構思設想，建構及分配資訊，以引導某種特定課程方案或教育系統的教育行動（Norris, 1990, 102）。課程評鑑的目的乃在幫助教育政策的決策者、學校教育行政人員、教師、家長或社會人士瞭解課程發展方案的重要特色與特定的時空背景情境，並進而促成課程發展之合理決策，以提升學校課程之品質，因此需要較廣泛的評鑑形式（Skilbeck, 1984）。

就「課程評鑑」的範圍而言，除了可以就「理想課程」、「正式課程」、「知覺課程」、「運作課程」與「經驗課程」等五個課程層次，指出其缺陷或困難所在，俾便作成行動之決定（Goodlad, 1979），另外也可指出學生因素之外的課程規劃過程、課程本身、課程實施、課程效果等內容因素及範圍項目之價值優劣。

美國評鑑大師泰勒（Ralph Tyler）提出「目標模式」課程評鑑方法途徑，以達成課程目標的程度，作為判斷學校效能的規準。英國的賽蒙思（Helen Simons）也提出一種以學校為個案研究焦點的課程評鑑（Simons, 1971），此種評鑑途徑與麥唐納（Barry MacDonald）所倡導的「整體的評鑑」（holistic evaluation）途徑相互呼應（MacDonald, 1971），強調診斷課程的疾病症狀。進一步，麥唐納從政治的觀點出發，指出「科層體制式的評鑑」（bureaucratic evaluation）、「專業自律式的評鑑」（autocratic evaluation）與「民主多元式的評鑑」（democratic evaluation）等三種課程評鑑的途徑分類（MacDonald, 1974），釐清評鑑人員的角色與其贊助者之間的關係。

📖 參 考 文 獻

王文科（1997）。學校需要另一種補充的課程：發展學校本位課程。本文發表於「中日課程改革國際學術研討會」。1997 年 3 月 22 至 23 日。南投日月潭中信飯店。

李子建與黃顯華（1996）。《課程：範式、取向和設計》。臺北：五南。

教育部（1998）。國民教育階段九年一貫課程總綱綱要。臺北：教育部。

高新建（1997）。美國學科標準的訂定與推廣及其對我國課程修訂與推廣的啟示。中華民國課程與教學學會主編，邁向未來的課程與教學。臺北：師大書苑。

黃光雄（1996）。《課程與教學》。臺北：師大書苑。

黃光雄與蔡清田（1999）。課程設計：理論與實際。臺北：五南。

黃政傑（1987）。《課程評鑑》。臺北：師大書苑。

黃政傑（1991）。《課程設計》。臺北：東華。

黃政傑（1999）。《課程改革》。臺北：漢文。

歐用生（1996）。《教師專業成長》。臺北：師大書苑。

歐用生（1999）。行動研究與學校教育革新。教育部指導。1999 行動研究國際學術研討會論文集（pp. 1-16）。國立臺東師院主辦。1999 年 5 月 19 日至 23 日。

蔡清田（1992）。從課程革新的觀點論教師的專業角色，載於中華民國師範教育學會主編教育專業（pp. 129-154）。臺北：師大書苑。

蔡清田（1995）。教育歷程中之教師專業自律：「教師即研究者」對課程發展與教師專業成長之蘊義。本文發表於教育改革：理論與實際國際學術研討會。臺北。國立臺灣師範大學。1995 年 3 月 14 至 16 日。

蔡清田（1997a）。由「以教師教學為依據的課程發展」論「教師即研究者」對課程發展與教師專業成長的教育啟示，公教資訊 1(1)，32-41。

蔡清田（1997b）。由「課程即研究假設」論教師專業成長，教學輔導，3，17-26，國立中山大學、中正大學、成功大學、屏東技術學院、高雄師範大學南區地方教育輔導委員會編印。

蔡清田（1997c）。課程改革之另類思考：從「教師即研究者」論歷程模式之課程設計。載於歐用生主編新世紀的教育發展（pp.89-108）。臺北：師大書苑。

蔡清田（1997d）。以行動研究為依據的教師在職進修與專業成長。載於中華民

國師範教育學會主編教育專業與師資培育（pp.129-154）。臺北：師大書苑。

蔡清田（1999）。行動研究取向的教育實習典範理念與實踐。本文發表於教育實習的典範與實踐學術研討會。教育部指導。國立臺灣師範大學主辦。1999年4月30日。臺北。

蔡清田（2000）。《教育行動研究》。臺北：五南。

蔡清田（2001）。《課程改革實驗》。臺北：五南。

蔡清田（2002）。《學校整體課程經營》。臺北：五南。

蔡清田（2003）。《課程政策決定》。臺北：五南。

蔡清田等（2004a）。《課程發展行動研究》。臺北：五南。

蔡清田等（2004b）。《課程統整與行動研究》。臺北：五南。

蔡清田等（2005）。《課程領導與學校本位課程發展》。臺北：五南。

Corbett, H. D. & Rossman, G. (1989). *Three paths to implementation change*: A research note. Curriculum Inquiry, 19(2)，163-190.

Department of Education (1991). America 2000: *An education strategy*. Washington, DC: Department of Education.

Eggleston, J. (1979). *School-based curriculum development in England and Wale*s. In OECD School-based curriculum development (Pp. 75-105) Paris: OECD.

Elliott, J. (1998). *The curriculum experiment: Meeting the challenge of social change*. Buckingham: Open University Press.

Fullan, M. (1992). *Successful school improvement*. Milton Keynes: Open University Press.

Goodlad, J. I. (1979) .*The scope of curriculum field*. In Goodlad, J. I. et al., Curriculum inquiry: The study of curriculum practice. N. Y. McGraw-Hill.

House, E. (1979). Technology versus craft: a ten year perspective on innovation. Journal of Curriculum Studies, 11(1)，1-15.

House, E. (1981). *The perspectives on innovation*. In Lehming, R. & Kane, M. (eds.) Improving schools: Using what we know. (Pp.17-41). London: SAGE.

MacDonald, B. (1971). *The evaluation of the Humanities Curriculum Project*: A holistic approach. Theory into Practice, June 1971，163-167.

MacDonald, B. (1974). *Evaluation and the control of education. In MacDonald, B & Walker, R. (eds.) SAFARI*: Innovation, evaluation, research and the problem of control. (Pp.9-22). Norwich: Centre for Applied Research in Education, University of East Anglia.

Marsh, C. & Willis, G. (1995). *Curriculum: alternative approaches, ongoing issues*. Englewood Cliffs, N. J.: Merrill.

McKernan. J. (1984). *Curriculum development in the Republic of Ireland.* Journal of Curriculum Studies, 16(3)，233-246.

McKernan, J. (1996). *Curriculum action research: a handbook of methods and resources for the reflective practitioner. London*: Kogan Paul.

Norris, N. (1990). *Understanding educational evaluation.* London: Kogan Page.

Portelli, J. P. (1987). *Making sense of diversity*: The current state of curriculum research. Journal of Curriculum and Supervision, 4(4), 340-361.

Rudduck, J. (1987). *Understanding curriculum change.* Used Papers in Educational 6, Division of Education, University of Sheffield.

Schubert, W. H. (1986). *Curriculum: Perspective, paradigm, and possibility.* N. Y.: Macmillan.

Simons, H. (1971). *Innovation and the case-study of schools.* Cambridge Journal of Education,1971(3)，118-23.

Skilbeck, M. (1982). *School-based curriculum development.* In Victor Lee and David Zedin (eds.) Planning in the curriculum. London: Hodder and Stoughton.

Skilbeck, M. (1984). *School-based curriculum development.* London: Harper & Row.

Stenhouse, L. (1971). *Humanities Curriculum Project*: The Rationale. Theory into Practice 10 (3), 154-62.

Stenhouse, L. (1975). *An introduction to curriculum research and development.* London: Heinemann.

Stenhouse, L. (1985). *Action research and the teacher's responsibility.* .In Rudduck, J. & Hopkins, D. (eds.) (1985). Research as a basis for teaching: Readings from the work of Lawrence Stenhouse. (pp. 56-9) London: Heinemann Educational Books.

Tanner, L. N. (1988)(ed.). *Critical issues in curriculum.* Chicago, Ill: NSSE: Distributed by University of Chicago Press.

Tanner, D. & Tanner, L. (1995). *Curriculum development*: theory into practice (3rd ed) New York: Merrill.

Tyler, R. W. (1949). *Basic principles of curriculum and instruction.* Chicago: University of Chicago Press.

第八章

教育的方法㈠—教學

林進材

　　課程與教學是學校教育核心中的兩個重要層面，影響學校教育品質的良窳。教學是落實學校教育效果的重要媒介，教育品質的維護和提升需要藉由教學加以實現。成功的教學所牽涉的因素除了學校、班級目標、課程教法、教學環境等因素，重要的是在此過程中，教師能否有效地在事前分析這些因素，並且瞭解其對教學可能帶來的正、反面影響。

　　教學的意義何在？教學的理論基礎何在？重要的教學方法有哪些？教學設計與模式如何應用？教學評鑑的規準及程序如何實施？教學研究發展趨勢與教學革新為何？這些都是教學工作者應該加以深入探討的課題。本章將一一針對上述議題，作深入淺出的探討與說明。

第一節　教學的意義與模式

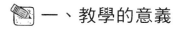 **一、教學的意義**

　　教學的意義至少應包括下列三個主要的層面，茲分析討論如後：

(一)教學即成功

教學即成功將教學界定為一項活動，在此活動中，學習者學習教師所教導的事物。如果學生沒有學習，則教師沒有教學。此定義隱含著教學是「工作─成效」的概念，將教學活動視為歷程與結果的總和。教學活動除了重視歷程，也應重視結果。祇有教學工作歷程而沒有學習成果，或是祇重視學習成果而忽略歷程，都無法稱之為教學。

(二)教學是有意的活動

教學是有意的活動將教學界定為教師有計畫、有組織地指導學生學習的活動。在教學活動中，教師與學生沒有等級之分，教師是教學和學習的指導者，學生是學習和受教者，二者的重要性不分高低或上下。在教學歷程中，教師依據學生的起點行為與舊經驗，運用各種策略激發學生的學習興趣，指導學生的學習方法，解答他們的困惑，協助解決問題，提供資料，增進技能並建立正確的學習態度（高廣孚，民78）。

(三)教學是規範的行為

教學的規範性意義要求教學的活動必須符合特定的倫理規範或條件。教學必須符合教育的認知性、價值性及自願性等規準，否則不能稱之為教育性的教學。因此，訓練、施教、灌輸、制約、宣傳、洗腦、恐嚇等幾個概念和教學的定義必然有所不同。

綜合相關的教學定義，可以瞭解教學活動是一種雙向回饋的活動。教學活動除了重視歷程，也要重視結果。祇有教學工作歷程而缺乏學習活動，或是重視學習成果而忽略歷程，都不能稱之為教學。教學是施教者與受教者進行互動，藉以達到教育目的和理想。教學必備的條件是有教者與受教者，缺少任何一個條件，教學就無法順利的進行，學習目標就無法達成。

🖊 二、教學的規準

教學的規準依據英國教育學者 Peters（1966）指出，教育活動必須符合三項規準（citeria）即合認知性（cognitiveness）、合價值性（worthwhileness）、合自願性（voluntariness）等。詳述如下：

㈠教學的合認知性

教學的合認知性規準是奠定在知識論或認識論的基礎之上，從哲學的論點而言，知識論或認識論的主要目的在於尋求真理，鑽研知識生成的真實性。因而，教學的合認知性，主要用意在於規範教學時，求真的嚴謹態度。在教學過程中，所有的「教」與「學」成分，皆合乎認知的本質，才符合教學的規準。

㈡教學的合價值性

教學的合價值性規準是奠定在倫理學、道德哲學與美學的基礎之上。教育工作應該界定在「價值中立」或「價值涉入」層面，學者的討論正反面皆有。相對的，怎樣的教學才合乎價值性，目前尚無定論。一般而言，合價值性的教學就是「教善」（高廣孚，民 78）。

㈢教學的合自願性

教學的合自願性規準是奠定在心理學的理論基礎之上。例如：從發展心理學的觀點，主張人類身心發展歷程，是循序漸進而無法踰越等級的。因而，教學歷程中，施教者對學習者的身心發展狀態應該具備相當程度的瞭解。依據學習心理學與認知心理學的觀點，施予學習者適時、適性的指導，不可過於苛求或揠苗助長，違背身心發展的原理原則，使學習者能自動自發的求知，避免淪為被動的灌輸或洗腦。

三、教學的一般模式

　　教學的一般模式，提供教師一套教學流程，作為教學決定與實施的參考。在教學的一般模式中，教師應該先決定學生需要達到的目標是什麼？或是教師教學之後學生應該能夠表現的行為是什麼？其次，教師依據教學目標，訂定學生行為表現的判斷標準，設法瞭解學生的各種學習特質、興趣、經驗、能力等，思考教學的前置工作應如何定位，學生的哪些經驗需要再調整，哪些能力需要再補充等問題；在教學程序方面，教師可以設計適性的教材，擬定各種教學方法、策略、組織等，指導學生作有效的學習；最後，教師透過教學評鑑程序，瞭解學生學習後的改變情形，達到教學目標的程度，並從評鑑活動中，瞭解教學活動的得失，作為調整教學活動的依據（林進材，民88）。

　　教師在從事教學活動時，應該先熟悉教學的一般模式。在實際教學情境中，結合科學與藝術並組織相關的教學因素，將各種教學策略與方法，融入教學模式中，形成專業有效的教學決定，方能提升教師的教學效能。

四、教學是科學還是藝術

　　教學是科學或是藝術問題，涉及教學本身的理論基礎與教學實施的方法論預設。要瞭解教學究竟是科學或是藝術，應先瞭解科學與藝術的基本意義及其內涵。藝術是一種屬於創作的活動，其目的在追求

美，在使個體達到賞心悅目，有賴於直覺與靈感，所要達到的境界相當深遠。藝術本身自由心證的成分居多，是難以加以描述、預測的，也難以詮釋理解。教學如果從單一層面來看，自不應屬於藝術。教學本身有其意向性、規準，它是具體明確的，可以被詮釋的、被理解的。然從多層面而言，教學是藝術，透過追求知識的途徑，融合感性和理解，化不可能為可能。科學是指有系統、組織的學科而言，注重實證的精神。科學是一種追求真、系統化、組織化、客觀性高，以預測與控制的活動。教學活動理應具備可預測性，透過各種教學計畫作業，規劃教學活動，並付諸實現，透過評鑑可理解教學目標達到的程度。

　　Gage（1978）在其著作《教學藝術之科學基礎》（*The scientific basis of the art of teaching*）一書中指出，教學活動的最高境界是達到藝術之境，但必須以堅實的科學為基礎，而真正想瞭解教學的意義或成功地從事教學者必須精研教學之科學。從Gage對教學的詮釋與理解，可以清楚地釐清教學是科學，同時也是藝術。從教學歷程而言，教學需要以科學精神與方法為基礎，透過科學的求真、求實、系統化、組織化及客觀性的精神作為教學活動的理論基礎，經由科學新知與研究精神，使教學達到求善、求美的藝術之境。

第二節　教學理論基礎與應用

一、教學的心理學基礎

　　教學與心理學的關係相當密切，心理學對人類「何以為知」及「如何得知」歷程的探討，有助於教學理論的建立。教學的心理學基礎包括行為學派、認知學派及人本學派的學習理論，略述如下：

(一)行為學派

行為學派認為學習的形成是來自於「刺激」與「反應」的聯結，主張學習的產生是由於刺激與反應之間關係的聯結，而此種聯結的形成受到增強作用、練習等因素的影響。行為主義強調心理學必須符合一般科學共守的客觀、驗證解釋、預測、控制等基本原則，認為心理學研究的題材祇限於可觀察測量的行為。行為學派的研究發展，對教學的研究發展具有相當深遠的影響，如編序教學及學習機的問世，電腦輔助教學與系統化教學的設計，對學習理論內涵的探討等，均提供教學理論建立的相關議題。

(二)認知學派

認知學派的發展源自於早期的完形心理學、理性主義知識論及發展論的思想，完形心理學重視知覺的整體性，強調環境中眾多刺激之間的關係。個體在面對學習情境時，學習的產生有利於(1)新情境與舊經驗相符合的程度；(2)新舊經驗的結合並重組。學習並非是零碎經驗的增加，而是以舊經驗為基礎在學習情境中吸收新經驗（張春興，民81）。認知學派在學習理論方面的探討強調心靈的內在歷程，而行為學派重視外在刺激所引發的行為，將學習視為刺激與反應之間的聯結。在教學理論的發展方面，認知學派著重個體主動的學習驅力，尤其是個體學習能力的教學，如認知策略、學習策略等。

(三)人本學派

人本心理學對人性持著積極正向的態度，強調人類的意向性，認為人是主動的、理性的、成長的，並且具有自我實現性及潛能的傾向，生存的最終目的在於追求具有價值的目標，並將自身的各種潛能付諸實現。人本學派的主要理念是積極的人生觀，尊重「人性尊嚴與人性價值」，強調人性積極的發揚。因此，教育的目標應重視個人的自我實現，並發展人性。在教育歷程及生活中所學的知識、生活經驗

應視為整體的概念，教學亦應朝向統整的方向。在教學歷程中，應強調學習者的創造力，作積極自我的發展。

二、教學的社會學基礎

社會學理論是教學理論中一門重要的基礎理論，尤其是教育社會心理學的興起，使教學的理論基礎研究涉及社會層面。社會學的研究發展，對教學的影響導引了社會學習論、社會批判理論、知識社會學、班級社會學等理論。茲分述如下：

㈠社會學習論

社會學習論的主要代表人物為班度拉（A. Bandura）。班度拉主張觀察學習為社會學習的基礎，學習的產生乃是由學習者在社會情境中，經觀察他人行為的表現方式，以及行為後果，間接學到的。社會學習論者是由心理學的角度探討人類在社會環境中的學習方式，人在某種社會條件或情境下的行為及人際間的互動關係。社會學習論者將學習過程的內在歷程分成注意歷程、保留歷程、行為再製歷程、動機歷程。強調學習過程重視的是符號增強（symbolic reinforcement）、替代增強與自我增強，不需要透過外在增強物或增強作用作為媒介。

㈡社會批判理論

社會批判理論的發展來自於歷史與社會的時空及知識傳統與當代思潮。社會批判理論對教育的影響，主要為教育科學中的意識形態、教育學的方法論預設及意識形態批判與經驗分析、詮釋理解之整合方面。社會批判理論者重視意識形態的批判並強調主體性、整體性與實踐層面的整合，因而對理論與實際的結合具有正面的意義。強調教育理論與現實層面的關係，並不僅於理論運用於教育實踐的關係，而是一種文化與教育過程的重新調整。

㈢知識社會學

知識社會學探討重點在於有關實在的想像與社會結構及社會過程的關係。認為人類的知識雖然基於個體自身的知識與經驗基礎，但受到整體社會脈絡（social context）的影響。而社會脈絡是由社會群體所共同建構的。此種脈絡內涵引導人類的認知發展與價值判斷。知識社會學從知識本身的形成與環境和社會脈絡的互動等，強調知識的客觀性。在此一理念之下，教學活動不僅僅是一種知識傳遞的過程，同時也是一種提供資訊讓學習者自行建構一套屬於自己的理論，再透過討論等活動，學習者彼此分享意義，以建構群體意識的歷程。

㈣班級社會學

班級社會學將班級視為一社會體系，是教師教學和學生學習的主要場所。影響教師與學生互動關係的因素包括教師的聲望地位、教師的角色觀念、學生的社經背景以及學生的次級文化等。班級社會學指出，教學是一種師生間雙向互動的歷程，教師的每一種教學行為，可能包括語言、非語言及情感等，當學生知覺到此一行為之後，會依據個人的體會及既有的經驗，詮釋教學行為所蘊含的意義，作為行為反應的參考。教學的班級社會學探討，有助於教育工作者從社會學的角度掌握教學的內涵及對教學全貌的瞭解。

三、教學的哲學基礎

教育歷程中的本質、教育目的以及有關學生、教材、教法等各種問題，皆與哲學的立場相關。不同學派的哲學思想與立論，對教學的實施，均有不同的啟示。教學的哲學理論基礎包括理性主義、經驗主義、觀念分析學派、結構主義、詮釋學，簡述如後：

㈠理性主義

理性主義的論點主張知識並非透過經驗而得，是由人類與生俱來的理性所產生的。因而，知識的建立方法是直觀的演繹方式，而非歸納方式，理性主義的教學觀點較重視理論的涵養，忽視實用技能的培訓，因而強調文雅教育（liberal education），而忽略技藝教育。教學過程在教法上重視啟發式教學法，使學生的學習透過理性思考與領悟的歷程。

㈡經驗主義

經驗主義主張知識的養成來自於個體成長歷程中，對外界環境所提供的訊息或經驗而成。經驗主義對於理性主義重視文雅教育輕視技藝教育的觀點產生質疑，認為此種過於理想而不切實際的作法，使教學活動無法與實際生活有效地結合起來，忽視學習者實際需要。理想的教學活動應該讓學習者從實物的操作開始，而後歸納出各種現象的法則，再經由分析形成結論。

㈢觀念分析學派

觀念分析學派重視日常生活語言與觀念的分析，藉由分析的途徑檢證以表達這個概念的字，並賦予各種觀念真實的意義。觀念分析學派對教學的影響，如重視語言的釐清與研究，給與學習者認識真知的客觀條件，並且區分陳述語言的類別，培養學習者養成辨認各類語言陳述的能力。將學習歷程視為師生溝通的活動，強調學習者的學習是一種透過師生溝通過程的活動。

㈣結構主義

結構主義探討人類及社會深層結構的一種思潮和方法論，所謂的結構具有整體性、穩定性、轉換性及掌握調節性，和意識性的關係網絡、規則與實性。結構主義對教學的意義可由價值判斷問題、廣義的

教學觀及教學應以質化的方法再重建窺出端倪。結構主義論者認為教學應重視內容的結構意義，同時重視教學實施的形成性經驗。教學應該具有相當程度的自主性，教學內容應延伸至文化和意識形態層面的因素，不應侷限於單一因素中。

㈤詮釋學

詮釋學將教學視之為一交互作用的結果，重視學習環境的安排和學習活動中學生的地位。因此，教學活動的實施應該啟發學生的理解力，使整個教學活動充滿意義，讓學習者的學習更意義化。詮釋學對教學的啟發包括學習者本身意識的覺醒、師生之間互為主體性的溝通及學習經驗意義化的構成。詮釋學強調教學要以學生為中心，以生活經驗為題材，提供良好的情境脈絡，以協助學習者在經驗方面與價值的創造。在教學歷程中，教師應尊重學生的主體性，引導學習者從學習歷程中主動形成自己的經驗。

第三節　教學方法內涵與應用

教師在教學過程中，除了運用各種現有的資源、教材及設備之外，還要運用各種教學方法，才能達到預定的教學目標。本節將重要的教學方法作重點式的介紹，將教學方法內涵、適用情境、使用限制簡述如下：

一、傳統的教學法與應用

傳統的教學法包括講述法、觀察法、問題教學法、啟發法、討論法、自學輔導法、社會化教學法、練習法、設計教學法、發表教學法、單元教學法，分述如下：

㈠講述法

講述法是屬於注入式教學法，偏向教師單向的活動，缺乏生動活潑的精神。講述法適用於引發學習動機、介紹單元內容、說明解釋疑惑、歸納整理教材、提供補充教材、進行大班教學、教導系統知識、整理複習教材等情境中。一般的講述教學法包括引起學習動機、明示學習目標、喚起舊經驗、解釋學習內容、提供學習指引、引導主動學習、提供正確的回饋、評鑑學習成果、總結或形成新計畫等重要的步驟。

講述法是教師運用最普遍的教學法之一，必須配合各種活動的進行才能達到效果。講述法在運用時具有過程簡單、節省時間、說明講解、培養評鑑能力、適用於大班級教學的優點。然而，講述法的運用容易偏向單向學習、不易激發學習動機、缺乏學生的學習參與、被動的學習態度及學習效果不彰的限制。教師在採用講述法教學時，應該在教學活動的設計方面，多花心思讓學生的學習效果提升。

㈡觀察法

觀察法是一種在教學過程中，運用教學事件和學習歷程的聯結關係，達到教育目的的一種教學法。觀察法適用於任何學科教學中，教師在指導學生學習時，應善加運用才能達到效果。觀察法的教學包括擬定教學目標、揭示觀察的要點、教師指導說明、教師回答疑難問題、教材內容與教學目標一致、依據程序進行教學、輔助器材的運用、教學活動生活化、討論與評鑑活動等。

觀察法讓學習者從實物教學中，完成學習活動。此種教學法對於學習者心智的成長，具有相當大的助益。教師在運用觀察法時可引導學習者從操作中學習、重視學習者感官的運用、強調實物教學。然而，教師在教學準備時間方面較長、教室常規控制不易、無法適應個別差異是運用上的缺失。

(三)問題教學法

問題教學法是應用系統化的步驟，指導學生解決問題，以增進知識、啟發思想和應用所學的教學法。問題教學法係以杜威的思維術為主，以發現問題或困難、確定問題的性質、提出可能的假設、選擇合理的假設、驗證而成立結論，作為教學的主要步驟。問題教學法的運用，係教師將教學問題生活化，重視學生問題解決能力的培養，以慎選問題配合學習活動，讓學生由低層次達到高層次的學習。教師在使用問題教學法時，必須善於運用發問的技術，鼓勵學生解決問題，達到學習的效果。

問題教學法的優點在於促進師生之間的互動關係，對學生思考能力的發展有正面的意義，可達到多方面的學習功能。然而，在運用問題解決於教學歷程中，較忽略知識及理解層面的學習、無法適應個別差異、問題的蒐集分析不易，均是教師必須克服的困難。

(四)啟發法

啟發教學法是避免被動地接受教師的注入和傳授，而重視啟發學習者思考和解決問題能力，以期產生積極、主動學習的方法。啟發教學法主要以學習者的經驗為主體，教師在教學中提出各類問題，引導學生透過各種途徑如理解、分析、推論、研判、綜合、評鑑等，解決學習上的各類問題。教師主要任務在於安排適當的活動和情境，引導學生思考，學生在學習中自己發現問題，以培養獨立思考與解決問題的能力。

啟發教學法的運用在教學程序方面相當詳細，容易發揮教學效果；教師的教學方法可靈活運用，有助於學生思考活動；教材系統化可提升學習成效。然而，學生缺乏自動自發學習精神、偏重教材中心的教學及教材的編製難以適應個別差異，是啟發教學法被質疑之處。

㈤討論法

討論法係運用討論的方式,以達到教學目標的教學方法。在教學歷程中,教師與學生針對主題進行探討,以形成共識或尋求答案,能為團體成員所接受的意見。討論教學法包括全體討論、小組討論、陪審式討論及座談會等四種方式。討論教學法適用於熟悉課程內容、爭議性問題的探討、改變學習者的行為及培養民主素養。

討論教學法的運用著重於學習者相互討論而形成概念,對學習者發表能力的培養具正面的意義,對於思考能力及議事能力的訓練同時具備各種效果。然而,教室常規不易維持、教學時耗時費力影響進度等因素,使得教師忽略討論教學法的運用。

㈥自學輔導法

自學輔導法是一種學生在教師指導之下,進行自學的方法。教師在自學輔導法中所扮演的角色是激發學生的學習興趣,指定學生學習的作業,提供學生各種相關的參考資料,指示學生自學的方法,解答學生學習上的疑難問題,評定學生的學習成就。自學輔導法的主要功能在於適應個別差異,增進學習者的自學能力,改善班級教學活動,並增進教學效果。自學輔導法的實施可以培養學生獨立學習的精神,可補救班級教學的缺點,強調師生之間的互動關係,重視教學環境與學習的氣氛。教師在採用自學輔導法於教學中,在時間的規劃與學科上的運用較易遭遇困難。

㈦社會化教學法

社會化教學法目的在於發展群性,培養學生社會道德,以訓練民主風度及合作精神。社會化教學法適用於學習者具有濃厚的學習興趣,如此才能在教學歷程中積極參與,發揮應有的成效。社會化教學法的應用,需要教師在事前設計各種情境,培養學生具備問題分析能力。因此,學習者需具備對問題的解決能力。社會化教學法可區分成

大班教學、小組討論與分組討論三種方式，教師在運用社會化教學法時，應將重點放在培養學生共同學習的氣度，鼓勵學生積極參與學習活動，以促進學習興趣，並鼓勵發表能力。社會化教學法的實施強調教學前的充分準備，因此資料的蒐集容易影響教學活動的進行，降低應有的教學品質。其次，教師在教材及知識的組織不易，學生所得到的知識容易成為片斷缺乏統整性。

㈧練習法

練習教學法是以反覆不斷的練習，使各種動作、技能、經驗、教材，達到熟練和正確反應的教學方法。練習教學法一般較常運用於語文科、技能科教學上，或是屬於記憶方面的課程上。教師在教學歷程中，運用練習法瞭解學習反應，以增強正確的反應，並實施補救教學，讓學生的學習可以和同儕並駕齊驅。練習教學法的使用可增進學習者的記憶和保留，發展學習的技巧和習慣，讓學習者在反覆練習過程中，建立正確的學習途徑。然而，在教學歷程中容易導致機械性的練習，不易適應個別差異。

㈨設計教學法

設計教學法是學生在自己決定的學習工作中，發現一個實際問題，由自己擬定工作目標，設計工作計畫，運用具體的材料，從實際活動中去完成這件工作，以解決實際問題的學習單元和教學的方法。設計教學法的類別依據學生人數而可分個別的設計與團體的設計；依據學科範圍可分成單科設計、合科設計與大單元設計；依學習性質可分建造設計、思考設計、欣賞設計與練習設計。教師在運用設計教學時，可採引起動機、決定目的、擬定計畫、實際進行與評鑑結果等步驟進行。設計教學法是屬於系統化教學的方法之一，強調學生必須不斷思考與參與，才能收到預定的效果。在使用設計教學法時，容易受限於師資、設備和財源，導致教學成效不彰。

㈩發表教學法

發表教學法是教師在教學歷程中，指導學生經由不同的途徑與方式，以表達自己的知能和情意達到各種預定的目標。發表教學的類型包括語言表達的發表、文字創作的發表、美術創作的發表、技能動作的發表、創作發明的發表、音樂演唱的發表、媒體創作的發表等。發表教學法對於目前偏重認知能力學習的教育環境，具有啟示作用，其著眼點在於讓學生從學習中得到自我實現。然而，發表教學法在運用時費時費力，學生無法和教師作各種的配合，可能影響教師的教學品質。

(十一)單元教學法

單元教學法是以單元為範圍的一種教學方法，通常是以一課、一章、一節，或以一個日常生活中的問題為中心的完整學習為單元。一般的單元教學法包括準備活動、發展活動、綜合活動等。教師在運用單元教學法時，可以配合以問題為中心的教學，考量科目本身的性質，以符合教學的要求。單元教學法的實施，比一般教學法更具系統化，有效地聯繫各科教材，達到課程統整的效果。然而，單元教學法對教師而言，較費時費力，教材的組織不易與學習者能力上的限制，導致不易收其效。

二、個別化教學法與應用

個別化教學法是在大班級教學情境中，以適應學習者的個別差異和學習者的特性為考量，而採取各種有效的教學策略。

㈠文納特卡計畫

文納特卡計畫的實施是以個別化方式進行教學，將每一學科分成許多次要單元，每一單元都有具體目標；教學活動的進行由學生進行

自我教學，並自我校正，因此每一學科均編有學生自學的練習材料，促進學習效果；再則，重視學生的自我表達和社會性的團體及創造性活動的進行。文納特卡計畫的實施編有讓學生學習的「練習教材」，學生可以依據自己本身的實際需要，作逐步的練習直到熟練為止。教材本身具有標準答案，讓學生自行核對結果，自行校正。

(二)道爾敦計畫

道爾敦計畫主要的特色在於以自學輔導法，按照個人的能力進行學習活動。教師先布置學習用的實驗室或作業室讓每一位學習者都擁有自己的實驗室，在實驗室中提供各種的參考書籍和材料，由教師指導學生進行學習活動。學生依據自己的能力和需求決定到實驗室學習的時間和方式。道爾敦計畫是運用自學輔導法讓學生自己依據自身的特色和需求，達到學習的目標。因此，教師在教學歷程中強調學生的自尊，重視個別的學習，打破傳統的課表式教學。

(三)莫禮生的精熟理念

莫禮生的精熟學習理念重點在於單元的熟練性，強調學習者在單元學習中的熟練性。教師在教學歷程中，將各種資料加以分析歸納，分成各種簡要而以組織的知識體系，讓學生在學習歷程中對於單元都能達到熟練程度。此種精熟理念強調學習的重點不在於記憶一些零碎片斷的知識或材料，而是獲取一些完整的生活經驗，祇有完整的生活經驗才有助於精熟的要求。莫禮生的精熟理念學習是建立於學習者本身具有自學能力的假設之上，教學實施的重點在於培養學生獨立學習的精神與態度。

(四)卡羅的學校學習模式

卡羅（J. B. Carroll）於 1963 年提出「學校學習模式」（model for school learning）的理念。認為學習的程度決定於個人學習的時間因素，即個人學習所需的時間以及個人所能獲致時間和如何真正運用而

定。此種模式是建立在給與學習者適當的學習時間，學習者必能在需要時間內完成學習的假定上。學習的程度和學習者真正使用在學習的時間和應該要使用在學習的時間有關。因此，教師在教學歷程中，應指導學生善用時間以利學習活動的進行。

㈤凱勒的學習模式

凱勒的學習模式係受到行為主義心理學增強與編序教學理論的影響，將教學歷程視為學習者自行決定的過程。教師在教學歷程中，一方面依據學習者身心特質所需的時間給與充分的時間進行學習，並自行控制學習進度和速度；一方面由學習者自行決定學習的時間，何時進行學習何時接受學習評量，以取得適時及時的學習；另一方面採用行為心理學與學習理論，講解提示、細緻化教材，具體化教學目標，利用增強原理立即回饋，以增加學生真正專注用功的時間（林生傳，民 79）。凱勒的學習模式強調學習者在學習歷程中的主導權與自主權，在面對學習時可以依據本身的學習條件，選擇接受教育的機會與時間，同時決定評量的時間。

㈥編序教學法

編序教學法是依據學習原理中聯結論的理論發展而成的，教學實施是將教材內容加以分析，分成幾個小單元，在各單元之間理出它們的先後層次關係，然後加以組織，由簡而繁循序漸進的排列，達到預定的教學目標。教師在教學實施中，將學習的行為依據內容分成一些可以觀察、處理、測量的單位，使學習者針對反應與相對的刺激建立正確的聯結關係，以達到學習的目標。

㈦精熟學習法

布魯姆（B. S. Bloom）於 1968 年提出完整的精熟學習概念。主張教師在教學時如能系統地進行教學活動，學習者在遇到困難時能夠獲得適當的協助就能擁有達到成熟程度的足夠空間，並且訂有清楚明確

的精熟標準，幾乎所有的學生都能學習成功。精熟學習的發展是建立在教學品質如能考慮學習者身心特質上，讓學生擁有充分的時間，並引導學生切實有效地運用時間，則學習效果就會提高，達到各種精熟標準的假設之上。

(八)個別處方教學

個別處分教學（Individually perscribed instruction,IPI）是美國匹茲堡大學於 1964 年發展出來的教學方案。其基本假設為：一、學生的學習方法與方式有相當大的個別差異；二、學生在學習起點方面本身的能力和特殊能力有很大的個別差異。因此，教師在教學時，應考量學習環境對學生的影響，設計一個適合學生學習的環境，將學生在各方面的差異降至最低。同時讓學生對學習活動產生興趣，樂於進行各類的學習。教師在教學實施時，應瞭解學生的學習狀況，作為設計教學、教學實施與調整教學的參考，透過變通方案使學生充分發揮自身的潛能，提升學習成效。

(九)適性教學模式

適性教學模式強調教師與學生之間的互動，藉以達到教學目標。教師在教學活動實施時，應以學生為中心，讓學生在教學歷程中，能依據自己的需求，完成學習的目標。因此，適性教學的發展是依據學習者在學習方面的需求、學習狀況、學習表現、學習性向，教師設計符合學習者學習情境、有效的策略，以達到教學目標和精熟程度。適性教學模式是以學生為主軸，教學為輔助的教學法。教師提供較多的活動引導學生完成學習目標，教師在教學歷程中擁有較多的自由空間，自主性較大。並且擁有較多的時間觀察學生的學習情形，以便從事學習診斷和補救教學的工作，以協助學習困難的學生。

🖊 三、群性發展教學與應用

　　群性發展教學的實施，著重於教師與學生之間發展出合作的結構體，進行教與學的合作，以利於教學的進行與學習效果的提升。

㈠群性化教學模式

　　群性化教學模式是教師指導學生適應與發展社會性的教學理論與方法，讓學習者在教學過程中，發展出社會適應的能力。群性化教學模式的發展包括合作學習（cooperative instruction）、協同教學（team-teaching）、分組探索教學（group investigation）、角色扮演（role play-ing）、社會知能技巧學習（social competency or skill training）等（林生傳，民 79）。群性化教學模式的實施，可以配合相關教學法使用，以學習者互為媒介進行教學活動。

㈡合作教學法

　　合作教學是一種系統化、結構化的教學方法，教學的進行是以學生能力和性別等因素，將學生分配到一異質小組中，教師經由各種途徑鼓勵小組成員間彼此協助、相互支持、共同合作，以提高個人的學習成效，達到團體的目標。在合作教學中，每個學習者要為自己的學習負責任，同時也要對其他學習者的學習負責，讓每個學習者都有成功的機會，對團體都有貢獻，為學習小組的學習成功盡一份心力。合作教學的實施，必須教師在教學前依據學科性質、學生特性、教學特性，作各種任務結構分析與規劃設計，才能達到預定的目標。

㈢協同教學法

　　協同教學的實施是由數個專長不同的教學人員組成教學團，讓教師發揮個人在不同領域的專長，負責教學計畫的擬定、教學活動的設計、施教和教學評鑑工作的進行。協同教學的實施，可以有效整合教

師的專業素質，並運用教師本身的資源，由彼此的教學相長，並兼顧學生的學習適應。協同教學的進行，可以由教師依據學科性質、學生特性與教學上的實際需要，作專業上的因應。

㈣分組探索教學

分組探索教學的重點在於提供學習者各種刺激的情境，讓學習者由不同的身心狀態，所體會的、知覺的、意會的各有不同，因為不同的察覺，在學習上的表現也不同。分組探索教學是教師與學生在共同安排下，為著手一項學習（通常是為研究一個問題或從事一項研究），組成一個小組，所進行的學習活動歷程。

四、概念與思考教學

㈠創造思考教學

創造思考教學是教師在實施教學過程中，依據創造和思考發展的學理和原則，在教學中採取各種方法或策略，作為啟發學生創造力、思考能力為目標的一種歷程。創造思考教學的實施，強調學生的腦力激盪，由教師提出各類學習上的問題，引導學生面對問題，運用自身的創造思考能力，解決問題以達到學習目標。教師在採用創造思考教學，必須在教學前先分析教材單元的性質和內容，決定採用的策略。因此，在採用創造思考教學時，應遵循選擇適當問題、組成腦力激盪小組、說明遵守規則、進行腦力激盪、評估各類構想等五個重要步驟。

㈡批判思考教學

批判思考教學的特色在於重視高層次的心理活動，教師在教學時，需要不斷地投入。在教學歷程中，教師應扭轉傳統以教師為主的教學型態，讓學習者可以自由發揮自己的想法，教師居於引導的地位，學習者在學習過程中扮演主導的角色。批判思考教學的實施，教

學情境必須和生活上的各種情境相結合，才能培養學生面對實際問題，解決生活問題的能力，作為適應未來生活的預備。

五、認知發展教學

認知發展教學的發展是以個體與外界環境交互作用所產生的認知作用，讓個體內在認知基模產生變化，使個體產生轉變以適應生活環境。

㈠道德討論教學法

道德討論教學法是由教師在教學前，編撰或蒐集真實生活中的兩難式困境教材，藉由在教室教學情境中討論假設性的或真實生活的道德兩難式困境故事，教師引導學生面對兩難式情境，讓學生詳述對情境的認知，並辨明其中的道德觀點，學習者從學習過程中，促進道德高層次的認知發展。

㈡價值澄清法

價值澄清法是協助學習者察覺自身的價值，並建立自己的價值體系。強調個體價值觀念的建立，透過選擇、珍視、行動等步驟，協助學習者建立各種正確的價值觀，以形塑自己的想法，在瞬息萬變、錯綜複雜的環境中，運用智慧解決各種問題。價值澄清法的實施，教師在教學過程中必須不斷提供學習者表達自己想法和意見的機會，引導學習者建立屬於自己的價值觀。

第四節　教學設計模式與應用

教學設計是教師教學的前置工作，也是導向未來教學行動的歷程。它是一組基本的心理歷程，透過未來可能結果的選擇、預測及方案的決定，教師建構一個可以引導教學活動的參考架構。教學設計本

身是教學活動的藍本,透過各種教學方案,以達到預定的教學目標。

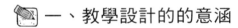 一、教學設計的的意涵

　　教學設計是描述教學系統規劃的過程,將教學與學習的原則轉化至教學活動與教材規劃的系統過程(Smith & Ragan,1993)。從事教學設計者必須重視下列三個議題:第一、我們要往哪裡去:即教學目標的問題;其次,我們怎麼去:即教學策略與方法問題;再則,為我們如何知道已達目的地:即教學評量與修正問題。

　　由探討教學設計的相關文獻得知,完整的教學設計或教學計畫應該包含教學目標、教學內容、教學對象、教學方法、教學資源、教學環境、教學活動、教學時間、教學評量等要素。教學設計對教師教學而言,可迎合教師教學歷程中立即性的心理需求,減少教學時的緊張與焦慮,讓教師的教學活動實施有方向可循;其次,教學設計可提供教學的引導,如學生如何組織、以哪一種活動開始教學,提供教師教學與評鑑的參考架構等;教學設計可預測和避免教學過程中所產生的困難,讓教師的教學活動進行順暢,收到預期的效果(Clark & Peterson, 1986)。

二、教學設計模式

　　教學設計模式的探討有助於教師瞭解各層面的教學設計觀點,提供教學活動實施的參考。在教學設計模式方面,本文提供 ASSURE 模式、DICK & CAREY 模式、KEMP 模式、ARCS 模式供教師教學上的參考。

㈠ ASSURE 模式

　　ASSURE 模式是 Molenda、Heinich 和 Russel 發展出來的教學設計模式。此一模式包含六個完整的要素:

1. A 學習者分析（analyze learner）。

2. S 寫目標（state objectives）。

3. S 選擇教學媒體與教材（select medis & material）。

4. U 使用教材（utiluze materials）。

5. R 要求學習者參與（request learner performance）。

6. E 評鑑／修正（evaluation/revise）。

ASSURE 模式是以系統化設計的理念，將學習者特性、教學目標、教學媒體、教材、學習者參與、評鑑及修正等步驟融入教學設計中。

㈡ DICK & CAREY 模式

DICK & CAREY 模式是由 Dick & Carey 發展出來的教學設計模式。此一模式是以單元教材及教學活動設計為重心的教學設計（參見下圖）。此一模式包含九個主要的步驟：

1. 需求評估與確認目標（assess needs to identify goals）。

2. 教學分析（conduct instructional analysis）。

3. 分析學習者與教學內容（analyzing learners and contexts）。

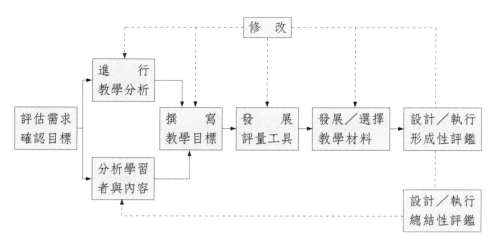

圖 8-1　DICK & CAREY 的教學設計過程模式

4.撰寫教學目標（writing performance objectives）。

5.發展評量工具（develop assessment instruments）。

6.發展教學策略（develop instructional strategy）。

7.發展與選擇教材（develop & select instructional material）

8.設計與進行形成性評鑑（design & conduct foemative evaluation of instruction）。

9.設計與進行總結性評鑑（design & conduct summative evaluation）。

(三) KEMP 模式

　　KEMP 模式是 Kemp 於 1971 年提出，在此模式中將教學設計分成學習需求與教學目的、主題、工作項目與一般性目標、學習者特性、主題內容與工作分析、教學目標、教學與學習活動、教學資源、支援服務、學習評鑑、預試等項目（詳見下圖）。

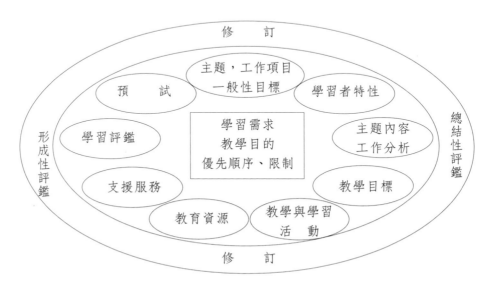

圖 8-2　KEMP　教學設計模式（Kemp,1985）

㈣ ARCS 模式

ARCS 模式是 Keller 於 1983 年提出的教學設計模式。此一模式的設計係以學習者的動機為主要的概念，將學習者動機視為教學設計的主要重點。ARCS 所代表的主要意義如下：

A 注意力（attention）

引起學習者的注意力，並激起學習者的好奇心。

R 關聯性（relevence）

滿足學習者的個別需求，以增進積極主動地學習。

C 信心（confidence）

建立學習者在學習上的信心，以完成學習活動。

S 滿意度（satisfaction）

使學習者從學習成果中獲得內在的自我肯定。

三、教學設計的功能

教學設計的功能依據 Clark 和 Yinger（1986）指出主要的功能在於：

1. 迎合個人教學過程中立即性的心理需求，減少教學時的緊張焦慮與惶恐不安的狀態，讓教師進行教學時，有方向可循，因而增加信心與安全感。

2.教學設計是一種達到目標的方法

使教師在精神、物質或教具等方面做好教學準備。從教學設計中熟悉學習材料的蒐集與組織、時間的分配及活動的安排等。

3.提供教學的引導

設計的功能在於教學期間提供教師適當的引導，如學生如何組織、以什麼活動開始教學，並提供教學與評鑑的參考架構。

4. 預測和避免教學過程中所產生的困難。

　　教師在教學前如果可以依據專業方面的修為，作好教學設計工作，不但可以協助教師作好妥善的教學準備，尚可引導教師瞭解課程與教學的內容，從而解決教與學上的各項問題，提升教師的教學品質。

第五節　教學評鑑理論與應用

　　教學評鑑是針對教師的教學深入瞭解分析，據以協助其改進教學品質或作為修正教學的參考。從事教學評鑑工作，勢必徹底瞭解教學評鑑的意義與目的、評鑑所持的規準、實施教學評鑑的方法與程序，才能使教學評鑑真正落實。

一、教學評鑑的意義與目的

㈠教學評鑑的意義

　　依據相關學者專家對教學評鑑一詞所持的定義或觀點，教學評鑑應包括下列要點（張德銳，民 86；林進材，民 88）：

1. 教學評鑑是一種蒐集和分析教師教學活動表現的訊息，作為綜合研判和決定教師教學表現理想程度的歷程。從事教學評鑑工作者必須秉持科學的精神、態度、方法，以提高評鑑結果的客觀性與可靠性。

2. 教學評鑑除了瞭解教師教學表現的情形，同時衡量其優劣得失的程度，並審慎分析形成的原因，以提高評鑑本身的效度。

3. 教學評鑑的主要目的，係藉教師教學表現的優劣得失及其原因的瞭解，作為教師修正教學活動實施的參考，同時作為形成新教學計畫的參考。

4. 教學評鑑的實施除了瞭解教師本身的教學情形之外，尚可從活

動的實施中分析學習者的表現及學習情形，作為教學修正的參考。

㈡教學評鑑的目的

教學評鑑本身具有診斷性、形成性、安置性與總結性的功能，其主要目的在於改進教師的教學活動，作為調整或修正教學的依據。一般而言，教學評鑑至少應包括下列目的：

1. 績效責任制（accountability）：確保教師的教學具有一定的品質，讓教師在後續的教學活動有所依據。
2. 專業成長（professional growth）：促進教師不斷地在教學專業中成長，並邁向教學專業成長之徑。
3. 教學革新（instruction improvement）：改進教師教學品質並促進學生的學習成果。
4. 教師甄選（teacher selection）：作為選擇適任教師的參考。
5. 提升教學品質：作為教師自我反省教學的參考。

二、教學評鑑的規準

教學評鑑的規準主要在釐清教師應有的教學專業表現，使得評鑑的方法和程序更有執行的焦點（張德銳，民 86）。理想的教學評鑑系統必須依據教學評鑑的目的，採用適當的教學評鑑規準，而後決定適當的評鑑方法和程序，以達成評鑑目的。教學評鑑規準的訂定，依據教師教學效能的研究及相關的文獻，可粗分為教學前、教學中、教學後三階段，詳述如下（林進材，民 88；張德銳，民 86；黃政傑，民 86）：

㈠教學前的規準

1. 教學的前置活動完善。
2. 運用先前知識經驗作為教學訊息處理的基礎。

3.有效的教學計畫。

4.有效掌握學習的的各種特質。

5.善於管理教學時間。

6.運用教學專業知識及專業的判斷。

7.預測教學可能遇到的問題。

8.精湛的教師知識。

9.其他。

㈡教學中的規準

1.落實教學計畫。

2.有效的教學轉化。

3.熟悉課程與教學內容。

4.有效運用教學理論與方法。

5.快速掌握教學的各類訊息。

6.形成有效的教學決定。

7.處理高層次的教學活動。

8.有效處理例行公事（routine）。

9.其他。

㈢教學後的規準

1.反省思考自己的教學活動。

2.追蹤學習者的理解情形並給予適當回饋。

3.掌握學習者行為與教學行為的線索。

4.適當評量學生的學習成果。

5.檢討教學得失並作為修正的參考。

6.形成新的教學計畫。

7.給予學生合理的期待並獎勵進步的行為。

8.其他。

三、教學評鑑的方法與程序

教學評鑑在訂定規準之後，應由相關的人員透過各種評鑑的方法與程序，蒐集教師教學相關的資料與訊息，作為評鑑得失的參考。教學評鑑在資料的蒐集與方法方面，應儘量採用多元化資料蒐集法，以維持評鑑的客觀性。教學評鑑的方法與程序，較常採用的方式如後（張德銳，民 86；林進材，民 88；Peterson,1995）：

㈠教師自我報告

教師自我報告方式係運用教師在教學結束之後，對自己的教學活動提出自我陳述，透過教師本人對自己的教學實務，以內省和實際經驗的反思，以期對自己表現作有效的評估。評鑑人員在與教師分享、討論自我評鑑的成果之後，協助教師設計自我改進的目標，並擬定具體的改進策略。

㈡教室教學觀察

實地觀察教師教學是評鑑教學最直接有效的方法。評鑑人員在商定教學評鑑規準與觀察項目之後，進入教室現場瞭解教師的教學行為，並且作成相關的紀錄。教室教學觀察可直接蒐集教師教學表現的資料，觀察後的資料可以長期保存並重複使用。其缺點在於教室教學觀察容易干擾教師的教學，同時無法瞭解教師教學行為背後的社會、心理、政治、組織等因素，教師的教學行為也容易因被觀察而淪為作秀性質。

㈢學習者的教學反應報告

學習者的教學反應報告係運用學習者對教師教學行為的觀察，蒐集教學的相關資料，作為教學評鑑的參考。Peterson（1995）指出，運用學習者的教學反應報告，作為教學評鑑的參考應考慮下列因素：第

一，教學反應項目不宜過多且避免開放性的問題或評語；其次，比較適宜的反應項目是有關教室中學習動機的發展、學習機會、教室管理與紀律、師生溝通、師生關係等；比較不適宜的是教師任教學科專門知識、個人教學風格、學習責任歸屬等；第三，學生教學反應報告應由公正的第三者，依據標準化的施測程序，進行施測，並以學生匿名方式回答；最後，施測後應及早進行統計分析，並將統計分析結果回饋給教師。

第六節　教學研究與發展趨勢

　　教學研究發展對教師的教學而言，具有相當的意義。研究成果對教學活動的規劃具有引導作用，同時具有啟發作用。教學研究不僅提供教師對教學活動本身的認知，同時指導教師面對各種複雜教學情境中的問題，設法給予解決。教學研究可以促進教師對教學現象的理解，作為改進教學，提升教學品質的參考。

一、教學的發展趨勢

　　教學的發展隨著教學研究典範、興趣、研究環境及時期的改變，而有不同的導向與趨勢，略述如後：

㈠由傳統教學至適性教學

　　傳統教學的特性強調教師與學生單向的互動與回饋，教學以教師為主導，教師負責教學，學生負責學習。適性教學強調學生的學習機會均等的概念，教師應瞭解學生的個別差異，作為教學實施的依據。其次，教師應瞭解學生的學習形式（learning style）與認知形式（cognitive style），安排不同的社會情境以提供多樣化的教學，促進學生的學習。

㈡由個別教學至個別化教學

個別教學係採一對一（one by one）的學習方式進行教學，個別化教學係提供各種不同但機會相等的學習方式，讓每個學生在學習過程中，可以針對自己的程度及需求，選擇最適合自己的學習方式與內容。讓學生在學習歷程中，減少因為統一的標準所帶來的學習挫折，進而提高學習興趣，提升學習效果。

㈢由單向教學至建構教學

建構教學強調學生才是教學的主體，教師在教學過程中，必須尊重學生的主體性，鼓勵學生參與教學的決策過程。其次，認定教學不僅止於知識傳授的歷程，而是建構知識的歷程。教師的教學不應單採照本宣科方式，也應激發學生主動建構知識（林生傳，民88）。

㈣由單科教學至統整化教學

單科教學重視學科內容的學習，統整化教學強調完整經驗的活動設計。傳統的單科教學提供學生在各學科方面的經驗、原理原則、事實等，讓學習者從學科學習中成長。統整化教學的概念，將學科相關知識作重大的改變或重組，運用學科知識的相互合作與互補統合概念，提供學習者統整的學習材料。

㈤由理論教學至實務教學

理論教學提供學習者各式各樣的理論基礎，實務教學係運用各種經驗、生活現象、社會事件，提供學習者作為理論的驗證。教學除了明確的教學目標作為引導之外，在方法、策略、媒體、資訊的提供與運用方面，更顯得實用性、生活化與樂趣化。

🖊 二、教學的研究發展

　　教學的研究發展由教師特質的研究、過程－結果的研究、教師思考的研究、教室生態學的研究至教師知識的研究,不同時期的研究提供教學實施不同的參考架構,同時指出教師教學上的革新依據。

㈠教師特質的教學研究

　　教師特質的研究重點,在於視教學為教師人格特質的表現結果。教師教學品質係決定於教師個人的特質,研究的主旨在於探討教師特質對教學的影響。

㈡過程—結果的教學研究

　　過程－結果的教學研究,強調師生之間的交互作用,並重視教師教學行為對學生學習成就的影響。研究過程是將教師的教學行為、學生的學習行為和成就加以數據量化,探討實驗變項之間的關係或實驗成效。

㈢教師思考的教學研究

　　教師思考的研究將教學視之為教師作決定及執行決定的過程,其研究透視複雜的教學行為及教師的心智活動,更舉出有效教師的行為、教學技能和教學策略。

㈣教室生態學的教學研究

　　教室生態學的研究重視影響教學的潛在因素,如教師與學生之間的社會互動關係、班級教室環境、社會情境(social context)、教學環境、學生特質、社區環境、學校與社區環境等。教室生態學的研究從人類學、社會學的角度探討班級成員對團體文化的理解,分析教學活動,以深入理解教學情境的複雜性。

㈤教師知識的教學研究

　　教師知識的研究者主張教師專業知識的發揮，不僅是對教學概念、原理原則、理論有清楚的腹案即可，同時應瞭解如何將學科內容轉化成為學習者容易理解的形式（form），讓學習者清楚地掌握學科內容。

三、教學研究與教學革新

　　教學研究每個不同的時期都有理論上的基礎與假設，研究者關注的議題互異，不同的理論基礎和假設，自然衍生不同的研究方法與研究結果。任何的教學研究，都必須考慮教學上的重要議題，在理論與實際方面的結合，理論引導實際活動的推展方向，實際提供理論驗證的實驗場所。教學研究對教學理論與方法的驗證，教學相關概念的分析，教學活動實施的相關議題，使教學邁向更系統化、更統整化之林。

📖 參考文獻

林生傳（民 79）。《新教學理論與策略》。臺北：五南。

林生傳（民 88）。《九年一貫課程與教學革新》。載於九年一貫課程研討會論
　　文。

林進材（民 88）。《教學理論與方法》。臺北：五南。

林進材（民 88）。《教學研究與發展》。臺北：五南。

高廣孚（民 78）。《教學原理》。臺北：五南。

張春興（民 81）。《現代心理學》。臺北：東華。

張德瑞（民 86）。《教學評鑑》。載於黃政傑主編，教學原理。臺北：師大書
　　苑。

黃政傑（民 86）。《教學原理》。臺北：師大書苑。

單文經主編（民 88）。《教學原理》。臺北：揚智。

Borich, G. D. (1994). *Observation skills for effective teaching*. New York:Macmillan.

Clark, C. M., & Peterson, P. L. (1986). *Teachers' thought process In M. C. Writtrock(Eds),
　　Handbook of research on teaching*. New York:Macmillan.

Gage, N. L. (1978). *The scientific basis of the art of teaching*. NY: Teacher College Press,
　　Columbia University.

Jackson, P. W. (1996). *The peactice of teaching*. New York: Teacher College Press.

Peters, R. S. (1966). *Ethics and education*. London George Allen and Unwin.

Peterson, K. D. (1995). *Teacher evaluation*: A comprehensive Guide to new directions and
　　practices Thousand Oaks, California: Crowin Press, Inc.

Smith, P. L. & Ragan, T. J. (1993). *Instructional design*. NewYork: Macmillan.

Sterngerg, R, & Hornath, J. A. (1995). *A prototype view of expert teaching*. Educational
　　Research, 24, 9-17.

第九章

教育的方法㈡─輔導、諮商

程小蘋

第一節 輔導與心理諮商在教育系統中的位置

如果重新回顧你過去求學的歲月，是充實有之？汲汲營營的忙於上課、讀書、考試；還是你也走過一段青澀的日子？總是有那麼一點憂鬱、困惑與煩惱在心中；或是你是處在掙扎、抗拒與不斷爭戰的心理狀態中。試著聽聽看下列的聲音是否很熟悉呢？

「老師祇曉得教書，爸媽祇曉得逼我唸書，但是讀書的功用何在？生活難道祇有讀書？生命的意義何在？」
「我就是搞不懂這些數學題目，我真的是夠差！我永遠也比不上別人！」
「我到底該選哪一個科系？我怎麼知道哪一個科系適合我？」
「學校的生活好乏味，我都沒有什麼要好的朋友？」
「沒有人瞭解我，爸媽總是愛嘮叨，好像我什麼事情都處理不好！」
「你們越逼我，我就越不唸，看誰厲害。」
「我為什麼不長高一點！為什麼眼睛那麼小！這樣子怎

麼有吸引力？」

「爸媽總是拿我和姊姊比，他們的眼中從來沒有我」。

「家裡一團糟，班上一團亂，我怎麼有心唸書？」

「我一定要表現好一點，要讓他們嫉妒。」

「我討厭英文老師，他明明知道我不會，就偏偏叫我，讓我在班上出醜。」

「我喜歡□□□，可是他（她）好像對我沒有反應。」

「我和□□□鬧翻了，同學都指責我，我有理說不清。」

「我心情好糟，人活著到底為什麼？」

學生的需求、興趣等心態處處影響著他們學習與生活的態度，對一個成年人來說，學生關切的問題不是問題，祇是不成熟，長大了就好，祇要協助他們將自己定位好，唸好書就可以。孰知上述這些不是問題的問題，常使他們學習沒有動機，生活沒有活力，上焉者，頂多是一個隨波逐流，或潛力未得發揮、成績不良的學生；下焉者，則個性偏頗，甚或激進，傷了自己，也可能危害到別人。

學校為教育的單位，教育的目的在全人的培養，為人師者要傳道、授業、解惑。在養成全人的過程中，知識的獲得與技能的培養固屬重要，而健康的人格與健全的心理的建立更是教育工作者不容忽視的責任。更何況學生在心神不定的狀況下，期許其致力於學習的工作而有所成，至屬不可得，而教師在此時刻的教學是否有效能，則可能要令人質疑了。

為了幫助年輕學子因應其成長過程中遭遇的問題或議題，有系統地構思輔導方案以及設置輔導相關單位，則變成整個教育體系中的必要部分。這些方案的提出與單位的設置旨在促進學生個人內在的、人際間互動上的、生涯發展上的，以及學習上的成長；間接除去學生發展過程中的障礙，進而能帶動學生專注於學習，引發他們學習上的效率與效果，以及獲得滿意的學校生活。所以，如果從另外一個角度來看，學校體系中若能發揮輔導與心理諮商功能，不僅學生受益，也有

助於教師之教學活動和教學使命之達成。

第二節　輔導與諮商的定義

現今「輔導」與「諮商」二詞常交相使用，「諮商」與「心理治療」有其技術重疊之處，而「輔導」與「教學」常被一般教師誤認為等同或雷同。以下就此若干名詞予以闡述。

「輔導」一詞可作為一助人的歷程，譬如，職業輔導用來幫助學生選擇進入一個職業的領域。輔導也可用做描述一指導的歷程，在此過程中，學生被給與資訊以完成個人目標；譬如，學生被告知如何選課，或申請學校科系。此外，輔導可被用來指稱結構性的學習活動或團體課程，其輔導或引領學生對自己或他人有更多的瞭解。

「輔導」此一字詞由於它不精確的意義與用法，常給人一個混亂的圖像，其和「諮商」一詞的交互使用已有幾十年的歷史。輔導指向學生最大潛能的發展，已被視為在學校課程裡或教學過程中很重要的一股力量：站在這個觀點，輔導是一種教育哲學，或者在教育工作者的內心，個人的獨特性是被看重的。當此輔導的概念滲透了整個校園環境，好的教學即被認為是好的輔導。

典型的「輔導」的概念涵蓋範圍很廣，包括了許多朝向個人成長、生涯發展以及學校適應的服務，這些服務由專業的教育工作者，例如：教師、諮商師，以及其他的助人專業人員都可能參與。大部分的學校有許多的輔導計畫，其訂定目標及提出一些有關的服務。輔導可從學校整體來考量，其服務範圍包括了學生、教師、家長及行政人員。

「諮商」通常被認為是一種特殊型式的助人過程，在諮商師和當事人間需建立信任的關係的前提下，進行一對一的晤談，或是透過團體的互動來協助當事人探索其遭遇的生活事件或經驗對當事人的個人意義，澄清他們的情緒、想法和行為，以期能協助他們瞭解自我和其互動的周遭環境，增進做決定以及行為改變的技巧，進而解決個人的

適應問題及／或提升發展上的成長。

　　諮商的焦點一般放在幫助當事人獲得自我覺察、瞭解自己的態度、興趣和目標。其有一哲學性的和理論性的基礎，來將人類的動機、行為、學習方式和人際間的關係予以概念化。諮商通常由一受過專業訓練的人進行，在美國還需擁有專業機構核發的證照方能執業。

　　舉例來說，假設學生想知道在多元入學方案下如何準備自己進入未來理想的學校，他可以到輔導室見輔導老師尋求輔導的服務，他可能聽輔導老師的分析，也可能在輔導老師的建議下，在輔導室或其他圖書館查閱一些相關資料，甚至他可以參加一團體輔導活動，與其他與他同樣有需要的同學一起瞭解如何達成自己的目標。

　　但是當學生因對自己未來的前途感到沒有信心，甚至過度的焦慮，而影響他的抉擇，則個別性的介入協助是較適當的，譬如輔導老師給與個別諮商，同理他的情緒，協助他探索焦慮的來源，釐清狀況；他也可以參加一個諮商團體，在這個團體中，由領導者運用特定的帶領技巧和策略，鼓勵大家深入地探索個人情緒的來源，以及個己關切的問題。

　　諮商和輔導都可被視為一助人的過程，祇不過，諮商相較於輔導更為個人化和特定化。諮商與輔導固然常交相使用，但另外「心理治療」亦與諮商常同時使用。祇不過諮商用於功能正常的學生或個案，而諮商中碰到的學生問題亦可能因其複雜度與嚴重性而歸屬心理治療的範圍，諮商處理現階段中的問題及連帶的情緒和行為，較不費力去探索隱藏的意義，或根深蒂固的心理問題。諮商用於非醫療或非矯治的場所，而心理治療則用於醫療或矯治機構，以處理失功能的個案或病人，其處理花費的時間更長且緊密。現實狀況中的諮商和心理治療使用許多相同的助人技巧、而其審視人際動力、過程變化，以及訂定行為目標的作法亦相同。學校諮商師所服務的學生如遇到嚴重心理層面的問題，也可能需要去醫療機構接受心理治療，此時學校諮商師當予以轉介。學校諮商師工作的焦點是處理與學生學業的學習以及學校生活的適應等相關議題。

另外「教學」一詞，亦需澄清，教學是幫助學生學習，著重的是學科的教授，而諮商與輔導則注重學生個人的興趣、問題、意義、經驗、行為和目標。教學常是指導性，訊息提供甚於對個人興趣與目標的探索和催化，此外，教室教學比之於輔導與諮商是朝向多數的學生，且具評量和評斷性。

在臺灣，學校輔導體制中指稱的是「輔導教師」，但其工作的實質內涵則含輔導與諮商兩個向度，故後文之撰述，「輔導」與「諮商」或「輔導教師」與「諮商師」二詞將交相使用。

☺ 笑話 1

精神科醫師、諮商師和導師間究竟有何差異？

當你告訴精神科醫生「我恨我爸爸！」時，他會說：「你的戀母情結還在」；諮商師會說：「很高興你能說出來」；你的導師會說：「人要有良心，不能忘恩負義。」

第三節　輔導與諮商的發展與趨勢

談到臺灣輔導與諮商的發展，就無法避免要先瞭解美國諮商專業的發展和演進。

✎ 一、美國諮商專業之發展史

在美國，早期輔導推動的開創者是一群社會改革者，其分布於教育、職業輔導、兒童研究、法律改革，以及心理評量的領域中，當時並沒有所謂的諮商學門，直到 1931 年才在專業的文獻當中提到諮商。當時的焦點放在教導孩童、青少年有關自我、他人和世界的訊息，而這些通常規劃在課程內或額外提供的資訊中。以下先扼要的介紹美國諮商演進的發展史，以期進一步能瞭解諮商發展的時代需求性和必然性。

(一) 1900-1920 年學校輔導的起始

Jesse B. Davis 是第一位在公立學校建立有系統的輔導方案的人，身為學區的督導，1907 年他建議教英文作文的老師每週運用一堂的時間來做輔導，目的是希望能培養學生的品格和預防問題的發生。Davis 深受美國教育學家 John Dewey，和 Horace Mann 的影響；他相信適當的輔導能幫助治療美國社會的問題，而這也就是學校輔導的前驅。

1900 年至 1920 年學校內的職業輔導活動和職業諮商是朝向現代諮商發展的第一步。Frank Parsons 常被人認為是輔導之父，他於 1908 年建立了波士頓職業局，以幫助年輕人選擇、準備，以及進入職場，同時他發展出職業諮商，將個人的特質去搭配職業的要求，以使該項任務能順利完成。波士頓學區的督導對 Parsons 工作上的表現印象深刻，因而指定波士頓中小學裡一百餘位的老師擔任職業諮商師的工作。1910 年時大約有 30 個城市陸續推動職業計畫或安置的方案。在 1911 年，哈佛大學開始訓練如何進行職業諮商，1913 年國立職業輔導協會（National Vocational Guidance Association，簡稱NVGA）成立，此乃美國諮商專業發展機構的創始。

Parsons 過世後，職業輔導取代了職業諮商，也就是團體輔導活動以及將職業科目納入課程以傳布職業訊息取代了原先著重的個別諮商、自我分析，以及個人選擇。其後聯邦政府又提撥經費給公立學校以支持職業教育。

第一次世界大戰美國軍隊為篩選和配置工作人員，由心理學家發展了大量的心理評量工具，此種團體標準測驗的發展，尤其是集體施測的智力測驗（Army Alpha 和 Beta）和人格評量工具（Woodworth Personal Data sheet）被用到公立學校的職業諮商裡。其中 Alpha 和 Beta 測驗立即被轉為歐迪思智力測驗（Otis I. Q.），為許多從事職業輔導的工作人員採用。

㈡ 1920-1940 年

　　進步主義的教育是由哲學家 John Dewey 引進學校，對 1920 年代的學校課程有極大的影響；認為學校有責任改變學生成長的環境，以及引導學生在個人、社會，以及道德上的發展。進步主義的教育學者不主張狹隘的職業輔導，而強調孩童的整體發展，雖然他們也注意個別差異，他們企圖透過提升教師的教學技巧和課程規劃，來改變學校的環境。

　　1932 年，John Brewer 在其所著的書 *Education as Guidance* 即主張教育的目的在提升生活的技能，他設計特別的輔導課程、團體輔導活動、實驗性質的活動團體等來因應生活技巧教學這一門學科。他也建議老師們將輔導納入他們所教的課程內。對 Brewer 或其他進步主義的學者而言，教師就是諮商師，培訓教師的機構宜將生活適應技巧和生活技能單元放入師資養成之訓練課程中。可惜的是，進步主義的教育輔導活動發展雖為興盛，但卻遭受來自父母、教育學者以及一些社會大眾的強烈攻擊，認為他們反智以及在教學中過分的寬容。也因為這種攻擊，所有輔導活動的推動嚴重受到影響，不論是教師培訓機構、生活適應的課程、生活技巧、團體互動，和一些其他的輔導課程嚴重地縮減，以致 1940 年代，學校中的諮商與輔導服務大量減少，甚至有 2/3 的學校未聘諮商師。不過衰退的同時，美國聯邦政府卻也開始對學校輔導給予支持，他們在教育部門設立了職業資訊和輔導服務的單位，並透過法案支付經費。

　　這一階段值得注意的是，E. G. Williamson 於 1932 年在明尼蘇達大學建立了測驗處，其後改名為學生諮商與測驗中心，這是第一所大學諮商中心的成立。Williamson 於 1939 年出版了一本《如何諮商學生：臨床諮商師使用的技巧手冊》。這本書為諮商學門建立了一個理論前提：「人格包括了許多可評量的特質，而這些特質與職業的選擇和成功有密切的關係。」此概念在職業諮商中甚為盛行，主控了諮商領域有二十年歷史之久，而同時間，心理學與教育領域中測驗至為盛行，

興趣測驗、性向測驗、團體智力測驗、人格測驗、成就測驗等各式測驗急遽增加。

㈢ 1940-1960 年諮商朝向專業發展

二次世界大戰，歐洲猶太裔的人文心理學家和精神科醫師為逃避納粹的迫害來到美國，他們對人所持的理念逐漸影響了美國的學者，譬如 Rollo May、Abraham Maslow 和 Carl Rogers。其中 Carl Rogers 的非指導性諮商一書《諮商與心理治療》於 1942 年出版，是對 Williamson 理論立場的一大挑戰，其重視助人關係的建立。同時段，Eli Ginzberg 以及 Donald Super 強調職業選擇中發展性的生命階段，他們認為職業的發展是整個人格發展中的一部分。Super 甚至認為職業的選擇是自我概念的完成。此外，50 年代；行為學派的理論、認知理論、學習理論，以及發展心理學均有所成長。而二次世界大戰結束，大量軍人退伍使之對職業諮商出現迫切之需求，而且退伍軍人有許多的個人議題有待處理，促使美國政府提供經費大力培育諮商師以因應之。

1952 年美國心理學協會的「諮商與輔導分會」之名稱去除輔導二字，而成為「諮商心理學分會」，將諮商領域擴展，融合了職業發展諮商和人本治療策略，關切人們健康的、正常的成長面。1952 年美國人事與輔導協會（American Personnel and Guidance Association）成立，主要運作輔導、諮商和學生事務。

1957 年蘇俄的第一枚太空火箭升空，刺激美國政府警覺自身科學的落後，而於 1958 年通過國家教育防禦法案（National Defense Education Act），企圖能在學校找出科學或學術人才，也因此提撥經費提升中等學校的諮商功能，並透過諮商與輔導訓練機構加速培育諮商人才。於是 1960 年代，中學及小學的諮商師有顯著的增加，同時大學校園開放諮商中心提供免費諮商服務，持續將重點放在職業與教育上的諮商，而個別諮商成為主要的運作處理模式。

㈣ 1970 年迄今—諮商專業的確立

1970 年代，諮商在教育外的機構（如心理衛生機構）快速發展；此時，基本助人之諮商技巧訓練方案陸續的建立（如 C. B. Truax 和 R. R. Carkhuff 的有效諮商技巧訓練方案、A. E. Ivey 的精微技巧訓練方案），透過這些方案的訓練，教導專業人員與半專業人員如何與當事人建立關係以及如何進行溝通，期待他們在熟練這些技巧後，能與當事人建立滿意的基本互動的根基。

1980 年代諮商師訓練的標準以及證照制度的建立予以底定，在「美國人事與輔導協會」組織體系內的領導者覺知：輔導與人事不能再反應其組織工作的內涵，在相當的辯論後，遂於 1983 年將「美國人事與輔導協會」的名稱改為「美國諮商與發展協會」（American Association for Counseling and Development），1992 年又改名為「美國諮商協會」（American Counseling Association）。而此時諮商專業的發展更為分化，大量的諮商師乃進入初等、中等與高等教育體系中服務，但工作於教育體系外之心理衛生與社區服務之諮商從業人員亦急遽的增加。在諮商的內涵上，人類發展與成長是一重點，唯至 90 年代，性別議題、多元文化的層面（若少數民族的特殊需要）、少數人的議題（如物質濫用、家庭暴力、性侵害、同性戀等）逐漸成為關注的焦點。

簡單來說，由上述歷史的演進，可以歸納出：諮商不同於輔導與傳統的心理治療，他關切的是功能良好的人所遭遇到的發展性與情境性的困難，它是短期的、在解決問題上是有理論基礎的，他的焦點在個人的、社交上的、職業的，以及教育上的議題；諮商師工作於不同的場所，而謹遵其所屬的組織中要求的專業、法律與倫理的規範。諮商的專業發展起始於職業輔導運動，其基礎則有心理評量以及心理學的涉入。在美國，第一次世界大戰後政府的投入、經濟蕭條時期、二次世界大戰，以及蘇聯火箭的升空均對美國諮商專業的發展有著重大的影響。從某個角度來看，美國輔導與諮商的發展是因應時代及社會

環境變遷下的需求，逐步架構出來。

二、臺灣輔導與諮商工作的發展

在臺灣，輔導工作的推動始於民國 43 年的僑生輔導工作，以協助當時返國就讀僑生面對在生活適應以及學習方法上的困難。民國 47 年，由學者專家發起，成立了「中國輔導學會」，此後除發行輔導專業資訊，還配合教育部協助三十一所各級學校進行輔導工作實驗，繼於民國 57 年協助擬定國民中學「指導活動」課程標準及編輯指導活動學生手冊和教師手冊，對臺灣學校輔導工作的推展影響至鉅。

民國 57 年九年國民教育開始實施，於國民中學課程標準中設置「指導活動」一科，在行政組織體系中設置「指導工作推行委員會」，並設置執行秘書及輔導老師，以掌理學校輔導工作的推動。此後，民國 61 年再次修訂指導活動課程標準，民國 72 年大幅修改課程，並將「指導活動」課程名稱改為「輔導活動」。

在國民小學的輔導工作方面，民國 64 年教育部頒布「國民小學課程標準」中始增列「國民小學輔導活動實施要領」，訂定學校輔導目標、實施綱要和方式。其不同於國中之處是未訂定「指導活動」獨立科目和特定時間，而是將實施項目融入各項課程中；但其輔導組織、人員及經費等方面始終出現問題，致使輔導的效能未如理想。直至民國 71 年頒布之「國民教育法施行細則」詳細指出了輔導工作實施要領及輔導組織的編制與員額，72 年省教育廳甄選與培訓輔導主任、73 學年度全面設立輔導室，國民小學輔導工作始進入軌道。

至於高級中學，臺灣省教育廳在民國 61 年訂頒「高級中等學校指導工作實施要點及活動綱要」作為各校實施輔導工作之參考。至民國 68 學年度，教育部明訂高級中學設立輔導工作委員會及設置專任輔導教師，70 年進一步陸續分別訂出輔導委員會的組織和人員編制、輔導工作的實施內容與方法，至 72 學年度止，幾乎所有的高級中學和職業學校都已實施校內輔導工作，73 學年度起且先後設立輔導室、

聘任主任輔導教師或輔導教師。

　　至於大學校院，民國 61 學年度始，教育部頒訂「大專學校學生輔導中心設置辦法」與「學生輔導委員會組織」職責，以利各校實施，且於民國 70 學年度起，將全臺分為四區，由政治大學、臺灣師範大學、彰化師範大學、高雄師範大學成立諮詢中心啟始帶動各區域大學校院和專科學校輔導工作的推行。

　　民國 80 年，教育部鑑於國內青少年犯罪日益嚴重，特別是在學學生犯罪人數增加，加之學校輔導工作雖推動多年，卻不理想，各層級之學校的輔導工作未能整體規劃，缺乏銜接，遂訂定「全國輔導工作六年計畫」，於該年始至 86 年分階段訂立目標與工作項目，力求能「建立輔導體制，統籌規劃輔導工作的發展，有效減少青少年問題，培養國民正確人生觀、促進身心健康、增益社會祥和。」落實於實際層面，其編列經費協助學校充實軟硬體輔導設施，大量辦理教師輔導知能研習；另外，在輔導活動整合方面，建立六大工作範圍，其為「建立以學校為核心之輔導網絡、辦理輔導知能宣傳、實施心理衛生教育、推動問題家庭輔導、以不升學及中輟生為對象而推動之璞玉專案、實施生活及生涯輔導、以問題行為學生為輔導對象推動之朝陽方案。」其後，教育部為接續該六年輔導工作目標之達成，於是於民國 86 年 7 月起續執行第二期之六年計畫「青少年輔導計畫」，工作內涵放在推廣輔導活動、提升相關人員輔導知能，以及建立所需之相關輔導資源。

　　民國 90 年代逐年開始，為配合政府國民教育九年一貫的實施，國民中小學課程內涵統合後劃分為七大學習領域，其中「輔導活動」一科與童軍活動、家政活動和團體活動合併成為「綜合活動」學習領域，期待仍可藉由課程規劃，輔導學生全人發展。

　　由上所述，可看出臺灣學校輔導工作的推動是由政府的決策與立法的強制引導於先，此種發展不同於美國由下而上，相反的，而是上由政府向下推動，在學校的體制內推動輔導。此種方式固然有助於整體學校輔導工作的推動，但是若肩負基礎輔導工作執行者未能對輔導

工作的執行有投入的熱誠和使命感，從事教育工作者未能對教育目的在樹人有正確的認知，一味將教育焦點放在知識的灌輸，再加上可用以及可依憑的的輔導人力不足，則學校輔導工作的推展仍將有非常長的路要走。惟所幸的是在學校輔導工作推動的同時，民間社會及醫療體系之輔導機構發展的更為興旺，若各地的「張老師」、「生命線」、「社區心理衛生中心」，以及專業諮商工作者逐漸投入經營私人協談中心，提供一般人於學校體系外尋求輔導時的可用資源。

第四節　學校輔導工作的內涵

　　學校輔導工作現今已從注重一對一的諮商、小團體，以及等待問題出現再行採取反應式、修補式和危機式的服務，擴充至全面性、預防性，以及發展性的策略服務；而此全面性發展式的輔導企圖辨識學生在不同成長階段所需的技能和經驗；亦即輔導工作需幫助學生在他們的教育上、人際互動上、職業上，以及個人自我上的發展，使之成為一個能負責、極具有生產力的國民。

　　學校輔導老師不僅應有提供危機諮商、有效的個別諮商和規劃帶領小團體的專業素養，他們也當具有如何擔當諮詢和協調工作的能力。而他們服務的對象除學生為主群體外，教職員、行政人員，以及學生家長和所在社區均是學校輔導老師服務的對象。

　　此外，學校內的每個人如果都知道學生的需求，也知道輔導室（中心）因應這些需求所訂定的輔導工作方針和輔導工作人員在其中所扮演的角色，進而能給予支持、配合、利用，甚至將之融入自己的教學理念和與學生互動的生活教育中，則教育即輔導，輔導即教育的精神即能充分發揮了。是故，一個學校輔導工作要能有效的推動，事實上是學校中每一人士，導師、專任教師、各處室行政主管工作人員，不論他是否是主其事的輔導老師，都知道輔導是人人有責。

一、學校輔導老師宜具備的工作知能

學校諮商師需具備的知識與能力有下：

㈠知識部分

人類發展的理論和概念、個別諮商理論、團體諮商理論與技巧、家庭諮商理論與技巧、生涯決定理論與技巧、動機理論、學習理論、文化對個人發展與行為之影響、心理評量理論與實施、諮詢理論與技巧、與諮商有關的法律與倫理議題，以及方案發展模式。

㈡技能部分

能診斷學生的需求、進行個別諮商、團體諮商、生涯諮商、學習輔導、跨文化諮商、與教職員、家長、學生之諮詢、學生心理問題之辨識與進行適當的轉介、執行與解釋成就興趣性向以及人格測驗、能協調推動方案的執行、建立校園支持氣氛、除去或消減學校政策及課程內對弱勢族群及性別上的偏見、計畫及執行教職員之輔導知能和在職訓練、能尋求幫助學生之資源及訊息、能評量諮商方案實施的績效等。

如果參考美國諮商與相關教育訓練機構認證委員會（CACREP, 1993）對學校諮商師應具有的專精知能所定下的要求，可包括下列三個向度：

㈠學校諮商的基礎

其所述及的基本範圍如下：
1. 學校諮商的歷史、哲學，以及趨勢。
2. 學校諮商師的角色與功能，以及其與校內其他專業支持人員的聯結。
3. 適當學校環境配置的知識。

4.學校諮商之倫理規範。

5.與學校諮商有關之政策法律以及立法。

㈡推動學校諮商之環境層面

主要為推動輔導方案所需之協調知能,包括:

1.轉介學生以得到適當的幫助。

2.協調校外資源人士、專家、企業界,以及其他有關機構共同促
成輔導方案推動的成功。

3.將情緒教育統合進入學校整體的課程內。

4.透過全校性的活動與方案的推動以促進正向的學校氣氛。

5.具有為學校教職員以及學生家長規劃,並提出有教育性的方案
的方法。

㈢執行學校諮商的知識與技能

1.方案的發展與評量方面:其懂得運用問卷、訪談,以及調查的
結果,據之以規劃出一整體性、發展性的學校輔導諮商方案,
並能予以評量。

2.諮商與輔導方面:能進行切合學生發展階段需求的個別諮商、
團體諮商、大型的團體輔導,以及同儕助人方案的策略。

3.諮詢方面:其懂得在社區環境內促進團隊工作的方法,以及與
父母或師長進行一對一或小團體的諮詢的知識與技能。

二、學校輔導與諮商工作的推動

此處從成立輔導工作推行委員會、建立學校輔導工作方向,以及
輔導工作實施之內涵和策略予以介紹。

㈠學校輔導工作推行委員會的設立

欲推動有效的學校輔導工作,學校輔導工作推行委員會有其成立

的必要。其成員除輔導專業人員外，宜包括校長、教務處、學生事務處等校內重要單位之行政主管、校內各年級導師及專任教師代表、家長代表，甚至，若可能的話，可加入學生代表。

　　此委員會成立的第一項任務是共同確立該校輔導方針的哲學基礎，亦即其在進行學生輔導時對學生所持的人本信念為何？將把學生帶往何處去？用何種方法？此哲學基礎也同時反應整體學校的教育哲學，反應學校教職員和地方社區的價值觀與信念。在此哲學基礎下，協助輔導室推動各項輔導方案。

　　其次，在輔導室和各單位之間，輔導工作推行委員也是一個可以交互傳遞訊息的媒介；它可幫助輔導室辨識學生之首要需求、推薦所需的輔導工作向度、評量檢核及協助輔導室執行輔導方面的策略，亦可將輔導室之訊息傳達給所有教師，而將所有的校內教育工作者結合在一起。

㈡學校輔導工作方向之建立

　　輔導工作計畫的訂定除(1)遵循學校輔導工作實施之哲學基礎；(2)符合學生所處發展階段的需求，以及所處社會環境的考量，還可；(3)向教師及學生實施需求調查問卷以確切掌握學生之特質及問題。

　　如果從學生發展階段各個層面與角度探討學校輔導工作的方向，宜注意學生下列之成長：

　　1. 生理發展的適應與健康的維持。
　　2. 自我統合的發展（其包含性別、道德、價值觀）。
　　3. 和父母關係中依附與獨立之間的調適。
　　4. 情緒管理與壓力調適。
　　5. 解決問題與做決定技巧的發展。
　　6. 人際互動及溝通技巧的發展。
　　7. 生涯覺知與生涯探索能力的發展。

　　另外，依據美國學校諮商師協會（American School Counselor Association）的領導者指出，完整性的學校輔導計畫亦考量到學生的未

來職業發展，故其等認為輔導工作之規劃當注意到學生三大部分技能的培養，其為：

1. 基本的技能：讀、寫、算、聆聽，以及表達的能力。
2. 思考能力：創造性的思考、做決定、解決問題、能想像、知道如何學習及推理。
3. 個人的特質：展現負責任、自尊、誠實、與人互動的能力、自我之管理以及統整。

其中，他們特別強調學校諮商師要注意學生人際互動的能力和個人的特質的部分。再者，許多的諮商專家相信，如果能夠透過各層級之學校輔導方案，在有系統地並全面地照顧到學生所經歷的各發展階段的狀況，則學生在學習、自我／人際交往上，以及生涯發展方面的需求即能有效地得到滿足。也是在此宗旨下，Myrick（2002）提出八項適用於各級學校輔導方案的目標，其為：

1. 認識學校環境。
2. 瞭解自我和他人。
3. 瞭解態度和行為。
4. 做決定和解決問題的技巧，注意設定目標和作負責任的決定。
5. 發展正向人際互動和溝通的技巧。
6. 發展學校成功的技巧。
7. 增進生涯覺識、發展和教育計畫。
8. 強調社區參與以及社區榮譽。

在臺灣，教育部於民國82年9月頒布的國民小學課程標準提出輔導活動包含之類別與項目，指出國小輔導工作的向度：

生活輔導方面注意：

1. 協助兒童認識並悅納自己。
2. 協助兒童適應家庭生活。
3. 協助兒童認識學校，並適應學校生活。
4. 協助兒童認識人己關係，以增進群性發展。
5. 協助兒童認識社區，並能有效地運用社會資源。

6. 協助兒童增進價值判斷與解決問題的能力。

7. 輔導兒童培養民主法治之素養並協助其過有效的公民生活。

8. 輔導兒童妥善安排並運用休閒生活，增進兒童活潑快樂的生活情趣。

9. 培養兒童正確的職業觀念與勤勞的生活習慣。

10. 輔導情緒困擾等適應欠佳兒童，以疏導其情緒，矯正其行為。

11. 協助特殊兒童開發潛能，並輔導其人格與社會生活正常發展。

學習輔導方面：

1. 協助兒童培養濃厚的學習興趣。

2. 協助兒童建立正確的學習觀念與態度。

3. 協助兒童發展學習的能力。

4. 協助兒童養成良好的學習習慣與有效的學習方法。

5. 協助兒童培養適應及改善學習環境的能力。

6. 特殊兒童的學習輔導。

7. 輔導兒童升學。

在國中方面，民國 83 年 10 月頒布的國民中學輔導活動課程標準提出輔導活動之內涵為：

1. 協助學生瞭解自我的能力、性向、興趣及人格特質，並認識所處的環境，以發展自我、適應環境、規劃未來，促進自我實現。

2. 協助學生培養主動積極的學習態度、養成良好的學習習慣，以增進學習興趣、提高學習成就、開發個人潛能。

3. 協助學生學習人際交往的技巧、發展價值判斷的能力、培養良好的生活習慣，以和諧人際關係建立正確的人生觀，以適應社會。

4. 協助學生生涯發展的理念，增進生涯覺知及探索的能力、學習生涯抉擇與規劃的技巧，以為未來生涯發展做準備，豐富個人人生、促進社會進步。

民國 90 年始，九年一貫教育實施國民中小學課程改革，其綜合活動學習領域強調學生有四大學習主軸，即認識自我、經營生活、參

與社會和保護自我與環境。

　　高級中學方面，依照高級中學法及其學生輔導辦法之條例，高中輔導工作亦強調輔導學生能力、性向及興趣的適性發展；輔導工作之目標在於協助學生培養崇高之理想、良好之生活習慣、適當之學習態度與方法、瞭解自己所具條件、認識環境、適應社會、正確選擇升學或就業之方向。

　　由上所述之教育部所頒課程標準或條例之內涵，可以看出臺灣中小學校輔導強調之重點與美國學校所著重的輔導工作重點向度差異不大。

　　至於大學院校學生輔導工作關切的焦點，可以參酌國內民國 70 和 80 年代對大專生之需求所做之調查性研究的結果，歸納出以下之工作內涵：

1. 自我探索：自我瞭解（價值澄清）、自我悅納、自我肯定、自我認同。
2. 人際互動：溝通技巧、衝突處理。
3. 兩性交往：擇偶、家庭與婚姻、性別角色。
4. 生涯發展：轉校或轉系、職業選擇、生涯決策能力。
5. 學習技巧：問題解決、時間管理。
6. 生活適應：生活目標、情緒管理、心理獨立、壓力調適。

　　教育部於民國 80 年針對我國現今青少年心理特質與其所面對的環境，提出之「輔導工作六年計畫」亦可成為輔導工作推動關注的焦點。茲將其所述的青少年問題中呈現之心理特質與行為現象略敘於下：

1. 青少年生活困擾多，且以課業及感情問題最為顯著。
2. 情緒管理不佳，心理狀況不理想。
3. 抱負水準低，挫折容忍度亦降低。
4. 發展「個人色彩的價值體系」，而道德認知發展卻有待加強。
5. 青少年性教育有待加強。
6. 偏差行為仍然嚴重，校園暴力頻傳，校園犯罪以偷竊、暴力、麻藥最多。

在青少年所面對的環境方面：

1. 家庭方面：單親家庭人口逐年上升，再婚家庭子女適應不良；父母缺乏管教自信心；家長與學校教師時有衝突。

2. 社會方面：社會功利主義盛行、社會色情資訊氾濫、錯誤資訊迷亂青少年、校園及社會暴力行為頻傳。

　　綜合而言，學校輔導工作之內涵以建基在輔導哲學理念、受輔學生在生理發展、認知發展、與心理層面的自我情緒發展、社會化、性別角色的發展、道德和價值觀的建立，及對未來生涯的規劃等發展上需求，以及學生所處之學校家庭社會生活環境的特質，以務實的角度形成輔導工作發展之方向；也因此，各個層級，甚至不同的學校輔導單位均當有其不同的服務特色與風格。

㈢學校輔導工作推動的方式

　　實施方式可依對象分，一為針對學生所提供的服務：包括進行個別諮商、團體輔導（含各年級之班級輔導活動課程）、團體諮商、心理測驗的實施及講解、同儕輔導、輔導資料之提供及展覽、輔導信箱（含網路信箱），以及校外資源轉介。

　　針對學生家長方面，則除提供父母在教養孩子所需的諮詢，更進一步針對若干父母提供親職教育。

　　另外針對校內教職員方面：就班級經營、師生互動、學生身心發展狀況及問題方面之瞭解與處理，安排校內教師輔導知能研習與諮詢服務；此外，安排經驗豐富之教師做經驗之傳承，以助新進教師快速適應與掌握學校教育環境。再者，協調校內行政單位以利輔導任務的達成，譬如個案輔導、校園危機處理、必要時與對外心理衛生醫療機構、社會福利機構以及職業訓練單位的聯繫和轉介、特殊學生（如學習障礙、情緒障礙、資賦優異、特殊才能學生等）之篩選與培育、配合校內其他單位規劃執行新生輔導和家長會、適時提供各行政主管瞭解輔導室之工作計畫與執行效果。甚者，尋求社區相關機構單位之人力支援、經費補助、訓練機會以突破學校輔導工作推展的困難。

以下僅就針對學生單方面輔導所採用之方法：個別諮商、團體輔導（含班級輔導）、團體諮商，以及心理測驗評量予以介紹說明。

1. 個別心理諮商

有些學生不喜歡將自己關切的議題告訴父母、同儕或師長，更遑論在課堂上、小團體裡開放，個別諮商即是一個很適合的輔導方式。學生除主動就自己關切的問題尋求晤談，亦有的由老師或校內其他單位考量學生特種狀況，譬如自傷、他傷之學生、藥物濫用、未婚懷孕、家庭暴力、受虐之孩童、希望學生得到個別的輔導而將之轉介到輔導中心。

一般而言，學生至輔導中心晤談的主題環繞著學生發展階段關切的議題，其包括學業的困擾、情緒的困擾、自我的成長、人際的相處、兩性的議題、生涯的規劃、家庭的問題等。諮商師採用晤談的方式宜考量學生的發展階段及個人特質使用不同的介入方式進行，對於年幼的學童，更宜採行遊戲治療的方式，將有別於一般純然的口語對談。此外基於學校體系之考量，短期諮商策略常是諮商師必要的考量。

2. 團體輔導、團體諮商

在學校輔導人力不足的先天條件下，如何能對最大多數的學生提供服務，團體輔導（諮商）不失為一個可以採行的作法。加之團體輔導（諮商）與個別諮商相較，更能透過對其他成員的觀察和互動經驗，而發揮替代性學習以及提供相互支持的功能。

在學校體系，新生之始業輔導、生涯方向之探索、學習方式之探討、學習態度之培育、人際關係之建立、兩性角色以及關係建立之瞭解、時間之管理、壓力管理、情緒管理、休閒方式之探討、生命意義之探討、瞭解自我等任何一個主題均可依理論發展設計成一套完整的方案，用團體的方式進行輔導。在臺灣，過去國民中學課程規劃之「輔導活動」學科即企圖以班級的型態進行團體輔導，在實施九年一貫教育後，中小學仍透過「綜合活動」學習領域進行團體輔導，期望透過長期的課程規劃以促進學生的成長和發展，尤其在培育健全的人

格方面。基本上，團體輔導希望能發揮發展性和預防性的功能，以下列舉彰化師範大學規劃班級團體輔導之一企畫主題表（見表 9-1），以說明大學階段推動班級輔導可以包含之重點。

表 9-1　國立彰化師範大學導師時間之班級團體輔導實施主題一覽表

輔導主題	一年級	二年級	三年級	四年級
自我發展	自我探索與瞭解	自我確認	自我成長	達成圓滿自我認同
人際關係	1. 建立校園人際關係 2. 學習處理獨立與依賴問題	異性交友輔導	親密關係輔導	社會新鮮人輔導
環境互動	認識校內外資源	參與校園服務	1. 擴大校園服務 2. 嘗試社團服務	社區服務與生涯發展整合
學習與學術發展	1. 認識課程 2. 建立學習目標 3. 增進學習策略與技巧	1. 擴大選課領域 2. 試探專業方向 3. 增進考試技巧	1. 確定專業重點 2. 壓力管理	1. 精熟專業重點 2. 準備各種進路考試
社團活動	認識與選擇社團	參與社團活動、發現個人潛能與性向	參與社團活動、發現個人潛能與性向	統整專業課程與潛藏課程之學習經驗
生涯規劃	建立大學四年生活目標	探索自我與生涯關聯	認識有關的工作與職業資料	1. 形成個人未來生涯計畫 2. 就業安置 3. 升學輔導

引自「國立彰化師範大學導師時間及班級活動實施細則」

　　若需協助對上述議題有特殊需求之學生，則可採團體諮商之方式深入地探索。其他如遭逢父母離異、同儕死亡等生活中重大變故而明顯受到衝擊的孩子、缺乏社會技巧而呈現退縮或攻擊性強之學生、自我概念差的學生、處於高壓力緊繃狀態的學生，以及其他種種位列高

危險群之學生，不是單純仰靠提供知識即可將其問題解決，均可利用團體諮商方式，從認知、情緒、行為等角度切入處理，以預防其等問題之惡化和發揮矯治的效能。

3.心理測驗評量

心理評量具有評估、診斷和預測的功能，可幫助教師掌握學生發展上的個別差異，作為教學與輔導上參考的依據。測驗的結果亦可幫助學生瞭解自己的能力、人格特質、興趣、性向和成就層級，輔導老師若能再適時提供個人與社會互動上的、教育進程上的、職業發展上的、工作市場上的訊息，將有利學生規劃自己短期、中期和長期的生涯目標和行動計畫。

民國83年8月教育部考量著作版權，審定可用於國內學校之心理測驗計63種；民國87年揚棄民國75年以前的老舊測驗，加上新編製的，當時可用的測驗計有41種。現今測驗的數量已不止於此。

基本上心理評量的類別有：智力測驗、性向測驗、成就測驗、人格測驗、興趣測驗、發展篩選測驗、適應量表、社交計量等。使用何種測驗需視目的而定，譬如如果想幫助學生釐清自己的生涯走向，實施性向測驗、興趣測驗、價值觀量表等也許是不錯的選擇；如果想找出學生學習上的困難所在，則需運用智力測驗、學習適應、態度等診斷方面的測驗。不過測驗的抉擇還要注意輔導的對象為誰與其對自我瞭解的程度，做測驗的動機和對測驗結果的期待，因此施測前輔導老師與當事人的討論極其重要。

測驗實施有以團體施測和個別一對一的施測方式，測驗結果解釋亦有以團體解說和一對一的解說，不論是採團體或是個人方式，測驗的施測與解釋均以受過專業訓練者執行較宜，他們具備統計學以及測驗的概念，亦具有與受測對象進行進一步探討與諮商的能力，能和受測者共同尋求測驗結果的意涵。如果是採取團體解釋，僅能宣告測驗的目的、常模，以及測驗分數的意義，而不可公布學生個別的測驗分數。若讓導師或家長知道，需不違背保密的原則，同時在解釋時，需

將學生學習背景資源、動機、學業表現統合予以解說，萬不可憑藉一單獨的測驗分數對學生予以標籤。

第五節　諮商實務

　　所有的輔導與諮商，其運作的基本要點均脫離不出在進行個別諮商和團體諮商的注意事項，以下分別就個別諮商和團體諮商之運作予以說明。

一、個別諮商之模式

　　個別諮商之進行方式一般分為三個階段：導向和評量之階段、探索和洞察階段，以及行動階段。

㈠導向和評量之階段

　　初始的導向及評量階段放在彼此熟悉、形成一工作同盟之助人關係、澄清角色和期待、蒐集背景訊息、形成初步的評量和訂定工作目標。對大部分的個案而言，較缺乏與專業的諮商師晤談的經驗，也因而對諮商師扮演的角色、自己該採取何種態度，以及可以對諮商秉持何種期待並不清楚。所以，初次與個案碰面，諮商師需和個案討論彼此的角色和進行的方式以為後續的諮商建立工作互動的基石。此外，兩相互動除口語的交換，注意初始碰面個案非口語傳遞的訊息常彰顯個案內在所處的心態，此心態對諮商的行進常有相當的影響。一般來說，面對由他人轉介來的個案其諮商的起始方式是不同於自行前來要求諮商的個案，前者有較多的防衛和抗拒，後者固然有開口敘述的焦慮，但基本上其起始諮商所需的破冰時間較短，當減少不必要的寒暄與再保證，前者則需善用同理心的技巧，進一步引導，澄清以化解僵局，進入正題。

　　有的學校輔導單位將第一次的會面作為初次接案看待，蒐集一般

以及一些特定訊息，以澄清學生尋求諮商的理由，亦有助於諮商的診斷和諮商進行決策的建立，以及諮商師的分派。不過大部分的學校輔導老師在上述諮商的導向與定位之後，即直接進入諮商。

　　若是決定需對個案狀態進行評量，則典型將焦點放在七個向度上：生理上、社交上、認知上、文化上、成長史上、未來的狀況，以及現在呈現的問題。部分評量的訊息僅簡單的詢問個案若干問題，然而，大部分訊息的獲得，來自在幫助個案敘述自我狀況的過程中仔細的傾聽。在此導向和評量的階段，同時是諮商師企圖與個案建立工作同盟的重要時期。

㈡探索與洞察階段

　　當諮商師對個案狀態有了初步的瞭解之後，進一步，就個案來談之議題協助個案進行探索以及協助其找尋事件的意義、得到洞察、發現一些新的想法和可以採取的作法。諮商師可透過各類適用之諮商學派之方法，蒐集個案過去、現在和未來的想法、感受和行為反應，以提供個案完整的圖像，並協助個案從外在的參考架構移向內在的參考架構及達到瞭解自我。進一步，則協助個案辨識其個人生活所想要的目標，將之澄清並意義化。

㈢行動與終結階段

　　一旦個案的目標確定，協助個案訂定行動計畫，以引發並培養出其正向的行為。在此階段，諮商師與個案討論行動方向、進行角色扮演和所需技巧之演練，評估可採取的各種作法的適切性，並協助個案逐漸將諮商中所習得的向真實生活中遷移。當諮商的效果出現，個案的議題解決，諮商即可終止，如個案的議題非諮商師所能勝任，亦當在獲得個案之許可下，採取適當之步驟，迅即轉介至適任之助人工作者。

☺ 笑話 2

一位同學來找諮商師，她說：「老師，你一定要幫幫我，每次考試我都會作弊，之後，又覺得很自責，覺得自己很差勁，以致心情總是很不好。」諮商師說：「看來你對自己已有了覺悟，想要控制自己的不當行為。」學生說：「老師，拜託！才不是呢！我是要請你幫我看看怎麼樣才不會事後自責又心情不好。」

二、團體諮商之進行

團體諮商的理論雖源自個別諮商理論，但其對團體動力的重視使其能憑依人際互動發揮效能，而與個別諮商不同。茲將團體諮商運作出現的發展歷程說明如下：

㈠團體形成階段

根據服務對象之需求構思帶領何種團體，再參酌對該團體主題之瞭解、相關之諮商理論，以及服務對象所處發展階段之考量設計團體方案。至於如何決定團體參與的人數，一般除考量成員的發展階段和心理功能，團體實際可運作的時間長短以及進行的深度，均是決定的因素，而且人數不可多到影響每一位成員參與的機會，亦不可少到影響團體的動力無法產生。而關於如何招募成員？在學校體系常透過教師的推薦，或利用海報宣傳由學生自行報名參加；篩選的標準以團體目標符合參與者之個人目標，參加者確實可以從團體中獲益，且對團體的運作不會有不良的影響來考量，因為有些人更適於以個別諮商來處理其關切的議題。對於團體聚會時間的長短和次數，通常受到可利用的時間的限制，但以能完成團體目標為依據。

對所有的準成員，團體領導者宜充分告知其有關團體運作的資訊及要求，尤其對非志願參與的成員。祇有在成員對團體有正確的瞭解和期待下，團體順利的運作才有可能。

(二)開始階段

　　所有的團體都會歷經開始階段，此時團體工作的重點為「導向」，包含再次釐清團體目標、個人目標、團體進行的方式、團體的規範，以及協助成員認識領導者和成員間之相互認識，以建立成員對團體的安全感。

(三)轉換階段

　　在團體進入工作期之前，特別是「低結構式」的團體，通常會經歷一所謂的「暴風雨」的轉換階段，此階段典型的特質為團體呈現焦慮、防衛、抗拒、想要控制、成員間起衝突，以及出現挑戰領導者等各式問題行為。對領導者而言該階段是一極大的挑戰，此階段處理的成功與否將影響團體是否會邁入工作階段。作為一個領導者，需以開放、敏感、接納、鼓勵、催化的態度，協助團體建立良好互動的直接溝通模式，進而創造可以工作的氣氛。

(四)工作階段

　　通過在團體中的抗拒掙扎階段，成員在團體中更具安全感和信任感，團體的凝聚力形成，成員在團體中更為開放，也更願意針對自己的議題工作。此時的領導者宜憑藉諮商理論與技術，利用團體動力及團體資源，協助成員探索自我或自我與其關切的議題間之關係，獲得洞察、找到面對的方式或因應的方法。

(五)結束階段

　　團體結束期的重要任務為鞏固成員在團體中的學習和所獲，以及決定如何將在團體中新習得的行為運用在日常生活中。因此在此階段，團體領導者的工作包括運用各種方法，譬如角色扮演，以協助成員嫻熟新習得的行為模式、協助成員檢視團體的經驗及意義、透過成員間的相互回饋能彼此激勵，增強所學。此外，宜鼓勵成員在向團體

道再見前，儘速修通其在團體中的未完成事件，以及處理成員因著團體的結束而產生的分離情緒，若有必要，團體後的追蹤亦可安排，以評估團體成員改變和成長的情形。

三、輔導人員工作之倫理守則

　　作為一位助人專業工作者，其服務的目的在協助服務的對象能覺察屬於其個人的尊嚴、潛能及人格特質，能充分運用其天賦資源面對生活上的問題，營造健康的生活。為顧及服務對象的福祉，國內外助人專業協會均訂有專業倫理守則，其提示助人者的專業責任、當事人的基本權益，亦對諮商關係、諮商機密、團體輔導與諮商、測驗與評量、研究與出版、諮詢服務、青少年輔導、諮商師教育與督導方面有清楚的規範條列。

　　茲參考中國輔導學會訂定之會員專業倫理守則，摘取若干與學校輔導工作者有關之規範介紹如下：

㈠從事輔導與諮商工作時，不得利用當事人滿足自己的需要或圖利他人。

㈡在學校或其他機構服務者，宜把輔導與行政角色劃清界線，把行政資料與諮商資料分開處理，不得任意將資料公開。

㈢凡是諮商關係中所獲得的資料，包括諮商紀錄、錄音、錄影，以及往來信函、有關文件、測驗結果及解釋等資料，均屬機密，應妥為保管，嚴禁外洩。因故必須提供有關人員參考時，須先徵得當事人同意，提閱資料者亦有保密責任。

㈣當事人有接受或拒絕輔導或諮商的權利，不得強制、利誘、歧視或拒絕。

㈤帶領團體時，領導者不要為自我表現，選用具危險性或超越自己知能或經驗的技術或活動，以免造成團員身心的傷害。倘若為團員之利益，需要採用某種具挑戰性技術或活動時，應先熟悉該項技術或活動之操作技巧，並事先做好適當的安全措施。

㈥為避免輔導未成年之當事人時可能涉及的權責問題，宜在家長、監護人及關係人之間，預先做好協調工作，分清各人之義務與權責，以利專業輔導工作之進行。

㈦青少年的自由決定權利亦應受到尊重。在諮商關係中，應審慎衡鑑當事人的自由抉擇能力，並對其抉擇之後果的利弊予以衡量比較。必要時，應做適當的價值澄清，協助當事人建立較正確的價值觀，並做較明智的決定。

㈧處理青少年的問題時，宜考慮多方面的人事因素，及關係人的法律及倫理責任，以及諮商師本身的專業職責，在不違背諮商保密原則下，與所有關係人做好適當的溝通與協商。

第六節　諮商理論簡介

　　諮商理論建基於哲學與心理學中對人的看法，及對人格和行為發展的主張，所導引出的一套可依循的過程，其含應用的方法、技術、和活動，以與當事人互動，進而達到諮商效果。據估計約有四百多種的心理治療理論，此處僅扼要的介紹精神分析學派、阿德勒學派、個人中心學派、完形學派治療法、存在主義治療法、認知治療學派、行為治療學派、現實治療法、心理劇、家族系統治療，以及敘事諮商。

一、精神分析學派

　　精神分析學派由 Sigmund Freud（1856-1939）所發展出來，該學派在心理病理以及心理治療的歷程方面有其獨特的立論。認為人的行為受制於心理能量，重視心理動力因素對行為的觸發力量，強調潛意識的重要，人為了應付焦慮及保護自我而採用許多的自我防衛機轉，更提出著稱的性心理發展階段。在治療策略上，著重童年經驗的重建、注意轉移（transference）與反轉移（counter-transference）、採用自由聯想、夢的解析、抗拒的解釋與分析。對後來的許多心理治療學派頗

具影響力。

　　晚近發展，歸屬於新精神分析學派的客體關係理論（object-relations theory）和自我理論（self-psychology），更清楚地指出當事人過去和重要他人的交互作用，以及早期經驗和現在的人際關係的糾結，促使治療者注意當事人在分離／個別化、親密、依賴、獨立、認同，以及在自戀性人格特質和邊緣性人格特質等上面的問題。

二、阿德勒學派

　　Alfred Alder（1870-1937）為創始人，其學說也稱為個體心理學（Individual psychology），認為人格有其完整性以及不可分割的特性，主張人類行為非受性驅力所促動，行為皆有目的，是目標導向的，意識才是人格的核心而非潛意識。他雖然同意人受生物和環境條件的影響，但他強調抉擇、責任、追求優越與意義，以及社會興趣（social interest）的發展。每個人在追求有意義的目標之時，發展出個人獨特的生活型態（life style），惟此生活方式受到早年家庭互動的影響，尤其是生命最初六年的經驗。Alder 更提出家庭星座（family constellation），指出出生序對個人心理狀態的影響。

　　Alder學派在治療層面，蒐集當事人的家庭星座、早期記憶、夢，以及在行為模式和慣有想法上的優先選擇（first priority）來探索當事人的動力，也瞭解當事人之生活型態。過程中著重支持、給與鼓勵、使用解釋、使用面質、強調內省，以及幫助當事人做新的決定。

三、個人中心學派

　　創始人為 Carl Rogers（1902-1987），是人文主義中極具代表性的人物，認為人內在的成長力基本上是正向的、向前進的、有建設性的，以及值得信賴的。如果未受到阻礙，個體將會根據其內在與外在的經驗組織成一個統合的人，這也是一個自我實現（self actualization）

的歷程；可惜的是不健康的社會或心理影響因素常阻礙了個人去實現他的潛能。個人內在的衝突起於其內在有機體的需求以及自我需要獲得環境當中重要他人（significant others）正向關懷間的不一致，個人可能此時的成長是為了滿足他人的要求，而非自己內在有機體真正的需求。也因而在諮商情境中，諮商師若能夠提供一個外在環境極少提供的建設性的人際關係；即諮商師是⑴真誠的，一致的；⑵無條件積極的關懷，以及；⑶正確同理的瞭解當事人，則當事人較能減少防衛，對經驗開放，與現在的感覺接觸，面對被自己隱藏的，不論是正向的或是負面的自我層面，也更能不受過去約束或限定，更能自由做決定，和找出有效處理自己生活的方法。

　　Rogers 拒絕使用診斷、測驗，以及其他的技巧，他的晤談方式傾向非指導性的，著重傾聽及反映當事人所說的。簡單而言，個人中心治療學派治療的焦點不在治療者的技術，而在治療者的個人特質、信念與態度，以及營造出的治療關係。

四、完形學派治療法

　　Fritz Perls（1893-1970）為創始人，此學派強調的是完整的知覺，認為人有自我實現的傾向，惟其需透過個人與環境的互動以及自我覺察的開展。完形學派也認為人們是環繞在他四周事件的主角，而非對事件的反應者。整體而言，完形學派的的觀點是存在的、經驗的，以及現象的。一個人如何發現不同層面的自己，那是透過經驗，以及個人對其生命中最重要的某一時刻所做的自我評量和解釋。

　　依照完形學派的理論，許多人的問題是過於依賴大腦進行智識性的活動，如此削減了情緒以及感官的重要性，限制了一個人對不同情況反應的能力。至於另一個許多人常出現的問題是人們許多早期的想法、情緒以及反應（即所謂的未完成事件）仍在影響人的功能，以及干擾他們現行的生活。祇不過對完形學派治療師而言，這些困境仍存在於人們的意識層面，而非在潛意識層面。健康的個體是可以注意到

自己生理上的癥候所透露出來的訊息，如胃痛；也能覺知自己的限制，如逃避與人之間的衝突，面對這些情境，他們能準確地對焦出自己的需求，即形成圖像（figure），而將其餘的需求退為背景（background），當需求得到滿足，或說達到完形（gestalt），圖像即會退為背景，而另一新的需求（圖像）可能升起成為焦點。此種功能需要人們能辨識其內在的需求為何，以及知道如何掌握這些需求和環境。也因而覺察力的擴展被視為具有治療作用，有了覺察力，當事人可以將他們內在處於衝突的兩面予以整合。

　　簡言之，完形治療學派強調對此時此地的覺識（aware），注意當事人表現什麼行為，如何表現行為，以及阻礙現在發揮有效功能的過去事務。完形治療亦使用許多的技術，如「用空椅子對話」、「繞圈子敘說」、「預演」、「誇張」……，要當事人直接以體驗取代抽象的談論，接受個人的責任，進而統合覺察，有效展現治療功能。

五、存在主義治療

　　存在主義治療較被適合理解為一種從事諮商工作者的哲學取向，而非具有特定技術的治療學派；興起於 1940 到 1950 年代，在當時的社會背景，病人很少因歇斯底里的症狀來求助，大部分都是對生活沒有方向，不知生命意義而來，而當時位居主流的傳統精神分析治療師及行為主義學派治療師並無法適切地協助個案，因而促使主張人是主動、有潛能存在，以及有自由意志的有機體之存在主義心理治療的興起。

　　存在主義心理治療目前常被提及的重要人物有 Viktor Frankl、Rollo May 及 Irvin D. Yalom。存在主義治療有六個基本命題：1. 人有自我覺察的能力；2. 人擁有選擇的自由，也必須承擔其伴隨著而來的責任；3. 人追求自我的認同以及和他人的關係；4. 人追尋存在以及生活的意義；5. 焦慮是人生活的一種狀態；6. 人透過面對死亡與無存的覺察能建立其生活的意義。

　　至於諮商師與當事人晤談，會注意：1.協助當事人辨識其對世界的假定，也就是讓當事人檢定自己的價值觀、信念，以及那些評斷自己能力的假設；此外，也邀請當事人釐清其以何種方式來知覺自己的存在以及自己存在的意義。2.協助當事人瞭解個人價值系統的來源，而引發當事人新的頓悟。3.鼓勵當事人將在諮商過程中所學的化為實際行動，而活得更有意義。

六、認知治療學派

　　以 Aaron Beck 的認知治療法（Cognitive Therapy）和 Albert Ellis 的理性情緒行為治療法（Rational Emotive Behavioral Therapy）最為著稱，然後者已被列為認知行為治療學派。二者的認知理論均注重想法，認為思想會干擾情緒及行為，假如一個人能改變他的想法，情緒和行為也將隨之得以調整，也因而他們均協助當事人瞭解並放棄自我挫敗的認知。

　　認知治療者教導當事人透過評估的歷程辨認出扭曲與導致功能障礙的認知，譬如注意獨斷地推論、選擇性的偏差推論、過度類化、擴大與誇張、兩極化的思考，以及個己化（personalization）等。透過治療者和當事人之間的合作，當事人學會分辨他們自己的想法和現實間的差距，瞭解認知對自己的情感、行為，甚至生活環境中事件的影響力。當事人在教導下監控自己的想法與假定，特別是他們負向的「自動化思考」。最後學會以合乎實際的、正確的解釋取代並改變他們偏差的認知。

　　Ellis 的理性情緒行為學派首先瞭解當事人關切的事件所引發當事人的負面情緒是健康的，還是不健康的？不健康的負面情緒包括：焦慮、沮喪、罪惡感、羞恥、氣憤、受傷、悲觀的、猜疑的、嫉妒和不健康的羨妒。進而幫助當事人藉由情緒的探索找出作用其間的信念、評價和解釋；也就是去認出那些由自我教導所秉持的非理性信念，這些信念顯現出強求（demanding）、這個世界應該、必須、一定要是怎

樣、或是自我威脅、自我貶抑的屬性。再進行對此非理性信念的駁斥，讓當事人看到自己信念的不可變通、不合邏輯、與事實不符、或是其如何阻礙了自己健康的、積極性目標的達成。期能藉由對非理性信念的檢核，幫助當事人打消非理性信念，同時建立起理性的信念。

除此，治療者常給與當事人家庭作業，這些家庭作業將系統減敏感法、技能訓練、肯定訓練、自我管理、獎懲原則等屬於行為治療方法上的技術納入其中，以進一步強化當事人能在真實生活情境中落實減少自我挫敗的思考行徑。

七、行為治療法

現行的行為學派出於三個領域： 1. 古典制約：蘇俄 Ivan Pavlov（1849-1936）是主張該理論的重要人物，發現當中性的刺激與另一能引發反應的刺激聯結，也能逐漸引發與該反應相似的反應；類化、辨別和消弱等作用是古典條件化制約歷程的重要現象。 2. 操作制約：由 B. F. Skinner（1904-1990）提出，他的操作條件化歷程的基本原理是：透過操縱環境中強化物的的給與而控制行為，治療的步驟建基在明顯的行為和其產生的結果之間聯結的操弄。 3. 社會學習理論（social learning theory）：出於 Albert Bandura（1925-），認為環境事件對行為的影響大部分取決於認知的歷程，也就是環境發揮的影響力受控於它們如何被知覺，以及人們如何詮釋它。行為、認知歷程和環境因素三者呈現交相互動的影響。

事實上，行為學派做了許多改變，也有相當大的擴展，它不再祇是植基於可見行為的分析，也認可想法的影響性，甚至在處理行為問題時，讓認知因素扮演著中心的角色。不過基本而言，諮商師的功能就好像一位教師、指導者、增強者、催化員或諮詢者。當事人在治療之初就與諮商師共同設定了明確的目標，且訂定契約，在治療過程中則不斷地進行評估，以測定目標達成的程度。至於治療的技術，最常提及的有：鬆弛訓練、系統減敏感法、內爆治療法（implosive therapy）、嫌惡治療法（aversive therapy）、代幣制度、示範法（modeling methods）、各種形式之獎懲、自我肯定訓練、自我管理方案等。

八、現實治療法

　　William Glasser（1925-）為創始者。其所秉持的理念是：人類的行為是有目的性的，且這些行為起始於個人的內在，而非源於外在環境的力量。雖然外在的環境力量會影響我們的決定，但是我們的行為是完完全全地被自己內在的力量所引動，並且我們的所作所為，是我們為滿足欲望時、為有效控制自己的生活時，自認為最有效的方法。所以是我們選擇自己的行為，也因而我們不僅應為我們正在做的事負責任，也應為我們所思及所感負責任。

　　Glasser也指出每個人的內在有一健康和成長的力量，此力量表現在一種生存所仰賴的生理需求上，以及另一種想獲得有意義的、成功的自我認同的心理需求上。

　　基於上述，在導向當事人改變的晤談過程中，首先著眼於探詢當事人的欲求物、心理需求和知覺。其次，專注於當事人當前的行為，當前正在做什麼？以及引導當事人評鑑自己的行為在滿足自己的需求時是否適當？進而協助當事人訂立一有系統的改變計畫，並許下去實踐的承諾。整個的晤談儘量協助當事人獲得成功的經驗及為自己的選擇與行動承擔起責任，不接受當事人未能執行計畫的藉口，也不使用懲罰策略，更拒絕因當事人的失敗而放棄當事人。現實治療師擔負起教師角色和楷模角色，也因而在教育的體系中非常適用。

九、心理劇

　　J. L. Moreno（1889-1974）創立，係在團體內利用角色扮演的方法進行一種自發的、心理層面的演劇，不似一般的心理諮商學派，以口頭方式進行個人問題的探討，而是直接以行動取向的方法鋪陳問題，

此問題或屬於個體正在應付過去所發生的事件，或是正在思慮的將來的事件，均將其以發生在此時此地的情境中展現。透過演劇，不僅個體成員，甚至團體成員均可能使其壓抑的情緒得到某種程度的宣洩，且進而對問題情境有更清楚的認識。

心理劇由幾個要素組成：1.導演。該角色是製作者、催化者／促進者，以及觀察者／分析者。導演帶動團體氣氛，協助主角的出現、確立主角個人目標，幫助劇情發展，促進其情感的自由表達以及體驗，保護主角，並組織演劇結束後團體之分享。2.主角。其是自願擔任或是由團體和導演選出來的。心理劇的主題即由主角選擇所要探討的事件。3.輔角。其是指在團體中輔助導演和主角進行心理劇的成員，由主角挑出或由導演選出；扮演的角色多屬主角生活中具有重要意義的人物以及主角自我的替身。4.觀眾。即在團體中未擔任主角、也未擔當輔角的成員，祇是以觀眾的身分參與；不過他們可以藉由對主角演劇的認同以及同理而得到自我情感的釋放和洞察，且在演劇結束團體分享之際，提供主角有價值的支持。

心理劇包括三個階段：1.暖身階段。在導演引導、誘發下協助團體成員形成個人的目標和參與演劇所需的自發性。此外，當主角出現，藉由導引主角建立起一些重要事件發生的場景亦屬之。2.演出階段。在此階段導演協助主角將問題予以明確化，引領主角選擇輔角，利用各種技巧，如獨白、角色互換、鏡照技巧、未來投射……技巧幫助主角對自己的問題進行探索。此階段可能由一個至幾個場景組成，端依問題的連帶關係，不過常由一些表象的問題轉入核心，也就是更深層的、真正的問題。3.分享階段。個人演劇結束，導演要求團體參與者分享，此分享必須是個人化的、非批判式的、非建議的、非分析的、也不做解釋，其目的祇在給主角支持，而且當成員分享他們如何受到心理劇的影響時，他們也正在進行自身的參與、透明化和成長。

心理劇的角色扮演和帶領之技術常為其他形式之團體，譬如行為治療團體、完形治療團體等所引用，而其行動取向的方法，注意自發和創造性，以及落實於此時此地的作法更提供給諮商領域寬廣的運作

空間。

☺ **笑話**3

　　小明抱怨說：「我們老師總是給我們找麻煩」

　　個人中心學派的諮商師回答：「你一定覺得很厭煩」

　　行為主義學派的諮商師說：「來！我們先衡量一下麻煩的重量，再來看看如何對他產生麻木感。」

　　擅長心理劇的諮商師說：「嗯！你先來演一下你的老師給麻煩！體驗一下威風的感覺。」

十、家族系統治療

　　家族系統治療有許多不同的取向，例如心理動力取向、經驗／人本治療取向、結構取向、溝通與策略取向、米蘭系統取向、行為／認知取向……；被視為在心理動力、行為學派和人文主義三大個人諮商學派之後，諮商領域中的第四勢力。不同於其他個別諮商學派，此派治療的焦點放在一個人成長的環境，而非個體，重視個人生活中的基礎人際關係——家庭，個人出現的症狀常被視為是家庭中一項失功能或失衡的表現，而非個人不良適應或在心理社會發展上出現問題。所以處理一個人所謂的「問題行為」必須與其生活的家庭系統有所連結，且在此系統中作處理，也就是需將家庭中的所有人，各次級系統相互間的互動關係都納括進入同時處理。此外家族系統治療也關注家庭所訂的「規範」、系統間「界線」滲透的程度、溝通狀況、代間傳遞。

　　就大部分的家族治療學派而言，治療的主要目標在幫助家中成員能對不良的關係模式有所覺察，進而能找到新的、有功能的互動方式；當然，也有些將焦點放在解決家庭期待處理的問題上。至於治療師擔任的角色，或扮演教師、教練、示範者或諮詢者。對在學校體系從事輔導工作的人而言，家族治療學派提供了一個新的視野去瞭解

「問題」學生的問題和可以採取的因應態度。

📝 十一、敘事諮商

　　敘事諮商是晚近 1980 年至 1990 年間由澳洲的 Micheal White 和紐西蘭的 David Epston 發展出來的諮商模式，根基於後現代主義的社會建構論。敘事諮商所持的基本前提為：1. 個人的生命是社會建構的。也就是人們透過關係，透過自己賦予自己認為別人如何知覺我以及與我互動的意義來建構自己。2. 人們透過故事組織自己的生命。一個人一再述說的自我生活事件的故事即傳達了他對自我生命賦予的意義和可能性。3. 主流社會文化中強勢的故事影響個人說故事的敘說重點，人們根據強勢的故事來進行所有的生活活動，建構其生活意義，並視之為唯一真相或真理，其主觀亦將引導個人現實與未來生活故事的延續與發展。

　　在此前提下，敘事諮商著重個案在諮商中所說的故事、個案在故事中建構的生命主題及他們賦予生命主題之意義，瞭解此故事所塑造出所謂的真相、真理是否偏執，是否失落部分的自己——那些不符主流文化部分的自己，是故諮商師協助個案尋找被遺落的故事情節、有力的資源與力量、不被問題困擾的獨特結果（unique outcome）與希望，以編纂出具個人意義的替代故事，即帶領個案重寫其生命故事，隨著故事的開展，擺脫原本「受害者」的自我認同，而能反思自己在原本充滿問題故事當中的冒險與奮鬥，視自己為生命的鬥士。

　　在諮商過程中，諮商師主要藉由問題外化，不將人視為問題，而去看問題對人的影響，及人可以如何去影響困擾已久的問題。諮商師擺脫專家的角色與地位，在平等的關係當中抱持著好奇、不知道的態度，引導個案說故事。諮商師與個案的對話，是一段共同對抗問題的歷程，焦點放在正向的脈絡中，讓負向經驗與記憶相對減低，而逐漸將原本無助的場景轉換為勇氣的戰場。

　　敘事諮商和之前所述的所有諮商學派是很不同的；諮商中不掉進

問題鑽研的泥沼中，將焦點轉放在正向經驗上的作法，幫助當事人形成成功的認同，憑藉自己的力量跳脫困境，可說是替諮商工作領域開啟了另一個新的視野。

第七節　結語

　　輔導與諮商在教育體系中具有催化學生學習的功能，尤其許多學生的學習問題和行為問題緣起於心理的因素，祇有化解其心理困擾，或在其人生發展階段的過程中做些未雨綢繆的建設性工作，則其心理方能健康的成長，也方能使其全心面對學習的職責；再者，輔導與諮商在當今強調智育學習的環境中扮演一強化全人發展的角色，在樹人的工作中是不可或缺的角色。

　　輔導與諮商屬於一專業性的工作，作為一位輔導老師必須受過完整的專業訓練，唯有經歷過完整的訓練，才能適時針對學生所需提供必要且適切的服務。這些培訓包括對人的瞭解和對問題處理的理念；個別諮商、團體輔導、團體諮商和心理評量等則都是必備的介入能力。不過輔導專業的發揮必與學校整體的教育目標和理念相銜接，因此輔導教師必與學校所有教師形成輔導工作推動之同盟，學校輔導工作方能順利推展。

📖 參 考 文 獻

中國輔導學會編（民79）。《邁向21世紀輔導工作新紀元》。臺北：心理。

Corey, G. (2005). *Theory and practice of counseling and psychotherapy* (7th ed). Pacific Grove, CA: Thomson Brooks/Cole Pub Co.

Corey, M.S., & Corey, G. (2006). *Groups: Process and practice(6th ed.) Pacific Grove, CA: Brooks/Cole Pub Co.*

Myrick, R.D. (2002). *Developmental guidance and counseling*: A practical approach (4th ed.). Minneapolis, MN: Educational Media Corporation.

Wittmer J., & Adorno, G. (2000). *Managing your school counseling program: Developmental strategies (2nd ed.)*. Minneapolis, MN: Educational Media Corporation.

第十章

教育的行政組織與制度

張添洲

　　教育是人類發展或進步所不可或缺的要素或動力，21世紀，不論國內外，都強調學習社會的建立。教育政策的訂定、教育目標的達成，以及教育機構的運作，都有賴於教育人員及教育行政人員。換言之，教育行政人員在教育目的與教育目標的實現過程中，扮演著非常重要的角色。

　　教育行政是處理教育人、事、物的職責與過程，目的在提升教育組織的效能與效率，而教育行政學則是探究教育行政人事物的基本概念、原理原則、有效方法以及發展趨勢的一門學問。

　　教育行政是國家設置行政機關、學校、社會教育機構和人員，依法授其職權，對主管教育事務和教育活動，藉研究、計畫、執行及評鑑等行政歷程，以組織、領導、溝通、協調、倡導、關懷和激勵等行政行為，發揮行政功能，執行行政政策，提高行政績效，以完成行政任務和實現國家預期的教育目標。

第一節　教育行政理論與制度

　　教育行政是政府組織之一環，為因應新世紀政府再造及加入國際貿易組織（WTO）後的競爭與挑戰，提升教育行政品質與效能，並符應行政院教育改革審議委員會所發表的教育改革總諮議報告書中，以

「提升教育品質」為未來教育改革的五大方向之一,要求同步與世界接軌,實刻不容緩。

📝 一、教育行政內涵

教育行政發展,可追溯自 20 世紀初的科學管理時期。近年來,教育改革運動風起雲湧,如何提升教育行政運作的效率與效能,成為教育改革成敗的關鍵。換言之,教育行政工作者在面對新的問題與挑戰時,能否正確掌握最新的行政概念和原理原則,並運用適當的方法加以分析與解決,關係教育革新的成敗。

教育行政乃是利用有限資源,在教育參與者的互動下,經由計畫、協調、執行、評鑑等步驟,以管理教育事業,並達成有效解決教育問題為目標的連續過程(秦夢群,民 86;翁福元,民 93)。

㈠教育行政意義

教育行政乃是一利用有限資源,在教育參與者的互動下,經由計畫、協調、執行、評鑑等步驟,以解決教育問題,並達成最高效率為目標的連續過程。教育行政即是教育人員在階層組織中,透過計畫、組織、溝通、協調與評鑑等歷程,貢獻智慧,群策群力,為圖教育的進步所表現的種種行為(黃昆輝,民 84);教育行政是運用有限資源,在教育參與者互動下,經由計畫、協調、執行、評鑑等步驟,管理教育事業,有效解決教育問題為目標的連續過程。教育行政有以下意義(秦夢群,民 86):

1. 教育行政運作中需要資源的投入,教育行政必須有預算制定。
2. 教育參與者主要為校長、各級行政者、教師與學生,尚包括家長、教育專家、一般社會大眾。
3. 教育行政的運作首先必須計畫,接著要各參與者進行溝通與協調。
4. 教育行政的目的在「有效率」的管理教育事業。

㈡教育行政要點

教育行政是在教育情境及問題限定之下，透過計畫、組織、領導及評鑑等活動以完成教育目的的連續歷程，教育行政是對教育事務的管理，以求有效而經濟的達成教育的目標。包括四項要點（謝文全，民 86）：

1. 教育行政的管理對象是「教育事務」。
2. 教育行政是對教育事務的「管理」。
3. 教育行政的目的在「達成教育的目標」。
4. 教育行政應「兼顧有效及經濟」。

㈢教育行政功能

教育行政事務範圍甚廣，其內容主要涵括：教育行政組織、教育行政行為、教育行政工作與教育行政存在的價值等方面，在於為教育界服務，為師生提供最好的學習環境。其主要功能在於（黃昆輝，民84）：

1. 制定教育政策，推展教育活動；
2. 提供支援服務，增進教育效能；
3. 評估教育成效，改進教育事業；
4. 引導研究發展，促進教育革新。

二、教育行政理論發展

教育行政理論最早興起於 1913 年，發展在第二次世界大戰後，尤其是自然系統模式的理論在戰後才被引進到教育行政界來。融合了各領域，尤其是社會、心理、管理學。教育行政理論的發展可分為傳統理論時期、行為科學時期、系統理論時期、新興理論等時期（林天祐，民90）：

(一)傳統理論時期

約在 1900 到 1930 年之間，代表學派：

1. 科學管理學派：代表人物為泰勒（Taylor, 1856-1915）。泰勒運用科學的精神與方法來提昇工作效率，並為當時工業界所使用，影響甚鉅，遂有「科學管理之父」之稱。特點為希望建立一個標準化的規則，以提供給各個組織使用。強調目標的確定，接著就是組織的正式化，最後就是要事權統一以達到既定目標。

2. 行政管理學派：代表人物為費堯（H. Fayol, 1841-1925）、葛立克（L. Gulick）等。費堯提出十四項管理原則和管理五大機能，影響管理界甚鉅，被稱為「管理理論之父」。

3. 科層體制學派：代表人物為韋柏（M. Weber, 1864-1920）。強調一個理性的制度來取代管理者自由意識的判斷，科層體制影響世界各國的文官制度甚至企業界的組織結構，科層體制就是建立在權力的基礎上，如果沒有權力就沒有科層體制的存在，科層體制就是建立在法定的基礎上。

傳統理論時期理論，重視組織制度層面的分析，在領導上主張採權威式，強調生理或物質的獎賞。主要觀點：

1. 強調效率與標準的觀念，視人性偏惡，管理上採取監督與控制。

2. 重視組織靜態層面（結構）的分析，注重組織目標的達成。

3. 偏重生理或物質性獎懲，偏重正式組織的研究。

(二)行為科學時期

約在 1930 到 1960 年之間，代表學派：

1. 人群關係學派：代表人物為梅堯（G. E. Mayo）、狄克遜（W. J. Dickson）等。

2. 動態平衡學派：代表人物為巴納德（C. Barnard, 1886-1961）。

3. 需要層次理論學派：代表人物為馬斯洛（A. H. Maslow,

1908-1970）。主要為生理需求、安全需求、歸屬需求、尊嚴需求、自我實現需求等階層理論。

4. 激勵保健理論：代表人物為賀茲柏格（F. Herzberg）。

5. ＸＹ理論：代表人物為麥克葛瑞格（D. McGregor, 1906-1964）。

行為科學時期理論重視組織成員行為的分析，在領導上主張採民主式，強調心理或精神的獎賞。主要觀點：

1. 重視成員行為的研究，注重成員需求的滿足。

2. 重視心理層面的獎懲。

(三)系統理論時期

約在 1960 到 1990 年之間，代表學派有：

1. 社會系統理論：代表人物有蓋哲（J. W. Getzels）等。

2. Ｚ理論：代表人物為大內（W. G. Ouchi）。

3. 權變理論：代表人物為費德勒（F. E. Fiedler）。

系統理論時期理論，兼重組織制度與成員行為的分析，在領導上採權變方式，強調兼顧生理與心理的獎賞。主要觀點：

1. 兼顧組織靜態與動態的研究與應用，主張激勵與懲罰宜兼用。

2. 主張生理與心理需求並重。

3. 主張依據不同的情境，採取不同的領導或管理。

4. 視組織為一開放系統，重視組織與外在環境的交互作用。

(四)新興理論時期

主要是 1990 年以後受到相當重視的理論，它對組織生活提供另類的解釋。代表學派：

1. 渾沌理論：代表人物為葛力克（J. Gleick）、史坦基（I. Stengers）、芝柯（G. A. Cziko）等。

2. 全面品質管理：代表人物為華倫（N. Warren）、戴明（W. E. Deming）、石川馨（Kaoru Ishikawa）等。

第二節　學校制度與管理

　　我國教育行政組織向來是內部穩定性較高、外侵因素較少的組織。隨著人類知識的推衍與科技資訊的創新，加上政治日趨民主化，經濟講求市場化，社會上教育改革與鬆綁的呼聲不斷等，今日的教育行政組織、學校制度與管理所面臨的環境已截然異於往昔，制度與環境中所隱含的不可預測性及複雜性已達相當激盪的程度。

一、教育行政制度

　　教育行政制度和政治制度有密切的關係。中央集權的國家，教育行政制度大多採用「中央集權制」，如法國的教育行政制度；地方分權的國家，教育行政制度大都採用「地方分權制」，如英國、美國的教育行政制度。我國的教育行政制度，則折衷於二者之間，採用「均權制」。

　　我國的教育行政制度分為中央、省（市）、縣（市）三級。中央為教育部，管理全國學術及教育行政事務；省以前為教育廳已經虛級化，歸屬教育部中部辦公室：縣為教育局，辦理縣教育事務；院轄市為特種組織，設立市教育局。

二、學校制度

　　學校制度主要目的在因材施教。每個人聰明才智各有不同，使每個人都能接受符合其能力發展的教育。所以有不同等級、不同類別的學校。

㈠學校制度

學校是一個教育的機構。包含：

1. 人：指教師、學生、行政人員等。
2. 物：指校舍、校地、設備、儀器等。
3. 事：指進行教學活動、社團活動、儀典等。

制度（system）則是指由一群相互依存或相互作用的項目，根據一定的規則，所組成的一個統一整體。

(二)學校制度意義

學校制度是指由個別學校組織而成之系統，系統內各學校之間必須有其互相關係，上下銜接，左右連貫；並且在個別學校內有一定組織、課程與教學規準，使得學生能在學校內接受教師指導，運用學校設備，以利個別學校教育的實施，並在規定修業年限下接受各級教育。

(三)學校制度起源

19 世紀末和 20 世紀初，國家主義盛行，主導國家培育人才的方向。各國逐漸整理學校制度：

1. 演進型：先有個別學校，隨社會演進慢慢形成制度，如歐洲國家。
2. 移植型或計劃型：模仿或抄襲別國學校制度修改而成，如我國、日本或一些開發中國家。

(四)各國學制特色

1. 美國：學制特色有三：為單軌學制、綜合中學與初級學院的設置。
2. 英國：學制特色有二：一為公學（Public School）。二為普通教育證書考試（General Certificate of Education）制度。
3. 法國：學制特色有二：為高等專門學校（Grandesecoles）的設置及大學技術學院的設立。
4. 德國：多軌學制為其特色。在中等教育階段內，設立各種性質學校，來適應中學生不同需要。

5. 日本：現行學制為歐、美學制之綜合。初等教育、中等教育、
　高等教育等各階段學校制度大抵以美國學制為藍本。中等教育
　採歐洲多軌之方式，制度上雖維持綜合高等學校面貌，實際上
　卻是一校多科制，而非綜合制學程。

🖊 三、我國學制

　　我國學制以仿效歐美學校制度為特色。新式學校制度建立，肇始
於光緒 28 年（1902 年）的「欽定學堂章程」和 29 年之「奏定學堂章
程」。民國 11 年模仿美國學校「六、三、三、四」新學制，民國 18
年以後教育部更陸續制訂各級學校組織章程，民國 57 年興辦 9 年國民
義務教育，對整個學制結構，投下巨大影響力，目前正規劃 12 年國
民義務教育。

(一)綜向系統

我國現行學制各級教育為：
1. 學前教育：幼稚園以上至六足歲以下之兒童為受教對象，包括
　幼稚園與托兒所。
2. 國民教育：包括國民小學和國民中學，從 6 歲到 15 歲。屬於基
　本教育、義務教育。依據國民教育法規定，學區分發入學、及
　齡學童必須強迫入學接受國民教育。
3. 高級中等教育：從 15 歲到 18 歲。包含高級中學（含完全中學、
　科學、藝術、體育等學科高中）、綜合高中、高級職業學校，
　及五專前 3 年。
4. 高等教育：分為專科學校（三專、五專、二專）、技術學院、
　一般大學、科技大學與大學的研究所（碩士、博士班）三種。
5. 師範教育：各國立師範大學、師範學院、大學附設師資培育中
　心或教育學程中心為中等及國民教育師資培育場所。
6. 特殊教育：對身心異常兒童及青年，設立特殊學校。

7. 社會教育與擴充教育：運用各級補習學校、空中學校及社會教育機構，使全體國民，有繼續進修或再教育之機會。

(二)橫向系統

1. 普通教育體系：第一教育國道，偏重學術理論研究，如高中、大學及研究所。
2. 技職教育體系：第二教育國道，應用科學與技術，隨國內經濟產業升級改變結構、建立技職教育體系。高職、專科、技術學院、科技大學。
3. 補習及進修教育：第三教育國道：涵括國民補習教育、進修補習教育（高中、專科、大學）、短期補習教育（技藝、文理、社區大學、常青學苑等）、空中大學教育等。
4. 特殊教育體系：包括資賦優異和身心障礙。特殊學校、班級及資源班等，實施於學前教育階段、國民教育階段、國民教育階段完成後等。

(三)我國學制特徵

1. 具備單軌學制精神。
2. 以六三三四學制為原則：國民小學 6 年、國民中學 3 年、高級中學 3 年、高等教育 4 年為主。
3. 公私立學校並存：國民中小學起，直至高中職、大專院校等，公私立並存。
4. 高級中等教育開始分流：分設高中、高職、綜合高中、實用技能班、專科學校等。
5. 正規學制外輔以補習教育，實現機會均等。
6. 高中職以下入學有年齡規定，專科以上沒有年齡之限制。
7. 入學方式多元：幼稚園採自由入學，國民中小學屬義務教育採強迫入學，高中職校以上採多元入學，包括聯合考試登記分發、申請、甄薦甄選、保送等。

㈣學制發展趨勢

1. 學前教育：幼稚園與托兒所逐漸成為正式學制的一部分；學前教育與初等教育階段相互銜接。
2. 國民教育：修業年限由 6 年而 9 年，逐漸延長為 12 年；學校規模日益縮小。
3. 高級中等教育：前期中等教育逐漸統一成為義務教育的一部分；後期中等教育綜合化；重視職業教育的生涯規劃。
4. 高等教育：就學機會的擴充；各種評鑑指標出現；研究所進修人口驟增；高等教育無國界。
5. 特殊教育：融入教育；回歸主流；重視技能培育與轉銜教育。

第三節　教育行政教育評鑑

　　評鑑一詞代表了品質與價值，涵括有「質」與「量」兩種向度。美國評鑑學者Scriven說：「評鑑的目的不在證明什麼，而在求改進。」教育評鑑的概念與活動一直與人類的實際生活密不可分。隨著教育資源日見短絀，對學校辦學績效的質疑，課程與教學策略的更新，及教育自由市場化等要求，教育評鑑的重要性愈來愈受到重視。如果以教育評鑑作為教育健康檢查，則綜合性的教育評鑑就是教育的全身健康檢查，在評鑑指標的建構過程中，應將質的評鑑指標與量的評鑑指標分別考慮。同時要注意邀請具有專業的評鑑專家參與，又能以民主方式讓受評學校表達他們的看法，經充分溝通所達成的共識，可以獲得合適的評鑑標準（莊謙本，民88）。

一、評鑑內涵

　　評鑑目的在瞭解教育行政、學校組織所發生的問題、預估內部與外部環境的配合程度、指引決策或行動、拉近預期與實際間的差距。

教育評鑑屬於常態例行性的工作，用以檢視學校內部運作，外部辦學服務品質，俾使教育品質日新又新。

(一)評鑑意義

評鑑是採用科學方法與途徑，多方面蒐集適切的事實資料，再參照合理的衡量標準，加以比較分析與綜合研判的系列過程。評鑑是對事情與現象加以審慎的評析，以量定其得失及原因，據以決定如何改進或重新計畫的過程（謝文全，民86）。

(二)評鑑要件

完整的評鑑必須符合以下要件（呂貞儀，民90）：

1. 評鑑須是有用的：評鑑可協助受評者確認其優點與缺點、問題所在及改進的方向。
2. 評鑑須是可行的：評鑑應運用評鑑程序，並有效的予以管理。
3. 評鑑應是倫理的：評鑑應提供必要的合作、維護有關團體的權益、不受任何利益團體之威脅與妥協，謹遵應有之倫理。
4. 評鑑應是精確的：評鑑應清楚描述評鑑對象之發展，顯示規劃、程序、結果等，並提供有效之研究結論與具體建議。
5. 評鑑規準：規劃、研究及設計評鑑規準應考量的方向，必須包括：具體化、明確化、可行化、核心化。

(三)評鑑功能

教育評鑑希望達成的功能（郭昭佑，民89）：

1. 激勵的功能：可促進教育、學校向上提升品質，以求最佳之辦學績效。
2. 回饋的功能：即對整體校務進行檢討反省、蒐集資訊、提示希望達成之成果、彙整各項教育計畫與決策相關有用之資料。
3. 績效責任的功能：根據事實呈現以確定其價值，評斷其績效與成就，以做為學校改善之參考。

4. 改進與發展的功能：評鑑的目的在改進和促進發展，改進的決策應由機構全體共同參與。

5. 成長的功能：評鑑可使整體學校辦學之執行歷程不斷修正成長，藉由自我評鑑和外部專家評鑑，不斷自我提升和注重品質管制。

6. 診斷的功能：教育評鑑透過對各校現存資料的蒐集和分析，可發覺出其中之問題和困難，作為改進之依據。

二、教育行政評鑑

教育行政評鑑在行政三聯制中居於關鍵的地位，是一種有系統的方法蒐集教育行政事務的資訊，並對其進行審慎分析與價值判斷，以便作為決定方案選擇或改進的歷程。而其目的則在於檢視過去，改進現在，策勵將來，亦即具有形成性與總結性兩大目的。

㈠教育評鑑意義

教育評鑑的定義依時代與研究者的不同而有所差異（林尚平，民90；Stufflebean, 1971）：

1. 評鑑即測驗：認為評鑑即是測驗分數結果的呈現，兩者並無太大差別。桑代克（Thorndike）即是此說的擁護者。

2. 評鑑是目標與表現結果的比較過程：以泰勒（Tyler）為代表。他主張課程與教學的設計必須設定明確的行為目標，而評鑑即是在教育過程中比較與確認目標與行為結果的一致性。亦即，當教育課程或活動進行後，判定學習者所達到設定目標的程度即為評鑑。

3. 評鑑是專業的判斷：史大佛賓（Stufflebeam）認為評鑑不再附屬於測驗或是教育研究法的領域，它可以根據教育專家的判斷或是意見，而對教育體系或是過程做評估與診療的工作。其中最顯著的即是美國認可制度的出現。由各教育專業團體對各學

校進行評鑑，以確定其學生是否符合所定的學業水準，然後再決定學校設立科系的層次與內容。

㈡教育評鑑功能

教育評鑑是對於教育現象或活動，透過蒐集，組織，分析資料，加以描述與價值判斷、不斷改進的歷程（秦夢群，民 86）：

1. 評鑑的目的在於改進。
2. 評鑑可為質或量的研究。
3. 評鑑是一歷程，可在不同時期進行。

教育評鑑主要類型：校務評鑑、課程評鑑、教師評鑑、校長評鑑等。

㈢教育行政評鑑程序

教育行政評鑑程序（林天祐，民 90）：

1. 評鑑計畫：決定評鑑目的、確定評鑑歸準、選擇評鑑工具與方法。
2. 評鑑實施：蒐集評鑑資料、分析評鑑資料。
3. 評鑑考核：提出評鑑報告、追蹤改進。

㈣教育行政評鑑理念

有效及完整的教育行政評鑑應掌握重點（林天祐，民 90）：

1. 應建立發展性評鑑目的。
2. 應建立具體可行核心化的評鑑標準。
3. 兼採內部與外部評鑑。
4. 採取多元化資料蒐集。
5. 強調評鑑後的追蹤輔導。
6. 重視後設評鑑的實行。
7. 注意評鑑的倫理等原則。

📝 三、CIPP 評鑑

教育評鑑的內容包羅萬象，大至國家的政策，小至個人的成就皆可成為評鑑對象。依照不同原則，可以有不同分類。包括泰勒（Tyler）目標達成模式（goal-attainment model）、史大佛賓（Stufflebeam）的CIPP 模式、史鐵克（Stake）的外貌模式（countenance model）、Koppelman 的闡述模式（explication model）、Wolf 的司法模式（judical model）、Provus 的差距模式（discrepancy model）等（秦夢群，民86）。教育部自75學年度專校評鑑開始採用CIPP評鑑模式（梅瑤芳，民90）。

CIPP模式由史大佛賓（Stufflebeam）於1960年代晚期所發展，為評鑑提出有別於傳統以目標、測驗和實驗取向的新觀點。此模式理念乃奠基於其為評鑑所提出的名言：評鑑的最重要目的不在於證明，而是在於改進。主要有四種評鑑類型，即背景、輸入、過程與結果評鑑（秦夢群，民86；游進年，民88；梅瑤芳，民90；Stufflebeam & Webster, 1980）。

㈠背景評鑑（context evaluation）

主要目的即在審視所欲評鑑者的地位與環境，包括學校、科系培育目標等。背景評鑑將環境界定下來，描述其中所需具備的條件，指出其優缺點，診斷相關難題並提供改進的方向，進而衍生教育的一般目標與特殊目標。

背景評鑑所使用的方法包括對評鑑對象的各種測量，並加以分析。這些方法可以區分為兩種，一為關聯，即利用現有教育系統的外在機會與壓力，以促進系統的改良，如文獻探討，聽證會，社區討論會，德懷術與其他系統的訪問等；另一種則為符合，即透過比較教育系統實際的表現與預期的表現，以確定其目標達成的程度。

㈡輸入評鑑（input evaluation）

目的在審度需投入的人力、物力與財力是否能夠配合。輸入評鑑

所使用的方法包括數個階段，但在實施上並無嚴格的順序及步驟。涵括課程規劃、師資、儀器設備、圖書期刊、行政措施及經費等。

(三)過程評鑑（process evaluation）

主要目的：提供評鑑者有關計畫實施的進度，與資源利用的情形；視實際情況修改計畫內容；對於參與評鑑人員的審視，如果其對所扮演角色發生困難，則應適度調整；產生計畫進行的紀錄，以利後來做成果評鑑時使用。

過程評鑑包括各項可用資源安排情形與教學計畫等；在資料的蒐集方面，則可透過文件資料的審查，非結構性與結構性的訪談，實施問卷調查與參觀等方式來進行。而評鑑者亦應就所蒐集到的資料，透過回饋會議進行修正與執行的工作。

(四)結果評鑑（product evaluation）

主要目的在比較評鑑結果與目標之間的差異。為達此目的，各種質化或量化的評量技術應被挑選使用。比較之後，評鑑者應告知結果給被評鑑者，並決定是否應繼續另一評鑑回饋。在結果解釋、判斷與比較之後，應將評鑑結果告知受評鑑者，以作為改進參考。主要以教學效果、各種職業、語文證照檢定、學生就業成果為主。

第四節　教育行政的發展動向

未來的教育行政發展，將會受到「國際化、資訊化、民主化、自由化和本土化」的衝擊，建構一套兼顧國際視野和本土需求、結合資訊科技與傳統文化、融會行政民主與行政倫理的教育行政體制，追求「品質、效率、廉潔、公義、效能」的教育行政願景，將是共同追求的目標（王如哲等，民 88；張德銳，民 89）。

一、教育行政發展

㈠教育行政發展成果

教育行政發展的成果（林天祐，民90）：

1. 教育行政機關組織的擴增，教育經費支出的大幅增多。
2. 學校教育的發展頗為快速，弱勢族群學生教育受重視。
3. 教育法制漸趨成熟完備，教育行政專業組織的成立，教育改革報告書相繼提出。

㈡教育行政發展問題

檢視當前教育行政發展的問題，可歸納如下（林天祐，民90）：

1. 地方行政人員專業素質待提升。
2. 教育決策遭受壓力團體所左右。
3. 教育行政法制趕不上時代潮流。
4. 城鄉教育發展及資源分配不均。
5. 缺乏專責的教育行政研究機構。

㈢教育行政發展挑戰

由於社會變遷快速及資訊科技高度發展，教育行政發展遭遇到的挑戰（吳清山，民89）：

1. 地方行政人員專業素質待提升：教育行政人員是推動教育行政工作的核心人物。教育行政人員的素質，是教育行政工作績效是否提高的關鍵所在。
2. 教育決策遭受到壓力團體的左右：教育決策是否能落實，影響決策的品質以及執行的成效。隨著民主化的過程，漸漸開放；教育政策日趨透明與公開化，其中明顯的是教育決策受到壓力團體、利益團體等影響很大。民眾對於不滿的教育政策常常訴

諸民意代表來向政府施壓，使整個政策在一夕之間有了大逆轉。

3. 教育行政法制趕不上時代潮流：人類從傳統農業社會走向現代化的工業社會，朝向資訊化社會發展。教育政策的制定仍趕不上資訊科技的變革，教育法制已明顯趕不上時代潮流。

4. 教育資源分配不均：城鄉差距大，偏遠地區文化資源少、社會資源少；高品質的學校大都集中於都會區，對偏遠地區的學生來說造成教育資源分配不均。

㈣教育行政發展趨勢

未來教育行政發展的趨勢（吳清山，民89）：

1. 重建教育行政體制，因應社會變遷需求：教育政策應與資訊科技設備、品質取向、速度（效率）、知識經濟、競爭力、追求卓越等等相結合，以因應社會快速變遷。

2. 採行資訊化行政管理：更加落實教育行政資訊化管理，個人與網路相連接，加上數位資訊科技的應用；加強教育行政人員資訊能力的在職教育，提升資訊素養，為刻不容緩的事。

3. 力行全面品質管理：「品質」是組織生存與競爭之關鍵所在「全面品質管理」之核心在於事先預防、持續改善、顧客至上、品質第一、全面參與。教育行政若能實施全面品質管理是為提高效能和檢控品質的最佳做法。

4. 建立學習型組織：教育行政機關需要不斷的改變及調適，才能適應社會的發展。為了增進組織的活力和競爭力，建立學習型組織是一項必要的條件。在教育行政組織裡，透過個人的學習、團隊的學習及組織的學習方式，培養個人和組織系統的思考能力，激發個人自我超越，改變個人思考模式，建立共同願景，成員們同心協力地為行政組織目標努力。

5. 其他：發展多元學校制度，提供人民選擇機會；成立教育研究機構，發揮教育研發功能；推動民主化行政決策，擴大全民參與教育；推展績效化教育行政，提升教育行政品質。

第三篇
教育的專業化

第十一章

教師的培育

張添洲

　　教師是教育界的第一線尖兵，教育理念的落實、教育改革的推動，牽涉的層面雖廣，但教師的素質與參與程度，絕對是攸關成敗最重要的關鍵；尤有甚者，就算教育制度有所缺失、教育經費左支右絀，只要有優秀的教師持續投入這份百年樹人的聖職，種種阻礙教育發展的不利因素，都可以獲得適當的彌補與救贖（張德銳，民 87；教育部，民 91；張春興，民 92）。

　　民國 83 年 2 月「師範教育法」修正為「師資培育法」，自此我國師資培育制度進入另一個新的階段，對教師、教育行政、教師培育衝擊甚大。

第一節　各國教師培育（師範教育）制度與趨勢

　　興國之道，首在教育人才，而教育之成敗全繫於師資之良窳，如何培育優良師資，成為各國重要的課題。師資之良窳，關乎一國教育之優劣，因之世界各國莫不於教育改革中特別重視師資培育的改革。以美國為例，美國在 1998 年「高等教育法案」（Higher Education Act）、1999 年「卓越教育法案」（Educational Excellence for All Children of 1999）以及 2002 年「帶好每個學生法案」（No Child left Behind Act）等，都一再強調優良師資的重要性，並同時制訂許多施行方案以作為

改進師資培育之用（彭森明，民 91）。美國教育部 2002 年年度報告更以《面對高素質教師的挑戰》（*Meeting the Highly Qualified Teachers Challenge*）為題，提出以高標準的表達能力（Verbal Ability）及內容知識（Content Knowledge）與精簡認證資格，作為不同於傳統師資培育課程的高素質教師取得渠道（U.S. Department of Education, 2002）。

一、師資培育之變革

(一)師資的培育

師資培育可分為五個階段：

1. 入學前階段，為學生進入師範院校或師資培育機構前的學習階段。
2. 在學階段：學生在師範院校或師資培育機構求學的階段，著重基本教學能力培養及專業知識與技能的學習。
3. 實習階段：為結束師資培育課程後，在學校實習的階段。
4. 正式教學階段：實習教師在學校實習期滿後，經檢定或甄試取得教師資格，並經學校錄用正式教學階段。
5. 終生服務階段。

(二)師資培育變革

民國 84 年 2 月「師資培育法施行細則」公布實施後，我國的師資培育旋即由規劃性的一元化，轉變為儲備性的多元化，亦即師資培育的任務，由原有的臺灣師範大學、彰化師範大學、高雄師範大學、政治大學教育系及九所師範院校，擴大至公私立大學院校，因而國內各大學院校，紛紛開設教育學程或成立師資培育中心，師資培育蔚為風潮。

二、各國相關教育實習制度之比較

世界各國師資培育之教育實習制度，隨其歷史演變、文化背景、民族特性及社會需求等因素，均各有其教育實習制度之建立與演變。較具代表性之國家特性（許良明，民88）：

(一)美國

美國的師資培育是以能力本位的方式檢定教師資格，強調教師證照。美國各州對教育實習方案及實施方式不盡相同，但對實習教師之增進教學表現、強化教育理念、提升專業成長、滿足導引要求以及傳遞系統文化等五大項目執行，卻是完全一致的。

(二)英國

英國自 1983 年後，凡經教育科學部所認可之五種師資培育方案之機構畢業者，都稱為合格教師。凡合格教師，除試用教師或有特殊情況者外，一律參與為期一年（全時）或二年（部分時間）之實習教師訓練。

(三)法國

師範教育最早發生於法國，法國中小學之師資培育，採分開培訓且多元多軌，一般小學教師與初中普通課程教師，係由師範學院培養訓練；高中一般課程教師係由師範大學培養，其他專業科目教師則由專業學院或大學培訓，各階段各類師資在經過資格考試後，均須參與一年的教育實習。特性如下：

1. 為求教學人員品質，有嚴格之管制，各階段各類科之師資，經一年教育實習後，經複試（通常為試教）成績及格後，始得成為正式教師。
2. 各學區設有「地區教學中心」專責實習教師之輔導，實習輔導

教師由大學區總長選拔優秀中小學教師任命，發給津貼，並舉
行研習以增加輔導效果。

3.在師範教育期間，就具有公務員身分，可領預薪及公費待遇非
常優渥。

4.實習評審委員會，由師範院校校長、教授、地區督學及優秀中
小學教師組成。具有核發教學能力證書（GAP）之權力，可說
位高權大相當受尊敬。

四德國

德國師資培育及教育實習制度及方式各邦不盡相同，但對師資選
拔及教育實習品質要求，卻是一致的，實習教師督導行政體系之建
立，中央至地方上下一貫，相當嚴密。

五日本

日本的師資培育雖無明確之畢（結）業後之實習制度，卻全面實
施「初任教師研修制度」：

1.師資培訓採開放性，除教育大學或學藝大學專司培育師資外，
任何大學（含短期大學），經文部省核准設置師資培育課程，
均可培育師資。

2.取得學士學位，並修完師資培育課程及格後，即可取得「教師
證書」。爾後，參加都、道、府、縣教師甄試及格者，即是合
格教師。

3.凡中小學之初任教師，均須參加為期一年之各項研習活動。包
含校內研習、校外研習、專題研習、住宿研習及海上研習。

4.各校設輔導教師，負責初任教師之輔導。輔導教師得減少授課
時數及校務工作。

5.初任教師均具正式教師資格，享受國家公務員之待遇及權利。

日本近年師資培育制度的改革趨勢與特色（王家通，民90）：

1.激烈改革之後繼以穩健的改進。

2.師資培育制度益加完整與周延。

3.以文憑為基礎的資格認定制度。

4.教師證照採分級制。

5.教職課程日益受重視。

6.教科課程相對減少。

7.初任教師制度逐漸落實。

8.啟用無須證照的教師。

9.重視對弱者的同情心與社會服務的精神。

第二節　我國教師的培育制度

　　新師資培育法的精神、內涵與特性而言：從傳統、封閉一元與同質的師範教育，邁向現代、開放、多元與異質的師資培育，不僅因應新世紀教育之需求，同時能提高教師教育專業知能，培養創意、開放、具實踐智慧的卓越教師，立意正確，目標明確。

　　我國師資培育的發展，在民國 83 年立法院正式通過，將「師範教育法」改為「師資培育法」後，產生了重大的影響。前者正式確立師資培育的「一元、閉鎖、管制、公費」的政策；後者則建立了「多元、開放、自由、自費」的政策（吳清山，民 92）。師範大學及師範院校以外的一般大學可申請設立教育系所及教育學程，加入培育中小學校、國民小學至幼稚園教師的行列。師範校院不再享有獨享教育市場的優勢，而必須與一般大學共同競爭有限的市場資源。此種由一元到多元的師資培育方式的轉變，其實不僅是培育的管道與方法開放多元而已，更是在師資培育制度背後有關教師養成之理念的轉變。

一、師資培育特色

㈠師資培育重要措施

為了因應多元開放而變遷急遽社會的師資需求,「師資培育法」、「師資培育法施行細則」、「教師法」、「高級中等以下學校及幼稚園教師資格檢定及教育實習辦法」相繼於 83、84 年發布。教育部對於培育優良健全師資,採取下列重要的措施:

1. 建立師資培育多元制度,因應中小學教育發展。
2. 成立師資培育審議委員會,釐訂師資培育政策。
3. 研訂大學校院教育學程師資及設立標準,樹立師資培育事業制度。
4. 發揮師範校院特色,強化教育研究功能。
5. 規劃特約實習學校,落實實習輔導制度。
6. 建立教師資格檢定制度,確保師資素質。
7. 強化教師在職進修制度,提高教師教學知能。
8. 建立在職進修網路,落實教師終身教育的理念。
9. 加強培育特殊類科師資,實現有教無類理想。
10. 完成訂定教師法,樹立教師專業地位。

㈡師資培育特色

師資培育法係政治解嚴、社會變遷之後,教育朝向民主化、自由化、多元化的必然結果。民國 83 年 2 月公布「師資培育法」、84 年 8 月施行「教師法」、傳統專賣與一元的師範教育正式走入歷史,取而代之的是開放與多元的師資培育制度。新師資培育法特色(歐用生,民 87):

1. 新法師資培育機構由師範校院、系、所或設教育學程之大學校院實施之(師資培育法第 4 條)。

2.培育內涵包含職前教育、實習及在職進修（第 3 條），其中教育實習長達一年，師資培育機構和學校共同負起培育之責任，力求理論與實際兼顧。

3.培養師資公自費並存。

4.培養與任用分途，教師任用由派任改為聘任。

5.學校由教師評審委員會遴聘教師。

6.由偏重技術性能力培養的師範教育典範轉為探究導向、實踐導向的師範教育典範，強調培養教師具反省批判的意識，實踐與研究能力，使成為真正專業教育工作者。

現今普通科目教師與專業科目教師係依師資培育法方式培育，經初檢、教育實習、複檢（教師檢定考試）以取得教師資格證書後，再至各校參與教師甄試始應聘為正式教師。特色（曾坤地，民 84）為：

1.師資培育管道多元化，以因應開放社會之需求。

2.師資培育以自費為主，兼採公費與助學金為輔等方式實施。

3.教師資格之取得採初檢與複檢二階段之檢定制度，以維持師資水準。

4.重視教育實習輔導，強調教育實習與落實教師實習制度，以協助教師專業成長。

5.加強教師在職進修，促使進修部法治化，以增進教學知能。

6.經由教師資格檢定落實教師證照制度。

7.強調師範校院的教育學術研究、教育實習與在職進修功能。

㈢師資培育與師範教育差別

師資培育法希望廣納來自不同背景、經歷不同社會化過程的教師，進入教學專業以改善及提升整體教育素質。與舊的「師範教育法」之差別（楊朝祥，民 91）：

1.師資培育由一元到多元。

2.師資培育由公費修正為自費為主公費為輔。

3.畢業分發改為自行甄選。

4.增加初檢、複檢（教師資格檢定考試）程序。

5.由「計畫制」培育變更為「儲備制」培育。

㈣師資培育問題

師資培育法施行數年來產生之問題（楊深坑，民91；楊朝祥，民91；吳清山，民92）：

1. 師資培育未能確立專業理想，志業教師培育的理想愈行愈遠。

2. 師資培育中心或教育學程中心設置過於浮濫，師資供需不平衡。

3. 學程課程規劃失之僵化，不能配合中小學課程的變革。

4. 教育實習有名無實。

5. 實習教師身分不明。

6. 教師資格檢定失之寬鬆。

7. 教師在職進修流於形式。

8. 職校師資欠缺實際工作經驗。

9. 師範院校轉型的空窗期。

第三節　教師的任用

教師法訂定主旨，如該法第一條所言：「為明定教師權利義務，保障教師工作與生活，以提升教師專業地位……」教師法第 11 條規定：「高級中等以下學校教師之聘任，分初聘、續聘及長期聘任，經教師評審委員會審查通過後由校長聘任之……。」使教師之任用制度產生大轉變。我國各級教師的培育與任用制度，自民國成立後，因時空的變遷，不斷的更迭，從聘任制到派任制，又從派任制變為聘任制，其間任用方式之改變，可分為幾個不同的時期（鄺執中，民88）：

一、教師任用時期

「師資培育法」公布，象徵我國的師資培育制度走向一個新的世

紀。往昔封閉的一元化師資培育模式，由開放的多元化師資培育制度
所取代。師範校院不再享有「壟斷」教育市場的特權，必須與一般大
學一起角逐有限的市場資源。

㈠真空期（民國元年至 6 年）

無論是民國元年的「小學校令」，或是民國 4 年的「國民學校
令」與「高等小學校令」，僅說明小學教師之任用，係由校長選定
後，報請地方行政首長認可或同意後行之。但到底是聘任或派任，並
無法得知，惟從其後之條文來看，似乎較偏向聘任制。

㈡派任期（民國 7 至 16 年）

以民國 7 年所公布之「通咨」規定：「……本屬師範生畢業後即
派充國民高小教員以資服務」來看，此期之小學教師之任用方式，應
屬派任制。

㈢混合期（民國 17 至 36 年）

此期小學教師的任用方式，係由校長聘任後報請主管教育行政機
關備查。但師範生則由教育行政機關分發派任。

㈣派任期（民國 37 至 84 年教師法公布施行前）

此期國民小學（包括附屬小學、實驗小學）教師之任用，皆係由
地方政府或主管教育行政機關派任。74 年所公布之「教育人員任用條
例」，則規定實驗小學之教師由校長遴聘，其餘則由主管教育行政機
關派任。

㈤聘任期（教師法公布施行後迄今）

民國 84 年陸續公布的「教師法」、「教育人員任用條例」，明文
規定高中以下教師除依法令分發或甄選者外，皆須經教師評審委員會
審查通過後，方能聘任。其後為維護中小學教師調動之權益，乃公布

「國民中小學校長主任教師甄選儲訓及介聘辦法」（以下簡稱介聘辦法），規定教師可經由介聘的方式，完成調動的心願，惟經介聘之教師「其聘任仍應由學校依教師法及相關規定辦理」（第5條）。

二、新制特色

　　由於教師權利意識抬頭，為使教育人員有法令可資依循，做到「公教分途」，故規範教師權利義務「教師法」於84年8月公布施行，打破以往中小學教師的任用方式。簡言之，「師資培育法」為中小學教育市場提供充沛的教師人力資源，而「教師法」則改變中小學教師的任用方式，賦予學校更多的人事自主權。新制特色（邢泰釗，民88；鄺執中，民88；伍振鷟、黃士嘉，民91）為：

㈠聘任為主，派任為輔

　　教師法第11條規定，新制教師任用制度為聘任制。但依「教育人員任用條例」第26條、「國民教育法」第18條、「教評會設置辦法」第2條、「介聘辦法」第5條規定，舉凡公費生、介聘教師等所謂依法令分發或甄選之教師，則無須經由教評會之通過，亦即此類教師之任用雖係聘任之名，確為派任之實。故整體而言，教師任用新制係以聘任為主，派任為輔。

㈡任用權力下放至學校

　　派任制教師任用權力由主管教育行政機關掌握，學校並無置喙之餘地。教師任用新制指出，教師任用必須經教評會審查通過後，方得任用。雖然依前述「介聘辦法」規定，凡經主管教育行政機關分發之教師，免受教評會之審查，但「介聘辦法」是行政命令，而「教師法」之法律位階明顯高於「介聘辦法」，故教師之介聘與公費生之分發，仍有法律上適用之疑義。從「教師法」之立法精神觀之，教師任用權力應屬學校，而這也是教育鬆綁下，學校自主的具體顯現。

(三)任用關係由公法行為變為私法行為

　　以往派任制係由政府派任，為公法上之行為；聘任制則為私法之行為。教師採聘任制後，教師與學校之聘任契約，究竟屬於公法契約，抑或是私法契約，仍有極大的爭議。雖有判例認為公立學校教師之聘任契約非屬私法契約，但並未明確說明是否為公法契約。就實務上而言，公立教師聘約應為私法契約。

(四)教師救濟途徑多元化

　　以往公立學校之教師聘約被視為私法契約，教師遇有權益受損時，只能向普通法院提起司法訴訟作為最後的救濟管道。而派任教師與主管單位之關係則為特別權力關係，因此若自身權益受損時，亦只能循行政管道提出申訴。「教師法」第 29 條規定：「教師對主管教育行政機關或學校有關個人之措施，認為違法或有不當，致損其權益者，得向各級教師申訴評議委員會提出申訴。」第 32 條亦規定：「教師申訴之程序分申訴及再申訴二級。教師不服申訴決定者，得提起再申訴。」第 33 條指出：「教師不願申訴或不服申訴、再申訴決定者，得按其性質依法提起訴訟或依訴願法或行政訴訟法或其他保障法律等有關規定，請求救濟。」由上述規定可以得知，由於教師救濟途徑的多元化，故教師之權益得以受到更多的保障。

三、教師任用

(一)教師任用程序

　　教育人員任用條例，民國 74 年 5 月公布，經多次修正規定，應注意其品德及對國家之忠誠；其學識、經驗、才能、體格，應與擬任職務之種類、性質相當。舊教育人員任用條例第 26 條規定教師任用程序：
　　1. 國民小學教師除實驗國民小學由校長遴聘外，由主管教育行政

機關派任。

2. 中等學校教師由校長聘任。

3. 專科學校教師由科主任提請校長聘任。

4. 獨立學院各學系、研究所教師，由系主任或所長提交教師評審委員會審議後，報請院長聘任。

5. 大學各學系、研究所教師，由系主任或所長會商院長，並提交教師評審委員會審議後，報請校長聘任。

第 38 條規定，學校在聘約有效期間內，除教師違反聘約或因重大事故報經主管教育行政機關核准者外，不得解聘。教師在聘約有效期間內，非有正當事由，不得辭聘；第 39 條：國民小學教師之派任，不採任期制。但得商調或請調。

(二)教師任用限制

教育人員任用條例第 31 條規定，具有下列情事之一者，不得為教育人員；其已任用者，應報請主管教育行政機關核准後，予以解聘或免職：

1. 曾犯內亂、外患罪，經判決確定或通緝有案尚未結案者。

2. 曾服公務，因貪污瀆職經判決確定或通緝有案尚未結案者。

3. 依法停止任用，或受休職處分尚未期滿，或因案停止職務，原因未消滅者。

4. 褫奪公權尚未復權者。

5. 受禁治產之宣告尚未撤銷者。

6. 經醫師證明有精神病者。

7. 行為不檢有損師道，經有關機關查證屬實者。

(三)教師任用新制優點

配合師資培育法、教師法修正之新制教師任用制度優點（吳清山，民 84；張清濱，民 86；賴淑姬，民 88）如下：

1. 落實學校之人事自主權：學校可根據已身需要遴聘教師，落實

學校本位經營的校務運作；教師亦擁有相當之人事決定權，除能積極參與校務決策外，並可提升教師的專業地位。

2. 保障教師權益：教評會負責教師的資格審查與任免事宜。教師的任免必須經由教評會的通過，校長不得隨意解聘、停聘、不續聘教師，教師的權益因而得到保障。

3. 協助教師專業成長：教評會的成員可透過團體的討論，增進行政經驗，充實專業知能。同時可經由類似的機制，激起教師參與校務的意願，進而對學校產生「休戚相關、榮辱與共」的認同感。

4. 有助於學校發展特色的建立：學校可經由遴選的方式，甄選出有助於發展學校特色的教師，而使教育呈現多樣化的風貌。

5. 激勵教師成長，提升教育品質：過去教師派任制年代，許多人批評教師被保護過度，不用競爭，不必進步，只要聽話守分，就能安安穩穩做到退休。同時教師的調動、進修、陞遷多以年資積分做為考量的依據，因此即使在教學或研究上沒有傑出的表現，許多資深教師仍然可以憑藉年資積分，在前述事項上占有利之地位，甚而形成劣幣驅逐良幣的反淘汰現象。

6. 維護學生的受教權：依相關法令規定，教評會負有任免教師之責。而最瞭解教師教學能力與工作者，莫如同儕。因此教評會成員大部分既然為學校教師，對於同儕的教學狀況當然最為瞭解。故教師若有教學不力或誤人子弟之事，自然會受到應得之懲處，也因此教師為求續聘，自當兢兢業業，努力於教學工作上。此外，由於教師採聘任制，為求他人之青睞，得到理想之職位，必定不斷自我充實，凡此皆有助於學生受教權益的維護。

7. 落實家長參與校務的理念：就教育的實施而言，學校與家長應扮演合夥人的角色，才能共創教育的願景，所以在「教育基本法」中就為家長參與校務立下法源。以往家長對於學校的人事決定權，毫無置喙的餘地。但在「教評會設置辦法」中，即明文規定家長代表乃是教評會的當然委員之一。由此可知，就教

育發展的軌跡言,家長參與校務已蔚為潮流,因此,家長代表在教評會中所扮演的角色,更顯出其必要性。

8. 落實校園民主化:以往校園缺乏教師會與教評會的機制,校長掌握學校人事大權,因而產生諸多流言。但隨著教評會的成立,教師對於學校人事較以往擁有更大的自主空間,並對校長產生一定程度的制衡壓力,使得校園不再成為一言堂,校長必須與學校教師共享權力,也使得校園民主化的理想逐漸落實。

第四節　教師的生涯發展與規劃

 一、教師生涯發展階段

(一)麥克都藍得(McDonald)教師專業成長階段

麥克都藍得(McDonald)教師專業成長四階段(Burden,1990):

1. 轉折階段(transition stage):初任教師對學生的背景、個別的人格特質、學生的常規、教室的管理、課程的實施與規劃等,逐漸摸索與學習。

2. 探索階段(explorign stage): 能夠應用基本的教學知識與技能,實施有效率的教學,有系統的規劃教材等。

3. 創新與實驗階段(invention and experimenting stage):能應用新的教學方法,且不斷的尋求改進,勇於創新,保握機會不斷進修,以提升專業知能,專業判斷等能力。

4. 專業教學階段(transition stage):具備專業的知識與技能,不但能解決自我教學上的問題,而且能關懷學生、同仁,幫助他們的學習與成長。

(二)林幸台教師生涯發展階段

林幸台（民 78）對臺灣地區公立國小四年級以上教師為研究對象，採用質的研究，認為教學生涯甚為複雜，無法以單一直線式的模式加以界定，而將教師生涯發展分為五個階段：

1. 投入期：教師在此時期，持續以各種途徑增進教學專業知識與技能，並且表現熱愛工作及對教育工作感到滿意。
2. 挫折期：教師在此時期，由於工作的壓力及環境的限制等因素，因而產生挫折與倦怠感，教學工作滿意度降低，甚至考慮離開教育工作崗位。
3. 遲滯期：教師在挫折、倦怠後，仍然從事教職，但是參與的程度與專業知能無法提升，而將教學工作視為例行事務，無意於進修與成長。
4. 學習期：教師在此時期，努力尋找新的教材，學習新的教學方法，並樂於參加各項研習、進修，以增進教育專業知識與技能。
5. 轉移期：由於年齡與身體狀況的限制而準備離開教育工作，教師在此時期，有的感到滿意，充滿成就感，有的責任為被迫離職而無法適應。

(三)林慧瑜教師生涯發展階段

林慧瑜（民 83）綜合國內外學者對教師生涯發展的詮釋，提出的歷程如下：

1. 教學工作知識與技能的提升：例如：學生秩序的管理、班級經營、教學方法的創新、教材的編撰等。
2. 促進師生關係與人際關係：例如：與同事、學生、學生家長、主管、社區人士等的互動與交流。
3. 對教學工作態度、期望與關注的提升：如對教育理念的堅持，對學生學習與福祉的關注等。
4. 對校園環境的關注：參與學校校務發展的革新，促進學校的進

步等。

5. 對社區環境的關注：參與社區發展或參與教育或教師專業團體的活動等。

教師的生涯發展是連續性與循環的歷程，而且也有個別差異性，生涯發展與個人、組織因素又是交互影響。教師生涯發展階段之間仍有相近或相互重疊之處，端視個人的人格特質、工作環境等的影響。

二、教師生涯規劃途徑

有優良適任的教師，才會有好的教育品質。經由深入瞭解整個教師生涯發展的歷程，並透過適當的生涯輔導與規劃使所有擔任教育工作者，都能有滿意的生涯路徑，是教育工作的重要課題。教師應能釐清自我的生涯發展狀況，掌握影響生涯發展的有利因素，瞭解生涯規劃的策略，進而增進自我的認識，以發展自我、實現自我。

從學校組織與個人的整合觀點而言，教師生涯發展與規劃在於透過生涯規劃與生涯管理的過程，期使教師個人的生涯發展目標能與學校組織、教育目標的需求有效配合，以提高教師人力素質，達成組織目標。因此，教師生涯發展與規劃，包含個人本身所進行的生涯規劃及學校組織所提供的幫助。亦即，教師的生涯發展兼具教師個人的發展與學校組織的發展，其有效途徑如下：

㈠個人方面

經由各種文獻，有關個人生涯規劃的要項如下（張添洲，民82）：

1. 自我的瞭解：林幸台（民 78）強調生涯發展的三要素為：知己、知彼、抉擇與行動；哲學家蘇格拉底：「認識自己」是人生的第一要務。當進行生涯規劃時，最基本也是最重要的事，便是自我的充分認識，進行自我的整理、自我澄清等瞭解自我的工作，藉由對自己性向、能力、人格特質、價值觀、興趣、身心狀況等的瞭解，才能掌握自我，以獲得定位（position）與

定向（orientation），有清楚的學習方向，才能有穩定的目標規劃和進行必要的評估與修正。

2.培養生涯規劃能力與技巧：在生涯規劃中，個人需要培養主要能力為：自我評估能力、職業訊息的蒐集、生涯發展目標的選定、規劃能力、解決問題的能力。

3.瞭解工作特性：方能有效的掌握工作重點，配合組織的發展目標。例如：教學工作具有社會互動、雙向溝通、關係適應、自由管理等特性，教師扮演「傳道、授業、解惑」的工作，具有領導、傳播、學習、諮商輔導等角色，要能勝任愉快，需具備良好的人際關係、優良的教學技巧、溝通與輔導技能、專業的知識與技能、成績考核能力、行政能力、教室管理等能力。

4.掌握生涯發展階段的重點：每個人都是有機體，生命本來就是動態的發展歷程，隨時都在成長、轉變，從前的興趣、專長、價值觀會隨環境的不同而改變。因此，掌握各個發展階段的重點，在不同階段進行必要的調適與修正，才能使生涯規劃順暢。

5.生涯路徑規劃：發展的目標也許相同，努力的方向與途徑可能有差別；途徑也許一樣，面臨的遭遇可能不同。因此，在規劃目標時，要能兼顧下述原則：

⑴客觀性：係指發展目標是經由客觀分析的，而非憑空想像或一味的模仿。例如：以校長為目標，其基本條件、工作資歷、考試重點、錄取機會如何？都應客觀的分析。

⑵連續性：生涯路徑應具有累積性，如生涯目標可細分為幾個細目標，以逐漸達成整體的大目標。因為沒有階段性的活動與目標，整體的目標將遙不可及。例如：教育工作可以從教學、行政、學術研究等方面規劃。

⑶具體性：生涯路徑規劃時，要將職位、角色、任務、進修計畫、發展機會、環境影響、不利因素、關鍵重點等有具體的瞭解，甚至以進度管制表管制，進行隨時的檢視並不斷的修正調適。

6. 生涯目標的實現：一旦對未來的生涯路徑有充分的瞭解之後，及依照時間的先後順序，將生涯活動計畫給予妥善的安排，針對生涯目標勇往直前，以促成目標的實現。在執行過程中，應隨時將結果與預定的目標進行比較與分析，找出其間的差距，進行必要的回饋與修正。

7. 在職進修與專業成長：是教師生涯發展的要項，規劃重點如下：

   (1)從日常家庭、學校、社會生活中培養健全的人格特質，拋棄傳統無效的問題解決或情緒反應，追求建立新的教學風格和做事效率，調整自我的價值觀與作法，防止自己的老化。

   (2)平衡教學工作、家庭與休閒生活在生涯角色交替中獲得適度的休息，以儲存更多的心理能量，有效處理角色間的衝突。

   (3)建立除學校同仁外的社會支持系統，由教學工作而來的衝突與壓力，可經由外界的親朋好友獲得情緒的支持或自我的肯定。

(二)組織方面

　　教師的生涯發展本質即是自我教育的歷程，教師個人的成長是為了教育理想的實現，更是為了教育專業品質與效能的提升。因此，基於對教師生涯發展的重視及教師專業的要求，學校應儘量安排各種促進教師成長的活動與機會，以協助教師的生涯發展。學校組織對於教師生涯發展提供的協助如下：

1. 提供教師專業成長的機會：專業成長係指個人在生涯發展歷程中在知識與技能方面有積極的引導，使個人的職務有所增長。包括：正式進修管道、研討會、研習期間的人際交往與溝通、參加教育專業組織活動、期刊的閱讀、寫作出版、參觀訪問、課程設計、教具製作、協同研究、同儕互動等（高強華，民77）。

2. 建立教師生涯階梯：教師生涯階梯（career ladder）的建立，是針對教師發展理念而形成，有別於行政體系的逐級升遷職位結

構體系。其本質乃是一種職業再設計的工作，以提供教師依照表現循序升遷的的管道，使教師職位階層正式化，增進教師分擔學校責任，並且改善教師專業知能。

3. 建立生涯發展管理系統：教師生涯管理系統的建立在提供教師有關生涯發展的相關訊息與機會，主要內涵包括教師個人生涯發展的資料及組織生涯結構的訊息，方能給予教師適切的協助與支持。

(三)結語

教師是促進國家發展與進步的原動力，其成效關係到整體人力資源的素質。傳統的師資培育觀念，大多止於職前訓練，由於知識與技能的不斷革新與進步，職前教育中在校所學已不足以勝任教學工作。因此，教師在教學過程中，需要不斷的參與進修，以充實自我。教師在不斷的參與進修、研習活動中，增長了教育專業知識與技能，增進專業自主能力，不但開發自我的潛能，尋求自我的成長，朝向自我實現的目標，而且突破教學的瓶頸，運用有效的教學方法與技巧，協助學生克服學習上的困難與障礙，提升教學品質。

一個成功的教師生涯發展計畫，能夠增進教育人員專業知識與技能的持續成長，並且增進教育專業地為與形象的建立。因此，在提升教師品質與教育成效的過程中，教師的生涯發展與規劃，是值得重視與推展的。

📖 參考文獻

王如哲等（民88）。《教育行政》。高雄：麗文。

王家通（民90）。日本師資培育制度的改革趨勢與特徵。比較教育通訊，50
　　期，頁55-71。

伍振鷟、黃士嘉（民91）。臺灣地區師範教育政策之發展（1945-2001）。中華
　　民國師範教育學會主編，師資培育的政策與檢討，頁1-29。臺北：學富。

吳清山（民84）。教師法的基本精神與重要內涵之探析。《國民教育》，36
　　（2），10-16。

吳清山（民89）。《教育研究發展》。臺北：元照出版。

吳清山（民92）。師資培育法—過去、現在與未來。《教育研究月刊》，105
　　期，頁27-43。

呂貞儀（民90）。學校本位評鑑理念應用在高職新課程評鑑之可行性初探。
　　2001年技職教育新意涵國際學術研討論文集。

邢泰釗（民88）。教師法律手冊。臺北：教育部。

林天祐主編（民90）。《教育行政學》。臺北：心理出版社。

林尚平（民90）。技職教育評鑑，《技職教育百科全書》。教育部技術及職業
　　教育司。

林幸台（民78）。我國國小教師生涯發展之研究。《教育學院輔導學報》，12
　　期，頁265-297。

林慧瑜（民83）。國小教師生涯發展階段與教師關注之研究。文化大學中山學
　　術研究所博士論文。

翁福元（民93）。邁向21世紀教育行政人員培育之反省與展望。http://www.epa.
　　ncnu.edu.tw/web91/y/won.html）

秦夢群（民86）。《教育行政—實務部分》。臺北：五南。

張春興（民92）。師範教育與教師專業發展。《教育研究月刊》，105期，頁
　　12-13。

張德銳（民87）。《師資培育與教育革新研究》。臺北：五南。

張德銳（民89）。《教育行政研究》。臺北：五南。

張清濱（民86）。中小學教師評審委員會評析。《研習資訊》，14（6），1-8。

張添洲（民82）。《生涯發展與規劃》。臺北：五南。

許良明（民88）。教育實習制度的新建構。《技術及職業教育雙月刊》，53期。

莊謙本（民88）。教育評鑑的指標的建構，《技職教育雙月刊第52期》。臺北：教育部。

教育部（民91）。修正師資培育法。臺北：教育部。

黃昆輝（民84）。《教育行政學》。臺北：東華。

梅瑤芳（民90）。知識經濟時代我國技職教育評鑑的發展策略。教育部技職司。

郭昭佑（民89）。學校本位評鑑。臺北：五南。

彭森明（民91）。美國師資培育措施的啟示與借鑑，載於：中華民國師範教育學會主編，師資培育的政策與檢討，頁133-144。臺北：學富。

游進年（民88）。CIPP模式在臺灣省國民中學訓輔工作評鑑應用之研究——以宜蘭縣為例。國立臺灣師範大學博士論文，未出版。

楊深坑（民91）。從專業理念的新發展論我國師資培育法之修訂。教育研究月刊，98期，頁79-90。

楊朝祥（民91）。師資培育是教育成功的基石。國政分析，11月18日。財團法人國家政策研究基金會。

賴淑姬（民88）。教評會的是非——從教師介聘引爆問題談起。教育資料文摘，255，頁86-92。

謝文全（民86）。教育行政——理論與實務。臺北：文景。

鄺執中（民88）。我國小學教師任用制度之研究。國立高雄師範大學教育研究所。

Burdn, P. R.（1990）. Teacher development in handbook of research on teacher education. N.Y.: Macmillan Publish co.pp.311-325.

U. S. Department of Education（2002）. *Meeting the Highly Qualified Teachers Challenge*, Washington D. C.

Hoy, W. K. & Miskel, C. G.（1982）. Educational administration: Theory, research, and practice. New York: Random House.

Robbins, S. P.（1991）. Organizational Behavior. McGraw- Hills.

Stufflebeam, D. L.（1971）. *Educational Evaluation and Decision Making*. Phi Delta Kappa.

Stufflebeam, D. L. & Webster W. J.（1980）. An Analysis of Alternative Approaches to Evaluation. *Educational Evaluation and Policy Analysis*, 3（2），（May-June 1980），pp. 5-9.2

第十二章

教育研究的基本觀念

簡成熙

　　我國大學法第 1 條「大學以研究學術，培育人才，提升文化，服務社會，促進國家發展為宗旨。」師資培育法第一條「師資培育，以培養健全師資及其他教育專業人員，並研究教育學術為宗旨。」本書的讀者，無論是正在大學修習教育學程，在師範院校就讀，或是大學畢業正在修習教育學分，未來縱使不一定成為教育學術研究者，至少都很有可能成為基層教育工作者。近年來，「教師即研究者」的理念已被高唱入雲，是以具備「教育研究」的概念，來整合各種教育專業知識，進而覺知、分析、批判、反省自己的教育信念，毋寧是現代教師必備的素養，本章即以此為目的，要為初學者簡單介紹教育研究的基本概念。

第一節　爲什麼要重視教育研究？

　　「教育研究」一詞是由「教育」和「研究」兩個名詞組合而成的複合名詞。「教育」雖有多種的意思，大致上代表著人類傳遞一套價值知識體系的重大企業；「研究」，根據我國辭海的解釋：「用嚴密之方法，探求事理，冀獲得一正確之結果者，謂之研究。」（中華書局，民 71；3202）簡單說來，教育研究即是對教育現象歷程及教育事業中所存在的問題，作一種較為嚴密、深入、系統的探究，使得吾人

更易於瞭解並掌握教育。良善的教育研究不僅直接有助於教育學術的拓展，更能直接指導教育實務，使教育實務更能圓滿順暢的進行。

　　不過，也有許多的因素，阻礙了教育研究的進行。首先，從歷史的發展來看，教育學術的發展較之自然科學如物理、化學等學科，或社會科學如心理學、政治學、經濟學及人文學如哲學、歷史學、藝術等，似乎未受到社會大眾等量的尊重。一般人生了病，會相信醫生的專業，但是許多學歷很高的家長，卻不一定相信國小老師的專業。以我國為例，諾貝爾獎得主李遠哲先生常常發表對教育的看法，但是這些看法是否得到教育研究的支持，則少有人問津。同樣地，許多家長自以為接受了十幾年教育，甚至有碩博士學位，對許多教育問題，也有很自以為是的看法。當然，在一個自由民主的社會中，各種多元的聲音都應該重視，非教育學者，也可能對教育提供卓見，但是，太多非專業、自以為是、沒有建立在客觀研究上的教育意見充斥，也會阻礙了教育的進步。

　　另有些人，包括非教育學術的學者認為，教育學者花了很多時間、精力、所得到的結果與常識相距不遠，好的教育有賴學科的知識與教師個人的魅力，與教育的專業知識無關。例如：許多教育行政的研究顯示，校長的領導方式與教師的工作滿意有關，愈民主型的校長，愈溫暖型的校長，教師們的滿意也愈高，或是教育心理學的研究發現，閱讀理解能力愈好的人較之生手，愈能有效利用各種學習策略。教育社會學研究發現，社會階層愈高的父母，對子女的學業成績期望也愈高。上述研究花了許多納稅人的錢，但是結論與常識實相去不遠。

　　我們不否認，許多教育研究與常識相距不遠，但是是否教育研究的結論都是顯而易見，其實也未必盡然。不少家長（包括教師在內），都堅持「學貴專心」，「一心不能兩用」，他（她）們大多反對學生邊聽音樂邊讀書。不過，教育心理學者卻發現學生的「學習風格」（learning style）有差異性，對部分學生而言，適度的背景音樂，反而有助於其專注（侯雅齡，民 83）。許多人們習以為常的各種教育常

識，的確值得再作審慎的研究。問題不在於教育研究結果是否祇是常識，而是應如何強化教育研究，使教育研究結果不流於常識。

　　還有些對教育研究的誤解，是來自教育學術圈內，不少基層教師認為教育研究祇是教育學者在象牙塔內建構的概念與統計花招，一位基層老師說到：「教育學者祇會空談理論，讓教育行政教授搞行政，教育心理學者實際教學，諮商輔導學者實際輔導牛頭學生，也不一定就會成功」。我們不否認，教育事業的順暢進行，牽涉的條件很多。例如：研究顯示，適度的利用教學媒體有助於學生的學習，但是，偏遠地區，受限於經費與資源，無法提供教學媒體所需的硬體，這是否能解釋成理論無用？類似此種理論與實際脫節的現象，其實是教育當局無法完全掌握教育外部因素的必然限制，而非理論或研究本身的無效。此外，有些教育者堅持了一些信念，這些信念可能是來自他早年的成長經驗，也可能是整個的文化現象，專業的教育研究結果不容易動搖這些已有的信念。以我國教育生態為例，「體罰」是被明令禁止的，但體罰現象仍然非常嚴重，大部分的教師都曾讀過，體罰會造成學生心理傷害的研究，但是他們仍然會使用體罰，其中的一項理由是我國傳統文化中的「不打不成器」，在這些老師的心中，「為學生好而打學生」，「我寧願你現在恨我，不要你將來恨我」顯然更具合理性。這裡無法仔細的討論體罰之問題。筆者祇是想提醒讀者，如果學生或職前教師在接受師資培育的過程中，不去深入體會各種教育理論，即有可能仍然根據已有的教育信念去執行日後的教學工作，教育理論當然也就無法指引教育實踐。

　　筆者在有限的篇幅裡，已儘可能用各種事例加以說明，由於我們並不真正重視教育研究，致使教育專業無法確立，這又易形成惡性循環。當然，也有教育學者自我反省國內教育學術圈所作的教育研究品質可議（但昭偉，民 86）。我們期待，透過教育研究的重視，能使教育學術更獲得認可，能建立教育的專業學術地位，不致使一般社會大眾以常識來看待甚或干預教育專業，而基層教育工作者更能透過教育研究，隨時汲取新知，改善教學，進而參與教育理論的建構。

第二節　從教育現象的性質談教育研究類型

國內學者吳明清曾以研究目的、研究方法、研究情境及研究結果四項標準來區分各種不同類型的教育研究，頗為翔實：（吳明清，民80：92）

表 14-1　教育研究的類型

依研究目的分	依研究方法分	依研究情境分	依研究結果分
1. 基本研究	1. 歷史研究	1. 圖書館研究	1. 敘述性研究
2. 應用研究	2. 敘述研究	2. 田野研究	2. 預測性研究
3. 評鑑研究	3. 相關研究	3. 實驗室研究	3. 診斷性研究
4. 行動研究	4. 事後回溯研究		
	5. 實驗研究		

對於初學者而言，並不需要去瞭解上列每種研究的內涵，讀者也不要被眾多的教育研究術語迷惑，本章是「教育導論」中的「教育研究導論」，筆者希望讀者在此，能多去思考一些存在的教育問題，從而能從教育現象的性質中去反省不同教育研究類型的價值。試以下列的例子來說明：

1. 政府想要瞭解在公元 2010 年臺灣地區中小學老師的需求量。
2. 教育部想要瞭解一般家長對於「高中多元入學方案的看法」。
3. 教育部想要瞭解「直接解題式教學」與「建構式教學」在國小數學教育上何者為優？
4. 前中研院李遠哲院長建議國小改為五年，教育部委託簡成熙教授加以研究可行性。
5. 某研究者要研究師生互動過程中，教師的「幽默」行為與學生學業成就的關係。
6. 某國小輔導主任想瞭解某位翹家學生的反社會行為並提出解決

之道。

　　就第一個問題，很明顯的無法靠哲學或史學的探討，研究者要瞭解 2010 年的教師需求，他至少要掌握屆時學生數、教師的退休數等數據，再利用統計學的方法加以預測；第二個問題，也無法在圖書館或實驗室完成，研究者必須進行各種調查，包括問卷或電話詢問，研究者必須掌握一些技術，務求在有限的樣本之內，能有效的推論出大部分家長的意見。至於第三個問題，除了基本的文獻蒐集外，研究者最好用實驗的方法，去進行兩組教學方法，這必須掌握各種實驗相關的數據進行統計學的處理，才能較清楚的看出，何種教學方法較優。以上三個問題，容或性質不同，大體上，都是運用「量化研究」（quantitative research）的方法，進行研究。

　　第四個問題，牽涉到「學制」的變革，研究者必須先從理念上瞭解國小為何要縮短為 5 年，這可以參考先進國家的學制變革，當完成這些理念上的討論後，如果答案是「應該」縮短，研究者仍得再花時間研究我國如果要縮短，基層教師之看法，也涉及很複雜之學校、班級、教師之間的流通。大部分的教育改革，除了理念目的之爭，有時也會涉及執行面的技術問題。假如社會大眾對於國小改為 5 年，並沒有太大的反彈，仍得透過研究，瞭解實際運作中可能產生的問題。讀者應可體會，此一問題與前面三個問題的不同性質。

　　第五個問題，可以用量化的方法，研究者事先從文獻中蒐集教師的各種口語行為，然後去界定「幽默」的類型，再編製一份與幽默有關的問卷或量表，然後進行調查，可要求教師或學生填答量表，再用統計的方法分析此一結果。這種量化的方法與前三個問題，並沒有太大的差異。不過，鑑於教師的幽默行為在師生互動歷程中，其實牽涉到情感層面很多，研究者也可考慮採取「質性研究」（qualitative research）的方法，實際的去觀察不同的教師與學生之互動，記錄教師在不同情境中所使用的幽默策略，並訪談教師或學生對幽默行為的覺知，翔實的記錄這些結果，有時可能更深入一些現象。

　　最後一個問題，算是基層工作者很重要的「行動研究」(action research)，這位輔導主任目的並不是要建立一套理論，他衹想根據其所受的輔導專業，實際的從具體的個案中，去瞭解翹家學生的心聲，進而擬定可行的輔導策略，他可能需要調出學生的基本資料，作家庭訪問，與學生作深度的晤談，從這些資料中，去瞭解學生的心聲，這類似一種「個案研究」，也較屬於質的研究範疇。

我們無法在此列出各種研究類型的例子，但讀者應該可以體會教育研究的方法並不是定於一的。隨著不同的教育問題，也會有不同的教育方法以茲因應。靈活掌握各種研究方法，根本之道仍在於仔細的省察教育現象的本質所在。若把教育視為社會科學，從 18 世紀以降，社會科學的發展一直是以逼近自然科學為目標，由此具體發展成「量化」研究派典；若把教育學視為一種人文學或藝術，這是所謂「質性研究」之派典，其實有相當長遠的歷史，不過，通常我們現在所指的質性研究，大體上是出自於對量化研究的反省，也就是教育學被視為一種「科學」以來，逐漸喪失了人味，也愈來愈多的學者發現，運用量化的方法來研究教育學，有其限制。20 世紀 50、60 年代以後，逐漸有學者呼籲要運用質性方法。當然，量化的學者也批評質性研究過於主觀，因此部分質性研究的學者盡力把科學的規準融入質性研究中，但也有許多學者認為量化 *vs.* 質性的爭議，存在著「不可共量性」（incommensurability），不能各自用自己的立場去要求對方。這之間的論爭，是教育研究方法論的重點，值得在此，稍加以說明。

量化研究是以逼近科學為鵠的，社會科學之所以循自然科學的法則，受到法國社會學者孔德（Auguste Comte）的影響很大。孔德企圖用自然科學的方法與程序來探討人文及社會的各種現象，他認為社會的各種律則就如同物理學一樣，可以客觀的加以掌握。孔德認為人類的文明是循玄學、哲學到科學，以科學的方法為基礎，強調觀察與實驗，重視系統性與可驗證性，社會的各種現象均可透過科學的方法加以掌握。孔德這種立場，也被稱為「實證主義」（positivism）。20 世紀，科學有了更突破性的發展，幾乎社會科學的各個學門，都全面且唯一的以科學化為其目標。以心理學為例，行為學派強調「外顯行

為」，即可觀察到的行為才是心理學研究的對象，即為顯例。由於科學成為知識的唯一規準，而「客觀性」與「可驗證性」又是科學的重要特徵之一。在科學家看來，相同的研究問題，如果採用相同的研究方法與工具，排除各種誤差，應該會得到相同的結果，不會隨著不同的人而有主觀的不同，符合科學的標準，具有普遍性，可放諸四海而皆準。教育學也與其他社會科學一樣，有濃厚的實證取向。國內學者馬信行，曾經指出，某種學術發展的良善與否，端視其能否以客觀的符號呈現。數學、自然科學的各種定律，通常都能完全以各種符號加以精確的呈現，相形之下，教育的各種現象，尚脫離不了價值與主觀，很難完全用符號加以描繪，這有待教育學者進一步的努力（馬信民，民 82）。馬氏的主張，可算是「教育科學主義」的代表。簡單說來，量化研究基本上認為研究者與研究對象之間是可清楚劃分的，研究對象是一種客觀的存在，研究者應排除各種成見與價值判斷，應用科學的方法，去客觀的呈現研究對象，而要客觀的呈現，不流於主觀，則必須「讓資料自己說話」，客觀的測量，就成為研究方法的重點，「數字」就成為唯一可資信賴的規準。

　　質性研究的學者則認為實證主義把研究者與研究對象客觀的分離，並不符合人文社會現象。人文社會現象不存在著複製性，無法如自然科學般的可對研究對象加以靜態操弄與控制，各種現象在不同時空中，是變動不居的，並不是一種客觀的存在，用自然科學的各種方法祇能片面而狹隘的找出死通則，無法真正解釋人文社會現象。研究者本身即是研究現象的一員，無法抽離出來，因之，數字與客觀的律則不應是人文社會學的知識規準，相反的，人對所處世界的解釋與意義的掌握，才是人文社會學的重點。質性研究即是持這種立場，盡力使人文、社會諸學門不淪為社會科學。教育學的許多課題，都是人與人之間的互動，當然不能祇建立在實證的規準之上。20 世紀中後半葉，許多科學哲學家們逐漸發現，科學並不似其所宣稱的客觀，科學的變遷，其實也受到許多主觀因素的影響，「實證論」已受到了許多的質疑。

　　量化研究與質性研究背後各有其不同的哲學假定，初學者可暫時存而不論。合理的態度是採取多元的立場，使二者能相輔相成。有些問題，必須有賴量的研究，有些教育問題，非質性研究無法竟其功。有的問題可質量並用。同時，有些問題可以在累積了相當多量的研究之後，再進行質的深入分析，當然也可以先從質的研究，進行探索性的研究，當累積了某些觀點後，再進行量的研究，凡此種種，不一而足。初學者必須不抱成見，仔細思考各種教育問題之本質，採用適切的研究方法。

第三節　教育研究流程

　　量化研究與質性研究，其實各有其不同的方法與流程，而隨著研究主題的不同，也會因目的需求的不同，而選擇不同的方法。以下，我們把教育研究過程中所涉及的重要概念，予以探討。

一、問題的選擇

　　有人曾估計，每一千篇登出來的教育研究論文中，祇有一篇是真正對教育理論或實踐有所貢獻（邱連煌，民 81）。這說明了教育問題選擇的重要。針對教育研究問題的選擇，大概可以採取二種態度，其一是真正把教育研究視為教育理論的建構與實務問題的解決；但是，包括學者在內，恐怕都會有其他更現實的考量，諸如為了升等或申請獎助，為數眾多的學位論文，更是以獲得學位為主要目的。這些因素都可能左右了研究者對教育問題的選擇。研究者當然應該考量自己的能力與條件，不宜陳義過高，但是如果完全祇以現實為考量，都可能使研究淪為加工，失去理論與實踐的意義。初學者自當立大志。通常研究者可以循下列之方式，找出適當的問題。

㈠模仿已有的研究

例如：「國中校長領導方式與教師工作滿意之關係」是已有的研究，某研究生正在國小服務，他可以仿前述的的研究概念、方法，祇把國中轉移到國小即可。或者是從「教師管教態度與學生班級適應之關係」研究中，替換部分研究變項成「『父母』管教態度與學生班級適應之關係」。不論是替換研究對象，或是替換已有研究的部分變項，都是國內研究最常見的方式，這種因襲，若是發生在初學者身上（如學期報告等），可視為是研究方法的學習，自不宜苛責，但若發生在碩士以上的論文或大學教授們的升等論文，實屬不該。

㈡質疑已有的研究

研究者若能根據某種理論，或是他對問題的獨特感受性，形成一套概念，再運用此概念去挑戰已有的研究成果，常能獲致新義。在道德教育心理學中，柯爾堡（L. Kohlberg）提出了「道德三期六段發展論」，認為人們的道德意識有其階段性，第一期是無道德意識，繼之逐漸形成避罰服從、相對功利取向，第二期則是外在的制約，諸如社會文化、法律秩序等，到第三期的自律階段，柯爾堡的理論在 20 世紀中葉以後，一直是美國道德教育的重要勢力；但是，在 20 世紀 70 年以後，姬莉根（C. Gilligan）則提出了質疑，她認為柯氏所提出的道德發展階段，潛在的反映了男性的認知，且研究的過程，也反映了男性的偏見，姬氏乃從女性的立場，設計了許多研究。暫且不論二種理論孰是孰非。至少，姬氏從女性意識的立場反省已有的研究，將能擴大吾人對道德問題的視野。

由於現代教育理論大半來自西方，對我國而言，「本土化」也是一大挑戰，國外已適用的教育理論是否可移植至國內？哪些有通性？哪些又必須經過轉化？這些都值得國內教育研究者仔細討論。

⑶兼顧來福槍與散彈槍的功能

　　通常大部分的研究手冊都會勉勵研究者要「小題大作」，題目避免空泛，也就是強調要用來福槍集中焦點在特定的問題上。美國學者 W.A. McCall 有一次回憶，其指導研究生歷程，研究生想做「影響學習的因素」，McCall說太空泛了，請其回去修改；研究生第二次改為「時間分配對學習的影響為何？」，McCall仍然不滿意，最後學生修正為「四年級學生每週三次各三十分鐘與每週五次各十八分鐘在閱讀上，其效果孰優孰劣？」（Hillway, 1959: 99）有經驗的研究者會從研究的主題中，找出值得研究的問題，然後「小題大作」。

　　當然，我們也不否認，在某些探索性的研究中，「散彈槍」也有其價值。「散彈槍」一次可以含著較多的面向，有關教育政策的各種研究，常常同時包含了政治、經濟、法律等層面，如果能用「科際整合」的方法，常能得到更為全面的結論。國科會補助國內各大專院校的研究，也希望各校能跨校提出「整合性研究」，以擴大視野。我們必須隨時擦拭來福槍與散彈槍，視研究的需求，交相為用。

二、文獻探討

　　研究有其累積性，因此在進行一項研究時，掌握已有研究的成果，毋寧是重要的工作。通常我們在整理已有文獻時，要特別注意文獻的蒐集與詮釋，茲簡單加以說明：

㈠文獻的蒐集

　　現代電腦網路普及，可隨時上網，連接到相關網站，去檢索自己所需的資訊。一般而言，研究者必須針對研究主題，鎖定相關的學術期刊、專書、研討會論文，完整的蒐集，以中文教育資料而言，下列是最基本可以地毯式蒐集的：

　　《教育資料文摘》（已停刊，有完整的當月教育問題彙整）

《教育論文索引》

《教育論文摘要》

《中華民國期刊論文分類索引》

《教育與心理論文索引彙編》（吳清山、陳明終、程又強合編，
　心理出版社）

　　當然，在網路無遠弗屆的資訊世界裡，也更增加了學術的便利
性，國內的碩博士論文以及學術期刊論文都已經數位化，讀者可根據
關鍵字、作者等加以檢索。

(二)文獻的詮釋

　　文獻蒐集本身不是目的，根據蒐集的文獻，瞭解已有研究的成果
與不足，可據此設計新的研究，解決原有研究遺留的問題。通常量化
的研究，我們要特別注意其研究發現，如果研究結果不一致，必須思
考這些研究的研究方法，研究必有誤差，詮釋已有的研究成果，要特
別留意已有的研究，其方法論存在的盲點，小心檢查其研究流程。同
時，也要留意不同時空及研究對象的差異，才能更深入而正確的詮釋
已有的文獻。

　　一般而言，量的研究文獻，評述的重點在於其研究發現及其方法
論，已如上述。質的研究則在於掌握已有研究，其研究者是如何詮釋
其研究發現，研究者所持的立場等。至於教育史的研究，則特別重視
文獻的真偽鑑定；教育哲學的研究則應留意研究者的基本預設，所接
受的前提、概念是否清晰，論證是否合理以及文獻的閱讀是否正確。

　　總之，研究者對已有的文獻，應該以主動與批判的態度去掌握。
國內近年來，各類教育研究所擴增，許多碩士論文的文獻常相互抄
襲，以訛傳訛，這種現象，值得教育界正視。通常，初學者最易對所
蒐集的文獻，不加思索的照單全收。因此，研究者應時時反省自己對
文獻的解讀能力。我們也期待大學生在閱讀各種教科書時，也都能以
分析、批判的精神去解讀其中的各種學理，相信必然能過更充實、知
性的大學生活。

✎ 三、基本研究設計

通常決定研究問題、分析文獻之後，在正式研究之前，必須開始進行研究設計。

㈠釐清研究涉及的變項

1. 界定變項

研究不同於一般常識的是，其所涉及的變項必須清楚的界定，例如，學生在壓力下的學習反應，在此，「壓力」與「學習反應」均為涉及的變項。在量化的研究中，一般必須對這些變項下「操作型定義」（operational definition）。操作型定義可以把研究問題轉換成可具體執行的步驟，通常可以分成「實驗的操作型定義」、「測量的操作型定義」。例如：某研究者想研究「飢餓狀態下的……」，研究者界定「飢餓」為十二小時未進食，他祇要操弄受試者在十二小時內不進食，再測量其所要研究的內容即可，在此對飢餓的操弄即為實驗的操作型定義，至於「測量的操作型定義」，在教育研究中，更是普遍應用，例如：「自我概念」是吳裕益、侯雅齡（民89）所編製之「國小兒童自我概念量表」上的得分。在此，「自我概念」的操作型定義，即是吳、侯所修訂之量表。如果研究工具本身不準，當然會直接影響研究結果。因此，研究者在為研究變項下操作型定義時，必須慎選研究工具。在質性研究中，主要研究概念不一定要下操作型定義，但也必須對研究的相關概念，作一界定，而在研究的過程中，也可以隨時反省，修正這些概念可能潛存的意義。

2.形成假設

研究假設是研究變項間的暫時性的關係陳述。研究問題被確立後，透過文獻的省察，研究者提出暫時的假設，不但可澄清研究問題，同時可更進一步的指引研究方向。當然，整個的研究其實正是要

對研究假設作驗證，但是，當假設確立後，部分的研究者會很期待研究結果與假設相符，而影響了他在爾後研究過程的客觀性，這種心態值得研究者反省。在質性研究中，研究假設可以不必太機械式的事先限定，但對研究的方向與所蒐集的資料，研究者仍然須不斷在交互探討中，掌握研究的意義。

㈡研究對象的掌握

　　除了純粹教育史、理念、制度的研究外，大部分的教育研究對象都是人。在質性的研究中，樣本人數通常較少，研究者對於研究對象的選擇常扣緊其研究主題，研究者之目的在於揭露所欲研究的主題對於特定當事人的意義，進而詮釋或反省某種教育論點；量化的研究則期待藉著對研究對象的掌握，能類通到相同的所有對象，希冀能針對所欲探究的問題，建立普遍性的通則。因此，所選取的樣本，能否代表全體的母群，就直接關係到量化研究的準確與否。例如：某研究者要瞭解臺灣地區國中生對「高中多元入學方案」的看法，他自臺北市、臺中市、臺南市、高雄市四個都市各選擇 250 名國中生，合計 1, 000 人，填寫問卷，此一結果，我們不能逕行推論至全臺灣。很明顯地，該樣本的選擇排除了鄉鎮地區國中生。

　　在該研究中，由於抽樣的偏頗，使其「外在效度」（external validity）相對的減弱。所謂「外在效度」是指研究可以推論的程度。以前述例子而言，充其量祇能推論到院、省轄市的國中生而已。

㈢研究工具的掌握

　　在量化的研究中，許多研究變項常是透過適當的工具，例如：某學者要研究自我肯定訓練課程是否能提升國小六年級兒童的「自我概念」，如果他能找到一份被公認很準確的「自我概念量表」，就可加以採用。有時，學者在進行較原創性的研究時，由於沒有適當的工具，他必須自行修訂。例如：學者想研究中國人對「孝道」的看法，他必須自行去建構一套能有效涵蓋大多數國人對「孝道」概念之問卷

或量表。而要如何去編製一份有效的研究工具，牽涉到很專業的技術，有志於教育研究的同仁，自當努力鑽研。

質性研究除了錄音、錄影等硬體工具外，有時也必須依照研究目的而設計各種訪談大綱、表格等等。無論是量或質的研究，我們可以說，在研究設計之時，愈能精準的掌握研究工具，將愈能確保研究的成功。如果研究工具失真，將會直接影響到研究的內在效度（internal validity）。

㈣內在效度的確保

簡單說來，教育研究追求兩個目標，一是真實性，二是推論性。若研究不真實，當然無法推論，若研究符合真實，也不一定能有效的推論，前者稱為「內在效度」，後者稱為「外在效度」，在前面研究對象、工具的掌握中已有說明。我們以具體的研究實例，讓初學者能體會在研究設計中，確保內在效度的重要。

1. 某研究者想瞭解建構式數學教學與直接講述式教學何者為優，他自己擔任甲班建構式教學，另外請乙班王老師擔任講述教學，一學期之後，甲班學生數學成績優於乙班，研究者宣稱建構式數學教學優於講述式教學。研究者下這樣的結論，失之草率，因為甲、乙二班除了實驗處理（即教學法）外，尚有其他因素（如教師的不同），也可能影響研究結果。也許造成甲、乙二班成績差異的原因，不在於實驗處理（教學法）的效果，而是在教師的差異。

2. 某大學教師擔任三個班別「教育概論」課程，這三個班分別是教育系大一必修班，其他外系的共選班及學士後師資班。該教授想瞭解「講述法」、「討論法」、「凱勒式教學法」何者對學生學習興趣及學習結果最佳，他分別在這三個班別中各用一種方法教學，一學期後發現，討論法學生興趣最佳，凱勒式教學法學習結果最佳。這個研究，也存在一些問題，首先，三個班別很可能起始的條件並不相同，研究者並沒有加以控制；再

者,三個班上課的時間也不相同,星期一早上三、四節,星期二下午一、二節,星期五下午七、八節,不同的上課時間,很可能對學生心態產生不同影響,而非教學方法。

篇幅所限,無法再多舉例子。讀者應該可以體會,內在效度的掌握是多麼的重要。簡單說來,在研究者掌握各種研究變項時,他要時時留意,是否有其他的因素會影響到研究結果,他必須儘可能的加以控制。有時受限於客觀條件,無法完全加以控制,至少也要瞭解可能存在的誤差,在能力範圍之內,使誤差減至最低。至於,有哪些因素會影響內在效度,以及如何透過研究設計確保研究的內在效度,受限於篇幅,有待讀者在「教育研究法」的課程中,再去鑽研。

㈤資料分析

量化的研究,通常在研究設計之時,就必須根據變項的特性,以及變項之間的關係,而決定使用統計方法,對量化研究而言,研究者的統計素養,就好像俠客佩寶劍,絕對可以相得益彰。統計分成描述統計及推論統計,而多變量的分析,更可在紛雜的數據中,找出關係。國內的量化研究,共同存在一些問題。許多研究,祇應用到描述統計,充其量,研究的結果,祇是一些基本數據的呈現;由於研究問題與假設的粗疏,變項與變項的關係沒有審慎的考量,使高深的統計並沒有真正的釐清紛雜的教育現象,例如:大多數量化的碩士論文,都會運用「迴歸分析」嘗試去解釋預測變項與依變項之間的關係,但卻很少去討論這些預測變項本身的特性,使得迴歸分析的解釋量變得沒有意義,而使研究流於數字遊戲。甚至許多研究生常是先抉擇統計的方法,再套到研究變項上,反客為主。其實,各種統計方法,都有其基本的假定,但是一般研究者不去注意這些問題,祇是很囫圇的把各種數據硬套在高深的統計方法程式裡。「垃圾進,垃圾出」(garbage in, garbage out)的失誤,確實值得國內研究者反省。

質性研究的資料分析,通常不借助高深統計。有賴研究者時時根據已有的理念賦予資料意義,為了避免主觀而產生的偏誤,質性研究

者也有必要透過各種多元的方法，使自己對資料分析的詮釋，能深入問題的真實面，而非獨斷的自以為是。一般而言，各種多元的學理、個人的生活閱歷與體驗、對情境的感受、對生活世界的批判反思、廣泛的人文素養，都能提升質性研究的詮釋品質。

四、研究結果的呈現

　　當研究完成後，若沒有正式發表，便無法促進學術的交流，為了使研究社群之間能夠互相觀摩，不致引起誤解，幾乎各個學術領域都會各自發展其研究呈現的方法，經約定俗成，就逐漸形成研究報告的體例。受限於篇幅，有關研究報告的撰寫格式與要領，無法在此提及。不過，從第三節教育研究流程的敘述中，讀者應該也不難體會研究結果呈現的技巧。

　　本書大部分的讀者應該正就讀於大學。本章不僅希望讀者能初步領略教育研究的基本概念，更希望每位讀者都能以更批判、反省的視野去領會自己的主修領域。也期待讀者未來成為基層教師後，能彰顯「教師即研究者」之精神，把各種教育研究的睿智帶進教育實務中。最後，我們期待國內所有教育研究者，能更嚴謹認真，擺脫功利浮誇，使教育研究不淪為數字或概念遊戲，早日使國內教育學術自主，建構本土的教育理論。

　　最後，並不是最不重要，所有研究都涉及研究倫理，讀者們要銘記二點。第一，在研究的過程中不能傷害到研究對象，如果你要從事性侵害防治的研究，訪談了一些被性侵害者，要特別留意在訪談過程中，不要對當事人造成二度傷害，在研究報告的呈現上，也要匿名，以免研究對象曝光，憑添許多困擾。第二，研究在求「真」，再有創意的研究，也都建立在前人的努力之上，所以，不得「剽竊」（plagiarism），不得惡意的漠視他人的研究，據為己有。對我們教授而言，在指導學生時，也不能假指導之名，任意壓榨學生的努力，甚至於侵占學生的研究成果。研究倫理的重視，也是考驗一個國家學術社群的

「集體教養」。國內近年來，發生多起學術剽竊事件。我們期待可畏後生們在大學的養成教育中，就能堅定自己對學術的真誠，未來在深造的研究崗位上，為國家奉獻學術智慧。

🗐 參考文獻

王文科（民 78）。《教育研究法》。臺北：五南。

吳裕益、侯雅齡（民 89）。《國小兒童自我概念量表》。臺北：心理。

吳明清（民 80）。《教育研究》。臺北：五南。

但昭偉（民 86）。〈教育研究的三部曲及其可能的謬誤〉，見簡成熙主編，《哲學和教育：二十世紀末的教育哲學》。高雄：復文。

邱連煌（民 81）。〈教育研究過程的絆腳石〉。見屏東師院舉辦「教育研究法學術研討會專輯」。

侯雅齡（民 83）。〈促進教學成效的教學策略，瞭解學生的學習式態並予以設計相合的教學活動〉。《國教天地》，103 期，69-76 頁。

馬信行（民 82）。〈數理取向的教育研究〉（王素芸採訪）。《教育研究雙月刊》，31 期，頁 4-6。

Borg, W. R. & Gall, M. D. (1979). *Educational research: An introduction*. New York: Longman.

Hillway, T. (1956). *Introduction to Research*. Boston: Houghton-mifflin.

Van Dalen, D. B. (1979). *Understanding educational research: An introduction*. New York: Mc Graw-Hill.

第四篇
教育的改革與展望

第十三章
當前教育的問題與改革

吳俊憲

第一節　教育問題的定義與認定

一、教育問題的定義

　　人類在日常生活中經常發現和產生各式各樣的問題，有些問題令人感到好奇而有趣，有些則令人陷於困惑之中。誠如黃炳煌（1987：1）所言：「人生即一個人不斷地面對問題、思考問題以及解決問題的過程。」例如：一個人在面對新的事件、情境或狀態時，常會產生調適上的困境或障礙，於是必須瞭解問題脈絡中所包括的特定條件、對象與訊息，然後釐清目標，運用既有的知識與經驗，尋求新的方法，此即為問題解決。

　　人類從很早以前就存在教育活動，如果將學習視為教育活動最重要的內涵，即教育活動與人類的歷史同樣淵遠流長（莊懷義，1994：3）。那麼何謂教育問題？教育問題的概念為何？如何認定哪些是教育問題？教育問題是如何形成的？教育問題與學生的學習有何影響？教育問題應如何解決？本文將逐一闡述教育問題的定義，以釐析概念上的澄清；其次說明教育問題認定的標準；第三探討檢視教育問題的

理論模型；第四是教育問題的分類；第五是影響教育改革的因素；第
六是制定教育改革方案的步驟；最後則闡述我國當前的教育問題與改
革。

　　教育問題的定義為何？張芳全（1997:5）認為，教育問題是在教
育情境中，因教育系統受到系統本身和外在壓力的影響，導致系統中
主、客體（含對象、事項、時間、地點及資源）不平衡，進而令人去
思考、注意、解決與處理的歷程。由此可知，教育問題的定義宜從教
育活動的整體歷程加以闡述。首先，教育問題的產生乃因整個教育系
統運作失衡所導致，包括教育目標、教育內容、教育方法、教育場
所、教育制度、教育法令、教育對象、教育資源、教育預算等方面可
能陸續出現問題。其次，教育問題的存在，表示某個教育現象在一些
特定的條件或狀況下，已經違反了一般的社會規範或價值觀，且已被
多數人認知其為普遍存在的問題，於是必須採取集體行動以尋求改進
之道（陳慧娟譯，1988：8-12；葉啟政，1986）。以「高中多元入學
方案」為例，當初推動此項新的教育方案時，其原意乃希冀改革過去
聯考制度「一試定終身」的各種弊端，然因實施的時程過於匆促且規
劃的入學途徑過於複雜，造成許多家長及學生在認知上的困難，復因
國中基本學力測驗仍無法減輕學生升學和課業壓力，故產生升學壓力
及教育機會不均等之各項教育問題，引發教改團體、家長及學生等主
動要求教育主管機構進行改革。

二、教育問題的認定

　　任何問題均可視為一種主觀認知與客觀存在的事件，因為它必須
具有客觀存在的具體事實，也要為多數人所關注、認定是重要的，且
願意採取行動加以改進。然而教育問題究竟要由誰來認定？如何認定
是教育問題？

(一)教育問題必須有其客觀存在的事實、條件或情境

此為教育問題的必要條件而非充要條件，因為它不一定會產生教育問題，誠如莊懷義（1994）認為教育是政治、經濟、社會和文化發展的必要條件，卻非充要條件。要言之，宣稱是教育問題的先決條件，必須是存在教育情境或脈絡中的問題。

(二)必須經由多數人們主觀認定的才算是教育問題

所謂多數人們包括教育學者專家、學校行政人員及教師、家長、社區人士、學生、教育利益團體等。它代表問題具有影響力，可能已違反大眾的社會規範或價值觀，例如：社會公正和正義原則；或危害到多數人的身心康泰，例如：身體發育或人格發展（張芳全，1997：2-4；葉啟政，1986）。

第二節　檢視教育問題的理論模型

教育問題反應社會現象，教育問題亦可歸屬於社會問題的一種（張芳全，1997：9）。因此，探究社會問題的理論或觀點可做為檢視教育問題的理論模型。Kornblum & Julian（1995）提出用以檢視教育問題的社會學取向有三：結構功能取向（functionalist approaches）、衝突取向（conflict approaches）及互動取向（interactionist approaches）。Coleman & Cressey（1996）提出三項社會學的觀點，即：結構功能觀點（functionalist perspective）、衝突觀點（conflict perspective）及社會心理學觀點（social psychological perspective）。Parrillo（2002）則提出四項社會學的觀點，包括：結構功能觀、衝突觀、女性主義觀（feminist viewpoint）及互動觀。

綜合上述學者的看法，採結構功能觀點者認為可將教育視為維持社會需求與成長的基本機構，學校雖無法幫助學生改變其經濟及文化不利的成長背景，但教育是促進社會流動的重要管道，而且學校也負

有傳遞一個國家之文化的責任，也必須教導年輕人未來立足社會所需要的知識和技能。採衝突觀點者認為學校反映出社會種種現象的不公平，因為學校教育存在階級偏見與社經差異，因此在不同團體與不同教育目標的價值衝突下，加上課室裡的權力不平衡，致使教育問題滋生。採互動觀點者認為教育是社會化過程的一個重要部分，可以幫助學生發展個性並學習文化，透過學校正式結構與非正式的同儕關係互動，亦有助於自我概念的形塑。採社會心理學觀點者關注於學生如何學習的焦點，探討學生在學習歷程中心理發展的各種問題，例如：興趣、動機、感受及壓力等。採女性主義觀點者認為學校強迫灌輸不公平的性別刻板印象，藉以將女性加以社會化為順從（obedience）的角色，因此強調學校應重視性別教育的問題（Coleman & Cressey,1996: 116-118; Kornblum & Julian,1995:383-385; Parrillo,2002:357-360）。

除前述外，Rubington & Weinberg 提出社會病理學、社會解組、價值衝突、偏差行為及標籤理論等五大觀點探究社會問題，本文認為其涵蓋層面較為完整且周全，故以此作為檢視教育問題的主要理論，茲分別闡述如下（陳慧娟譯，1992；徐震、李明政、莊秀美，2000：18-42；張芳全，1997：9-18；蔡文輝、蕭新煌，1985：4-8）：

📝 一、社會病理學理論

此種論點將社會比喻成人體，社會問題的產生乃因社會結構各部分缺乏良好的依賴與支援，而無法正常運作並維持均衡，正如同人體內各部位系統機能失調而導致生病。同樣地，當教育系統中的社會規範、價值觀或道德期望遭到扭曲時，在系統失衡的狀態下自然也就產生教育問題。例如：教育的本質和目的在於促進學生能快樂學習、健康成長、適性發展，兼顧認知、情意、技能之平衡學習，及健全的人格發展。然而，受到升學主義與文憑社會的價值觀影響，家長總是希望「望子成龍、望女成鳳」、「不能讓孩子輸在起跑點上」，結果便造成學生在升學、課業及生活方面產生莫大的壓力，嚴重地影響身心

發展。

二、社會解組理論

此種理論認為傳統社會受到工業化、都市化及科技發展的影響，導致社會快速變遷，致使原有的社會規範喪失、衝突或崩潰，在新的社會規範未及形成的同時，便易導致貧窮、犯罪、文化失調等社會問題。同樣地，許多教育問題即源自社會解組的現象，例如：近年來國人與外籍、中國大陸人士通婚的情形日益普遍，使得原有的家庭型態與人口結構產生改變，因而引發「新臺灣之子」的教育問題備受重視；此外，轉型的社會下所造成的少子化現象，已嚴重地影響師資市場的供需失衡問題，亦促使家長更重視子女的教育，要求學校選擇及參與權，也要求學校必須提供適切的課程。要言之，社會型態的轉變與解組，如果教育目標和功能未能因應社會潮流做適度調整，則教育問題將弊端叢生。

三、價值衝突理論

此種理論認為一個民主開放的社會，如果無法包容多元的價值觀，並兼顧不同利益關係的團體，將會因為價值或利益衝突而導致社會問題。同樣地，許多的教育問題也與價值衝突有關。例如：人文教育與科技教育孰重孰輕？專業教育與通識教育如何協調？分流教育與合流教育如何規劃？菁英教育與職業教育如何取捨？此外，再以近年來臺灣本土教育改革的問題為例，其引發爭議的相關問題有：《認識臺灣》教科書、高中歷史課程綱要修訂及鄉土語言課程等。然仔細深思，教育問題的產生乃起因於價值衝突，個人或團體過度堅持本位立場或利益，無法回歸課程發展或教科書設計的本質與內涵。

四、偏差行為理論

　　此種論點認為社會解組與不當的社會化，將導致人們行為偏離社會規範，並形成社會問題。例如：過度順從社會歸屬而失去自我、面對社會結構的快速改變而失去行為準則、無法符合社會期待而自我放棄等。同樣地，以教育領域來說，臺灣在 1987 年解除戒嚴令後，社會、政治及經濟等領域一時之間獲得解放，在社會變遷過於快速轉型的歷程中，教育功能未及提供足夠的配套，致使許多青少年產生偏差行為，例如：加入不良幫派、吸毒及瘋狂飆車等。

五、標籤理論

　　此種理論承襲自偏差行為理論，它認為對於違反社會規範者，社會將予以歸類為某種偏差行為，一旦偏差者被冠上標籤分類後，不但無法減輕偏差行為，反而有加重偏差行為的傾向。同樣地，教育問題之所以成為問題，乃是受到多數人或相關團體的關注，並認定存在一些問題，且有改革的必要，此即為標籤的過程。例如：國內在 1996 年左右從國小一年級推動建構式數學，在實施六年後針對第一批升上國中的學生進行測驗，結果發現這群國一學生的數學成績較以往下降不少，尤其在數學計算和解題方面的能力恐有下降之虞，於是引起社會各界及家長的重視，紛紛針對建構式教學概念、教科書編寫內容及教師教學能力，甚至是否重新要求學生背誦九九乘法表等提出各項質疑。

第三節　教育問題的分類

　　為更進一步地瞭解教育問題，可以將問題依層面、特性、性質及類型的不同加以分類。

一、按教育問題的層面分類

　　從問題的影響層面或涵蓋範圍來看，可區分為巨觀與微觀兩類的教育問題。巨觀的教育問題範圍經常是全國性的，例如：1994 年教育部公布「師資培育法」取代原「師範教育法」，開放一般大學均可申請設立教育學程，使師資培育由「計畫制」轉變為「儲備制」，然隨之產生的問題也已逐漸浮現，例如：師資素質下降、實習輔導功能不彰、市場供需失調等。其次，微觀的教育問題所影響的層面大多限於學校或教室層級，例如：解決學習成效不彰的問題、如何應用適切的教學方法的問題、如何處理學習障礙的問題、如何營造良好班級氣氛的問題等。

二、按教育問題的特性分類

　　一般說來，教育問題的特性可分成下列三種類型（徐震、李明政、莊秀美，2000：7-13；張芳全，1997：60-65）：

(一)普遍性與特殊性的教育問題

　　前者係指任何教育情境中普遍存在的共同性問題，例如：教育的目的均在於教人向上、向善，若教人為惡者即為反教育；後者係指依教育情境所處的社會價值、文化傳統或政經制度的不同，導致其教育內涵或目標上的差異。

(二)顯性的與隱性的教育問題

　　前者係指教育的條件或情境已經被多數人認定為違反社會規範或價值，許多人已感到威脅、不利，並對問題的重要性產生共識；後者則指該問題尚未被多數人所體認或瞭解，或仍對問題存有疑慮。例如：傳統社會文化底下，男尊女卑的觀念被視為理所當然，性別平等

教育的課題在過去只是隱性的教育問題，然而隨著社會逐漸地開放、多元，現今則成為顯性且重要的教育問題。

(三)時間性與空間性的教育問題

從時間的角度來看，教育問題會隨著時代的推移而改變，可區分為：過去、當前和未來的教育問題，彼此間具有銜接關係，例如：過去的教育問題可做為當前教育問題的借鏡，而規劃當前教育問題解決的同時，亦應思考未來可能產生的各種衍生問題。例如：我國教科書開放的政策，原意是希望打破國家對教科書長期的壟斷，降低政府對意識型態的主導，並增加市場競爭機制，提升教科書品質。然而「一綱多本」所衍生的問題包括：教科書內容錯誤百出、家長經濟負擔變重、增加學生學習的負擔、課程銜接混亂、市場機制與非法行銷活動等（周祝瑛，2003：150-165），導致家長紛紛希望恢復統編本。足見教育問題其實是由過去延伸至現在，並影響未來的發展；若從空間的角度來看，由大至小可區分為：全球性的教育問題（如提升人權教育與環境教育的重要性）、地域性的教育問題（如東亞地區的升學壓力問題）、國家性的教育問題（如臺灣推動九年一貫課程的成效）及區域性的教育問題（如縣市、鄉鎮推展鄉土課程或母語教學）。

三、按教育問題的性質分類

依據教育問題的性質來看，可區分為理論性和實務性的教育問題。前者係指問題乃針對教育理論進行驗證的過程中而產生，例如：教育心理學中的學習理論、動機理論、班級經營理論、學習策略及人格發展理論等，在研究或驗證的過程將會帶出許多教育問題；後者則是指在教育活動在教育系統運作過程中所產生的問題。例如：師生或同儕在教室裡的衝突事件，會引發師生互動歷程或問題行為處理的教育問題。

四、按教育問題的類型分類

依教育問題的類型來看，可分成兩類。其一是各教育階段（level）的問題，包括：學前教育問題（含托兒所及幼稚園）、初等教育問題（即國小）、中等教育問題（含國中、高中、高職、完全中學及綜合高中）、高等教育問題（含專科、技術學院、科技大學、綜合大學及研究所）等；其二是各教育類型（pattern）的問題，包括家庭教育問題、學校教育問題、社會教育問題及終身教育問題等。

第四節　影響教育改革的因素

教育問題既已發生，為解決問題就必須推動教育改革，故探討教育改革的影響因素也就與教育問題的形成因素息息相關。陳伯璋（1991）認為，教育改革是促進社會進步、經濟成長和文化發展的有利因素，然而它也同時受到政治、經濟、社會和文化等因素的影響。張芳全（1997：46-60）指出，教育問題的形成因素主要可分為內、外兩類，彼此存在持續的交互作用。內在因素包括：教育產業對象複雜且問題多樣、教育財的特殊性無法滿足教育體制與受教主體的需求、教育市場本身機能的限制、教育生產效率難以衡量；外部因素則包括：政治、經濟、社會及文化四個層面對教育系統的影響。基此，本文認為分析教育改革的影響因素可區分為教育系統內在及外部兩類因素，茲闡述如下：

一、教育系統內在因素

首先，可能是教育體制在長期實施的過程中，已變得僵化、固定化，失去彈性與發展性，致教育問題叢生；其次，教育制度或政策的設計不良或執行欠當，抑或因為移植他國，導致「橘越淮為枳」或水

土不服，引起受教對象的抱怨；再次，可能因為教育目標不合時宜、教育內容過於老舊、教育方法缺乏新意、教育法令缺乏時代意義等，導致教育系統失衡，自然產生調適、「汰舊更新」的需求，必須進行教育改革以尋求系統的平衡；最後，教育系統內在的驅策力，也是導致教育改革的重要力量，例如：政府機構希望追求教育品質的提升與教育卓越；或因民智大開，社會大眾對於教育政策或活動主動表示關心和參與。

二、教育系統外部因素

(一)政治因素

教育經常受到政治的介入和影響，一方面可能涉及權力和利益之重新分配與運作，另一方面也可能引導教育朝向社會正義與機會均等的理想實現。是以，政治因素可能成為教育改革的阻力，也可能成為助力。例如：我國長期以來受到威權政治體制的嚴密監控，使教育成為政治發展的附庸，教育改革之目的旨在安定政治。1987 年戒嚴令解除後，使教育改革再度獲得重視，影響所及，促使教育自由化、教育民主化、教育多元化及教育本土化的改革理念逐漸形成（黃政傑、張嘉育，2004），成為日後推動教育改革的主要方向。

(二)經濟因素

一個國家的經濟成長率提高，國民所得和外匯存底增加，將影響其對教育經費的支應。由於教育投資是「十年樹木，百年樹人」的工作，其成效難以立竿見影，是以經常會隨一國經濟成長的情形而有所增減。以我國憲法第 164 條為例：「教育、科學、文化之經費，在中央不得少於其預算總額 15%，在省不得少於其預算總額 25%，在市、縣不得少於其預算總額 35%，其依法設置之教育文化基金及產業，應予保障。」另外，勞動市場的人力需求，將影響學校人力培育的供給

面。以我國為例，50 至 60 年代基礎技術人才的需求殷切，致當時的教育政策規劃高中和高職學生比例為三比七；惟現今則需要培育高級技術及服務業人才，致高中職學生比例必須重新調整，而一些旅遊、觀光及休閒相關科系也成為大學的新興或熱門科系。

(三)社會因素

葉至誠（2002：9）指出，社會變遷是一種客觀的社會事實，在變遷的過程中，教育一方面在反應社會變遷的情況，也一方面導引社會變遷的方向，因此教育問題便由此產生。此外，社會制度與結構的改變亦將影響教育改革方向，例如：人口結構中的粗出生率、人口品質、人口移動、人口密度、人口政策及社會產業結構分配等（張芳全，1997：308）。

(四)文化因素

一個國家的文化若要得以傳遞、發揚與創新，往往必須依賴教育改革發揮功能；同樣地，一國的歷史文化往往也是影響教育改革成敗的關鍵。例如：我國憲法第 158 條明白指出，我國的教育文化精神在於：「應發展國民之民族精神、自治精神、國民道德、健全體格、科學及生活智能。」由此可獲知國家整體教育改革的重要原則和方向；此外，傳統文化觀念重視學歷和文憑，以及「十年寒窗無人問，一舉成名天下知」的科舉功名心態，若無法加以導正，則任何教育改革恐將註定失敗。

第五節　制定教育改革方案的步驟

任何一項政策制定的步驟，大抵包括計畫、執行、溝通、協調、決策、視導、研發及考核等階段。那麼，教育改革方案制定的歷程應包括哪些步驟？張芳全（1997：98-107）指出這些步驟應包括：確定教育改革的目標、研擬具體可行的改革方案、設定所欲達成的標準或

尺度、評估與選擇適切的方案、進行小規模的教育實驗、方案的推廣實施、重新評估或規劃改革方案。本文茲重新歸納並說明如下：

一、確定教育問題或議題的性質

有了問題，需要改革，但先決條件必須充分瞭解問題的來源，包括其涵蓋層面、特性、性質及類型等，方能「對症下藥」，否則將祇是「頭痛醫頭，腳痛醫腳」，無法真正解決問題所在。

二、訂定教育改革的願景和目標

教育願景必須是改革者與被改革者的共識，經過溝通、協調而後規劃出未來共同預期達到的理想藍圖。教育改革也需要目標做為引導，日後也可用做為成效檢討的依據。通常目標的訂定會依實際需要規劃成短程、中程及長程三個階段，其時程和內容並非一成不變，過程中可適時加以修訂，但它必須符合以下幾項原則：具體可行的、可以量測的、具時程性的、具行動特性的。

三、成立教育改革的組織

為了達成教育改革的願景和目標，必須成立「組織」（organization）以做為「管理」（governance）的機制。為廣納各界意見、激盪智慧，所覓得的組織成員大多會兼顧不同的來源和身分代表，然後在組織環境與工作角色上進行調整或分配，使權責相符、各有所司。以組織的層級與任務劃分，首先會成立教育改革審議或諮詢委員會，以做為教育改革方案或政策的研議、審議、建議與諮詢單位；其次，成立教育改革推動委員會，負責主要規劃和執行的單位，並配合設置行政督導、課程與教學、資訊傳播、研究與發展等事務性組織。最後必須納入民間教育改革團體、教育專業團體、學校教師代表、家長及學

生代表等。

四、制定教育改革方案或計畫

在釐析教育問題，也有了教育願景和目標後，接下來必須將這些轉化為教育改革方案或計畫。傳統上的制定過程大多採「由上而下」的政策訂定模式，現今教育受到民主、多元及開放等社會趨勢的影響，則興起一股「由下而上」的草根訂定模式。從制定內容方面來看，一份教育改革方案或計畫包括的項目大致有：計畫緣起（如制定依據、問題背景等）、計畫目標、實施策略與方法（如工作項目、實施期程、執行單位等）、資源需求（如人力、財力和物力的編列）、預期成效、獎勵辦法及其他等。此外，為使方案更臻周全，必須規劃具體可行的配套措施，相關的層面可包括：法規修訂、制度政策、學習環境、硬體建設、課程教材、師資培育及評鑑回饋等。

五、教育改革方案的評估與選擇

由於制定教育改革方案通常不只一個，因此必須透過理性決定做出最適宜的選擇。評估方案選擇的參考標準大致有：是否具客觀性？是否具體可行？操作性是否簡便？功能性是否足夠？效益性是否明顯？不確定性是否掌握？大眾的接受度如何？等。

六、教育改革方案的實驗、推廣與實施

為瞭解一項改革方案在實施後可能產生的問題，或降低未來可能造成的不利影響，最好能事先進行小規模或地區性的教育實驗；同時也可以一邊進行宣導或推廣工作，例如：舉辦公聽會、說明會、研討會及諮詢會等，一方面蒐集各方意見，另一方面也加強與社會大眾的溝通，以做為進一步修訂方案的參考依據，並尋求社會大眾的支持和

認同，最後便可進入改革方案的正式實施階段。

七、教育改革方案的評鑑

教育改革方案執行完成後，必須透過教育評鑑機制以達到以下幾項目的：1.需求評估；2.缺點診斷；3.持續修訂；4.目標達成程度；5.績效判斷。「真金不怕火煉」，唯有通過評鑑的改革方案，方能做為下一次重新修訂或規劃方案的依據，並建立永續發展的機制。

第六節　當前我國的教育問題與改革

政府解嚴後，民間教育改革團體紛然成立，形成一股沛然莫之可禦的力量，促使政府機關感受到教育改革的重要性與迫切性。開啟國內教育改革的關鍵時期大約始自 1990 年代，首先在 1994 年 4 月的「四一○教改遊行」開啟了教育改革的序幕，當時的重要訴求為：落實小班小校、普設高中大學、推動教育現代化、制定教育基本法等。緊接著，同年 6 月召開「第七次全國教育會議」。隔年，教育部將全國教育會議做成的建議方案制定為「中華民國教育報告書——邁向 21 世紀的教育遠景」，以紓解升學壓力及教育自由化為主軸，並制定十項教育改革原則：強調前瞻發展、促進機會均等、重視人文精神、提升專業素養、追求民主開放、邁向自由多元、推動自主自律、採行分權分責、鼓勵全民參與、力求精益求精等。

為進一步規劃國內教育改革藍圖及擬訂具體措施，行政院於 1994 年通過「教育改革審議委員會設置要點」，由當時中央研究院李遠哲院長出任召集人；1995 年正式成立教育改革審議委員會，負責國內重大教育改革方案之研究、審議、建議及諮詢等工作，其間共計發表兩年四期諮議報告書，於 1996 年彙整成教育改革總諮議報告，其規劃的五大教育改革方向為：教育鬆綁、帶好每位學生、暢通升學管道、提升教育品質及建立終身學習社會。最後，行政院在 1998 年確立十

二項教育改革行動方案，開始推動教育改革的時代巨輪。

　　只是在歷經十餘年教育改革的規劃與推動下，教育部長更迭頻繁，由毛高文、郭為藩、吳京、林清江、楊朝祥、曾志朗、黃榮村到杜正勝；教育改革團體及組織百花齊鳴，如主婦聯盟、教師人權促進會、大學教育改革促進會、振鐸學會、毛毛蟲兒童教育基金會、婦女兒童安全保護協會、中華民國教育改革協會、各級學校教師會等；教育法案陸續制定，如大學法、師資培育法及教師法等；教育改革方案推陳出新，如國中畢業生自願就學方案、開放師資培育管道多元化、教科書開放審定本、多元入學方案、建構式數學、綜合高中、完全中學、九年一貫課程等（周祝瑛，2003）。然而，誠如吳武典（2003：8）指出：「臺灣十年教改，亂象與病態叢生，各界批評之聲不斷⋯⋯在決策上最常見的描述是『教改像月亮，初一十五不一樣！』在規劃上，最常見的批評是『準備不足的早產兒，匆促上路，急躁、粗糙！』在宣導上，最生動的描述是『人人一把號，各吹各的調！』談到評估，常聽到的作法是『邊做邊改？！』談到結果，普遍的觀感是『教改已帶來教育災難！』」

　　相信任何教育改革都是出自善意和創意，只是在規劃、執行及評鑑的各層面是否周全且落實？社會各界對教改是否具有共識？教育的關鍵問題是否詳加釐析並獲得解決？教育品質是否明顯提升？教學方式與學習效果是否達到目標？相信這些問題才是更值得深刻省思的。茲限於篇幅，僅就我國當前幾項重要的教育問題與改革途徑闡述如下，以做為本文結論。

一、升學壓力問題

　　國人對於升學主義與文憑社會的觀念根深柢固，家長總是希望「望子成龍、望女成鳳」。在傳統觀念的趨使下，加上聯考機制的存在，經常造成學生在課業、升學及生活方面產生莫大的壓力。尤有甚者，嚴重地影響教學正常化，扼殺學生的人格發展與身心健康。經常

為了一句「不能讓孩子輸在起跑點上」，多數家長主動幫子女安排許多課輔活動或才藝學習。等到孩子升上國中，在競逐明星高中的迷思下，認為考上理想的高中就有機會考上理想的大學，也意味著將來有機會在社會上謀得一份好的職業並有好的收入。因此，學生的生活幾乎與補習、參考書、測驗卷、假日輔導、晚自習等劃上等號，學生成為只會唸書和考試的機器。

為紓解國中學生升學壓力，引導教學正常化，並期使學生獲得適性教學及健全的人格發展，行政院教改審議委員會在教改總諮議報告書中即提出多項改革建議，例如：廣設綜合高中及多元入學方案等。其後，教育部在 1996 年試辦綜合高中，1999 年修訂「高級中學法」，使綜合高中納入正式學制，2000 年推動「實施高級中學多元入學方案」。只是經過多年，這些教改方案的批評聲浪卻仍不絕於耳，升學壓力與補習問題也似乎未見舒緩，甚且還有往下發展的趨勢，因為現在連小學生下課後都忙著補習。要言之，如何有效減輕學生升學壓力，讓學生能快樂學習、健康成長、適性發展，兼顧認知、情意、技能之平衡學習，及健全的人格發展，現今仍是國內重要的教育問題與改革議題。基此，教育主管機關及各級學校必須深入且通盤地瞭解學生升學壓力的背景及成因，針對近年來推動相關的教育改革方案及配套措施進行回顧與檢討，方能尋繹出真正的關鍵問題及解決之道；此外，家長也要改變傳統的社會價值觀，畢竟「行行出狀元」，多花些時間陪伴子女聊天、閱讀、從事戶外活動，培養子女具有多元的興趣與專長，才能有效減輕課業壓力、健全身心發展。

二、教育機會均等問題

「教育機會均等」通常係指：能提供所有學生公平競爭的立足點，有相同的發展機會獲得良好的學業成就、爭取高的社會地位及收入，不會因為性別、種族、階級、地域、宗教及學校等因素的差異而有所影響。因此，教育機會均等的最終目標在於照顧及保護弱勢族

群，期望實現社會公平與正義，達到因材施教、有教無類的教育理想。從國內的情形來看，過去原住民族群子女的教育被視為弱勢族群教育的重要議題，政府機構陸續推動一連串的教育支援法案或政策，希望藉以提升原住民族的自尊、自信與自我認同，保障原住民學生的升學與就業，包括：增修憲法條文、制訂原住民學生升學優待措施、擴大原住民學生就學獎助措施、改進原住民教育師資培育及任用辦法、積極推動族語教育、推展原住民親職教育等。除此之外，國內身處於經濟、文化及學習不利的弱勢學童仍有很多，像是近幾年備受關注的「新臺灣之子」就已成為一項重要的教育改革議題。

　　根據吳錦惠與吳俊憲（2005）、吳錦惠（2005）指出，這群弱勢的新臺灣之子在 93 學年度入學就讀的人數上已超過一萬人。其常見的教育問題包括：先天條件上較易處於文化刺激或學習不利的狀況；較易出現發育遲緩的問題；容易在語言學習、文化學習、課業學習及人際學習等方面出現適應上的問題。目前政府相關單位已陸續制定各項教育支援方案，藉以照顧其在生活與學業上的適應。其中舉舉大者包括：1.納入「教育優先區計畫」；2.辦理「補助文化資源不利地區學校學習輔導」；3.擬訂「補助偏遠地區國民小學增設幼稚園計畫」、「課後照顧計畫」、「外籍與中國配偶子女教育輔導實施計畫」、「教育部推動外籍與大陸配偶子女教育輔導實施計畫」；4.編輯補充學習教材；5.推動「新移民文化計畫」等。然而，本文認為未來仍應深入釐析新臺灣之子的教育問題及其需求，例如：如何在學習過程中培養其自信心？需要父母親如何配合協助指導？教師如何因應個別差異進行課程設計？如何協助學生同儕間建立良好互動與合作學習？等。然後，據以提供適切的課程調適方案。另外，學校與教師亦應提供多元文化課程，消除學習過程中不當的文化偏見與歧視（吳錦惠，2006）。綜言之，國內在教育市場化及自由化的競爭下，已逐漸出現教育的「雙峰現象」，意即經濟變遷與教育改革正逐漸朝向貧富差距的現象相符應。如此一來，偏遠地區、身心障礙及學習弱勢的學生恐將淪為社會階級再製下永遠的弱勢者。如何解決教育機會不均等的問

題，如何提供適性及多元文化的教育內容，均是當前教育改革必須密切關注的焦點。

三、中小學課程改革問題

　　為了提升整體國民素質與國家競爭力，教育部在 1998 年研訂並公布「國民教育階段九年一貫課程總綱綱要」，1999 年成立「國民中小學課程修訂審議委員會」，90 學年度起自國小一年級正式實施。實施迄今，來自各界的批評聲音不斷，例如：*1.*課程綱要邊做邊修；*2.*十項基本能力過於高調理想；*3.*將學科整合成學習領域缺乏理論基礎和說服力；*4.*合科與分科教學的爭議不斷；*5.*能力指標過於瑣碎難懂；*6.*師資培育來不及培訓；*7.*教科書「一綱多本」的問題嚴重；*8.*課程尚未實驗就拿到教室裡教學；*9.*政策隨著部長的更迭因人而異、缺乏連貫（周祝瑛，2003; 133-214）。

　　仔細深思，這場類似嘉年華式的課程改革自實施以來，經常見到的是學校、教師和學生終日在「忙」、「亂」中度過，忙著應付推陳出新、接踵而來的課程方案，卻似乎亂了教育應有的本質與目標！因此，本文認為要解決中小學課程改革的問題，首先要回歸教育本質，釐清課程改革的理念與目標；其次必須致力於整個教育環境結構因素的調整，例如：制度要建全、配套要完整、師資要充足、經費要充裕、設備要更新、環境要優質、執行要落實、成果要評鑑等。以教育經費為例，基礎教育階段的教育經費該受到應有的保障，然而根據天下雜誌發表十年教改報告指出，臺灣的教育經費支出占GDP（國內生產毛額）比率不升反降（聯合晚報，2006）。「現在不投資於教育，將來就投資於監獄」，這樣的一句話或許有些誇大，但卻發人深省。從實際的教育現場中常有聽聞：有的學校因為繳不出水電費，要求家長會贊助，或關燈上課以節省電費；有的學校則為了爭取補助經費而賣力地承辦各項活動。其結果不但造成學校間的惡性競爭，也讓老師在教學之外負擔過重的行政工作。總之，為解決中小學課程改革的問

題，必須重新審視其改革的本質與目標，意即：我們要培養的是具備何種精神面貌的學生？要如何真正提升學生的學習成效？要如何加強教師專業發展與教學能力？如此才不致淪為「為改革而改革」的窘境；然後將整體教育環境的結構因素進行調整，不要再讓學生成為課程改革下的「白老鼠」。

四、其他教育改革問題

　　十多年來國內的教育問題「不一而足」，而各種教育改革方案亦推陳出新。例如：為因應國內外教育環境急遽變遷，九年一貫課程實施後造成國中及高中的課程銜接問題，以及來自民間及教學現場反映高中課程科目和時數過多、教材內容過於龐雜、課程設計未能符合學生個別需求、未能提供充分選修課程等問題，於是教育部於 2001 年 4 月組成「高級中學課程發展委員會」，同年 8 月成立「課程總綱修訂小組」，開始著手修訂高級中學課程綱要。然而，高中歷史課程綱要修訂草案公布後，卻引發諸多爭議，例如：具有「一邊一國」或「兩國論」的史觀，且有消滅「中華民國」之虞；臺灣史與中國史、世界史分占 1/3，似乎不太合理。仔細深思，是否有特定意識型態的介入與「去中國化」的爭議，已大過於實質的教育意義，未來如何建立不同立場者的共識才是解決問題的良方。

　　師資培育改革的問題在近幾年也浮上檯面，甚至成為社會問題。原因是 1994 年公布「師資培育法」取代過去的「師範教育法」後，師資培育的管道多元化，師範校院從此不再是培養師資的唯一機構；師資培育採「儲備制」取代過去的「計畫制」，開放市場機能調節師資市場的供需；師資培育採自費為主，以往公費培育的現象不再。結果造成的教育問題有：師資市場機能失調，供過於求；流浪教師暴增，造成社會資源浪費及失業率增高；教師對教育的認同及專業素質參差不齊；師範校院以往的優勢不再，轉型困難。

　　其他常見的教育問題與改革尚有：少子化的教育問題，從 2005 年

的學齡人口統計發現，小學一年級新生已跌破三十萬人，造成未來師資需求的大幅下降，緊隨而來的將是大學面臨招生不足與關閉的問題，目前各大學為解決此項問題，已致力於提升辦學績效與水準、加強宣傳招生及系所轉型發展等因應策略。其次是高齡化的教育問題，隨著國內中、老年人口數比例增加，推動終身學習社會已是刻不容緩，未來政府與民間相關單位應致力於推廣成人資訊素養培育、輔導社區大學健全發展、提供在職人士進修管道、針對退休及高齡人口開設推廣教育課程等，幫助其建立「活到老、學到老」的理念與實踐。還有社會價值重建的教育問題，諸如校園暴力、體罰及藥物濫用的問題，青少年行為偏差或價值觀扭曲的問題，這些問題的解決有賴在教育改革方案中注入生命教育、友善校園及品格教育等重要內涵，有了正確的社會價值觀才能引導社會不斷改造，並朝向理想之境邁進。

📖 參 考 文 獻

吳武典（2003）。推薦序㈢。載於周祝瑛（著），誰捉弄了臺灣教改？（頁 8-9）。臺北：心理。

吳錦惠（2005）。社會價值重建課程不可缺少的一環：從臺灣「新住民」談起。 載於中華民國課程與教學學會（主編），《社會價值重建的課程與教學》 （頁 123-150）。高雄：復文。

吳錦惠（2006）。「新臺灣之子」學校層級課程調適方案之實施現況與成效檢 討。載於中華民國課程與教學學會（主編），《課程教學的本土化與全球 化》（頁 79-112）。高雄：復文。

吳錦惠、吳俊憲（2005）。「新臺灣之子」的教育需求與課程調適。《課程與 教學季刊》，8（2），53-72。

周祝瑛（2003）。誰捉弄了臺灣教改？臺北：心理。

徐震、李明政、莊秀美（2000）。《社會問題》。臺北：學富。

張芳全（1997）。《教育問題與教育改革—理論與實際》。臺北：商鼎文化。

教改十年，悲喜人生（2006，11 月 21 日）。《聯合晚報》，4 版。

莊懷義（1994）。教育的基本理念。載於莊懷義、陳伯璋、謝文全、吳明清、 王培光（著），《教育概論》（頁 1-40）。臺北：空大。

陳伯璋（1991）。教育問題。載於楊國樞、葉啟政（主編），《臺灣的社會問 題》（1991 年版）（頁 259-300）。臺北：巨流。

陳慧娟（譯）（1988）（Earl Rubington & Martin S. Weinberg 編）。《社會問題 導論：五種理論觀點（The study of social problems）》。臺北：巨流。

黃文三（2000）。《中等教育》（二版）。高雄：麗文文化。

黃政傑、張嘉育（2004）。臺灣課程研究的回顧與展望：1949-2000。載於中華 民國課程與教學學會（主編），《課程與教學研究之發展與前瞻》（頁 1-24）。臺北：高等教育。

黃炳煌（1987）。《教育問題透視》。臺北：文景。

葉至誠（2002）。《高等教育發展的策略與願景》。臺北：揚智。

葉啟政（1986）。有關社會問題基本性質的初步探討。載於楊國樞、葉啟政（主 編），《臺灣的社會問題》（新編 73 年版）（頁 1-40）。臺北：巨流。

蔡文輝、蕭新煌（1985）。《臺灣與美國社會問題》。臺北：東大圖書。

謝文全（2001）。《中等教育—理論與實際》。臺北：五南。

Coleman, J. W., & Cressey, D. R.（1996）. *Social problems*（6 edition）. NY: Harper-Collins College Publishers Inc.

Kornblum, W., & Julian, J.（1995）. *Social problems*（8 edition）. NJ: Prentice Hall, Englewood Cliffs.

Parrillo, V. N.（2002）. *Contemporary social problems*（5 edition）. Boston: Allyn & Bacon.

國家圖書館出版品預行編目資料

教育導論／徐宗林等著.
--初版.--臺北市：五南，2007.09
面；　公分
ＩＳＢＮ　978-957-11-4835-9（平裝）
1. 教育
520　　　　　　　　　96013774

1IPE
教育導論

作　　　者 － 徐宗林　簡成熙　吳錦惠　董宜佩　陳惠萍
　　　　　　　鄭世仁　蔡啟達　蔡清田　林進材　程小蘋
　　　　　　　張添洲　吳俊憲（依章節順序）

發 行 人 － 楊榮川

總 編 輯 － 王翠華

主　　編 － 陳念祖

責任編輯 － 李敏華

封面設計 － 童安安

出 版 者 － 五南圖書出版股份有限公司

地　　址：106台北市大安區和平東路二段339號4樓

電　　話：(02)2705-5066　傳　　真：(02)2706-6100

網　　址：http://www.wunan.com.tw

電子郵件：wunan@wunan.com.tw

劃撥帳號：01068953

戶　　名：五南圖書出版股份有限公司

法律顧問　林勝安律師事務所　林勝安律師

出版日期　2007年 9 月初版一刷
　　　　　2016年10月初版四刷

定　　價　新臺幣430元